1

NICOLAS NICKLEBY

PETIT IN-FOLIO.

Propriété des Éditeurs.

CHARLES DICKENS

NICOLAS NICKLEBY

TRADUCTION DE LA BÉDOLLIÈRE

NOUVELLE ÉDITION REVUE.

LIMOGES
EUGÈNE ARDANT ET Cie, ÉDITEURS.

NICOLAS NICKLEBY

CHAPITRE I.

Dans une partie écartée du Devonshire, en Angleterre, vivait un certain Godefroi Nickleby. Ce digne homme épousa une femme qu'il aimait, et qui, en acceptant sa main, ne montra pas moins de désintéressement.

Godefroi mena d'abord une existence assez précaire; mais un de ses oncles étant venu à mourir subitement, le mit à même d'acheter une petite ferme, et d'élever ses deux fils. Il institua M. Godefroi son légataire universel.

A sa mort, arrivée quinze ans après, M. Godefroi put laisser à Ralph, son fils aîné, trois mille livres en numéraire, et à Nicolas, le plus jeune, mille livres et la métairie. Les deux frères avaient été élevés ensemble dans une pension à Exeter, et, comme ils venaient une fois par semaine à la maison, ils tenaient de la bouche de leur mère de longs détails sur les souffrances de leur père aux jours de sa pauvreté, et sur la splendeur de leur oncle défunt aux jours de sa prospérité. Ces récits produisirent sur chacun des enfants une impression toute différente. Le plus jeune, naturellement timide et ami de la retraite, en conclut simplement qu'il fallait fuir le grand monde, et s'attacher à la vie paisible et routinière des champs. Ralph, l'aîné, tira de cette histoire tant de fois répétée ces deux grandes moralités : que les richesses sont l'unique et la véritable source du bonheur, et qu'il est légitime de se les procurer par tous les moyens imaginables. Loin de se borner à la théorie, et de laisser ses facultés se rouiller dans des abstractions purement spéculatives, cet enfant de haute espérance débuta par être usurier à l'école sur une petite échelle. Il faisait valoir à gros intérêts un mince capital de crayons et de billes, et ses opérations finirent par embrasser la monnaie de cuivre de la jeune république. Il n'embarrassait pas ses emprunteurs de stériles calculs de chiffres, et ne les renvoyait point à Barême; sa simple règle d'intérêt était comprise tout entière dans cette sentence dorée : Quatre sous pour un soul ce qui simplifiait extraordinairement les comptes. Cette sentence, considérée comme précepte usuel, bien plus facile à retenir qu'aucune règle connue d'arithmétique, ne saurait être trop fortement recommandée à l'attention des capitalistes, grands et petits, et notamment des prêteurs sur gages et escompteurs. Il est vrai de dire, pour rendre justice à ces messieurs, que la plupart d'entre eux ont l'habitude de la mettre en usage avec un remarquable succès.

A la mort de son père, Ralph Nickleby, qui, peu de temps auparavant, avait été placé dans une maison de commerce de Londres, poursuivit avec rage son projet favori, celui de gagner de l'argent. Ce soin l'absorba bientôt à tel point que, pendant longues années, il oublia complètement son frère pour ne songer qu'à prêter sur gages, agioter, et créer des sociétés en commandite.

Quant à Nicolas, il vécut solitaire de son revenu patrimonial, jusqu'à ce que, las de son isolement, il épousât la fille d'un propriétaire du voisinage, avec une dot de mille livres sterling. La bonne dame lui donna deux enfants, un fils et une fille, et lorsque le fils eut près de dix-neuf ans, et la fille quatorze ou environ, M. Nickleby avisa aux moyens d'augmenter son avoir, malheureusement écorné par l'accroissement de sa famille et les dépenses de l'éducation de ses enfants.

— Spéculez avec vos fonds, dit madame Nickleby. — Spéc...u...ler, ma chère? dit M. Nickleby avec hésitation. — Pourquoi pas? demanda madame Nickleby. — Parce que, si nous les perdions, nous ne pourrions plus vivre, ma chère. — Bah! dit madame Nickleby. — C'est bien chanceux, ma chère, dit M. Nickleby. — Voilà Nicolas grand garçon, poursuivit la dame; il est temps qu'il songe à se tirer d'affaire lui-même; et Catherine aussi, la pauvre fille, sans un sou vaillant dans le monde. Songez à votre frère; serait-il ce qu'il est s'il n'avait spéculé? — C'est vrai, repartit M. Nickleby, oui... je spéculerai, ma chère,

Les chances furent défavorables à M. Nickleby, il y eut des bouleversements inattendus; quatre agents de change disparurent; quatre cents personnes furent ruinées, et entre autres M. Nickleby.

— La maison que j'habite, dit en soupirant le pauvre homme, peut m'être enlevée demain. Mon vieux mobilier sera vendu pièce à pièce à des étrangers!

Cette dernière réflexion lui causa une si vive douleur, qu'il se mit au lit, apparemment pour le garder à tout événement.

On eut lieu de croire que dès ce moment il n'était plus dans son bon sens; car il radota longtemps au sujet de la générosité de son frère, et des heureux jours qu'ils avaient passés ensemble à l'école. Après cet accès de délire, il recommanda solennellement sa famille à celui qui n'abandonne jamais les veuves et les orphelins; puis, souriant doucement, il détourna la tête, et dit qu'il croyait pouvoir s'endormir.

CHAPITRE II.

Quelque temps après ce triste événement, M. Ralph Nickleby était assis dans son cabinet de travail, au premier étage de sa maison de Golden square, à Londres. Il portait un pardessus vert-bouteille sur un habit bleu, un gilet blanc, un pantalon piqueté de gris, et des bottes à la Wellington par-dessus son pantalon. Le coin du jabot d'une chemise à petits plis paraissait, comme s'il eût tenu absolument à se montrer, entre son menton et le dernier bouton de son surtout, et son habit ne descendait pas assez bas pour cacher une longue chaîne d'or, composée d'anneaux pleins, qui partait d'une montre à répétition logée dans le gousset. La tête de M. Nickleby était légèrement poudrée, ce qui tendait à lui donner un air de bienveillance; mais si telle était son intention, il eût peut-être bien fait de poudrer aussi sa physionomie, car les rides mêmes de son front, son œil clignotant et glacé, semblaient indiquer une astuce qui se décelait malgré lui.

La vue de M. Ralph se fixa sur une sale croisée d'en face, à travers laquelle on apercevait un commis maigre et grêle, perché sur un tabouret. M. Ralph fit signe à cet individu de venir.

Pour obéir à cette invitation, le commis quitta son haut tabouret, auquel il avait communiqué le plus brillant poli à force d'y monter et d'en descendre, et se présenta dans la chambre de M. Nickleby. C'était un homme grand et d'un âge mûr avec deux gros yeux à fleur de tête, un nez rubicond, une face cadavéreuse, et u habit (si l'on peut accorder ce nom à un costume qui ne l'habillait pas du tout beaucoup trop petit, et si à court de boutons, que la manière dont il tenait avait quelque chose de miraculeux.

— Il est midi passé, dit M. Nickleby d'une voix aigre. — Midi moins vingt-cinq minutes, répondit Newman Noggs. — Ma montre est arrêtée, dit M. Nickleby; je ne sais pas pourquoi. — Ni moi non plus, dit Noggs; puis, comme il parlait rarement sans qu'on l'interrogeât, il tomba dans un triste silence, et se frotta lentement les mains, faisant craquer les articulations de ses doigts, et leur imprimant toutes les torsions dont ils étaient susceptibles.

Parmi les nombreuses particularités de M. Noggs, qui frappaient au premier coup d'œil un observateur expérimenté, on remarquait cette façon d'agir qu'il employait en toute occasion.

Newman Noggs avait été riche, mais il avait follement dissipé son patrimoine; les usuriers avaient achevé de le dépouiller, et il s'était estimé heureux d'obtenir un modique emploi chez M. Ralph. Son excessive taciturnité était un inappréciable mérite dans une maison où l'on faisait beaucoup d'affaires qui ne demandaient pas à être ébruitées.

— Est-il venu des lettres pour moi? dit Ralph après un moment de silence. — Une seule, répondit Noggs; cachet noir, bordure noire, écriture de femme. — Cachet noir, dit Ralph en regardant la lettre. Il me semble que je connais cette écriture. Je ne serais pas surpris que mon frère fût mort. — Je ne pense pas que vous le fussiez. — Pourquoi pas, Monsieur? demanda M. Nickleby. — Vous n'êtes jamais surpris, répondit Newman, voilà tout.

M. Nickleby arracha la lettre des mains de son serviteur, et fixant dessus un œil glacé, l'ouvrit, la lut, la fourra dans sa poche, et, après avoir bien mis sa montre à l'heure, il commença à la monter.

— C'est ce que je prévoyais, Newman, dit M. Nickleby en tournant sa clef, il est mort. Mon Dieu! eh bien! c'est un événement très-subit : je n'y aurais pas songé, réellement.

En exprimant sa douleur d'une manière aussi touchante, M. Nickleby replaça sa montre dans son gousset, tira ses gants sur sa main, et se mit en devoir de sortir.

— Les enfants sont vivants? demanda Noggs en se rapprochant de lui. — Voilà justement le hic, répondit M. Nickleby comme si ses pensées eussent été tournées de ce côté en ce moment; tous deux sont vivants. — Tous deux! répéta Newman Noggs à voix basse. — Et la veuve aussi, ajouta M. Nickleby, et tous trois à Londres; tous trois ici, Newman! Mon frère n'a jamais rien fait pour moi, et je n'en ai jamais rien attendu. Il n'a pas plus tôt rendu l'âme, qu'on s'adresse à moi, pour que je sois le soutien d'une femme, d'un grand garçon et d'une fille. Que me sont-ils! je ne les ai jamais vus.

L'esprit rempli de ces réflexions et d'autres analogues, M. Nickleby prit un journal au milieu d'une liasse de papiers, sortit, et se rendit dans cette longue rue qu'on appelle le Strand. Il regarda sa lettre pour s'assurer du numéro de la maison où il avait affaire, et s'arrêta devant la porte.

La maison était habitée par un peintre en miniature, car un grand cadre doré était cloué sur la porte. Sur un fond de velours noir étaient étalés deux portraits d'uniformes de marine, d'où sortaient deux figures avec accompagnement obligé de télescopes; puis un jeune homme en uniforme vermillonné, brandissant un sabre, et un personnage littéraire avec un front d'homme de génie, une plume, de l'encre, six volumes et un rideau. On y voyait encore la touchante représentation d'une jeune dame, lisant un manuscrit dans une impénétrable forêt, et un charmant portrait en pied d'un petit garçon à grosse tête assis sur un tabouret, dont les jambes en raccourci ressemblaient à des cuillers à sel.

M. Nickleby jeta sur ces futilités un coup d'œil de profond mépris, frappa, et demanda à la domestique, qui vint ouvrir, si madame Nickleby était chez elle. — Vous voulez dire la Creevy, répliqua la domestique.

Furieux d'être ainsi repris par la servante, M. Nickleby lui lança un regard d'indignation, et lui demanda avec emportement ce qu'elle entendait par là. Elle était sur le point de le lui expliquer, quand une voix de femme, partant d'un escalier perpendiculaire placé au bout du couloir, s'informa de ce dont il s'agissait.

— Je demande madame Nickleby, dit Ralph. — Le second étage est-il chez lui, Anna? cria la même voix. Que vous êtes bête! Le second étage est-il chez lui? — Quelqu'un vient de sortir, mais je pense que c'est la mansarde qui a été prendre un bain, répondit la servante. — Vous feriez mieux d'y aller voir, dit la femme invisible. — Pardon, Madame, interrompit Ralph, je ne serai pas fâché de vous dire deux mots, si vous êtes Madame... — Creevy, la Creevy, répondit la voix, et un bonnet jaune apparut au-dessus de la rampe de l'escalier. — Avec votre permission, Madame, dit Ralph, je désirerais vous entretenir un moment.

La voix répondit que l'on pouvait entrer, mais Ralph n'avait pas attendu la réponse; et débarquant au premier étage, il y fut reçu par la propriétaire du bonnet jaune, qui avait une robe à l'avenant, et était elle-même à peu près de la même couleur. Madame la Creevy était une dame de quarante ans, et l'appartement de miss la Creevy était le cadre doré d'en bas sur une plus grande échelle.

— Hem! dit miss la Creevy en toussant délicatement derrière sa mitaine de soie noire. Il s'agit d'une miniature, je le présume, voilà des traits fortement prononcés, Monsieur. Avez-vous déjà été peint? — A ce que je vois, Madame répondit

M. Nickleby avec le ton bourru qui lui était familier, vous vous méprenez sur mes intentions. Je n'ai pas d'argent à perdre en miniatures, Madame, et personne à qui en faire présent, Dieu merci! Vous voyant sur l'escalier, j'ai senti le besoin de vous adresser une question relativement à certains locataires que vous avez.

Miss la Creevy toussa encore une fois, cette toux avait pour but de dissimuler son désappointement.

— De ce qu'a dit votre servante, reprit M. Nickleby, je conclus que l'étage au-dessus vous appartient, Madame. — Oui, répliqua miss la Creevy.

La partie supérieure de la maison était à elle; et comme elle n'avait pas besoin en ce moment du second, elle était dans l'usage de le louer. Il était présentement occupé par une dame de la campagne et ses deux enfants.

— Une veuve, Madame! dit Ralph. — Oui, c'est une veuve, répondit la demoiselle. — Une pauvre veuve, Madame! reprit Ralph en appuyant avec force sur ce petit adjectif qui a tant de portée. — J'ai grand'peur qu'elle ne soit pauvre, repartit miss la Creevy. — Je suis à même de savoir qu'elle l'est, Madame; maintenant qu'a donc à faire une pauvre veuve dans une maison comme celle-ci, Madame?

— C'est très-vrai, répliqua miss la Creevy, à laquelle ce compliment implicite de ses appartements était loin d'être désagréable. — Je connais parfaitement tout ce qui lui est relatif, reprit Ralph; je suis, Madame, le seul parent qu'ils aient, et je crois juste de vous instruire que je ne puis les soutenir dans leurs folles dépenses. Pour combien de temps ont-ils pris ce logement? — Seulement à la semaine, et madame Nickleby m'a payé la première d'avance. — Alors vous n'avez qu'à les renvoyer à la fin de cette semaine, dit Ralph. Ce qu'ils ont de mieux à faire, c'est de retourner dans leur pays, Madame, il y a trop de concurrence ici. — Certainement, dit miss la Creevy, si Madame Nickleby a pris cet appartement sans avoir le moyen de le payer, c'est fort inconvenant. — Sans doute, Madame. — Et naturellement, poursuivit miss la Creevy, moi qui suis maintenant... hem!... une femme sans appui, je ne suis pas à même de perdre le prix de la location de mes appartements. — Sans doute, Madame, vous ne le pouvez pas. — Néanmoins, ajouta miss la Creevy partagée entre son bon naturel et son intérêt, je n'ai rien à dire contre la dame, qui est extrêmement agréable et affable, quoiqu'elle paraisse terriblement abattue, la pauvre femme! ni contre les jeunes gens non plus; car on n'en saurait trouver de plus aimables et de mieux élevés. — Très-bien, Madame, dit Ralph se dirigeant vers la porte, car ces éloges de la pauvreté l'irritaient : j'ai fait mon devoir, plus peut-être que je ne devais, et pourtant personne ne me saura gré de ce que je viens je dire. — Moi, du moins, Monsieur, répondit gracieusement miss la Creevy, je vous en suis fort obligée. Voudriez-vous me faire le plaisir de regarder quelques-unes de mes miniatures? — Vous êtes bien bonne, Madame, dit M. Nickleby ouvrant la porte en toute hâte, mais comme j'ai une visite à faire en haut, et que mon temps est précieux, véritablement cela m'est impossible. — Une autre fois, quand vous repasserez. — Bonjour, Madame, dit Ralph fermant précipitamment la porte pour prévenir toute conversation ultérieure. Maintenant, chez ma belle-sœur. Bah!

Grimpant une autre montée perpendiculaire, uniquement composée, avec beaucoup de talent mécanique, de petites marches anguleuses, M. Ralph Nickleby s'était arrêté pour prendre haleine sur le palier, quand il fut devancé par la domestique, que la politesse de miss la Creevy avait dépêchée pour l'annoncer.

— Votre nom? dit la domestique. — Nickleby. — Oh! madame Nickleby, s'écria la domestique en ouvrant la porte avec violence, voici M. Nickleby.

Une dame en grand deuil se leva à l'aspect de M. Ralph; mais elle semblait incapable de s'avancer à sa rencontre, et s'appuya sur le bras d'une frêle mais belle jeune fille d'environ dix-sept ans qui était assise auprès d'elle. Un jeune homme qui paraissait d'un ou deux ans plus âgé se leva et salua Ralph du titre d'oncle.

— Oh! grommela Ralph en fronçant le sourcil, vous êtes Nicolas, je le suppose. — C'est mon nom, Monsieur, répondit le jeune homme. — Prenez mon chapeau, dit Ralph d'un ton impérieux. Eh bien! Madame, comment vous portez-vous? Il faut vous roidir contre la douleur. C'est ce que je fais toujours. — Ce n'est point une perte ordinaire, dit madame Nickleby en mettant son mouchoir sur ses yeux. — Elle n'a rien d'extraordinaire, Madame, reprit Ralph tout en déboutonnant froidement son surtout. Les maris meurent tous les jours, Madame. Vous ne m'avez pas dit dans votre lettre quelle était la maladie de mon frère, Madame? — Le docteur n'en a pu fixer le nom, dit madame Nickleby en fondant en larmes; nous n'avons que trop sujet de craindre qu'il ne soit mort parce qu'il avait le cœur brisé. — Bah! dit Ralph, c'est impossible. Je permets qu'on dise qu'un homme est mort de s'être cassé le cou, qu'il souffre d'un bras cassé, ou d'une tête cassée, ou d'une jambe cassée, ou d'un nez cassé, mais d'un cœur brisé!... folie! voilà le langage hypocrite du jour; qu'un homme ne puisse payer ses dettes, il meurt le cœur brisé, et sa veuve est une martyre. — Il y a des gens, je crois, qui n'ont point de cœur à briser, observa tranquillement Nicolas. — Quel âge a ce garçon? demanda Ralph en se retournant sur sa chaise et toisant son neveu de la tête aux pieds d'un air de mépris. — Nicolas a près de dix-neuf ans, répondit la veuve. — Dix-neuf ans, oh!

dit Ralph; et que comptez-vous faire pour gagner du pain, Monsieur? — Ne pas vivre aux dépens de ma mère, répliqua Nicolas, dont le cœur se gonflait. — Vous feriez assez maigre chère à ses dépens, reprit l'oncle en le regardant avec mépris. — Quelle que soit ma position, dit Nicolas rouge de colère, je ne m'adresserai pas à vous pour l'améliorer. — Nicolas, mon cher, contenez-vous, s'écria madame Nickleby. — Cher Nicolas, je vous en prie, dit la jeune fille. — Retenez votre langue, Monsieur, dit Ralph. Voilà de beaux commencements, madame Nickleby, de beaux commencements.

Madame Nickleby ne répondit qu'en conjurant Nicolas par un geste de garder le silence, et l'oncle et le neveu se regardèrent l'un l'autre pendant quelques secondes sans parler. La physionomie du vieillard était sévère, dure et repoussante; celle du jeune homme, ouverte, belle et candide. L'œil clignotant du vieillard avait l'expression de l'avarice et de la fourberie, celui du jeune homme brillait de la lueur de l'intelligence et du sentiment. Sa figure était un peu grêle, mais mâle et régulière; et, à part toute la grâce de la jeunesse et de la beauté, il y avait dans son regard et dans son maintien une émanation de son jeune cœur chaleureux qui confondit le vieillard.

Quelque frappant que soit un semblable contraste pour les assistants, personne n'en sent plus vivement la portée que celui même dont il accuse l'infériorité. Ralph en eut l'âme ulcérée, et dès ce moment il détesta Nicolas. Ralph mit un terme à cette inspection mutuelle en détournant les yeux avec dédain, et en traitant Nicolas d'enfant.

— Eh bien! Madame, dit Ralph avec impatience, les créanciers ont tout saisi, dites-vous, et il ne vous reste rien. — Rien, répondit madame Nickleby. — Et vous dépensez le peu d'argent que vous avez à venir à Londres pour voir ce que je pourrai faire pour vous? — J'espérais, balbutia madame Nickleby, que vous pourriez avoir occasion de faire quelque chose pour les enfants de votre frère : à son lit de mort, il a désiré que j'implorasse pour eux votre appui. — Je ne sais comment cela se fait, murmura Ralph en se promenant de long en large dans la chambre, mais quand un homme meurt sans fortune personnelle, il croit toujours avoir le droit de disposer de la fortune des autres. A quoi votre fille est-elle bonne, Madame? — Catherine a été bien élevée, dit en sanglotant madame Nickleby. Ma chère, dites à votre oncle où vous en êtes du français et autres connaissances.

La pauvre enfant était sur le point de murmurer quelques paroles, quand son oncle l'arrêta très-impoliment.

— Nous essayerons de vous placer apprentie sous-maîtresse dans quelque maison d'éducation. Vous n'avez pas été élevée trop délicatement pour cela, j'espère ? — Non, vraiment, mon oncle, répondit la jeune fille en pleurant, je ferai tout ce qui sera nécessaire pour me procurer un asile et du pain. — Bien, bien, dit Ralph. Et vous, Monsieur, avez-vous déjà fait quelque chose ? — Non, répliqua brusquement Nicolas. — Non, je m'en doutais. Voilà la manière dont mon frère élevait ses enfants, Madame. — Nicolas a reçu toute l'éducation que son pauvre père pouvait lui donner, reprit madame Nickleby, et mon mari songeait à... — A en faire quelque chose un jour, dit Ralph. C'est la vieille histoire, toujours des projets, jamais d'actions. Si mon frère avait eu de la prudence et de l'activité, il vous aurait laissé une fortune, Madame, et s'il avait lancé son fils dans le monde, comme mon père m'y a lancé, quand je n'avais guère qu'un an de plus que ce garçon, au lieu d'être pour vous un fardeau qui accroît votre détresse, Nicolas eût été à même de vous secourir. Mon frère était un homme imprudent, irréfléchi, madame Nickleby, et personne, j'en suis sûr, n'a de meilleures raisons que vous pour le sentir.

Cette apostrophe fit penser à la dame qu'elle aurait pu mieux placer ses uniques mille livres ; elle songea que cette somme lui eût été présentement d'un grand secours, et se mit à déplorer sa triste destinée. Elle termina en se plaignant de ce que le cher défunt n'eût jamais daigné profiter de ses avis, excepté une seule fois ; cette assertion était d'autant plus véridique, que c'était pour avoir écouté ses conseils cette seule fois-là que le pauvre homme s'était ruiné.

M. Ralph Nickleby accueillit ce discours par un demi-sourire ; et quand la veuve eut achevé, il reprit tranquillement la conversation au point où il l'avait laissée.

— Avez-vous envie de travailler, Monsieur ? demanda-t-il en regardant son neveu d'un œil sévère. — Sans doute, répondit Nicolas avec hauteur. — Eh bien ! voyez-vous, Monsieur, reprit son oncle, je suis tombé ce matin sur cet article, et vous pouvez en remercier le ciel.

Après cet exorde, M. Ralph Nickleby tira un journal de sa poche, le déplia, chercha un moment parmi les annonces, et lut ce qui suit : Education. Académie de M. Wackford-Squeers, au château de Dotheboys, dans le délicieux village de Dotheboys, près de Greta-Bridge (Yorkshire). Les jeunes gens sont nourris, habillés, fournis de livres et d'argent pour leurs menus plaisirs, pourvus de tout ce qui leur est nécessaire, instruits dans toutes les langues, mortes et vivantes, les mathématiques, l'orthographe, la géométrie, l'astronomie, la trigonométrie, l'usage des sphères, l'algèbre, le bâton, l'écriture, l'arithmétique, la fortification, et toute autre branche de la littérature classique; prix, vingt guinées par an. Point de dépenses supplémentaires, point de vacances, et une nourriture sans pareille. M. Squeers est à Londres, et on le trouve tous les jours, d'une heure à quatre, à la Tête de Maure, quartier de Snow-Hill. NOTA. On demande un sous-maître capable. Salaire annuel, cinq livres sterling. Un bachelier ès-lettres aurait la préférence.

— Voilà, dit Ralph en repliant le papier; qu'il accepte cette place, et sa fortune est faite. — Mais il n'est pas bachelier ès-lettres, dit madame Nickleby. — On peut, je pense, répondit Ralph, lever cet obstacle. — Mais le salaire est si modique, et il y a si loin d'ici là, mon oncle, balbutia Catherine. — Silence, ma chère amie! interrompit madame Nickleby; votre oncle sait mieux que vous ce qu'il convient de faire. — Nicolas, mon cher, je désire que vous parliez à votre tour. — Oui, ma mère, dit Nicolas, qui jusqu'alors était resté silencieux et absorbé dans ses pensées. Si j'ai le bonheur, Monsieur, d'obtenir cet emploi, que je suis si peu capable de remplir, que deviendront celles que je laisserai derrière moi? — Votre mère et votre sœur, Monsieur, répondit Ralph, recevront de moi des secours en ce cas seulement, et je me chargerai de leur assurer une certaine indépendance. Ce sera l'objet de mes soins immédiats; leur position sera changée une semaine après votre départ, j'en réponds. — Alors, dit Nicolas se levant gaiement et secouant la main de son oncle, je suis prêt à faire tout ce que vous voudrez. Tentons la fortune auprès de M. Squeers; le seul risque que nous courons, c'est celui d'un refus. — Il ne refusera pas, dit Ralph, il sera charmé de vous prendre sur ma recommandation. Utilisez-vous dans son établissement, et en rien de temps vous deviendrez son associé. Savez-vous que s'il venait à mourir, votre fortune serait faite? — Sans doute, dit le pauvre Nicolas sous le charme des mille visions que son bon naturel et son inexpérience évoquaient devant lui. Ma mère retrouvera le bonheur auprès de nous, et tous nos chagrins seront oubliés.

Cette simple famille, née et élevée dans la retraite, ignorait complètement ce qu'on appelle le monde, terme de convention qui, bien interprété, signifie tous les fripons qu'on y rencontre. Ces bonnes gens confondirent leurs pleurs à la pensée de leur première séparation. Ce premier accès passé, ils s'abandonnaient en entier aux illusions de l'espérance, quand M. Ralph Nickleby leur fit observer que, s'ils perdaient du temps, quelque candidat plus heureux pourrait priver Nicolas de la base fondamentale de sa fortune, et renverser tous leurs châteaux en Espagne. Cette réminiscence opportune mit fin à la conversation, l'oncle et le neveu sortirent ensemble pour aller à la recherche de l'instituteur. Nicolas était fermement convaincu qu il avait commis envers son parent une bien grande injustice en le détestant à la première vue. Madame Nickleby apprit à sa fille avec une certaine hésitation qu'elle le croyait meilleur qu'il ne lui avait paru d'abord, et miss Nickleby fi' observer que c'était fort possible.

Ralph ignorait les bons penchants de la nature humaine, mais il en connaissait **tous les mauvais.**

CHAPITRE III.

Dans la grande salle de l'auberge de la Tête de Maure, était assis le pédagogue dont dépendaient les destinées de Nicolas.

L'extérieur de M. Squeers ne prévenait pas en sa faveur (1). Il n'avait qu'un œil, et les préjugés populaires veulent que l'on en ait deux. Cet œil unique était incontestablement utile, mais ne pouvait en aucune façon servir d'ornement, étant d'un gris verdâtre, et ressemblant par sa forme au vasistas d'une porte bâtarde. Le mauvais côté de sa figure était ridé et couturé, ce qui lui donnait un aspect très-sinistre ; quand il souriait surtout, sa physionomie dénotait presque de la scélératesse. Ses cheveux étaient plats et luisants, excepté aux extrémités ; il les relevait en huppe sur un front bas et proéminent. Il avait de cinquante-deux à cinquante-trois ans, était d'une taille un peu au-dessus de la moyenne, et portait une cravate blanche à longs bouts, et le costume noir scolastique ; mais les manches de son habit étant beaucoup trop longues, et ses culottes beaucoup trop courtes, il semblait mal à son aise dans ses vêtements, et perpétuellement surpris de se trouver un costume aussi respectable.

Non loin de M. Squeers, on voyait une petite malle entourée d'un bout de corde, et sur cette malle était juché un enfant grêle et chétif. Ses bottines et ses culottes de peau dansaient en l'air ; il avait la tête enfoncée entre les épaules, les mains jointes sur ses genoux, et regardait timidement par intervalles le maître de pension avec une expression évidente de crainte et d'appréhension.

— Trois heures et demie ! murmura M. Squeers quittant la fenêtre et jetant tristement les yeux sur la pendule du restaurant, il ne viendra personne aujourd'hui !

Considérablement vexé de cette réflexion, M. Squeers regarda si le petit garçon

---

(1) Le lecteur va rire assurément de ce qui suit. Mais qu'il rie seulement de l'esprit charmant qui fait passer cette exagération (*Note des Editeurs.*)

ne faisait rien qui pût servir de prétexte pour le battre ; et comme en ce moment l'enfant ne faisait rien du tout, M. Squeers se contenta de lui appliquer un coup de poing sur l'oreille en lui disant de ne plus recommencer.

— A la mi-été, murmura M. Squeers reprenant le cours de ses jérémiades, j'ai emmené dix enfants ; dix fois vingt font deux cents livres sterling. Je m'en retourne demain matin à huit heures, et je n'en ai que trois. Trois fois zéro font zéro, trois fois deux font six ; soixante livres sterling. Que deviennent tous les enfants? qu'est-ce que les parents ont dans la tête? qu'est-ce que cela signifie?

Ici, le petit garçon perché sur la malle éternua avec violence. — Oh! Monsieur! grommela le pédagogue en se retournant; qu'est-ce que cela, Monsieur? — Rien, Monsieur, répondit l'enfant. — Rien! s'écria M. Squeers. — Ne vous en déplaise, Monsieur, j'ai éternué, reprit l'enfant tremblant de manière à ébranler la malle qui lui servait de siége. — Oh! vous avez éternué! Alors, pourquoi avez-vous dit : Ce n'est rien, Monsieur?

A défaut de bonne réponse à cette question, l'enfant porta ses poings à ses yeux, et se mit à pleurer. Là-dessus, M. Squeers le jeta à bas de la malle en le frappant d'un côté de la figure, et le remit en place en le frappant de l'autre côté.

Le domestique entra sur ces entrefaites. — Monsieur Squeers, dit-il, voici quelqu'un qui vous demande. — Faites entrer, répondit M. Squeers d'une voix douce ; et vous, petit drôle, mettez votre mouchoir dans votre poche, ou je vous exterminerai quand ce monsieur sera parti.

Le maître d'école eut à peine murmuré ces mots, que l'étranger parut. Affectant de ne pas le voir, M. Squeers feignit d'être occupé à tailler sa plume, et à donner à son jeune élève de bienveillants conseils.

— Mon cher enfant, dit M. Squeers, tout le monde a ses peines. La vôtre, celle qui vous rend le cœur gros, qu'est-elle en définitive? Rien, moins que rien. Vous quittez vos amis, mais vous trouverez un père en moi, et une mère en madame Squeers, dans le délicieux village de Dotheboys (Yorkshire), où les jeunes gens sont nourris, habillés, blanchis, fournis d'argent pour leurs menus plaisirs, pourvus de tout ce qui leur est nécessaire... — Vous êtes monsieur Squeers, je crois? dit l'étranger interrompant le maître d'école dans la répétition de son annonce. — Lui-même, Monsieur, répondit M. Squeers simulant une extrême surprise. — C'est vous, dit l'étranger, qui avez fait insérer une annonce dans le *Times?* — Le *Morning-Post*, le *Morning-Chronicle* et l'*Advertiser*, relativement à l'académie appelée le château de Dotheboys, dans le délicieux village de Dotheboys, près de

Greta-Bridge (Yorkshire). Vous venez pour affaire, Monsieur, je le vois par mes jeunes amis. Comment vous portez-vous, mes petits messieurs?

A ces mots, M. Squeers tapa familièrement sur la tête de deux enfants aux yeux creux, aux formes grêles, que le visiteur avait amenés avec lui, et attendit de plus amples explications. — Je suis marchand d'huile et de couleurs, mon nom est Snawley, Monsieur, dit l'étranger.

Squeers fit une inclination de tête comme pour dire : — C'est un bien joli nom.

L'étranger poursuivit : — J'ai pensé, monsieur Squeers, à placer mes deux garçons dans votre pension. — Ce n'est pas à moi à le dire, Monsieur, répondit M. Squeers, mais je ne pense pas qu'il vous soit possible de mieux faire. — Hem! c'est vingt livres sterling par an, je crois, monsieur Squeers? — Vingt guinées, reprit le maître d'école avec un sourire persuasif. — Quarante livres pour deux, je pense, monsieurs Squeers, dit gravement M. Snawley. — Je ne crois pas que ce soit possible, Monsieur, répliqua Squeers comme s'il eût envisagé cette question pour la première fois. Permettez; quatre fois cinq font vingt, doublez, et déduisez-en..... Eh bien! cette difficulté ne doit pas nous empêcher de traiter ensemble, vous me recommanderez à vos parents; c'est une affaire conclue. — Ils ne sont pas grands mangeurs, dit M. Snawley. — Oh! cela n'y fait rien : dans notre établissement, nous n'avons pas égard à l'appétit des enfants.

Cette assertion était vraie à la lettre. Squeers poursuivit : — Toutes les délicatesses que peut procurer le Yorkshire, toutes les sublimes leçons de morale que madame Squeers peut donner, enfin tout le bien-être domestique que peut désirer un enfant, tel sera leur partage, monsieur Snawley. — Je désirerais que l'on cultivât particulièrement leur moral, dit M. Snawley. — J'en suis enchanté, répliqua le maître d'école en se rengorgeant; sous ce rapport ils ne sauraient être venus à meilleure enseigne. — Vous êtes vous-même un homme moral? dit M. Snawley. — J'ose m'en flatter, Monsieur. — J'ai la satisfaction d'en être convaincu, Monsieur; j'ai pris des renseignements sur vous, et l'on m'a dit que vous étiez très-pieux. — Mais, oui, Monsieur, j'espère être dans la bonne voie. — J'espère y être aussi, reprit M. Snawley. Puis-je vous dire quelques mots dans le cabinet voisin? — Rien ne s'y oppose, répondit M. Squeers. Mes amis, causez une ou deux minutes avec votre nouveau camarade. C'est un élève qui part demain avec moi, et c'est sur son bagage qu'il est assis. Chacun des enfants est tenu d'apporter deux habillements complets, six chemises, six paires de bas, deux bonnets de nuit, deux mouchoirs de poche, deux paires de souliers, deux chapeaux et un rasoir. — Un rasoir! s'écria

M. Snawley en entrant dans le cabinet voisin : et pourquoi? — Pour se raser! répondit Squeers d'un ton lent et mesuré.

Il n'y avait pas grand'chose dans ces trois mots, mais le ton dont ils furent prononcés était sans doute susceptible d'attirer l'attention ; car le maître d'école et son compagnon se regardèrent fixement pendant quelques secondes, et échangèrent ensuite un sourire d'intelligence. Snawley était un homme roide et compassé, revêtu d'un costume sombre, portant de longues guêtres noires, et dont le maintien respirait l'austérité, ce sourire, sans motif apparent, en était d'autant plus remarquable.

— Jusqu'à quel âge gardez-vous donc les enfants dans votre pension? demanda-t-il enfin. — Aussi longtemps que leurs amis payent les trimestres à mon agent de Londres, ou jusqu'à ce qu'ils prennent la clef des champs. Convenons de nos faits, je vois que nous nous entendrons à merveille. Que sont ces enfants? — Je ne suis pas leur père, monsieur Squeers. Je ne suis que leur beau-père. — Oh! voilà ce qui en est, dit le maître d'école, l'affaire s'explique aisément. Je me demandais pourquoi vous vouliez les envoyer au fond du Yorsksire. Ah! ah! je comprends maintenant. — Vous voyez que j'ai épousé leur mère, poursuivit Snawley, c'est fort coûteux de garder des enfants chez soi, et comme elle a peu de fortune de son côté, monsieur Squeers! j'ai peur qu'elle ne fasse pour eux d'inutiles dépenses, ce qui causerait leur ruine, vous le savez. — Je vois, reprit Squeers se renversant sur sa chaise et agitant la main. — C'est donc, reprit Snawley, ce qui m'a donné l'envie de les mettre dans quelque pension bien éloignée, où il n'y ait point de congés, point de ces vacances de Pâques et de septembre si mal conçues, et qui dérangent l'esprit des enfants, vous comprenez? — Qu'on paye régulièrement, nous n'en demanderons pas davantage. — C'est ce qu'il faut, reprit Snawley. Et vous veillerez attentivement sur leur moral. — Avec le plus grand soin. — Vous ne laissez pas vos élèves écrire trop souvent à leurs parents? dit le beau-père après un moment d'hésitation. — Une seule fois, à Noël, pour dire qu'ils n'ont jamais été aussi heureux, et qu'ils espèrent qu'on ne les enverra jamais chercher. — C'est parfait, dit le beau-père en se frottant les mains. — Alors, dit Squeers, comme nous nous entendons à merveille, permettez que je vous demande si vous me considérez comme un homme de haute vertu, de mœurs régulières, de conduite exemplaire, et si vous avez la confiance la plus absolue dans ma probité, ma générosité, mes principes religieux et mes talents d'instituteur. — Certainement, répondit le beau-père ripostant à la grimace de Squeers par une grimace analogue. — Peut-être ne vous refuserez-vous pas à le déclarer, si j'envoie prendre des renseignements auprès de vous? — Pas le moins du monde. — Fort bien; l'affaire est terminée, et voilà ce que j'aime.

Après avoir pris l'adresse de M. Snawley, le maître d'école eut à accomplir une tâche encore plus agréable : celle de prendre l'argent du premier terme payé d'avance; il venait de signer le reçu, quand on entendit la voix de quelqu'un qui demandait M. Squeers.

— Me voici, répondit le maître d'école; qu'y a-t-il? — Une petite affaire, Monsieur, dit Ralph Nickleby se présentant, suivi de près par Nicolas : il y avait une annonce de vous dans les journaux de ce matin? — Oui, Monsieur, dit Squeers; voulez-vous vous asseoir? — Mais je n'en serais pas fâché, répondit Ralph conformant l'action aux paroles et mettant son chapeau sur la table placée devant lui. Voici mon neveu, M. Nicolas Nickleby. — Comment vous portez-vous, Monsieur? dit Squeers.

Nicolas salua, dit qu'il se portait à merveille, et parut très-étonné de l'extérieur grotesque du propriétaire du château de Dotheboys. — Peut-être vous souvenez-vous de moi? dit Ralph regardant en face le maître d'école. — C'est vous qui pendant quelques années m'avez réglé un petit compte à chacun de mes voyages de semestre. — C'est moi, reprit Ralph. — Pour les parents d'un nommé Dorker, qui malheureusement... — Malheureusement mourut au château de Dotheboys, dit Ralph achevant la phrase. — Je me le rappelle très-bien, Monsieur. Ah! Monsieur, madame Squeers avait autant d'affection pour cet enfant que s'il eût été le sien. Si vous saviez l'attention qu'elle lui a montrée pendant sa maladie! Elle lui offrait des rôties et du thé matin et soir, à une époque où il ne pouvait plus rien avaler; il y eut de la chandelle dans sa chambre à coucher la nuit même de sa mort, et le meilleur dictionnaire de la classe lui servait d'oreiller. Je ne regrette point tous ces soins, il est doux de penser qu'on a fait son devoir.

Ralph sourit et promena ses regards sur les personnes présentes. L'enfant campé sur la malle et ses nouveaux camarades s'observaient avec de grands yeux, sans prononcer un mot, et faisaient une multitude de contorsions singulières, selon l'usage des enfants qui se voient pour la première fois.

— Voici quelques-uns de mes élèves, dit Wackford Squeers. Monsieur est un parent qui a la bonté de me féliciter du système d'éducation adopté au château de Dotheboys, qui est situé dans le délicieux village de Dotheboys, près de Greta-Bridge (Yorkshire), où les enfants sont nourris, habillés, blanchis, fournis de livres

et d'argent pour... — Oui, nous le savons, Monsieur, interrompit brusquement Ralph Nickleby, c'est dans l'annonce. — Vous avez raison, Monsieur, c'est dans l'annonce, répondit Wackford Squeers. — Vous avez demandé un sous-maître capable. — Précisément. — Et vous en avez réellement besoin? — Certainement. — En voici un. C'est mon neveu Nicolas; il est encore tout chaud du collége; tout ce qu'il a appris fermente dans sa tête, et rien ne fermente dans sa poche; c'est justement l'homme qu'il vous faut. — J'ai peur, dit Squeers embarrassé de cette requête, j'ai peur que le jeune homme ne me convienne pas. — Il vous conviendra dit Ralph; j'en suis sûr. — Ne vous laissez pas abattre, Monsieur, vous instruirez en moins d'une semaine tous les jeunes gens de noble famille qui sont au château de Dotheboys, à moins que M. Squeers n'y mette un entêtement dont je ne le crois pas susceptible. — Je crains, dit Nicolas s'adressant à M. Squeers, que vous ne m'objectiez ma jeunesse et l'absence du titre de bachelier ès-lettres. — C'est un obstacle, répondit M. Wackford Squeers avec toute la gravité dont il était capable et non moins déconcerté par la candeur du neveu et les manières mondaines de l'oncle que par cette incompréhensible allusion aux jeunes gens de noble famille confiés à ses soins. — Faites attention, Monsieur, dit Ralph, je vais en deux secondes vous montrer l'affaire sous son véritable point de vue. — Si vous voulez avoir cette bonté...
— Cet individu est un enfant, un jeune homme, un adolescent, un grand garçon, donnez-lui le nom que vous voudrez, de dix-huit à dix-neuf ans... — C'est ce que je vois, dit le maître d'école. — Son père est mort; il ne connaît point le monde, il n'a aucune espèce de ressource, et cherche à s'occuper. Je l'adresse à votre magnifique établissement, comme pouvant le mener à la fortune, s'il sait en tirer parti. Voyez-vous cela? — Tout le monde doit le voir, répondit Squeers, dont le regard prit à demi l'expression d'ironie de celui que Ralph lançait à son naïf parent. — Je le vois, dit Nicolas avec empressement. — Il le voit, vous le voyez, nous le voyons, dit Ralph avec le même ton sec et dur. Si, par quelque caprice, il néglige cette heureuse occasion, je me considère comme dispensé de secourir sa mère et sa sœur. Regardez-le, et songez combien il peut vous être utile d'une demi-douzaine de manières. Il s'agit de savoir si, en tout cas, il ne vous conviendra pas mieux que vingt autres que vous pourriez trouver. Ceci ne mérite-t-il pas d'être pris en considération? — Certes, dit Squeers répondant par un signe de tête au signe de tête de Ralph Nickleby.

— C'est bien, permettez que je vous dise deux mots.

Ces deux mots furent échangés à part; et au bout de deux minutes M. Wackford

Squeers annonça que Nicolas Nickleby était promu à l'emploi de premier sous-maître du château de Dotheboys, et installé en cette qualité.

— La recommandation de votre oncle a tout fait, monsieur Nickleby, dit Wackford Squeers.

Nicolas, enchanté de son succès, secoua avec chaleur la main de son oncle, et il eût volontiers adoré Squeers sur la place.

— Il a un air étrange, pensait-il, mais qu'importe! Le savant Person, le docteur Johnson avaient l'air étrange. C'est ainsi que sont tous ces rats de bibliothèque. — La voiture part demain matin à huit heures, monsieur Nickleby, dit Squeers, il faut être ici un quart d'heure avant pour emmener ces enfants. — Comptez sur moi, dit Nicolas. — J'ai payé, grommela Ralph, ainsi tout ce que vous avez à faire, c'est de vous tenir chaudement.

C'était encore un exemple de la générosité de Ralph. Nicolas fut si touché de cette bonté inattendue, qu'il eut peine à trouver des paroles pour exprimer sa reconnaissance. Il n'était pas à la moitié de son discours de remerciement, quand ils prirent congé du maître d'école, et sortirent de l'auberge de la Tête de Maure.

— Je me trouverai ici demain pour vous voir embarquer, dit Ralph. — Je vous remercie, Monsieur, je n'oublierai jamais cette bienveillance. — Et vous aurez raison. Maintenant vous ferez bien de retourner à la maison, et de vous occuper de vos bagages. Pensez-vous que vous puissiez d'abord trouver le chemin de Golden square? — Certainement, il m'est facile de demander. — S'il en est ainsi, dit Ralph en lui présentant un petit paquet, remettez ces papiers à mon commis, et dites-lui d'attendre mon retour.

Nicolas se chargea avec joie de la commission, fit à son oncle de tendres adieux, auxquels le sensible Ralph répondit par un grognement sourd, et se dirigea à la hâte vers Golden square.

Il y arriva bientôt; et lorsqu'il atteignit les marches de la maison, M. Noggs, qui avait été se distraire une ou deux minutes à la taverne, ouvrait la porte au moyen de son passe-partout.

— Qu'est-ce que cela? demanda Noggs en montrant le paquet. — Des papiers que vous envoie mon oncle, répondit Nicolas; et vous aurez la bonté d'attendre son retour, s'il vous plaît. — Votre oncle! s'écria Noggs. — M. Nickleby, dit Nicolas jugeant cette explication indispensable. — Entrez.

Sans en dire davantage, Newman Noggs conduisit Nicolas dans le corridor, et de là dans le bureau. Il fit asseoir le visiteur, et montant sur son grand tabouret, les bras roides et pendant le long de son corps, il le regarda fixement comme du haut d'une tour d'observation.

— Il n'y a pas de réponse, dit Nicolas mettant le paquet sur la table.

Newman ne dit rien; mais croisant les bras et penchant la tête en avant pour mieux voir Nicolas, il examina attentivement tous les traits de celui-ci.

— Point de réponse, dit à voix haute Nicolas assez disposé à croire que Newman Noggs était sourd.

Newman mit ses mains sur ses genoux, et sans prononcer une syllabe continua à contempler de près le visage de Nicolas.

Cette conduite de la part d'un étranger était si singulière, et la tournure de Newman Noggs était si originale, que Nicolas, qui saisissait assez vivement les ridicules, ne put s'empêcher de sourire en demandant si M. Noggs avait des ordres à lui donner.

Noggs secoua la tête et soupira; là-dessus Nicolas se leva, dit qu'il était pressé, et lui souhaita le bonjour.

La démarche subséquente de Noggs lui coûta beaucoup, et l'on en est à comprendre aujourd'hui comment il s'y détermina, son interlocuteur lui étant parfaitement inconnu. Quoi qu'il en soit, il poussa un long soupir, et dit à haute voix, et sans s'arrêter, que, si le jeune gentleman n'avait point de motif pour tenir la chose secrète, lui, Newman, désirerait savoir ce que son oncle allait faire pour lui.

Nicolas ne s'y refusa point; au contraire, il fut charmé de trouver l'occasion de parler du sujet qui occupait ses pensées; il se rassit donc, et, son imagination ardente s'échauffant à mesure qu'il parlait, il entama une description brillante et animée de tous les honneurs et avantages qu'il allait tirer de son installation dans le scientifique séjour de Dotheboys.

— Mais qu'y a-t-il? êtes-vous malade? dit Nicolas, s'interrompant soudain, en voyant son compagnon prendre une multitude d'attitudes bizarres, mettre ses mains sous le tabouret, et faire craquer les articulations de ses doigts comme s'il eût voulu se casser tous les os.

Newman Noggs ne fit point de réponse, mais il continua à hausser les épaules, à faire craquer ses doigts, à sourire affreusement, à tenir ses yeux fixes et à fleur de tête d'une manière épouvantable. D'abord Nicolas pensa que l'homme mystérieux était fou; mais, après plus ample examen, il décida qu'il avait bu, et songea prudent de battre en retraite.

CHAPITRE IV.

Si des pleurs versés sur une malle avaient le pouvoir de préserver le propriétaire de chagrins et de malheurs, Nicolas Nickleby eût commencé son expédition sous les plus heureux auspices. Il y avait tant à faire et si peu de temps pour le faire, tant de paroles de tendresse à prononcer, et tant de chagrin dans les cœurs où elles prenaient naissance pour les empêcher d'être prononcées, que les petits préparatifs du voyage se firent en silence et avec douleur. Nicolas insista pour laisser mille choses que la sollicitude de sa mère et de sa sœur jugeait indispensables à son bien-être, et qui pouvaient leur être ultérieurement de quelque utilité, ou se convertir en argent au besoin.

Enfin la malle fut prête, et l'on soupa. Catherine et sa mère s'étaient procuré de petites friandises supplémentaires en l'honneur de la circonstance, et pour subvenir aux frais elles feignirent d'avoir dîné pendant que Nicolas était dehors. Le pauvre Nicolas faillit s'étouffer tant en s'efforçant de manger qu'en essayant de faire une ou deux plaisanteries, et de sourire d'un air mélancolique. Ainsi le temps s'écoula jusqu'à l'heure du sommeil; ils s'aperçurent alors qu'ils auraient aussi bien fait de donner un libre cours à leurs véritables sentiments, car il leur fut impossible de les dissimuler. Ils s'y abandonnèrent donc, et ce fut pour eux une consolation.

Nicolas dormit jusqu'à six heures du matin, il rêva de son foyer, ou de ce qui était autrefois son foyer, ce qui revient au même; car durant le sommeil les objets qui ont changé ou qui ne sont plus reparaissent, grâce à Dieu, tels qu'ils étaient. Il se leva frais et dispos, écrivit quelques lignes au crayon, car il n'avait pas la force de faire ses adieux de vive voix, déposa à la porte de sa sœur son billet et la moitié de son argent, chargea sa malle sur ses épaules, et descendit sans bruit.

— Est-ce vous, Anna? cria une voix qui partait de l'atelier de miss la Creevy, où brillait la faible lueur d'une chandelle. — C'est moi, miss la Creevy, dit Nicolas posant sa malle à terre en entrant. — Bon Dieu! s'écria miss la Creevy en portant la main à ses papillotes, vous êtes sur pied de bien bonne heure, monsieur Nickleby. — Et vous aussi. — Ce sont les beaux-arts qui m'arrachent au sommeil, monsieur Nickleby. J'attends de la lumière pour jeter une idée sur l'ivoire. C'est un grand avantage de vivre dans un quartier aussi populeux que le mien. — Vraiment! — Vous ne prétendez pas dire que vous allez partir pour le Yorkshire par cette froide saison d'hiver? J'ai entendu parler de ce voyage hier au soir. — Je vais l'entreprendre, répondit Nicolas. — Eh bien! j'en sui .chée, voilà tout ce que je puis dire, tant pour le compte de votre mère et de votre sœur que pour le vôtre. Votre sœur est très-jeune, monsieur Nickleby, et c'est une raison de plus pour qu'elle ait un protecteur auprès d'elle. Je l'ai décidée à m'accorder une séance ou deux pour le cadre de la porte. Ah! ce sera une charmante miniature!

En parlant ainsi, miss la Creevy prit en main un portrait sur ivoire parsemé de veines bleues et le regarda avec tant de complaisance que Nicolas envia le sort de l'artiste.

— Si vous êtes jamais à même de témoigner quelque bonté à Catherine, dit Nicolas en tendant la main à miss la Creevy, je pense que vous le ferez. — Comptez là-dessus, dit la bonne et bienveillante artiste, et que Dieu vous garde, monsieur Nickleby! Je vous souhaite mille prospérités.

Après avoir mis fin à cette entrevue inattendue, Nicolas se hâta de sortir. Il n'était que sept heures lorsqu'il trouva un homme pour porter sa malle; il marcha lentement, précédant de quelques pas le commissionnaire.

Très-probablement le cœur de Nicolas n'était pas aussi tranquille que celui de son compagnon, quoique ce dernier ne portât point de gilet, et qu'on s'aperçût à ses vêtements qu'il avait passé la nuit dans une écurie et déjeuné près d'une pompe.

Nicolas regarda avec non moins de curiosité que d'intérêt les préparatifs que l'on faisait pour le jour naissant dans toutes les rues et dans presque toutes les maisons. Il songea qu'il était pénible d'être obligé d'aller chercher au loin des moyens d'existence lorsque tant de gens de tous rangs et de toutes conditions en trouvaient dans la capitale. Nicolas arriva bientôt à la Tête de Maure. Il congédia le commissionnaire, fit mettre sa malle en lieu sûr dans le bureau de la diligence, et entra dans le restaurant pour y chercher M. Squeers.

Il y trouva cet honorable savant en train de déjeuner. Les trois petits garçons déjà mentionnés, et deux autres que M. Squeers avait eu le bonheur de recruter depuis leur dernière entrevue, étaient en rang sur un banc en face de la table. M. Squeers avait devant lui une petite mesure de café, une assiette de rôties chaudes et un morceau de bœuf froid. Il s'occupait de préparer le déjeuner des enfants.

— Y a-t-il là pour quatre sous de lait, garçon? dit M. Squeers plongeant du regard au fond d'un grand pot bleu et l'inclinant légèrement pour s'assurer de la quantité de liquide qu'il contenait. — Pour quatre sous, Monsieur, répondit le garçon. — Comme le lait est rare à Londres! dit M. Squeers en soupirant. William, faites-moi le plaisir de remplir ce pot avec de l'eau tiède. Vous avez commandé du pain et du beurre pour trois personnes, n'est-ce pas? — Oui, Monsieur, je vais vous servir. — Vous n'avez pas besoin de vous presser; nous avons le temps. Domptez vos passions, enfants, et ne montrez pas tant d'empressement pour les vivres.

Après avoir énoncé ce précepte moral, M. Squeers coupa une énorme tranche de bœuf froid, et reconnut Nicolas.

— Asseyez-vous, monsieur Nickleby, dit Squeers, nous déjeunons, comme vous voyez.

Nicolas ne voyait déjeuner personne, excepté M. Squeers; mais il s'inclina avec tout le respect convenable, et s'efforça de paraître gai.

— Oh! dit Squeers, voici le lait et l'eau, William, très-bien; n'oubliez pas le pain et le beurre maintenant.

En entendant parler de nouveau du pain et du beurre, les cinq petits garçons semblèrent dans un état de vive anxiété, et suivirent des yeux le garçon, pendant que M. Squeers goûtait le lait baptisé.

— Ah! dit-il en se léchant les lèvres, quel nectar! Enfants, songez à la multitude de mendiants et d'orphelins des rues qui seraient enchantés d'en avoir autant. C'est une triste chose que la faim, n'est-ce pas, Nickleby? — Fort triste, Monsieur.

M. Squeers plaça le pot devant les enfants.

— Quand j'appellerai le numéro 1, dit-il, l'enfant le plus près de la croisée à main gauche pourra venir boire; quand j'appellerai le numéro 2, l'enfant qui est à côté lui succédera, et ainsi de suite jusqu'au numéro 5, qui est celui du dernier enfant. Etes-vous prêts? — Oui, Monsieur, s'écrièrent tous les petits garçons avec le plus grand empressement. — C'est bien, dit Squeers se remettant tranquillement à déjeuner; tenez-vous prêts jusqu'à ce que je vous dise de commencer. Maîtrisez vos appétits, mes chers amis, et vous aurez vaincu la nature humaine. Voilà la manière dont nous inculquons la force d'âme à nos élèves, monsieur Nickleby, poursuivit Squeers en s'adressant à Nicolas et parlant la bouche pleine de bœuf et de rôtie.

Nicolas murmura une réponse quelconque, sans trop savoir ce qu'il disait. Les petits garçons demeuraient en proie aux tourments de l'attente, et partageaient leurs regards entre le pot, le pain et le beurre qui venaient d'arriver, et les morceaux que M. Squeers portait à sa bouche.

— Rendez grâces à Dieu d'un bon déjeuner, dit M. Squeers lorsqu'il eut fini le sien. Numéro 1, venez boire.

Le numéro 1 saisit le pot avec rapacité, et il en avait bu juste assez pour lui en faire désirer davantage, quand M. Squeers donna le signal au numéro 2. Celui-ci fut aussi désagréablement interrompu par le numéro 3, et cette manœuvre fut continuée jusqu'à ce que la provision de lait baptisé fut épuisée par le numéro 5.

— Et maintenant, dit le maître d'école partageant le pain et le beurre pour trois personnes en autant de portions qu'il y avait d'enfants, vous ferez bien de vous dépêcher, car le cor va sonner dans quelques minutes, et il faudra partir.

Ayant ainsi obtenu la permission d'assouvir leur faim, les enfants se mirent à manger avec une voracité et une précipitation désespérées pendant que le maître d'école, que son déjeuner mettait d'une humeur excellente, distribuait des sourires à droite et à gauche. Quelques instants après, le cor se fit entendre.

— Je pensais bien que ce ne serait pas long, dit Squeers se levant rapidement et tirant de dessous le banc un petit panier; mettez là-dedans ce que vous n'avez pas eu le temps de manger, enfants! vous en aurez besoin pendant la route.

Nicolas était surpris au plus haut degré de ces arrangements économiques, mais il n'eut pas le temps d'y réfléchir, car il fallait hisser les petits garçons sur l'impériale de la diligence, et faire mettre dans le coffre leurs paquets et ceux de M. Squeers; toutes ces fonctions étaient dans les attributions de Nicolas. Il s'y livrait avec ardeur, quand son oncle l'accosta.

— Oh! vous voilà, Monsieur, dit Ralph; voici votre mère et votre sœur. — Où? s'écria Nicolas promenant aussitôt les yeux autour de lui. — Ici, répondit son oncle; ayant trop d'argent et pas de moyen de le dépenser, elles payaient une voiture de louage au moment où je suis entré. — Nous craignions d'arriver trop tard pour le voir avant son départ, dit mistress Nickleby; et elle embrassa son fils, sans s'inquiéter des spectateurs indifférents rassemblés dans la cour des diligences. — Très-bien, Madame, vous êtes maîtresse de vos actions. Je disais simplement que vous payiez une voiture de louage. Je n'ai jamais payé de voiture de louage, Madame, je n'en prends jamais. Il y a trente ans au moins que je ne suis monté dans une voiture de louage à mes frais; et j'espère n'y pas monter de trente ans encore, si je les vis. — Je ne me serais jamais pardonné de ne pas l'avoir vu, dit madame Nickleby. Pauvre cher enfant! partir sans déjeuner de peur de nous affliger! — C'est puissamment beau, assurément, dit Ralph Nickleby d'un ton maussade. Lorsque j'ai commencé les affaires, Madame, je déjeunais tous les matins en allant à la Cité avec un petit pain et deux sous de lait. Qu'en dites-vous, de cela, Madame! déjeuner! bah!

En ce moment Squeers arriva en boutonnant son pardessus.

— Nickleby, dit-il, vous ferez bien de monter derrière. J'ai peur que quelques-uns des enfants ne tombent, et ce serait vingt livres sterling par an de perdues. — Mon cher Nicolas, murmura Catherine prenant le bras de son frère, quel est ce grossier personnage? — Hein? grommela Ralph, dont l'oreille fine avait saisi cette question; désirez-vous être présentée au maître d'école, ma chère?

Catherine fit deux pas en arrière : — Quoi! dit-elle, c'est là le maître d'école! Oh! non, mon oncle; c'est impossible. — J'étais sûr de vous entendre parler ainsi, repartit Ralph avec sa manière habituelle, froide et sarcastique... Monsieur Squeers, voici ma nièce, sœur de Nicolas.

Squeers souleva son chapeau à un ou deux pouces de sa tête : — Enchanté de faire votre connaissance, dit-il. Je désirerais que madame Squeers prît des filles en pension, et que nous vous eussions pour institutrice.

— Mon cher Nicolas, dit la jeune fille, quel est cet homme? dans quel endroit va-t-il vous mener?

Nicolas pressa la main de sa sœur, et répondit : — Je le sais à peine; je suppose que les gens du Yorkshire manquent d'usage et de politesse, voilà tout. — Mais, cet individu, quel est-il? — C'est celui qui m'emploie, ou mon maître, j'ignore quel est le nom qui lui convient, répondit précipitamment Nicolas, et il est temps de monter à ma place. Soyez heureuse, et adieu. Ma mère, espérez que nous nous retrouverons un jour. Mon oncle, portez-vous bien. Je vous remercie cordialement de ce que vous avez fait, et de tout ce que vous avez l'intention de faire... Je suis prêt, Monsieur.

Après ces adieux précipités, Nicolas monta légèrement sur l'impériale, et agita la main avec autant d'ardeur que si son cœur l'avait suivie.

Le cocher et le conducteur s'entretenaient ensemble au sujet de la liste des voyageurs; les commissionnaires achevaient de se faire payer; le colporteur ambulant offrait pour la dernière fois le journal du matin; les chevaux impatients secouaient leurs harnais retentissants; tout à coup Nicolas se sentit doucement tirer par la jambe, baissa les yeux, et vit Newman Noggs, qui lui glissa dans la main une lettre crasseuse.

— Qu'est-ce? demanda Nicolas. Noggs lui montra du doigt Ralph Nickleby, qui était en conversation animée avec M. Squeers, à peu de distance de lui. — Silence, dit-il; prenez, lisez, que personne n'en sache rien; voilà tout. — Arrêtez! s'écria Nicolas. — Non, répondit Noggs.

Nicolas voulut encore l'appeler, mais Newman Noggs était déjà parti.

Il y eut une minute d'agitation ; les portières de la voiture retentirent ; le pesant cocher et le conducteur plus pesant encore firent pencher la voiture d'un côté en grimpant sur leurs siéges ; le cri : Allez ! marchez ! se mêla aux sons du cor ; deux figures tristes et abattues jetèrent un coup d'œil rapide sur Nicolas, que son oncle regardait sans sourciller, et la voiture partit !

CHAPITRE V.

Ce ne fut que le lendemain, après un pénible voyage de soixante lieues, que nos voyageurs arrivèrent à Greta-Bridge. Deux paysans y attendaient M. Squeers avec une charrette et une espèce de chaise de poste.

— Mettez les enfants et les paquets dans la charrette, dit Squeers en se frottant les mains ; ce jeune homme et moi irons dans la chaise. Montez, Nickleby.

Nickleby obéit. Wackford Squeers eut quelque peine à faire obéir aussi le cheval. Ils partirent suivis de la charretée d'enfants.

— Sommes-nous loin du château de Dotheboys ? demanda Nicolas. — A huit milles environ. Mais il n'est pas nécessaire ici d'appeler mon établissement un château.

Nicolas toussa, comme pour exprimer le désir d'en savoir la raison.

— Le fait est que ce n'est pas un château, dit sèchement Wackford Squeers. — Bah ! s'écria Nicolas stupéfait de cette nouvelle inattendue. — Non, reprit Squeers ; nous l'appelons château à Londres, parce que cela sonne mieux, mais dans le pays on ne le connaît pas sous ce nom. Un homme peut dire que sa maison est une île, il n'y a pas d'acte du parlement qui le lui défende. — Je ne le pense pas.

A la fin de ce petit dialogue, Wackford Squeers jeta un coup d'œil rapide sur son compagnon ; et le voyant peu disposé à faire des observations, il se contenta de fouetter le cheval jusqu'à la fin de leur voyage. — Sautez à bas, dit Squeers. Holà ! quelqu'un ! venez dételer ! dépêchez-vous.

Pendant que le maître d'école poussait ces cris d'impatience et autres analogues, Nicolas eut le temps de remarquer que la pension était un long bâtiment mal clos, élevé d'un étage, avec quelques dépendances en état de dégradation, une grange et une écurie. Au bout d'une minute, on entendit le bruit de la clef dans la serrure de la grande porte, et un grand garçon décharné sortit, une lanterne à la main.

— Est-ce vous, Smike? s'écria Squeers. — Oui, Monsieur, répondit le domestique. — Pourquoi n'êtes-vous pas arrivé plus tôt? — Je m'étais endormi auprès du feu, répondit Smike humblement. — Du feu? quel feu? où y a-t-il du feu? demanda le maître d'école avec aigreur. — Seulement dans la cuisine, Monsieur, répondit le domestique. Comme je veillais, Madame m'a dit d'y aller pour me chauffer. — Madame est une folle, repartit Squeers; vous auriez été plus éveillé sans feu, je le parie.

Cependant M. Squeers avait dételé. Il ordonna au domestique de conduire le cheval à l'écurie, et de veiller à ce qu'on ne lui donnât plus d'avoine cette nuit; puis il dit à Nicolas de l'attendre à la porte d'entrée, pendant qu'il allait faire le tour, passer par la porte de derrière et venir lui ouvrir.

Les tristes pressentiments qui s'étaient accumulés toute la journée dans l'esprit de Nicolas redoublèrent lorsqu'il fut seul. La distance qui le séparait de sa demeure, l'impossibilité d'y arriver autrement qu'à pied, s'il se sentait jamais envie d'y retourner, se présentaient à lui sous les couleurs les plus alarmantes. En regardant la maison délabrée, les fenêtres sombres, et la contrée sauvage et couverte de neige qui s'étendait alentour, il se sentait un abattement qu'il n'avait jamais éprouvé.

— Eh bien! s'écria Squeers entre-bâillant la porte d'entrée, où êtes-vous, Nickleby? — Me voici, Monsieur. — Entrez, le vent souffle à renverser un homme.

Nicolas se hâta d'entrer. Wackford Squeers verrouilla la porte, et introduisit son sous-maître dans un petit parloir pauvrement meublé de quelques chaises, d'une mappemonde jaune suspendue au mur, et de deux tables. L'une portait les apprêts du souper, et sur l'autre étaient disposés, dans une confusion pittoresque, un guide de l'instituteur, une grammaire, une demi-douzaine d'adresses et une vieille lettre adressée à Wackford Squeers, écuyer.

Il y avait quelques minutes qu'ils étaient dans cet appartement, quand une femme s'élança dans la chambre.

— Comment va mon cher petit Squeers? dit la dame avec enjouement et d'une voix très-rauque. — Parfaitement, mon amour. Comment vont les vaches? — Toutes à merveille. — Et les poules? — Aussi bien que lorsque vous êtes parti. — Allons, c'est une bénédiction, dit Squeers en ôtant son pardessus. Les enfants sont tous comme ils étaient, je le suppose? — Oh! oui, ils se portent assez bien, répondit madame Squeers d'un ton rébarbatif. Ce jeune Pitcher qui a eu la fièvre! — Bah! s'écria Squeers, diable d'enfant, il a continuellement quelque chose comme ça.

— On n'a jamais vu un pareil enfant, tout ce qu'il a est toujours contagieux! Je dis qu'il y met de l'entêtement, et rien ne me convaincra du contraire : je le guérirai à coups de poing, comme je vous l'ai dit il y a un mois. — Oui, mon amour, nous verrons ce qu'il y aura à faire.

Pendant ces tendresses, Nicolas, assez déconcerté, s'était tenu au milieu de la chambre, ne sachant si l'on désirait qu'il se retirât dans le corridor, ou qu'il restât où il était. M. Squeers le tira de son incertitude.

— Voici le nouveau jeune homme, ma chère. — Oh! répondit madame Squeers en faisant un léger signe de tête à Nicolas et le toisant froidement de la tête aux pieds. — Il mangera une bouchée avec nous ce soir, dit Squeers, et il ira rejoindre les enfants demain matin. Pouvez-vous lui dresser un lit ici pour cette nuit? — Nous arrangerons cela, répondit la dame. Vous ne vous inquiétez pas beaucoup de la manière dont vous dormez, je pense? — Non, vraiment, répondit Nicolas, je ne suis pas difficile. — C'est heureux, dit madame Squeers.

Comme la dame passait pour être surtout forte sur la repartie, M. Squeers rit de bon cœur et parut s'attendre à ce que Nicolas en fît autant.

Au bout d'un moment de conversation entre le maître et la maîtresse relativement au succès des démarches de M. Squeers, aux gens qui avaient payé et à ceux qui avaient fait faillite, une jeune servante apporta un pâté et un peu de bœuf froid; puis Smike, le valet, parut avec un cruchon d'ale.

M. Squeers avait tiré des poches de son pardessus des lettres pour différents élèves, et autres papiers. Le domestique regardait ces papiers avec une expression d'inquiétude et de timidité, comme s'il eût conçu une faible espérance que l'un d'eux lui serait adressé. Ce regard était douloureux, et pénétra jusqu'au fond du cœur de Nicolas; car il révélait une longue et triste histoire.

Ce fut un motif pour que Nicolas examinât plus attentivement le valet, et il fut surpris du mélange extraordinaire de vêtements qui formait son costume. Quoiqu'il ne pût avoir moins de dix-huit à dix-neuf ans, et qu'il fût grand pour son âge, il portait une veste comme celle que l'on met ordinairement aux plus petits enfants, et ce vêtement, étrangement court de bras et de jambes, était assez large pour son corps amaigri. Afin que la partie inférieure de ses jambes fût en parfaite harmonie avec cet équipement singulier, il avait une énorme paire de bottes, jadis à revers, qui avaient été portées par quelque robuste fermier, mais qui étaient alors éculées et en lambeaux. Dieu sait depuis combien de temps il était à Dotheboys, mais il conservait encore le linge de son trousseau primitif; car une collerette d'enfant déchirée entourait son cou, et n'était qu'à demi cachée par une cravate d'homme d'étoffe grossière. Il était boiteux, et en feignant de ranger sur la table, il examinait les lettres d'un œil si perçant, et cependant si plein d'abattement et de desespoir, que Nicolas ne put s'empêcher d'y faire attention.

— A quoi vous amusez-vous, Smike? s'écria madame Squeers; laissez tout cela. — Qu'est-ce? dit Squeers levant les yeux. Oh! c'est vous, c'est vous. — Oui, Monsieur, répondit le jeune homme serrant ses mains l'une contre l'autre pour comprimer de force l'agitation nerveuse de ses doigts, y a-t-il?... — Eh bien? dit Squeers. — Avez-vous... quelqu'un a-t-il... quelques renseignements à mon sujet? — Aucun, répliqua brusquement Squeers.

Le jeune homme se détourna, porta la main à sa figure et s'avança vers la porte.

— Il n'y a rien, reprit Squeers, il n'y aura jamais rien. C'est encore une belle affaire, n'est-ce pas, de vous avoir laissé ici tant d'années sans rien payer après les six premières; de ne pas avoir songé à vous, de n'avoir donné aucun indice de ceux à qui vous appartenez? C'est une belle affaire que je sois obligé de nourrir un grand gaillard comme vous, sans jamais en attendre un sou.

Le valet mit la main sur son front, comme s'il eût fait effort pour réveiller un souvenir effacé; puis, regardant Squeers d'un air égaré, il sourit et s'éloigna.

— Savez-vous une chose? dit madame Squeers à son époux lorsque la porte fut fermée; je crois que ce jeune drôle devient stupide.

— Je souhaite qu'il n'en soit rien, dit le maître d'école; car il nous sert et gagne bien sa nourriture. En tout cas, s'il était stupide, je croirais qu'il aurait encore assez d'esprit pour nous. Mais, allons, soupons, car j'ai faim; je suis las, et veux me coucher.

Sur ce, l'on rapporta un bifteck, exclusivement réservé à M. Squeers, qui s'empressa d'y faire honneur. Nicolas approcha sa chaise de la table; mais il avait perdu l'appétit.

— Comment est le bifteck? dit madame Squeers. — Tendre comme un agneau, répondit Squeers; en voulez-vous un morceau? — Je n'en saurais manger, mon cher. Que va prendre le jeune homme?

— Ce qu'il voudra de ce qui est sur la table, reprit Squeers dans un élan extraordinaire de générosité. — Que désirez-vous, Monsieur? demanda madame Squeers. — Je prendrai un peu de pâté, s'il vous plaît, très-peu, car je n'ai pas faim. — Eh bien! dit madame Squeers, c'est dommage d'entamer le pâté, si vous n'avez pas faim. Voulez-vous une tranche de bœuf? — Tout ce qu'il vous plaira, répondit Nicolas avec distraction; peu m'importe.

En recevant cette réponse, madame Squeers prit l'air le plus gracieux du monde, et fit un signe de tête à Squeers, comme pour exprimer qu'elle était charmée de voir que le jeune homme connaissait ses devoirs ; puis elle servit du bœuf à Nicolas.
— De l'ale, mon ami? demanda la dame à son mari en clignant de l'œil et grimaçant pour lui donner à entendre qu'il s'agissait de savoir, non pas si lui-même en voulait prendre, mais s'il fallait en donner à Nicolas. — Certainement, un plein verre, répondit Squeers au moyen des mêmes signes télégraphiques.

Nicolas en eut donc un plein verre, et, occupé de ses propres réflexions, il le but dans l'heureuse ignorance du pourparler précédent.

Squeers acheva son souper en silence, et dit en posant son couvert sur la table :
— Ce bifteck était succulent. — C'est de la viande de première qualité ; j'en ai acheté moi-même exprès un bon gros morceau pour... — Pour qui? s'écria Squeers précipitamment, ce n'est pas pour les... — Non, non, ce n'est pas pour eux ; c'est pour vous, que j'attendais. Mon Dieu! pouvez-vous me croire capable d'une pareille méprise?

Cette partie de la conversation était presque inintelligible. Le bruit courait dans le voisinage que M. Squeers, ennemi des cruautés exercées sur les animaux, achetait assez fréquemment, pour la consommation des élèves, les corps des bêtes à cornes mortes de mort naturelle, et probablement il avait eu peur en cette occasion d'avoir par mégarde dévoré quelque morceau de choix destiné aux jeunes gentlemen.

Le souper terminé et le couvert enlevé par une petite servante à la mine affamée, madame Squeers sortit pour enfermer les restes et mettre en lieu de sûreté les hardes des cinq enfants qui venaient d'arriver, et qui, laissés trop longtemps exposés au froid, étaient sur les sinistres degrés qui mènent à la porte de la mort. On les régala d'un léger potage, et on les entassa côte à côte sur un lit de sangle, pour les réchauffer, et rêver d'un mets substantiel accompagné de quelque chose de chaud ; leurs idées devaient se diriger de ce côté, et il est probable que ce fut là le chemin qu'elles prirent.

M. Squeers s'administra un verre de grog composé libéralement moitié d'eau, moitié d'eau-de-vie, et son aimable compagne prépara à Nicolas l'ombre d'un verre du même mélange. Cela fait, M. et madame Squeers se rapprochèrent du feu, s'assirent, les pieds sur les chenets, et se parlèrent à voix basse et confidentiellement. Cependant Nicolas prit le *Guide de l'Instituteur* et en parcourut les pages avec autant de conscience de ce qu'il faisait que s'il eût été plongé dans un sommeil magnétique. Enfin M. Squeers bâilla à se démonter la mâchoire, et fut d'avis qu'il était grand temps de s'aller coucher. A ce signal, madame Squeers et sa servante apportèrent un petit matelas de paille et une couple de couvertures, et les arrangèrent en manière de lit pour Nicolas.

— Nous vous installerons demain dans une chambre à coucher plus convenable, Nickleby, dit Wackford Squeers. — Je serai prêt, Monsieur; bonsoir. — Je vous réveillerai et vous montrerai où est le puits, ajouta Squeers; vous trouverez toujours un petit morceau de savon sur la fenêtre de la cuisine, il vous est destiné.

Nicolas ouvrit les yeux sans ouvrir la bouche. Au moment de s'en aller, M. Squeers fit signe à sa femme d'emporter la bouteille d'eau-de-vie, de peur que Nickleby n'y touchât pendant la nuit. Madame Squeers s'en saisit avec une extrême précipitation, et les deux époux se retirèrent.

Laissé seul, Nicolas se promena en long et en large dans la chambre, en proie à une violente agitation; mais, se calmant par degrés, il s'assit, et forma le projet, quelque chose qu'il arrivât, d'essayer de supporter momentanément toutes les misères qui lui étaient réservées. Il se rappela la détresse de sa mère et de sa sœur, et se détermina à ne donner à son oncle aucun prétexte pour les abandonner. Les bonnes résolutions manquent rarement de produire de bons effets dans l'esprit de celui qui les conçoit. Il reprit courage, et, grâce à l'ardeur et à l'énergie de la jeunesse, il espéra même qu'au château de Dotheboys les choses iraient mieux qu'il n'avait lieu de s'y attendre.

A moitié consolé, il se préparait à se coucher, quand une lettre cachetée tomba de sa poche. Dans le trouble des adieux elle avait échappé à son attention et ne s'y était pas offerte depuis. Elle lui rappela le maintien mystérieux de Newman Noggs.

— Mon Dieu! dit Nicolas, quelle écriture extraordinaire!

La lettre lui était adressée, était écrite sur de sale papier, et tellement griffonnée qu'elle était presque illisible. Après des efforts réitérés, il parvint à lire ce qui suit :

« Mon cher jeune homme,

» Je connais le monde. Votre père ne le connaissait pas; autrement il ne m'aurait pas rendu service sans espérance de retour. Vous ne le connaissez pas; autrement vous ne vous seriez pas décidé à un pareil voyage...

» Si jamais vous avez besoin d'un abri à Londres (ne vous fâchez pas de cette supposition, je croyais autrefois n'en devoir jamais manquer), on sait où je demeure, à l'enseigne de la Couronne, Silver street, Golden square; c'est au coin de Silver street et de James street, et l'on entre par l'une ou l'autre rue indifféremment. Vous pouvez venir le soir. Autrefois personne n'avait honte... Mais ne songeons plus à ce temps; il est passé.

» Excusez mon barbouillage. J'ai oublié qu'on peut porter un bel habit, j'ai oublié tous mes anciens jours, j'ai oublié aussi l'art d'écrire.

» Newman Noggs.

» *P. S.* Si vous allez près de Bernard Castle, il y a de bonne ale à la Tête du Roi; dites que vous me connaissez, et je suis sûr qu'on ne vous prendra pas cher. Vous pouvez dire là M. Noggs, car j'ai été un homme comme il faut. »

Ce peut être une circonstance futile à mentionner, mais lorsque Nicolas eut plié cette lettre, et qu'il l'eut placée dans son portefeuille, ses yeux se couvrirent d'un voile humide qu'on aurait pu prendre pour des pleurs.

CHAPITRE VI.

Un voyage de plus de deux cents milles par un temps rigoureux adoucit les plus durs oreillers. Peut-être encore adoucit-il les songes, car ceux qui voltigèrent autour de la rude couche de Nicolas et murmurèrent à son oreille, étaient de l'espèce la plus agréable. Il faisait fortune avec une rapidité vraiment miraculeuse, quand la faible lueur d'une chandelle expirante vint briller à ses yeux. Une voix qu'il n'eut pas de peine à reconnaître pour celle de M. Squeers l'avertit qu'il était temps de se lever.

— Il est sept heures passées, Nickleby. — Il fait déjà jour? demanda Nickleby en se dressant sur son séant. — Sans doute, et un beau jour de gelée. Allons, Nickleby, allons, debout!

Nicolas ne se le fit pas dire deux fois, et procéda à sa toilette à la lueur du flambeau que portait M. Squeers. — Voici une belle affaire, dit celui-ci, la pompe est gelée. — Vraiment! dit Nickleby, à qui cette nouvelle ne semblait pas fort intéressante. — Oui, répondit Squeers. Vous ne pourrez vous laver ce matin. — Comment? s'écria Nicolas. — C'est de toute impossibilité! Il faudra vous contenter de vous frotter à sec, en attendant que nous ayons cassé la glace et tiré un seau d'eau pour les élèves. Ne restez pas là à me regarder, mais dépêchez-vous, je vous prie.

Sans ajouter un mot de plus, Nicolas s'habilla à la hâte. Squeers ouvrait les volets et éteignait la chandelle, lorsqu'on entendit dans le corridor la voix de son aimable compagne, qui demandait à être admise.

— Entrez, dit Squeers. Madame Squeers parut. — Diable d'aventure! dit la dame en ouvrant l'armoire; je ne puis trouver nulle part la grande cuiller de l'école. — Ne vous en inquiétez pas, ma chère, dit Squeers d'un ton câlin, c'est peu important. — Peu important! comme vous parlez! repartit aigrement madame Squeers n'est-ce pas aujourd'hui qu'on fait prendre médecine aux élèves? — En effet; je l'avais oublié, ma chère. Voyez-vous, Nickleby, de temps en temps nous purifions le sang des enfants. — Nous ne purifions rien du tout, dit la dame. Ne croyez pas, jeune homme, que nous nous mettions en dépense pour purifier ces petits drôles; parce que si vous pensiez que nous en agissons ainsi, vous vous tromperiez lourdement, je vous le déclare. — Hem! ma chère, dit Squeers en fronçant le sourcil. — Je veux parler, reprit la dame. Si ce jeune homme vient ici pour être professeur, il faut qu'il sache que nous n'entendons point qu'on fasse des folies pour les élèves. On leur administre une médecine, en partie parce que s'ils ne prenaient de médecine d'aucune espèce, ils seraient toujours à se plaindre et nous donneraient beaucoup d'embarras, et en partie parce que le médicament leur ôte l'appétit et revient moins cher que le déjeuner et le dîner. Ils s'en trouvent bien, et nous aussi, et voilà le beau de la chose.

Après cette explication, madame Squeers entra dans un cabinet, pour y chercher la grande cuiller, et M. Squeers l'aida dans cette perquisition. Durant cette occupation, ils échangèrent quelques mots à voix basse; et tout ce que Nicolas put distinguer de leur entretien fut que M. Squeers disait que madame Squeers avait eu tort de parler comme elle l'avait fait, et que madame Squeers traitait son mari d'imbécile.

Après de longues recherches et un remue-ménage infructueux, Smike fut appelé, reçut des bourrades de madame Squeers et des coups de poing de M. Squeers, et ce traitement éclaircissant ses idées, le rendit capable d'insinuer que madame Squeers avait peut-être la cuiller dans sa poche; ce qui se trouva vrai.

— C'est une femme inestimable, Nickleby, dit Squeers lorsque sa compagne fut sortie en chassant le domestique devant elle. — Vraiment, Monsieur. — Elle n'a pas sa pareille, elle ne l'a pas. Cette femme, Nickleby, est toujours la même, active, pétulante, alerte, économe comme vous la voyez.

Nicolas soupira involontairement à la pensée du bonheur qu'un tel caractère lui préparait ; mais heureusement Squeers était trop occupé de ses propres réflexions pour s'apercevoir de ce soupir.

— J'ai l'habitude de dire à Londres, poursuivit Squeers, que c'est une mère pour les enfants ; mais elle est pour eux plus qu'une mère, dix fois plus. Elle fait pour eux, Nickleby, des choses que la moitié des mères, j'en suis sûr, ne feraient pas pour leurs propres fils. — Il est certain qu'elles ne les feraient pas, répondit Nicolas.

Le fait était que les deux époux considéraient les élèves comme leurs ennemis naturels. En d'autres termes, ils pensaient que leur affaire, leur métier, était d'exploiter les enfants autant qu'il leur était possible de le faire. Tous deux s'accordaient sur ce point en théorie et en pratique ; la seule différence qui existât entre eux était celle-ci : madame Squeers faisait aux ennemis guerre franche et ouverte, et M. Squeers, même chez lui, colorait sa scélératesse d'un vernis de fourberie, comme s'il se fût imaginé que d'un jour à l'autre il parviendrait à s'abuser sur son propre compte, et à se persuader à lui-même qu'il était honnête homme.

Nicolas saisissait ces nuances distinctives, et elles étaient l'objet de ses pensées, lorsque M. Squeers en interrompit le cours.

— Allons à l'étude, et donnez-moi un coup de main pour endosser mon habit d'instituteur, s'il vous plaît.

Nicolas aida son maître à mettre une vieille veste de chasse de futaine, suspendue à un clou dans le corridor ; Squeers s'arma de sa canne, traversa la cour et le conduisit à une porte placée dans une encoignure.

— Voilà notre boutique, Nickleby, dit le maître d'école, et ils entrèrent.

La scène était confuse, et tant d'objets à la fois attiraient l'attention, qu'au premier abord Nicolas demeura stupéfait, sans rien distinguer. Par degrés cependant, il reconnut une salle malpropre et nue, éclairée au moyen de deux fenêtres.

Au bout d'une demi-heure, M. Squeers reparut ; les enfants prirent leurs places et leurs livres, dont chacun servait à environ huit élèves. M. Squeers affectait un air de profondeur, et cherchait à persuader qu'il connaissait parfaitement le contenu de tous les livres, et qu'il eût pu le répéter mot à mot par cœur, s'il avait seulement voulu s'en donner la peine. Au bout de quelques minutes, le savant professeur appela la première classe.

Obéissant à ses ordres, on vit se ranger en face du bureau du maître une demi-douzaine d'épouvantails, les coudes et les genoux en-dehors, et l'un d'eux lui mit sous les yeux un livre crasseux et déchiré.

Squeers fit signe à Nicolas d'approcher, et lui dit : — C'est la première classe de lecture et de philosophie, Nickleby. Nous en établirons une de latin, et nous vous la confierons. Commençons; où est le premier élève? — Monsieur, il est à nettoyer les carreaux de la salle basse, dit le chef temporaire de la classe de philosophie. — C'est vrai, reprit Squeers. Voyez-vous, Nickleby, nous suivons le mode d'enseignement pratique : c'est le système d'éducation le plus régulier. N-e-t, net, t-o-y-e-r, toyer, nettoyer, verbe actif, rendre net, ôter les ordures, les taches. C-a-r, car, r-e-a-u, reau, carreau, pièce de verre à une fenêtre. Quand il a appris dans son livre ce que c'est que nettoyer les carreaux, l'élève va le faire. C'est précisément en vertu du principe qui règle l'usage des sphères. Où est le second élève? — Il sarcle le jardin, Monsieur, répondit une petite voix. — Sans doute, dit Squeers sans se déconcerter, sans doute. B-o bo, t-a ta, bota, n-i-q-u-e, nique, botanique, nom substantif, science qui a pour objet la connaissance des plantes. Quand l'élève a appris que botanique signifie science qui a pour objet la connaissance des plantes, il va les étudier dans le jardin. Voilà notre système, Nickleby; qu'en pensez-vous? — Il est certainement très-utile, répondit Nicolas d'un ton significatif. — Je le crois, reprit Squeers sans remarquer l'intention du sous-maître. Troisième élève, qu'est-ce qu'un cheval? — C'est une bête, Monsieur, répondit l'enfant. — Fort bien, dit Squeers, n'est-ce pas, Nickleby? — Je crois qu'il n'y a pas à en douter, répliqua Nicolas. — Assurément. Un cheval est un quadrupède, et quadrupède est le mot latin qui signifie bête : comme le savent tous ceux qui ont passé par la grammaire; autrement à quoi serviraient les grammaires? — A quoi serviraient-elles? dit machinalement Nicolas.

— Comme vous savez cela à merveille, reprit Squeers en s'adressant à l'enfant, allez voir mon cheval, et étrillez-le, sinon je me charge de vous étriller. Le reste de la classe va aller tirer de l'eau, jusqu'à ce qu'on lui dise de s'arrêter, car c'est demain jour de lessive, et il faut remplir les chaudières.

A ces mots, il envoya la première classe à ses expériences de philosophie pratique, et regarda Nicolas d'un air d'incertitude, ne sachant ce que le jeune homme pouvait penser de lui en ce moment.

— Voilà notre manière d'agir, Nickleby, dit-il après un long silence. — Je le vois bien, reprit Nicolas en faisant un léger mouvement d'épaules presque imperceptible. — C'est une excellente méthode, dit Squeers. Maintenant, prenez ces quatorze petits garçons et faites-les lire, parce que, vous le savez, il faut commencer à vous rendre utile.

Les enfants se rangèrent en demi-cercle autour du nouveau professeur, et il les entendit psalmodier avec hésitation ces histoires d'un intérêt puissant qu'on trouve dans les plus antiques alphabets.

M. Squeers avait coutume, après ses visites de semestre à la métropole, de réunir les enfants, et de faire une espèce de rapport sur les parents et amis qu'il avait vus, les nouvelles qu'il avait apprises, les lettres qu'il avait apportées, les notes qui avaient été payées, celles qui ne l'avaient pas été, et ainsi de suite. Cette solennité avait toujours lieu dans l'après-midi du lendemain de son retour. On rappela donc les enfants de la salle basse, du jardin, de l'écurie et de la basse-cour, et le conclave scolastique était au complet lorsque parurent M. Squeers, avec un paquet de papiers à la main, et madame Squeers portant une couple de cannes.

— Que personne ne parle sans permission, dit doucement M. Squeers, sinon gare à sa peau !

Cette proclamation produisit l'effet désiré, et un silence de mort régna aussitôt dans l'assemblée. M. Squeers commença.

— Jeunes élèves, j'ai été à Londres, et je reviens auprès de ma famille et de vous, aussi robuste et aussi bien portant que jamais...

Selon l'usage semestriel, cette nouvelle consolante fut accueillie par trois faibles acclamations! et quelles acclamations! elles ressemblaient à s'y méprendre à des soupirs!

— J'ai vu les parents de quelques écoliers, poursuivit M. Squeers, et ils sont si charmés d'apprendre de quelle manière sont traités leurs enfants, qu'ils ne songent nullement à les retirer, ce qui certes est fort agréable pour tout le monde...

Deux ou trois individus portèrent la main à leurs yeux quand M. Squeers prononça ces mots. Mais comme la plus grande partie des jeunes gens n'avaient point de parents, ils étaient complètement désintéressés dans la question.

— J'ai eu bien des désappointements, dit Squeers d'un air sombre : le père de Bolder est à découvert de deux livres sterling. Où est Bolder? — Le voici, Monsieur, répondirent vingt voix officieuses. Les enfants ressemblent beaucoup aux hommes. — Venez ici, Bolder !

Un enfant débile et maigre, les mains couvertes de verrues, s'approcha du bureau, et leva des yeux suppliants vers la face du maître; la sienne était devenue blême, et son cœur battait rapidement.

— Bolder, dit Squeers très-lentement, parce qu'il préparait ses coups; Bolder, si votre père croit que... Mais qu'est-ce que cela, Monsieur?

Squeers saisit la manche de la veste de l'enfant, et lui regarda la main avec horreur et dégoût.

— Comment appelez-vous cela, Monsieur? demanda-t-il à Bolder en lui appliquant un coup de canne pour hâter la réponse. — Ce n'est pas ma faute, Monsieur, reprit l'enfant en pleurant, ça vient tout seul : c'est la sale besogne à laquelle on m'emploie, je crois, Monsieur; du moins, je ne sais ce que c'est, mais... ce n'est pas ma faute.

Squeers releva les parements de ses manches, humecta ses mains de la vapeur de son haleine, pour les rendre plus aptes à saisir sa canne, et s'écria : — Bolder, vous êtes un jeune drôle incorrigible; et comme la dernière rossée que vous avez reçue ne vous a pas fait de bien, nous allons voir si celle-ci vous corrigera.

Là-dessus, sans égard pour les cris de détresse de l'enfant, M. Squeers tomba sur lui à grands coups, et ne cessa que lorsque son bras fut fatigué.

— Voilà, dit-il; frottez-vous tant que vous voudrez, vous en porterez longtemps les marques : voulez-vous vous taire? Smike, mettez-le à la porte.

Le domestique avait appris par une longue expérience qu'il était bon de ne pas hésiter à obéir. Il poussa donc la victime dehors, et Squeers se replaça sur son tabouret, aidé de sa chère moitié, qui en occupait un autre auprès de lui.

— Voyons, maintenant, dit-il. Voici une lettre pour Cobbey. Levez-vous, Cobbey.

Un autre enfant se leva, et lorgna la lettre, pendant que Squeers la parcourait mentalement.

— Oh! dit-il, la grand'mère de Cobbey est morte, et son oncle John est devenu ivrogne; voilà toutes les nouvelles que sa sœur lui envoie, plus trente sous qui serviront justement à payer le carreau de vitre qu'il a cassé. Madame Squeers, ma chère, voulez-vous prendre l'argent?

La digne dame empocha les trente sous avec un extrême empressement, et Squeers passa à un autre enfant avec tout le sang-froid possible.

L'instituteur continua à ouvrir une collection de lettres; quelques-unes contenaient de l'argent, que madame Squeers se chargea de serrer; d'autres se rapportaient à de petits objets d'habillement, tels que bonnets et autres choses semblables, et la même dame trouvait toujours qu'ils étaient trop grands ou trop petits, et qu'ils n'allaient qu'au jeune Squeers, doué à ce qu'il paraissait de membres fort accommodants, puisque tout ce qui entrait dans l'école lui convenait à ravir. Sa tête en particulier devait être singulièrement élastique, car les chapeaux et les bonnets de toutes dimensions le coiffaient parfaitement.

Cette besogne terminée, on donna quelques leçons, et Squeers se retira chez lui, laissant Nicolas prendre soin des enfants dans l'étude, qui était très-froide, et où, vers la brune, on servit une collation de pain et de fromage.

Nicolas s'assit auprès d'un petit poêle voisin du bureau de l'instituteur, si abattu si dégradé à ses propres yeux par la conscience de sa position, que si la mort l'avait alors atteint, elle eût été la bienvenue. Les cruautés dont il avait été involontairement témoin, la bassesse, la vilenie de Squeers, même dans ses meilleurs moments, les soupirs qu'il entendait, tout contribuait à entretenir ses tristes pensées. Comme il était absorbé dans sa méditation, il rencontra les regards de Smike, qui, à genoux devant le poêle, ramassait quelques morceaux de charbon de terre épars et les remettait dans le feu. Il contemplait Nicolas à la dérobée, et, voyant que celui-ci s'en était aperçu, il recula comme pour éviter un coup.

— Vous n'avez pas besoin de me craindre, dit Nicolas avec bonté. Avez-vous froid ? — N-o-n. — Vous grelottez. — Je n'ai pas froid, répondit Smike avec précipitation, et j'y suis habitué.

On voyait dans ses manières tant de crainte d'offenser, et Smike était si timide, si abattu, que Nicolas ne put s'empêcher de s'écrier :

— Pauvre garçon !

Si Smike avait été frappé, il se serait enfui sans prononcer un seul mot, mais là-dessus il fondit en larmes.

— O mon Dieu ! mon Dieu ! s'écria-t-il en se couvrant la figure de ses mains maigres et calleuses ; mon cœur va se briser. — Silence ! dit Nicolas lui mettant la main sur l'épaule. Soyez homme ; vous l'êtes presque déjà par les années. — Par les années ! s'écria Smike. O mon Dieu ! combien y en a-t-il d'écoulées depuis le temps où j'étais un petit enfant, plus jeune que tous ceux qui sont ici ! Que sont-ils devenus ? — De qui parlez-vous ? demanda Nicolas cherchant à réveiller la raison à demi éteinte du malheureux. — De mes amis, répondit-il. Oh ! que j'ai souffert ! — Il y a toujours de l'espoir, reprit Nicolas. Il ne savait que dire. — Non, non, il n'y en a plus pour moi. Vous rappelez-vous l'enfant qui est mort ici ? — Je n'y étais pas, vous le savez, dit doucement Nicolas, mais que lui est-il arrivé ? — J'étais près de lui la nuit de sa mort, dit Smike en se rapprochant de Nicolas ; et lorsque tout fut silencieux, il cessa d'appeler par ses cris les amis dont il désirait la présence ; mais il commença à voir autour de son lit des figures connues qui venaient de la maison de son père; il dit qu'elles lui souriaient, qu'elles lui parlaient, et mourut en levant la tête pour les embrasser : entendez-vous? — Oui, oui! reprit Nicolas. — Quelles figures me souriront quand je mourrai? reprit Smike en frissonnant; quelles figures me parleront dans mes nuits d'agonie? elles ne peuvent venir de la maison paternelle, elles me feraient peur si elles en venaient, car je ne la connais pas, et je ne les connaîtrais pas non plus. Douleur et crainte, douleur et crainte pour moi vivant ou mort; point d'espoir, point d'espoir!

Le signal du coucher retentit, et le jeune homme, se calmant au bruit de la cloche, retomba dans son état de torpeur habituelle, et s'éloigna en silence comme s'il eût craint d'être remarqué. Nicolas avait le cœur gros, lorsque bientôt après il alla, non pas se reposer, car il n'y avait point de lieu de repos dans cette caverne, mais prendre place au milieu de la foule qui encombrait le dortoir.

CHAPITRE VII.

Lorsque M. Squeers avait quitté l'étude, il avait été s'établir au coin de son feu. Sa chambre n'était pas celle où Nicolas avait soupé le soir de son arrivée, mais c'était une pièce plus petite, située sur le derrière. Là, sa femme, son aimable fils et sa fille accomplie jouissaient de la société les uns des autres; madame Squeers, en bonne femme de ménage, s'occupait de raccommoder des bas, et le frère et la sœur réglaient de légères querelles enfantines au moyen d'un duel à coups de poing. L'approche de leur honoré père mit un terme à leurs débats.

Il est bon d'apprendre au lecteur que miss Fanny Squeers était dans sa vingt-troisième année. S'il est des charmes et une grâce inséparables de cette époque de la vie, on doit présumer que miss Fanny les possédait; car il n'y a point de motif pour supposer qu'elle faisait exception à une règle générale. Elle n'était pas grande comme sa mère, mais petite et ramassée comme son père. Elle tenait de celle-là une voix rauque et criarde, et de celui-ci une expression de l'œil droit qui équivalait à l'absence totale d'expression.

Miss Squeers avait passé quelques jours chez une amie du voisinage, et venait de rentrer sous le toit paternel. Elle n'avait donc point entendu parler de Nicolas, et ce fut M. Squeers lui-même qui en fit le sujet de la conversation.

— Eh bien! ma chère, dit-il à sa femme, que pensez-vous de lui? — De qui? — Du jeune homme, du nouveau professeur? — Oh! je le déteste. — Et pourquoi le détestez-vous, ma chère? — Que vous importe? Si je le déteste, c'est assez! n'est-ce pas? — C'est même un peu trop, répondit Squeers d'un ton pacifique. Je le demandais seulement par curiosité, ma chère. — Eh bien! si vous voulez le savoir, je vais vous le dire : c'est parce qu'il se donne des airs d'importance, parce qu'il est fier et hautain, parce que c'est un paon qui a toujours le nez en l'air.

Lorsque madame Squeers était en colère, elle avait l'habitude d'employer des expressions énergiques, et un grand nombre d'épithètes dont quelques-unes étaient des métaphores, telles que celle du paon, et l'allusion au nez de Nicolas. Ces métaphores ne devaient pas être prises à la lettre, et n'avaient souvent aucun rapport l'une avec l'autre. Ainsi un paon qui a toujours le nez en l'air est une nouveauté en ornithologie, et un animal que l'on ne voit pas ordinairement.

— Hein! dit Squeers opposant la douceur à cette sortie furieuse, il ne coûte pas cher, mon amie; il ne coûte pas cher du tout. — Qu'importe? il coûte cher si vous n'en avez pas besoin. — Mais nous en avons besoin. — C'est ce qui me paraît douteux, monsieur Squeers. Vous pouvez mettre sur vos adresses et dans les annonces : Education par M. Wackford Squeers et des professeurs capables, sans avoir un seul professeur; c'est reçu, tous les instituteurs se le permettent. Vous me faites perdre patience! — Vraiment! veuillez maintenant m'écouter, Madame : je veux dans de semblables affaires agir à ma fantaisie. On permet à un négrier des grandes Indes d'avoir un homme sous ses ordres, pour empêcher ses noirs de s'échapper ou de se révolter. Je tiens à avoir un homme sous mes ordres pour exercer sur nos noirs une surveillance analogue, en attendant que le petit Wackford soit capable de s'occuper de l'école. — Prendrai-je soin de l'école quand je serai plus grand, mon père? dit Wackford jeune, qui, dans l'excès de sa joie, négligea de donner à sa sœur une petite bourrade qu'il lui destinait. — Oui, mon fils, répondit Squeers d'un ton sentimental. — Et je donnerai aux enfants des coups de ceci, s'écria l'intéressant enfant en empoignant la canne de son père; et je les ferai crier (1).

Ce fut un beau moment dans la vie de M. Squeers que celui où il vit l'élan d'enthousiasme de son fils, et où il devina ce que l'enfant serait un jour.

Ce que miss Fanny entendit dire de Nickleby lui inspira le désir de le connaître, et dès le lendemain elle entra dans l'étude pour se faire tailler une plume; n'y trou-

---

(1) Comme le lecteur le voit, ce n'est pas sans raison que les plus grands admirateurs de Dickens lui reprochent ces exagérations, ces invraisemblances; même chez l'instituteur le plus exceptionnel, est-il possible de rencontrer rien d'aussi ignoble restant impuni?

(*Note des Editeurs.*)

vant que Nicolas, qui faisait la classe, elle rougit vivement, et manifesta une grande confusion.

— Je vous demande pardon de... bégaya miss Fanny, je croyais que mon père était, ou pouvait être ici ; mon Dieu, quelle inconséquence ! — M. Squeers est sorti, dit Nicolas sans être troublé le moins du monde par cette apparition inattendue. — Pensez-vous qu'il restera longtemps dehors? demanda miss Fanny avec une pudique hésitation. — Environ une heure, d'après ce qu'il m'a dit, répondit Nicolas assez poliment. — Il ne m'est jamais rien arrivé de plus contrariant, s'écria la jeune personne. Je vous remercie ; je suis très-fâchée de vous avoir dérangé ; si j'avais su que mon père n'était pas ici, je me serais bien gardée... c'est une démarche bien inconvenante et qui doit sembler bien étrange.

Miss Fanny débita cette tirade en rougissant encore davantage, et en regardant alternativement Nicolas et la plume qu'elle tenait à la main.

— Si c'est là tout ce dont vous avez besoin, dit Nicolas en désignant la plume du doigt, et en souriant malgré lui de l'embarras affecté de la demoiselle, peut-être puis-je remplacer votre père.

Miss Squeers s'avança à pas lents vers Nicolas, et lui remit sa plume.

Nicolas tailla la plume et la présenta à miss Fanny, qui la laissa tomber. En se baissant ensemble pour la ramasser, leurs têtes se rencontrèrent, ce qui fit rire vingt-cinq élèves pour la première et la seule fois de l'année.

— Maladroit que je suis ! dit Nicolas en ouvrant la porte pour faciliter la retraite de la jeune fille. — Pas du tout, Monsieur ; c'est ma faute ; je suis... je vous... je vous souhaite le bonjour. — Adieu, dit Nicolas ; la première fois que je vous taillerai une plume, j'espère m'en acquitter un peu mieux. Prenez garde, vous en mordez le bec. — Vraiment je vous donne tant d'embarras que je sais à peine ce que... Je suis désolée de vous avoir importuné. — Comment donc?... répondit Nicolas en fermant la porte de l'étude.

Pour rendre compte de la rapidité avec laquelle cette jeune demoiselle avait conçu de l'affection pour Nicolas, il est nécessaire de dire que l'amie de chez laquelle elle revenait était la fille d'un meunier, âgée d'environ dix-huit ans, qui s'était fiancée au fils d'un petit marchand de blé de la ville voisine. Miss Squeers et la fille du meunier étaient intimes, et elles avaient fait un pacte deux ans auparavant, suivant un usage en vigueur auprès des jeunes personnes ; il avait été convenu que celle qui serait demandée la première en mariage déposerait cet important secret dans le sein de l'autre avant de le communiquer à qui que ce fût, et la choisirait sans perdre de temps pour demoiselle d'honneur.

Conformément à cette promesse, la fille du meunier, dès qu'elle eut un engagement, vint annoncer à sa compagne cette agréable nouvelle. Il était onze heures du soir lorsqu'elle se précipita dans la chambre à coucher de miss Fanny; et c'était à dix heures trente-cinq minutes, au coucou de la cuisine, que le fils du marchand de blé lui avait fait l'offre de son cœur et de sa main.

Or, miss Fanny avait cinq ans de plus que la fille du meunier, elle avait passé la vingtaine, ce qui est encore un point à considérer, et elle était possédée du plus violent désir de rendre à son amie secret pour secret. La petite entrevue avec Nicolas ne se fut pas plus tôt passée, que miss Squeers se rendit en toute hâte chez son amie, et, après lui avoir fait renouveler solennellement le serment de garder le silence, elle lui révéla, non pas qu'elle était, mais qu'elle allait être recherchée par le fils d'un homme de haut parage. Les circonstances qui l'avaient amené au château de Dotheboys en qualité de professeur étaient des plus mystérieuses et des plus remarquables; et miss Fanny donna à entendre qu'elle avait de fortes raisons pour croire qu'il avait été attiré à Dotheboys par la renommée.

— N'est-ce pas une chose extraordinaire? dit miss Squeers appuyant avec emphase sur l'adjectif. — Très-extraordinaire. Mais que vous a-t-il dit? — Ne me le demandez pas, ma chère. — Oh! ma chère! c'est qu'il a des intentions, soyez-en sûre.

Miss Fanny, ayant sujet de douter de la chose, fut enchantée d'avoir pour elle l'autorité d'une personne compétente. Une plus longue conversation lui fit découvrir plusieurs points de ressemblance entre la conduite de Nicolas et celle du marchand de blé. Puis elle exprima longuement la crainte de voir ses parents s'opposer fortement à son inclination, elle affecta de s'étendre sur ces funestes prévisions.

— Que je voudrais le voir! s'écria la fille du meunier. — Vous le verrez, Mathilde; je me regarderais comme une des plus ingrates créatures de la terre si je vous le refusais; je crois que ma mère va faire une absence de deux jours, j'en profiterai pour vous inviter ainsi que John à prendre le thé, et je le mettrai en rapport avec vous.

C'était une idée charmante, et après être convenues de leurs faits, les deux jeunes filles se séparèrent.

Madame Squeers devait aller à quelque distance chercher trois nouveaux élèves et harceler les parents de deux autres, pour le payement d'un petit compte. Son départ fut fixé au surlendemain. Dans l'après-midi de ce jour, elle monta sur l'impériale de la diligence qui s'était arrêtée à Greta-Bridge pour relayer.

Toutes les fois que de semblables occasions se présentaient, M. Squeers se rendait le soir à la ville voisine, sous prétexte d'une affaire urgente, et il y restait jusqu'à dix ou onze heures dans une taverne qu'il affectionnait beaucoup. Comme la soirée projetée lui fournissait les moyens de faire avec sa fille une espèce de compromis, il s'empressa d'y donner son assentiment, et annonça à Nicolas qu'on l'attendait à cinq heures pour prendre le thé.

Jusqu'à l'heure fixée, miss Fanny fut dans une violente agitation. Elle avait à peine achevé sa toilette que son amie arriva, et toutes deux se préparèrent à recevoir la société.

— Où est John? dit miss Fanny. — Il est allé faire un bout de toilette, il sera ici dans un quart d'heure. — Vous serez bientôt au fait, ma chère.

Cependant la servante affamée apporta le thé, et bientôt après on frappa à la porte.

— C'est lui! s'écria miss Fanny; oh! Mathilde!!!... — Silence! dites : Entrez. — Entrez, murmura miss Fanny d'une voix expirante, et Nicolas parut. — Bonsoir, dit ce jeune homme. M. Squeers m'a appris que... — Oh! oui, c'est bien, interrompit miss Fanny; mon père ne prendra pas le thé avec nous ; mais vous n'en êtes pas fâché, je pense?

Nicolas répondit très-froidement, et fut présenté à la fille du meunier. Il se soumit à cette cérémonie avec tant de grâce, que la jeune personne en fut tout éperdue d'admiration.

— Nous n'attendons plus qu'une personne, dit miss Fanny en ôtant le couvercle de la théière pour regarder si le thé se faisait.

Il était indifférent à Nicolas qu'on attendît une ou vingt personnes. Il reçut cette nouvelle avec une parfaite insouciance, et ne voyant pas de motifs pour chercher à se rendre agréable, il regarda par la fenêtre, et soupira involontairement.

Ici les deux amies firent entendre une multitude de petits ricanements saccadés en se cachant le visage avec leurs mouchoirs de poche, et de temps en temps elles regardaient Nicolas.

Celui-ci, d'abord ébahi, se laissa aller à l'envie de rire que lui causait la conduite déplacée des deux jeunes filles. Ces causes d'hilarité réunies produisirent sur lui une impression si vive, qu'en dépit de sa misérable condition, il rit tant que ses forces le lui permirent.

— Tiens! pensa Nicolas, puisque je suis ici, et que l'on semble s'attendre à me trouver aimable, il est inutile d'avoir l'air d'une oie; il vaut mieux me conformer à l'esprit de la société.

Il n'eut pas plus tôt formé cette résolution, que sa vivacité juvénile dissipa ses tristes pensées. Il salua miss Fanny et son amie, s'approcha de la table à thé, et se mit à son aise avec une hardiesse que probablement aucun sous-professeur n'avait jamais eue dans la maison de son maître, depuis l'invention des sous-professeurs. Les dames jouissaient de ce changement, lorsque John arriva. Ses cheveux étaient encore humides d'un récent orage; une chemise blanche, dont le col devait avoir appartenu à quelque géant de ses ancêtres, et un gilet blanc de mêmes dimensions, formaient les principaux ornements de sa personne.

— Eh bien! John? dit miss Mathilde Price (tel était le nom de la fille du meunier). — Eh bien! dit John avec une grimace que son col même ne put cacher. — Je vous demande pardon, interrompit miss Squeers se hâtant de faire les honneurs; et elle présenta les deux jeunes gens l'un à l'autre. — Votre serviteur, Monsieur, dit John, grand gaillard d'environ si pieds, dont la figure et le corps étaient plutôt au-dessus qu'au-dessous des proportions requises. — A vos ordres, Monsieur, répliqua Nicolas en faisant d'affreux ravages sur le pain et le beurre.

M. John Browdie n'était pas grand causeur; il fit deux autres grimaces à chacune des jeunes filles, une quatrième grimace qui n'était adressée à rien en particulier, et se servit des tartines. — La vieille est partie? dit-il la bouche pleine.

Miss Fanny s'inclina en signe d'assentiment.

M. Browdie ricana, comme s'il eût cru avoir dit quelque chose de drôle, et poursuivit avec énergie son travail de mastication. Il fallait voir comme Nicolas et lui vidaient les assiettes; l'appétit du sous-maître émerveilla le marchand.

— Vous n'avez pas de pain et de beurre tous les soirs? dit-il.

Nicolas rougit et se mordit les lèvres; mais il feignit de n'avoir pas entendu cette observation.

— Mon Dieu! s'écria M. Browdie avec un bruyant éclat de rire, on n'en fait pas ici trop grande consommation; vous n'aurez que la peau et les os, si vous y restez longtemps. — Vous êtes facétieux, dit Nicolas d'un ton de dédain. — Mon Dieu! non; mais je songe à l'autre sous-maître; c'était un savant, un savantissime!

A ce qu'il paraît, le souvenir du prédécesseur de Nicolas transportait de plaisir M. Browdie; car il rit aux larmes, et fut obligé de s'essuyer les yeux avec les manches de son habit.

— Je ne sais, dit Nicolas, qui s'échauffait par degrés, si vous avez l'intelligence assez développée, monsieur Browdie, pour vous apercevoir que vos remarques sont offensantes; ayez donc la bonté... — Si vous dites un mot, John, je ne vous le pardonnerai jamais, je ne vous reparlerai plus! s'écria miss Price en plaçant la main sur la bouche de son fiancé, qui allait interrompre Nicolas. — Eh bien! comme vous voudrez, dit le marchand de blé, laissons-le dire, laissons-le dire.

Tout cela se passa assez mal. A la fin miss Squeers devint d'un rouge de feu, et remercia Dieu de ne pas avoir la mine effrontée de certaines personnes; en revanche, miss Price se félicita de ne pas être possédée des sentiments de jalousie de certaines personnes. Là-dessus miss Squeers fit une observation générale sur le danger de se lier avec des gens de bas étage; miss Price fut de son avis, et ajouta qu'elle y avait réfléchi depuis longtemps.

— Mathilde, s'écria miss Squeers avec dignité, je vous déteste. — Ah! il n'y a pas grande dépense de tendresse entre nous, je vous l'assure, dit miss Price en nouant précipitamment les cordons de son chapeau. Vous pleurerez les yeux de votre tête quand je serai partie, vous le savez. — Je méprise vos paroles, méchante. — Merci du compliment, Madame. Je vous souhaite une bonne nuit et des songes agréables!

Miss Price fit une profonde révérence et sortit suivie par l'énorme marchand de blé, qui, avant de partir, échangea avec Nicolas ce grognement expressif par lequel les tyrans de mélodrame se font savoir qu'ils se retrouveront.

Ils ne furent pas plus tôt partis, que miss Squeers accomplit la prédiction de sa ci-devant amie, en donnant un libre cours à ses larmes, en poussant des cris de détresse et prononçant des paroles incohérentes. Nicolas la regarda pendant quelques minutes, incertain de la conduite qu'il devait tenir; mais ne sachant si, à la fin de l'accès, il serait embrassé ou égratigné, et considérant l'un et l'autre cas comme peu agréables, il s'éclipsa fort tranquillement, et regagna son misérable lit.

CHAPITRE VIII.

Le surlendemain du départ de Nicolas pour le Yorkshire, Catherine Nickleby était assise dans un fauteuil très-fané, élevé sur un piédestal très-poudreux, dans l'atelier de miss la Creevy; elle donnait une séance à la demoiselle, et pour perfectionner le portrait auquel elle travaillait, miss la Creevy avait fait monter le cadre de la porte de la rue, et elle s'occupait de teinter le portrait de miss Nickleby d'une brillante couleur chair de saumon.

— Eh bien! ma chère, quand comptez-vous revoir votre oncle? dit l'artiste, qui ne cessait de babiller en travaillant. — Je ne sais; bientôt, j'espère, voilà plusieurs jours que je l'attends, et cet état d'incertitude est le pire des maux. — Il a de l'argent, à ce que je crois? — On m'a dit qu'il était très-riche. Je l'ignore, mais je le crois. — Ah! vous pouvez en être sûre, autrement il n'aurait pas autant d'arrogance, dit miss la Creevy, dont le caractère était un singulier composé de finesse et de simplicité. Quand un homme est ours, il a généralement une fortune assez indépendante. — Ses manières sont rudes. — Rudes! s'écria miss la Creevy, un porc-épic est un lit de plume en comparaison. Je n'ai jamais vu de vieux sauvage aussi bourru. — Dans ses manières seulement, dit timidement Catherine. Je serais fâchée d'avoir une mauvaise opinion de lui avant d'être convaincue qu'il la mérite. — Voilà de nobles sentiments, et le ciel me préserve de vous exciter contre lui! Mais ne pourrait-il, sans s'en apercevoir, allouer à votre maman et à vous une pension qui vous mettrait à l'aise toutes deux? Qu'est-ce que serait pour lui, par exemple, une centaine de livres par an? — Je ne le sais, dit Catherine avec une ardente énergie, mais j'aimerais mieux mourir que de l'accepter. — Mais, pourtant... — L'idée de vivre à ses dépens empoisonnerait toute ma vie. Je trouverais moins avilissant de mendier. — Quoi! s'écria miss la Creevy, c'est assez singulier! Voilà un parent dont vous ne voulez pas entendre mal parler par une personne indifférente, et dont vous refuseriez les dons? — C'est sans doute étrange, reprit plus doucement Catherine; je veux dire seulement qu'avec les sentiments que j'ai et le souvenir de ma prospérité passée, je ne saurais vivre des bontés de personne, et non pas des siennes en particulier.

Lorsqu'elle cessa de parler, on entendit remuer derrière le paravent placé entre elle et la porte, et l'on frappa contre la boiserie.

— Entrez, qui que vous soyez! s'écria miss la Creevy.

L'étranger s'avança; ce n'était rien moins que M. Ralph Nickleby en personne.

— Serviteur, Mesdames, dit Ralph en leur lançant à l'une et à l'autre des regards perçants, vous parliez si haut que j'ai eu peine à me faire entendre.

Lorsqu'une pensée plus mauvaise qu'à l'ordinaire aboyait dans le cœur de l'homme d'affaires, il avait un tic particulier, qui consistait à cacher un moment ses yeux sous ses sourcils épais et proéminents, pour les montrer ensuite dans toute leur vivacité. Ce mouvement, le sourire mal imprimé qui erra sur ses lèvres pincées, l'expression maligne de sa bouche, tout faisait présumer qu'il avait entendu au moins une partie de la conversation ci-dessus.

— Je suis monté presque certain de vous trouver ici, dit Ralph en s'adressant à sa nièce et en regardant dédaigneusement le portrait. Est-ce là le portrait de ma nièce, Madame? — Oui, Monsieur, dit vivement miss la Creevy; et entre nous, Monsieur, ce sera un charmant portrait, amour-propre d'artiste à part. — Ne vous dérangez pas pour me le montrer, Madame, s'écria Ralph en reculant, je ne suis pas bon juge en matière de ressemblance. Est-il bien fini? — Mais oui, répondit miss la Creevy en l'examinant, le bout de son pinceau dans sa bouche; encore deux semaines... — Prenez-les vite, Madame, après-demain elle n'aura pas de temps à perdre à des futilités. Travaillez, Madame; il faut que nous travaillions tous. — Avez-vous loué votre appartement, Madame? — Je n'ai pas encore mis l'écriteau. — Mettez-le, Madame; elles n'auront pas besoin de ce logement passé cette semaine, et si elles en ont besoin, elles ne pourront le payer. — Maintenant, ma chère, si vous êtes prête, ne perdons pas de temps

D'un air de bonté qui lui allait encore plus mal que son allure ordinaire, M. Ralph Nickleby fit signe à la jeune fille de marcher devant, salua gravement miss la Creevy, ferma la porte, et entra chez madame Nickleby, qui le reçut avec de nombreux témoignages de respect. Ralph y coupa court assez brusquement par un geste d'impatience, et entama le sujet de sa visite.

— J'ai trouvé une place pour votre fille, Madame. — Bien, répondit madame Nickleby. Je dirai maintenant que c'est juste tout ce que j'attendais de vous. Comptez là-dessus, disais-je à Catherine pas plus tard qu'hier à déjeuner, votre oncle, après avoir établi Nicolas d'une manière aussi expéditive, ne vous abandonnera que lorsqu'il en aura fait autant pour vous. Catherine, ma chère, pourquoi ne remerciez-vous pas votre?... — Laissez-moi continuer, Madame, je vous prie, dit Ralph interrompant sa belle-sœur au milieu de cette période. — Catherine, dit madame Nickleby, laissez continuer votre oncle.

Ralph, voyant qu'il s'était assuré de la mère dans le cas où la fille repousserait sa proposition, reprit : — Je suis parvenu, Madame, à obtenir une place chez... chez une modiste et couturière. — Une modiste! s'écria madame Nickleby. — Modiste et couturière, Madame. Les couturières à Londres, comme je n'ai pas besoin de le rappeler à une personne aussi instruite que vous du train ordinaire de la vie, les couturières à Londres, Madame, font fortune, ont équipage, et deviennent immensément riches.

4

Les idées qu'avaient éveillées dans l'esprit de madame Nickleby les mots de modiste et de couturière étaient celles de cartons et de paquets enveloppés de toile cirée, promenés péniblement dans les rues; mais lorsque Ralph eut parlé, elles disparurent et furent remplacées par des visions de grandes maisons dans le quartier fashionable, de belles voitures particulières, de compte ouvert chez un banquier.

— Ce que dit votre oncle est très-vrai, ma chère Catherine : quand votre pauvre papa et moi vînmes à Londres après notre mariage, une jeune dame m'apporta un chapeau de paille, garni de blanc et de vert, dans sa propre voiture, qui arriva à notre porte au grand galop; pourtant je ne me rappelle pas bien si c'était une voiture à elle ou un carrosse de louage, mais je me souviens parfaitement que le cheval tomba mort au détour de la rue, et que votre pauvre papa dit que l'animal n'avait pas eu d'avoine depuis quinze jours.

Cette anecdote, qui jetait un jour si éclatant sur l'opulence des modistes, ne parut pas produire un effet bien sensible. Pendant qu'on la racontait, Catherine baissa la tête, et Ralph donna des symptômes évidents d'impatience.

— Le nom de la maîtresse, dit-il précipitamment, est Mantalini, madame Mantalini. Je la connais, elle demeure près de Cavendish square. Si votre fille est disposée à essayer de cet emploi, je vais l'emmener de suite. — Avez-vous quelque chose à dire à votre oncle, mon amour? demanda madame Nickleby. — Beaucoup, répondit Catherine, mais pas maintenant. J'aime mieux lui parler quand nous serons seuls; il y aura économie de temps à le remercier et à lui parler chemin faisant.

A ces mots, Catherine se hâta de quitter la chambre pour cacher les traces de son émotion et se préparer à sortir.

Lorsqu'elle fut rentrée, Ralph, dont l'irritation croissait à chaque instant, lui prit le bras et partit sans cérémonie.

— Maintenant, dit-il, marchez le plus vite que vous pourrez, et ce sera le pas qu'il vous faudra prendre tous les matins pour aller à vos travaux; et il l'entraîna rapidement vers Cavendish square. — Je vous ai beaucoup d'obligation, mon oncle! dit la jeune fille rompant la première le silence. — J'en suis enchanté; j'espère que vous ferez votre devoir? — Je tâcherai de convenir, mon oncle. Je... je... — Ne vous mettez pas à pleurer, je déteste les pleurnicheries. — Elles ne servent à rien, je le sais, mon oncle. — Certainement, épargnez-les-moi.

Ces paroles brusques n'étaient pas de nature à sécher les larmes d'une femme jeune et sensible, sur le point de faire sa première apparition sur une scène entièrement nouvelle, au milieu d'étrangers froids et indifférents. Mais tout le visage de Catherine se teignit de vives couleurs, sa respiration devint un moment plus rapide, et elle poursuivit ensuite sa route d'un pas plus ferme et plus assuré.

— Mon oncle, dit Catherine lorsqu'elle jugea qu'ils approchaient de leur destination, vivrai-je chez moi? — Chez vous! où cela? — Je veux dire avec ma mère, avec la pauvre veuve? — A proprement parler, vous vivrez ici, car vous prendrez ici vos repas, et vous serez ici du matin au soir et parfois du soir au matin. — Mais la nuit je ne puis la quitter, mon oncle; il faut que j'aie un domicile, ou chez moi ou dans l'endroit où elle aura le sien. — J'ai prévu cette question, dit Ralph, et, quoique d'un avis contraire, faites-y bien attention, j'ai pris des mesures en conséquence. J'ai parlé de vous comme d'une ouvrière travaillant chez elle.

C'était une consolation. Catherine accabla son oncle de remerciements, que celui-ci reçut comme s'il les avait mérités; et, sans plus ample conversation, ils arrivèrent à la porte de madame Mantalini, dont le nom et la profession étaient inscrits sur un vaste tableau. Les magasins de madame Mantalini étaient au premier, ce dont la noblesse et les gens riches étaient avertis par deux ou trois chapeaux à la dernière mode, et divers ajustements du meilleur goût, qu'on apercevait près des rideaux des fenêtres.

Un domestique en livrée ouvrit la porte, et, en réponse à la question de Ralph, qui demanda si madame Mantalini était chez elle, il introduisit les visiteurs dans une antichambre magnifique. Ils attendirent là plus longtemps que ne l'eût désiré M. Ralph Nickleby, qui allait sonner, lorsqu'un individu passa la tête à la porte et disparut aussitôt en apercevant quelqu'un.

— Holà! holà! s'écria Ralph.

Au bruit de la voix de Ralph, la tête reparut; la bouche, en s'ouvrant, laissa voir une longue rangée de dents d'une éclatante blancheur, et murmura d'un ton minaudier :

— Diable! Nickleby.

Là-dessus, l'individu conduisit les visiteurs dans une chambre du second étage, où se trouvait madame Mantalini. La couturière était un beau brin de femme, de bonne mine et bien mise, mais beaucoup plus âgée que l'homme en pantalon turc, qu'elle avait épousé environ six mois auparavant. Le nom du mari était originairement Muntle; mais, par une transition facile, il l'avait converti en celui de Mantalini, la dame pensant avec raison qu'un nom anglais lui ferait du tort dans sa spécialité commerciale. M. Mantalini avait apporté en dot ses favoris, sur lesquels il avait trouvé moyen de vivre pendant plusieurs années, et auxquels il avait récemment ajouté des moustaches, fruit d'une culture assidue. Sa part dans les travaux et dans les affaires se bornait jusqu'à ce jour à dépenser de l'argent, et parfois, lorsqu'il n'en avait pas, à faire escompter à M. Ralph Nickleby les billets des pratiques.

— Madame! dit Ralph, voici ma nièce. — Ah! ah! répondit madame Mantalini en toisant Catherine de la tête aux pieds et des pieds à la tête. Savez-vous parler français, mon enfant? — Oui, Madame, répondit Catherine sans oser lever les yeux. — Nous avons constamment vingt jeunes ouvrières dans l'établissement, dit madame Mantalini. — Vraiment, Madame! — Pendant combien d'heures êtes-vous habituée à travailler? — Je n'ai jamais été habituée à travailler, Madame, dit Catherine à voix basse. — Raison de plus pour s'y mettre activement aujourd'hui, dit Ralph intervenant, de peur que cet aveu ne nuisît à la négociation entamée. — Je compte sur son zèle, reprit madame Mantalini ; nos heures sont de neuf à neuf; plus, quand l'ouvrage donne, un travail extraordinaire, qui est payé à part.

Catherine s'inclina.

— Vous prendrez ici vos repas, c'est-à-dire le dîner et le thé. Vous gagnerez de cinq à sept schillings par semaine; mais je ne puis vous préciser la somme avant d'avoir vu ce que vous savez faire.

Catherine s'inclina de nouveau.

— Si vous êtes prête, vous pourrez commencer lundi matin à neuf heures, et miss Knags, la première demoiselle, aura ordre de vous donner une tâche facile pour commencer. Souhaitez-vous encore quelque chose, monsieur Nickleby? — Rien de plus, Madame. — C'est donc arrangé, dit la dame; et elle jeta un coup d'œil du côté de la porte, comme si elle eût voulu s'en aller, mais retenue par la crainte de laisser à M. Mantalini seul l'honneur de reconduire les visiteurs. Ralph la tira d'embarras en prenant congé sans délai.

— Voilà! dit Ralph lorsqu'ils furent dans la rue; maintenant vous êtes casée. J'avais idée de placer votre mère dans une maison fort agréable (il pensait pouvoir disposer d'une place dans un hospice de vieillards fondé sur les frontières de la Cornouailles); mais, comme vous voulez rester ensemble, je ferai autre chose pour elle; elle a peu d'argent? — Très-peu. — Si peu qu'elle en ait, il peut durer longtemps si elle le ménage. Vous quittez votre logement samedi? — Vous nous avez dit de le faire, mon oncle. — Oui; il y a une maison vacante, qui m'appartient, et où je puis vous installer jusqu'à ce qu'elle soit louée, et alors, sauf les accidents imprévus, je vous en trouverai une autre. — Est-ce loin d'ici? — Passablement;

c'est dans un autre quartier de la ville, à l'est; mais j'enverrai mon commis chez vous samedi à cinq heures pour vous y mener; adieu. Vous savez votre chemin; toujours tout droit.

Ralph donna froidement une poignée de main à sa nièce, la quitta au bout de Regent street, et s'éloigna en rêvant aux moyens de gagner de l'argent. Catherine retourna tristement chez sa mère.

Comme Ralph l'avait annoncé, le samedi suivant Newman Noggs vint les chercher toutes deux, et les conduisit dans une vieille maison de la rue de la Tamise. La porte et les fenêtres étaient couvertes de poussière, et elle paraissait avoir été inhabitée depuis longues années.

Newman tira la clef de son chapeau, dans lequel, soit dit en passant, en raison du mauvais état de ses poches, il déposait toute sorte de choses, et où il eût vraisemblablement mis son argent s'il en avait eu. Il introduisit les dames dans l'intérieur sombre et noir de leur futur domicile. Les chambres avaient perdu toute leur antique animation. Derrière était une terrasse qui donnait sur la Tamise; une vieille niche à chien, des os de divers animaux, des fragments de crochets de fer et des cerceaux de barrique en jonchaient le sol; mais on n'y voyait pas un être vivant ; c'était l'image de la décadence froide et silencieuse.

— Cette maison serre et glace le cœur, dit Catherine; il semble qu'une bruine est tombée dessus. Si j'étais superstitieuse, je serais tentée de croire que quelque crime affreux a été commis entre ces murailles, et que de cette époque date l'abandon de ce lieu. Que l'aspect en est sinistre ! — Ma chère, ne parlez pas ainsi, ou vous me causeriez une frayeur mortelle! — Ce sont de folles rêveries, dit Catherine en s'efforçant de sourire. — Eh bien! mon amour, je vous prie de les garder pour vous et de ne pas éveiller les miennes pour leur tenir compagnie. Pourquoi n'avoir pas songé à tout cela? Vous êtes si insouciante! Vous auriez prié mademoiselle la Creevy de venir avec nous, ou vous auriez emprunté un chien. Mais voilà comme vous agissez toujours, et votre pauvre père était comme vous. Si je ne pensais à tout...

C'était le début ordinaire des lamentations de madame Nickleby, qui comprenaient environ une douzaine de phrases compliquées, qu'elle adressait plutôt à elle-même qu'à autrui, et qu'elle débita en ce moment jusqu'à ce que la respiration lui manqua.

Newman parut ne pas y prendre garde, et les conduisit à deux chambres du premier, qu'on semblait avoir essayé de rendre habitables. Dans l'une se trouvaient quelques chaises, une table, des tapis en lambeaux, et on avait allumé du feu. Il y avait dans l'autre un vieux lit et un simulacre d'ameublement.

— Dites-moi, ma chère, dit madame Nickleby essayant de paraître satisfaite, n'est-ce pas bien de l'attention de la part de votre oncle? Sans lui, nous n'aurions pour nous reposer que le lit que nous avons acheté hier. — C'est une bonté rare, répondit Catherine en examinant l'appartement.

Newman Noggs ne dit pas qu'il avait ramassé ces vieux meubles dans les mansardes ou à la cave, qu'il avait acheté deux sous de lait pour le thé placé sur un plateau, qu'il avait rempli la chaudière rouillée qui chantait près du feu, recueilli les bûches sur la terrasse, et mendié le charbon. Mais l'idée que ces choses s'étaient faites par ordre de Ralph le divertit tellement qu'il ne put s'empêcher de faire craquer ses dix doigts l'un après l'autre.

— Il est inutile de vous retenir plus longtemps, je pense, dit Catherine. — Ne puis-je rien faire pour vous? demanda Newman. — Rien, je vous remercie, répondit mademoiselle Nickleby. — Peut-être, ma chère, M. Noggs serait content de boire à notre santé? dit madame Nickleby en fouillant dans son sac.

Catherine remarqua l'embarras de Newman : — Je pense, maman, dit-elle avec hésitation, que vous le blesserez en le lui proposant.

Newman Noggs salua la jeune fille d'une manière qui jurait avec son misérable extérieur, porta sa main sur son cœur, s'arrêta un moment de l'air d'un homme qui a envie de parler et qui ne sait par où commencer, et quitta la chambre.

Lorsque les échos retentirent du bruit discordant de la porte qui se refermait, Catherine se sentit presque tentée de rappeler Newman et de le prier de rester quelques instants; mais elle eut honte d'avouer sa terreur, et le laissa s'éloigner.

CHAPITRE IX.

Ce fut heureux pour mademoiselle Fanny Squeers que, lorsque son digne papa revint chez lui le soir du thé, il eût absorbé trop d'alcool pour s'apercevoir des nombreux symptômes des tortures de sa fille. Comme il avait d'ailleurs le vin mauvais, il n'est pas impossible qu'il lui eût cherché querelle sur ce point ou sur un autre sujet imaginaire, si la jeune personne, par une prévoyance hautement recommandable, n'avait tenu prêt un élève pour essuyer le premier feu de la colère du bonhomme. Sa fureur, après s'être évaporée sous la forme de bourrades, se calma assez pour qu'il consentît à aller au lit, où il se mit avec ses bottes et un parapluie sous le bras.

La servante affamée vint, selon sa coutume, dans la chambre de mademoiselle Fanny pour lui faire ses papillotes, l'assister en sa toilette et la flatter de son mieux; car mademoiselle Fanny avait assez de paresse, de vanité et de frivolité pour être une grande dame, et l'arbitraire distinction du rang et des positions était le seul obstacle qui l'en empêchât.

— Comme vos cheveux frisent bien ce soir, dit la camériste; c'est vraiment dommage d'y toucher! — Retenez votre langue, répondit mademoiselle Squeers en fureur.

Une expérience longue et chèrement acquise empêchait la servante de s'étonner des accès de mauvaise humeur de mademoiselle Fanny; ayant une idée vague de ce qui s'était passé, elle changea de manière de se rendre agréable, et aborda la question indirectement.

— Eh bien! Mademoiselle, dussiez-vous me tuer, je ne saurais m'empêcher de dire que je n'ai jamais vu personne avoir l'air aussi commun que mademoiselle Price aujourd'hui.

Mademoiselle Fanny soupira et se disposa à écouter.

— Je sais que j'ai tort de parler ainsi, Mademoiselle, poursuivit la femme de chambre, ravie de l'effet qu'elle produisait, car mademoiselle Price est votre amie; mais elle a une manière de s'habiller si extravagante, elle cherche à attirer l'attention par des moyens si recherchés que... oh! l'on devrait bien se connaître soi-même. — Que voulez-vous dire, Phébé? demanda mademoiselle Fanny. — Elle est si vaine, et en même temps... si laide. — Pauvre Mathilde! dit mademoiselle Fanny avec un soupir de compassion. — Et elle cherche toujours à se faire admirer. C'est bien peu délicat. — Phébé, je ne saurais supporter vos propos; Mathilde est en relation avec des gens de la basse classe, et, si elle ne se tient pas mieux, c'est leur faute et non la sienne. — Bien; mais vous le savez, Mademoiselle, si seulement elle voulait prendre modèle sur une amie, si seulement elle reconnaissait ses torts et se corrigeait d'après vous, quelle charmante jeune femme elle pourrait devenir! — Phébé, reprit mademoiselle Squeers d'un air imposant, il n'est pas convenable que j'entende établir de semblables parallèles; ils tendent à présenter Mathilde comme une personne mal élevée, et c'est de ma part peu amical de les écouter. Je préfère que vous changiez de conversation, Phébé; en même temps je dois dire que, si Mathilde Price prenait modèle sur quelqu'un, mais non pas sur moi en particulier...

— Si fait, si fait, interrompit Phébé. — Eh bien! donc, sur moi, si vous y tenez, il faut avouer qu'elle serait infiniment mieux. — C'est ce que quelqu'un pense, ou je me trompe fort, dit mystérieusement la servante. — Que voulez-vous dire? — Eh bien! puisque vous voulez le savoir, apprenez donc que M. John Browdie est de votre avis, et que, s'il ne s'était pas trop avancé, il serait charmé de rompre avec mademoiselle Price pour s'enchaîner à mademoiselle Squeers. — Qu'est-ce que cela? — La vérité, Madame, la pure vérité, répondit l'artificieuse Phébé. — Quelle situation! s'écria mademoiselle Squeers, être sur le point de détruire involontairement la paix et le bonheur de ma chère Mathilde. Ne me reparlez jamais de cela, jamais, entendez-vous? Mathilde a des défauts, de nombreux défauts; mais je désire la voir heureuse, et surtout mariée, car je pense qu'il est grandement désirable, d'après la nature même de ses écarts, qu'elle se marie le plus tôt possible. Non, Phébé, qu'elle épouse M. Browdie; je puis le plaindre, le pauvre garçon, mais j'ai des égards pour Mathilde, et j'espère seulement qu'elle sera meilleure femme qu'elle ne promet de l'être.

Après cette déclaration, mademoiselle Squeers se coucha.

Dépit est un mot de deux syllabes, mais il représente une aussi étrange association de sentiments hétérogènes que les mots les plus interminables. Mademoiselle Fanny, dans son for extérieur, savait aussi bien que sa misérable servante que les discours de cette dernière étaient dictés par la flatterie; cependant elle les acceptait comme parole d'Evangile, parce qu'ils lui procuraient l'occasion de donner cours à sa bile contre sa rivale. Bien plus, la puissance persuasive de l'amour-propre est si grande, que mademoiselle Squeers se trouvait noble et magnanime après avoir renoncé à la main de John Browdie, et regardait Mathilde du haut de sa grandeur avec la tranquillité d'une sainte.

Cet heureux état d'esprit contribua à ramener une réconciliation; car le lendemain, lorsqu'on frappa à la porte, et qu'on annonça la fille du meunier, miss Fanny se rendit au parloir avec des sentiments vraiment admirables.

— Eh bien! Fanny, dit la fille du meunier, vous voyez que je vous rends visite, malgré les mots que nous avons eus ensemble. — Je plains votre égarement, Mathilde, mais je n'ai point de rancune. Je suis au-dessus de cela. — Ne boudez point, Fanny, je suis venue vous apprendre quelque chose qui vous fera plaisir, je le sais. — Qu'est-ce donc, Mathilde? demanda miss Squeers d'un air de préciosité tel qu'on eût dit que rien sur la terre et sur l'onde ne pouvait lui procurer la moindre étincelle de satisfaction. — John et moi avons eu une querelle terrible, après vous avoir quittée. — Cela ne me fait point plaisir, dit miss Squeers se laissant toutefois à aller à sourire. — Je ne vous crois pas assez méchante pour supposer que vous en êtes bien aise. Ce n'est pas cela. — Ah! dit miss Squeers, retombant dans sa mélancolie. — Après de vives discussions, après nous être répété cent fois que nous ne nous reverrions plus, nous avons fini par nous entendre, et ce matin, John a fait inscrire nos noms pour la publication des bans; elle commencera dimanche prochain, et nous nous marierons dans trois semaines; je viens donc vous avertir qu'il est temps de faire faire votre robe.

Le miel était mélangé dans cette nouvelle. Aussi miss Squeers dit-elle que sa robe serait prête, et qu'elle espérait que Mathilde serait heureuse, quoiqu'elle n'en fût pas sûre, et n'osât trop y compter, car les hommes étaient d'étranges créatures, et beaucoup de malheureuses femmes mariées regrettaient de tout leur cœur les beaux jours de leur célibat. A ces condoléances elle en ajouta d'autres également combinées pour ranimer et réconforter son amie.

— Maintenant, Fanny, dit miss Price, j'ai besoin de vous dire deux mots au sujet du jeune Nickleby. — Il ne m'est rien, interrompit miss Fanny avec des symptômes de vapeurs, je le méprise trop! — Oh! vous ne pensez pas ce que vous dites, j'en suis sûre; avouez-le, Fanny, ne l'aimez-vous pas?

Sans répondre directement à cette question, miss Squeers fondit en larmes, et, dans le paroxysme de sa douleur, s'écria qu'elle était malheureuse, négligée, misérable et dédaignée. — Taisez-vous, ou je vous battrai, Mathilde, et j'en serai fâchée ensuite.

Il est inutile de dire que le caractère des deux jeunes filles fut légèrement modifié par le ton de la conversation, et que des personnalités s'ensuivirent. La dispute s'échauffa par degrés, et devenait d'une violence extrême, lorsque les deux rivales se mettant soudain à pleurer, s'écrièrent simultanément qu'elles n'auraient jamais eu l'idée d'être traitées de la sorte. Cette exclamation amena une remontrance qui amena une explication, et, pour le bouquet final, elles tombèrent dans les bras l'une de l'autre, et se jurèrent une éternelle amitié. C'était la cinquante-deuxième fois de l'année qu'elles répétaient cette attendrissante cérémonie.

La concorde étant ainsi rétablie, miss Fanny proposa à Mathilde de la reconduire chez elle. On était à l'heure de récréation accordée aux élèves après ce que M. Squeers appelait plaisamment leur dîner; elle était employée par Nicolas à une promenade mélancolique, et il errait dans le village en méditant sur son triste sort. Miss Squeers le savait parfaitement; mais peut-être l'avait-elle oublié, car lorsqu'elle vit venir le jeune homme à elle, elle donna des signes de surprise et de consternation, et assura à son amie qu'elle était prête à s'enfoncer dans les entrailles de la terre.

— Retournerons-nous sur nos pas? demanda miss Price; il ne nous voit pas encore. — Non, Mathilde; mon devoir est d'affronter cette rencontre.

Miss Squeers prononça ces mots du ton d'une personne qui avait pris une grande résolution morale, et poussa deux ou trois soupirs qui indiquaient une émotion de vingt-cinq degrés au-dessus de zéro. Son amie ne se permit donc aucune réflexion, et elles allèrent du côté de Nicolas, qui, les yeux fixés vers la terre, ne s'aperçut de leur approche que lorsqu'elles furent tout près de lui; autrement il se serait peut-être mis à l'écart. Il salua, dit bonjour et passa.

— Revenez, monsieur Nickleby! s'écria miss Price feignant d'être alarmée de l'état de son amie, mais stimulée de fait par un malicieux désir d'entendre ce que dirait Nicolas. Revenez, monsieur Nickleby!

M. Nickleby revint sur ses pas, et d'un air d'embarras demanda si ces dames avaient des ordres à lui donner.

Après quelques mots échangés : — Arrêtez, s'écria vivement Nicolas; écoutez-moi, je vous prie. J'ai à peine vu cette jeune fille une demi-douzaine de fois; mais quand je l'aurais vue soixante fois, quand je serais destiné à la voir soixante mille, ce serait absolument la même chose. Je n'ai qu'une pensée, un désir, un but, et je le dis non pas pour blesser ses idées, mais pour la convaincre du véritable état des miennes, c'est de pouvoir un jour tourner le dos à ce lieu maudit, pour n'y plus remettre les pieds, pour n'y plus penser qu'avec horreur et dégoût!

Nicolas fit cette franche déclaration avec toute la véhémence d'un homme indigné, et se retira sans en entendre davantage.

Mais qui décrira la colère, le dépit, la succession rapide des émotions cruelles qui bouleversèrent le cœur de miss Fanny? Etre dédaignée! dédaignée par un sous-maître, attiré à Dotheboys par l'appât d'un salaire annuel de cinq livres payables à des époques indéfinies! et cela en présence d'une petite mijaurée de dix-huit ans, qui allait se marier dans trois semaines avec un homme qui l'avait demandée à genoux! Etre ainsi humiliée! il y avait de quoi étouffer.

Mais, au milieu de sa mortification, un seul fait lui paraissait évident, c'est qu'elle détestait Nicolas avec toute la petitesse d'esprit, avec toute l'étroitesse de vues dignes d'une descendante de la maison des Squeers. Et c'était pour elle une consolation, car chaque jour, à toute heure elle pouvait le tourmenter, lui faire subir des injures et des privations de nature à impressionner la personne la plus indifférente, et par conséquent à être ressenties vivement par un individu aussi sensible que Nicolas. Ces réflexions dominèrent miss Squeers; elle prit son parti de son mieux, et fit observer à son amie, avant de la quitter, que M. Nickleby était si original et si violent, qu'elle craignait d'être obligée de renoncer à lui.

A partir de ce jour, le pauvre Nicolas, mal nourri, mal couché, obligé de croupir dans un état continu de misère, eut encore à essuyer les plus indignes traitements que puissent inventer la malice et la cupidité sordide.

Ce ne fut pas tout. Un plus profond système de persécution fut mis en pratique contre lui. Depuis le soir où Nicolas avait parlé à Smike avec bonté dans la classe, le malheureux enfant s'était attaché à lui, témoignait en toute occasion le désir de lui être utile, prévenait ses besoins, et semblait heureux d'être auprès de lui. Il passait patiemment des heures entières à le regarder, et une seule parole de Nicolas animait cette figure flétrie et y faisait passer un éclair de joie. Il était changé; il avait un but maintenant, et ce but était de montrer de l'attachement à l'étranger qui seul l'avait traité, nous ne dirons pas avec bienveillance, mais du moins comme une créature humaine.

Toute la mauvaise humeur qu'on ne pouvait faire sentir à Nicolas retomba sur le pauvre Smike. Squeers était jaloux de l'influence que son sous-maître avait si promptement acquise; la famille Squeers le détestait, et Smike payait pour deux. Nicolas le remarquait et grinçait des dents toutes les fois que Smike était victime d'une lâche barbarie.

Nicolas avait régularisé plusieurs leçons pour les élèves, et un soir qu'il arpentait tristement la classe, le cœur gonflé de l'idée que sa protection avait augmenté la misère de celui dont l'abandon avait excité sa pitié, il s'arrêta machinalement dans un coin sombre où était assis l'objet de ses pensées.

Smike, la figure inondée de pleurs récents, étudiait avec peine un livre déchiré; il s'efforçait vainement de venir à bout d'une tâche qu'un enfant de neuf ans, doué de moyens ordinaires, eût facilement comprise, mais qui était un impénétrable mystère pour le faible cerveau du pauvre martyr. Cependant il restait là, repassant plusieurs fois la même leçon, non par désir d'apprendre, non par ambition enfantine, car il était le sujet des railleries et des sarcasmes même de ses misérables compagnons, mais inspiré par un ardent désir de complaire à son unique ami.

Nicolas lui mit la main sur l'épaule.

— Je ne puis m'en tirer, dit Smike avec l'expression de l'abattement et du désespoir. — N'essayez donc pas, répondit Nicolas.

Smike secoua la tête, ferma le livre en soupirant, promena autour de lui un coup d'œil hagard, et appuya sa tête sur sa main. Il pleurait.

— Finissez, au nom du ciel! s'écria Nicolas d'une voix émue; je ne puis supporter la vue de vos larmes. — Ils me traitent plus rudement que jamais, dit Smike en sanglotant. — Je le sais. — Mais pour vous je mourrais. Ils voudraient me tuer, je sais qu'ils le voudraient, dit le paria. — Pauvre garçon! reprit Nicolas en secouant douloureusement la tête, vous serez mieux lorsque je serai parti. — Parti! s'écria Smike en le regardant en face. — Plus bas! — Vous partez? — Je ne saurais le dire, je parlais moins à vous qu'à moi-même. — Dites-le-moi, s'écria Smike d'un ton suppliant, oh! dites-le-moi; voulez-vous partir, le voulez-vous? — Le sort m'y obligera enfin; après tout, j'ai le monde devant moi.

Smike étreignit avec force dans sa main les deux mains du jeune homme, les pressa contre sa poitrine, et murmura quelques mots sans suite et inintelligibles. Squeers entra dans ce moment, et Smike retourna dans son coin.

CHAPITRE X.

Les faibles lueurs d'une matinée de janvier pénétraient dans le dortoir lorsque Nicolas, se levant sur son séant, jeta un coup d'œil sur ceux qui l'environnaient de toutes parts; il regarda les dormeurs, d'abord de l'air d'un homme chez lequel l'habitude n'a point amorti l'impression d'un affreux spectacle, puis avec une attention inquiète, comme si son œil eût en vain cherché quelque chose qu'il était accoutumé à voir. Il était encore occupé de cette enquête quand on entendit la voix de Squeers au bas de l'escalier.

— Eh bien! donc, allez-vous dormir toute la journée là-haut?... — Maudits paresseux! ajouta, pour terminer la phrase, madame Squeers. — Nous descendons de suite, Monsieur, répondit Nicolas. — Vous ferez bien d'arriver, dit Squeers. Autrement je serai auparavant sur le dos de quelqu'un de vous. Où est Smike?

Nicolas, sans répondre, fit des yeux le tour du dortoir.

— Où est Smike? répéta Squeers d'une voix tonnante. — Souhaitez-vous qu'on vous fasse une nouvelle bosse à la tête, Smike? demanda son aimable femme sur le même ton.

Il n'y eut pas encore de réponse, et Nicolas demeura interdit, ainsi que tous les élèves, qui étaient réveillés.

— Où est-il? murmura Squeers en frappant de sa canne avec impatience la rampe de l'escalier. Nickleby! — Eh bien! Monsieur. — Faites descendre cet entêté coquin, entendez-vous? — Il n'est pas ici, Monsieur. — Ne mentez pas, il y est. — Il n'y est pas, repartit Nicolas avec colère; ne mentez pas vous-même. — Nous allons voir ça, dit M. Squeers en montant avec rapidité. Je le trouverai, je vous le garantis.

M. Squeers s'élança dans le dortoir en brandissant sa canne, et s'approcha du coin où reposait d'ordinaire le corps chétif de Smike. La canne en s'abaissant rencontra le sol; la place était vide.

— Qu'est-ce que cela signifie? dit Squeers, qui devint pâle. Où l'avez-vous caché? — Je ne l'ai pas vu depuis hier au soir, répondit Nicolas. — Allons, dit Squeers, qui faisait d'inutiles efforts pour cacher ses alarmes, vous ne le sauverez pas ainsi. Où est-il? — Peut-être au fond de l'étang voisin, reprit Nicolas à voix basse et en regardant fixement le maître d'école. — Qu'entendez-vous par là? repartit Squeers tout bouleversé; et sans attendre une réponse, il demanda aux élèves s'ils pouvaient donner des renseignements sur leur camarade absent.

Il y eut un murmure général de dénégations, au milieu duquel une voix perçante cria : — Ne vous en déplaise, Monsieur, je crois que Smike s'est sauvé. — Ah! ah! qui a dit cela? — C'est Tomkins, répondit-on en chœur.

Squeers se jeta à travers la foule, et saisit un petit enfant encore en costume de nuit, dont l'air d'embarras semblait indiquer qu'il ne savait pas encore s'il serait puni ou récompensé de son opinion. Il ne fut pas longtemps dans l'incertitude.

— Vous croyez qu'il s'est sauvé? demanda Squeers. — Oui, Monsieur.

Squeers l'attrapa soudain pas les bras, et releva avec dextérité la draperie flottante de sa chemise : — Et quelles raisons, s'écria-t-il, vous font supposer qu'un élève pourrait songer à se sauver de cet établissement? Heim, Monsieur?

Pour toute réponse, l'enfant poussa un cri de détresse, et M. Squeers, se plaçant dans l'attitude la plus favorable au déploiement de ses forces, le battit jusqu'à ce que, dans ses contorsions, l'enfant lui échappa des mains; alors il le laissa miséricordieusement rouler où bon lui semblerait.

— Voilà! dit Squeers. Maintenant, si quelqu'un croit que Smike s'est sauvé, je serai charmé d'avoir avec lui un moment d'entretien.

Bien entendu que tout le monde garda le silence; pendant ce temps d'arrêt, Nicolas ne dissimula point son horreur.

— Eh bien! Nickleby, reprit Squeers en le regardant avec malice, vous croyez qu'il s'est sauvé, je le suppose? — C'est extrêmement probable, répondit tranquillement Nicolas. — Oh! vous le croyez, vous le croyez; peut-être en savez-vous quelque chose? — En aucune façon. — Il ne vous a pas dit qu'il partait? — Nullement, et j'en suis bien aise; car, dans ce cas, il eût été de mon devoir de vous en avertir. — Ce qui sans doute vous aurait déplu. — C'est vrai, vous interprétez mes sentiments avec la plus grande exactitude.

Madame Squeers avait écouté cette conversation au bas de l'escalier; mais, perdant toute patience, elle prit à la hâte sa camisole de nuit et se dirigea vers le lieu de la scène. Les élèves s'écartèrent à droite et à gauche pour lui épargner la peine de se frayer un passage à l'aide de ses bras musculeux.

— A quoi vous occupez-vous? dit-elle; pourquoi entrez-vous en pourparlers avec ce jeune homme, mon cher ami? — Mais, ma chère, dit Squeers, le fait est qu'il n'y a pas moyen de trouver Smike. — Eh bien! est-ce donc étonnant? dit la dame; si vous avez un insolent professeur qui excite ces jeunes drôles à la révolte, que pouvez-vous attendre de mieux? Maintenant, jeune homme, vous allez avoir la bonté d'emmener les enfants à la classe, et n'en bougez pas avant que je ne vous en aie donné la permission, autrement je vous traiterai de manière à endommager les charmes physiques dont vous vous vantez, je vous en avertis. — Vraiment! dit Nicolas en souriant. — Oui, vraiment! monsieur le brouillon; et si j'étais la maîtresse, vous ne resteriez pas une heure de plus à la maison. — Si j'étais le maître, je n'y resterais pas non plus; allons, enfants! — Allons, enfants! dit madame Squeers en imitant de son mieux la voix et les manières de son sous-maître, suivez votre chef, et prenez exemple de Smike, si vous l'osez; vous verrez quel sera son sort lorsqu'on l'aura retrouvé, et rappelez-vous que le vôtre sera deux fois pire si vous osez en ouvrir la bouche. — Je vous le déclare, enfants, dit Squeers, si je le rattrape, je ne lui laisserai qu'un souffle de vie. — Si vous le rattrapez! reprit madame Squeers d'un ton dédaigneux; mais vous êtes sûr de le rattraper, pourvu que vous vous y preniez bien.

M. Squeers congédia les élèves, distribua quelques taloches aux retardataires, et se trouva tête à tête avec son épouse.

— Il est parti! dit madame Squeers, l'étable et l'écurie sont fermées; ainsi il ne peut y être. Il n'est pas non plus en bas, car la servante a cherché partout. Il doit avoir pris la grande route d'York. — Pourquoi cela? — Imbécile, dit mistress Squeers avec colère, a-t-il de l'argent? — Il n'a jamais eu un liard, que je sache. — C'est certain, et il n'a point emporté de vivres, j'en répondrais. Il faut donc qu'il mendie, et il ne peut le faire que sur la grande route. — C'est vrai, s'écria Squeers en battant des mains. — Oui, mais vous n'y auriez point songé si je ne vous l'avais dit. Maintenant prenez la carriole; moi, j'emprunterai celle de Swallows; vous irez d'un côté, moi de l'autre, et, en tenant les yeux ouverts, l'un de nous est certain de le rencontrer.

Le plan de la digne dame fut adopté et mis à exécution sans une minute de retard.

Après avoir déjeuné à la hâte et pris quelques renseignements dans le village, Squeers s'élança dans la carriole. Bientôt après sa femme, enveloppée de châles et de mouchoirs, monta dans une autre carriole, et suivit une autre route.

Elle avait pris avec elle un gros gourdin, plusieurs bouts de corde et un vigoureux homme de peine, dans l'unique but de faciliter la capture de l'infortuné fugitif.

Nicolas passa dans une inexprimable angoisse cette journée et celle qui suivit. Le soir de celle-ci, Squeers revint seul et découragé.

— Pas de nouvelles du scélérat, dit le maître d'école, qui, fidèle à ses principes, s'était évidemment dégourdi les jambes nombre de fois durant son voyage. Il faudra que je me console de cet incident aux dépens de quelqu'un, Nickleby, si madame Squeers ne le retrouve pas, je vous en donne avis. — Il n'est pas en mon pouvoir de vous consoler, Monsieur; cette affaire ne me regarde pas. — Nous verrons, dit Squeers d'un ton de menace.

Nicolas se mordit les lèvres et serra involontairement les mains, car il brûlait de se venger de cet outrage; mais se rappelant que le maître d'école était ivre, il se contenta de lui lancer un regard de mépris, et monta au dortoir avec toute la majesté possible.

Le lendemain, à son réveil, Nicolas entendit le bruit d'une voiture. Elle s'arrêta. Il distingua la voix de madame Squeers, qui, dans l'excès de sa joie, demandait un verre d'eau-de-vie, ce qui indiquait suffisamment qu'il était arrivé quelque chose d'extraordinaire. A peine s'il osait regarder par la fenêtre; mais il finit par s'y décider, et le premier objet que rencontrèrent ses yeux fut le malheureux Smike, si couvert de boue et de pluie, si las, si harassé, que, sans l'excentricité distinctive de ses vêtements, son identité même eût été douteuse.

— Emportez-le, dit Squeers en dévorant des yeux le coupable, emportez-le. — Prenez garde, s'écria madame Squeers. Nous lui avons lié les jambes sous le tablier de la voiture pour l'empêcher de s'échapper.

Squeers détacha la corde d'une main tremblante de plaisir, et Smike, plus mort que vif, fut jeté au fond d'un caveau en attendant le moment où M. Squeers jugerait convenable d'opérer sur lui en présence de l'école assemblée.

La nouvelle de la capture de Smike et de sa rentrée triomphale courut comme un feu follet dans la communauté affamée, et la livra aux angoisses de l'attente. Dans l'après-midi, Squeers s'étant refait par un bon dîner et fortifié par des libations supplémentaires, parut, accompagné de sa gracieuse épouse, avec un maintien prodigieusement grave, et un formidable instrument de flagellation, aussi souple que solide, acheté le matin tout exprès pour la circonstance.

— Tout le monde est-il présent? demanda Squeers d'une voix terrible.

Tout le monde était présent, mais personne n'osait parler. Squeers compta les élèves, et sous l'influence de son regard, tous les yeux se baissèrent, toutes les têtes se courbèrent timidement.

— Que chacun se place, dit Squeers en administrant à son bureau son coup favori, et en contemplant avec joie le soubresaut universel que le bruit de sa canne ne manquait jamais de produire. Nickleby, à votre bureau, Monsieur.

Plus d'un observateur remarqua sur la figure du sous-maître une expression inusitée, mais il se mit à sa place sans ouvrir les lèvres. Squeers sortit après avoir jeté un regard de triomphe sur Nicolas, et d'autorité despotique sur les élèves. Il rentra bientôt traînant Smike par le collet, ou plutôt par la partie de sa veste la plus voisine de la place où se fût trouvé son collet, s'il eût pu se vanter d'une semblable décoration.

Dans tout autre lieu, l'apparition de la faible et misérable créature eût provoqué un murmure de compassion et de reproche. Elle produisit quelque effet même dans la classe de Dotheboys, car les spectateurs s'agitèrent sur leurs bancs, et les plus hardis osèrent échanger entre eux des regards qui exprimaient l'indignation et la pitié.

Ces regards furent perdus pour Squeers, qui, les yeux fixés sur Smike, lui demandait, suivant la coutume en pareil cas, s'il n'avait rien à dire pour sa justification. L'œil de Smike s'arrêta un moment sur Nicolas, dont il semblait espérer l'intercession ; mais le sous-maître était immobile, courbé sur son bureau.

— N'avez-vous rien à dire ? répéta Squeers en brandissant son fouet. Retirez-vous un peu, madame Squeers, je n'ai pas assez d'espace.

Squeers saisit l'enfant, qui regimbait et poussait des cris de douleur ; un second coup allait succéder au premier, quand Nicolas Nickleby se leva et s'écria : — Arrêtez ! d'une voix qui fit trembler les solives. — Qui a crié : Arrêtez ! dit Squeers d'un air farouche. — C'est moi ; ceci ne saurait avoir lieu ! — Ceci ne saurait avoir lieu ! — Non ! dit Nicolas d'une voix de tonnerre.

Stupéfait de la hardiesse de l'intervention, Squeers lâcha la victime, et, reculant de deux pas, contempla Nicolas avec une expression véritablement terrible.

— Je l'empêcherai ! répéta Nicolas sans se déconcerter.

Les yeux de Squeers lui sortaient de la tête, mais la surprise lui ôtait la parole.

— Vous avez méprisé mon intercession pacifique en faveur de ce misérable enfant, dit Nicolas ; vous n'avez pas répondu à la lettre par laquelle j'implorais pour lui votre pardon, et m'offrais comme garant qu'il resterait tranquillement ici. Ne me reprochez donc pas mon intervention dans cette affaire, c'est vous qui vous l'êtes attirée. — Asseyez-vous, coquin ! s'écria Squeers presque hors de lui et saisissant Smike. — Malheureux ! osez donc le toucher ! s'écria fièrement Nicolas ; je ne le souffrirai pas : mon sang bout, et j'ai la force de dix hommes comme vous, songez-y ; car, par le ciel, je ne vous ménagerai pas, si vous m'y contraignez. — Arrière ! cria Squeers en brandissant son arme. — J'ai une longue suite d'injures à venger, dit Nicolas en fureur, et les infâmes cruautés qu'on exerce sur l'enfance dans ce repaire redoublent mon indignation. Prenez garde ; car si vous éveillez en moi le démon, les conséquences en retomberont sur votre tête.

A peine avait-il achevé que Squeers, au comble de la fureur, et poussant un cri semblable à celui d'une bête fauve, lui cracha au visage, et lui donna un coup de fouet qui enleva un lambeau de chair. Aiguillonnés par la souffrance, tous les sentiments de Nicolas, la rage, le mépris, l'indignation, se concentrèrent en ce moment ; il s'élança sur son adversaire, lui arracha des mains l'instrument de torture, le saisit à la gorge, et le battit jusqu'à ce que le misérable demandât merci. Les élèves ne remuèrent ni bras ni jambes, à l'exception du jeune Squeers, qui vint au secours de son père ; mais madame Squeers, en criant au secours, se suspendit au pan de l'habit de son époux, et s'efforça de l'arracher des mains de son fougueux ennemi. Miss Fanny, qui avait espionné par le trou de la serrure, et s'attendait à une scène toute différente, s'élança dans la salle au commencement de l'attaque. Après avoir jeté une pluie d'encriers à la tête du sous-maître, elle le battit à souhait en s'animant à chaque coup de l'idée qu'il avait repoussé ses avances, et communiquant ainsi une nouvelle force à un bras qui n'était pas des plus faibles.

Dans l'excès de son exaspération, Nicolas ne sentit pas plus les coups que si on l'eût chatouillé avec des plumes ; mais, fatigué du vacarme, et sentant que son bras s'affaiblissait, il épuisa tout ce qui lui restait de vigueur pour repousser Squeers loin de lui. Le maître d'école entraîna sa femme dans sa chute, se heurta la tête contre un banc, et demeura sans mouvement sur le carreau.

Après avoir amené les choses à cette conclusion, et s'être assuré à son grand plaisir que Squeers n'était qu'étourdi, point sur lequel il avait eu d'abord quelques désagréables doutes, Nicolas laissa le maître d'école aux soins de sa famille, et se retira pour réfléchir à ce qu'il devait faire. Il chercha Smike avec inquiétude, mais celui-ci avait disparu.

Après de courtes réflexions, Nicolas fourra quelques hardes dans une petite valise de cuir, et comme personne ne s'opposait à ses projets, il marcha hardiment vers la grande porte, et se trouva bientôt après sur la grande route de Greta-Bridge. Quand il fut assez calme pour examiner attentivement sa position présente, elle ne se présenta pas sous un jour bien encourageant, car il n'avait que cinq francs dans sa poche, et était à environ soixante-dix lieues de Londres. Cependant il résolut de diriger ses pas vers cette ville, afin de savoir, entre autres choses, quel récit de son aventure M. Squeers transmettrait à son cher oncle.

Cette résolution prise, il aperçut en levant les yeux un cavalier qui venait droit à lui. A son grand chagrin, il le reconnut pour M. John Browdie, qui, le corps entouré de cordes et en guêtres de cuir, pressait son coursier au moyen d'un énorme bâton de frêne récemment arraché à quelque vigoureux plantard.

— Je ne suis pas d'humeur à me disputer, pensa Nicolas, et cependant il faut que j'aie une explication avec cet honnête lourdaud, et que je reçoive peut-être un ou deux coups de ce bâton.

Tel en effet semblait devoir être le résultat de la rencontre, car dès que John Browdie eut vu Nicolas, il arrêta son cheval près du bord de la route et attendit le sous-maître, auquel il lançait un regard sévère entre les deux oreilles de l'animal.

— Votre serviteur, mon jeune ami, dit John. — A vos ordres, dit Nicolas. — Eh bien ! nous nous retrouvons enfin, reprit John en faisant sonner l'étrier sous le rude contact de son bâton. — Oui, répondit Nicolas avec hésitation. Allons, ajouta-t-il après un moment de silence, nous ne nous sommes pas séparés très-bons amis lors de notre dernière entrevue : c'était ma faute, je crois ; mais je n'avais ni l'intention de vous offenser, ni l'idée que vous pussiez vous fâcher. J'en ai éprouvé depuis un vif regret. Voulez-vous me donner la main? — Très-volontiers, cria le bon paysan, et en même temps il se courba sur sa selle et tordit vigoureusement la main à Nicolas. Mais qu'avez-vous donc à la face, mon homme? elle a l'air tout en compote. — C'est un coup, dit Nicolas en rougissant, mais je l'ai rendu avec usure. — Bien! fort bien! j'aime les braves.

Nicolas ne savait pas trop comment faire l'aveu fatal. — Le fait est, dit-il, que j'ai été maltraité.

— Ah! repartit John Browdie d'un ton de compassion, car c'était un géant par la taille et par la force, et très-vraisemblablement Nicolas ne lui semblait guère qu'un nain. — Oui, reprit Nicolas, j'ai été insulté par ce coquin de Squeers; mais je l'ai battu à plate couture, et c'est pourquoi je m'en vais. — Quoi! s'écria John Browdie avec un rire si désordonné que son cheval en fit un écart, vous avez battu le maître d'école! Oh! oh! vous avez battu le maître d'école! A-t-on jamais entendu parler d'une chose pareille? Donnez-moi encore une fois la main, jeune homme? Vous avez battu le maître d'école! vous avez mon estime.

Ayant ainsi exprimé son ravissement, John Browdie rit si bruyamment, que les échos des environs en retentirent. En même temps il serrait cordialement la main de Nicolas. Quand sa gaieté se fut calmée, il l'interrogea sur ses projets; et en apprenant sa résolution d'aller à Londres, il secoua la tête d'un air de doute, et lui demanda s'il savait combien prenaient les voitures pour transporter si loin les voyageurs. — Non, dit Nicolas; mais c'est peu important pour moi, car j'ai l'intention d'aller à pied. — Jusqu'à Londres! s'écria John stupéfait. — Certainement, d'ici jusqu'au bout de la route; mais il ne faut pas que je m'amuse à la bagatelle: ainsi donc, adieu. — Attendez, reprit l'honnête paysan en retenant son coursier impatient; combien d'argent vous a-t-on donné? — Pas beaucoup, mais il peut me suffire; il n'y a rien d'impossible à une volonté ferme, vous le savez.

John Browdie ne répondit pas verbalement à cette observation; mais portant la main à la poche, il en tira une vieille bourse de cuir, et insista pour que Nicolas lui empruntât ce dont il avait besoin.

— N'ayez pas peur, mon homme; prenez assez pour faire le voyage, vous me le rendrez un jour.

M. Browdie réitéra ses instances; mais Nicolas ne put se déterminer à emprunter plus de vingt-quatre francs. Ce fut en vain que le paysan s'efforça de lui faire accepter davantage, en lui représentant que s'il ne dépensait pas tout, il pouvait mettre le surplus de côté, jusqu'à ce qu'il eût occasion de le lui renvoyer franc de port par les messageries.

— Prenez ce morceau de bois, mon homme, ajouta John Browdie en présentant son bâton et serrant de nouveau la main de Nicolas. Bon courage, et que bien vous arrive! Vous avez battu un maître d'école, c'est la meilleure histoire que j'ai entendue depuis vingt ans!

Par une délicatesse dont on ne l'aurait pas cru capable, John Browdie saisit cette occasion pour rire aux éclats et longtemps, afin d'éviter les remercîments de Nicolas; puis il fit sentir l'éperon à son cheval et le lança au petit galop, se retournant de temps en temps pour regarder Nicolas, et agitant la main comme pour l'encourager. Nicolas suivit des yeux le cheval et le cavalier jusqu'à ce qu'ils disparussent derrière une colline éloignée, et il continua son voyage.

Il ne fit pas beaucoup de chemin ce jour; la nuit était déjà venue, et la neige rendant la marche pénible et la route incertaine, il passa la nuit dans une chaumière, où l'on donnait à coucher à bas prix à la plus humble classe des voyageurs, se leva de bonne heure, et arriva vers le soir à Boroughbridge. En cherchant un abri dans cette ville, il arriva à une grange isolée à quelques centaines de pas de la route. Il étendit dans un coin ses membres fatigués, et fut bientôt endormi.

A son réveil, au moment où il repassait dans sa mémoire ses songes, qui avaient tous rapport à son séjour au château de Dotheboys, il se frotta les yeux, et aperçut, non sans trouble, un être immobile à peu de distance de lui.

— C'est étrange! s'écria-t-il; est-ce un reste des rêves qui viennent de me quitter? Ce ne peut être une réalité... et cependant je suis bien éveillé... Smike!

La figure remua, se leva, s'avança et tomba à ses pieds : c'était Smike.

— Pourquoi vous agenouiller? dit Nicolas en le relevant précipitamment. — Pour vous demander à vous suivre partout, au bout du monde, au tombeau même, répliqua Smike en lui saisissant la main; accordez-le-moi, vous êtes mon appui, mon ami, mon protecteur; emmenez-moi, je vous en conjure. — Je suis un ami qui ne peut faire grand'chose pour vous, dit Nicolas avec bonté. Comment vous trouvez-vous ici? — Je vous ai suivi, je ne vous ai pas perdu de vue un moment, je me suis arrêté quand vous vous arrêtiez, j'ai veillé sur votre sommeil, mais sans oser me montrer, de peur d'être renvoyé. Je ne voulais pas encore paraître, mais vous vous êtes réveillé tout d'un coup, et je n'ai pas eu le temps de me cacher. — Pauvre garçon! Votre triste destinée ne vous accorde qu'un ami, et il est presque aussi pauvre et aussi dénué que vous. — M'est-il permis de vous suivre? demanda

Smike timidement; je serai votre serviteur laborieux et fidèle. Je n'ai pas besoin de vêtements, ceux-ci suffiront, ajouta-t-il en rajustant ses haillons; tout ce que je désire, c'est de rester auprès de vous. — Et vous y resterez! s'écria Nicolas, et le monde nous traitera l'un comme l'autre, jusqu'à ce que l'un de nous le quitte pour un monde meilleur. Allons, à la grâce de Dieu!

A ces mots, il chargea sa valise sur ses épaules, prit son bâton d'une main, tendit l'autre à Smike désormais placé sous sa tutelle, et tous deux sortirent de la vieille grange.

CHAPITRE XI.

Dans ce quartier de Londres où est situé Golden square, se trouve une rue en décadence, bordée de deux rangées irrégulières de grandes et maigres maisons, qui paraissent se regarder entre elles avec stupéfaction. On dirait que les cheminées mêmes sont devenues sombres et mélancoliques à force de n'avoir à contempler que les cheminées d'en face. Leurs faîtes sont fendus, lézardés et noircis par la fumée, et çà et là, un rang de cheminées plus grand que les autres, inclinant lourdement d'un côté, semble méditer de se venger d'un abandon séculaire en écrasant les habitants des galetas qu'il domine.

Newman Noggs logeait au troisième étage d'une de ces bicoques, dont le premier était occupé par M. Kenwigs, tourneur en ivoire. Sa femme, grande dame par les manières, était d'une excellente famille, ayant un oncle percepteur des contributions. En outre, ses deux filles aînées allaient deux fois par semaine à une école de dames du voisinage; elles avaient des cheveux d'un blondfade tissés de rubans bleus et pendant en longue queue sur leur dos, et portaient de petits pantalons blancs à garnitures plissées autour des chevilles. Pour ces raisons et pour une infinité d'autres aussi valides, mais trop longues à énumérer, madame Kenwigs, considérée comme une personne de haute importance, était le sujet constant des caquets de toutes les commères de la rue, et même de trois ou quatre maisons des rues voisines.

C'était l'anniversaire de l'heureux jour où l'église anglicane avait uni M. et madame Kenwigs, et en commémoration de cet événement, on avait invité quelques amis à souper. La société se composait d'abord de la famille et du percepteur, M. Lillywick. Venait ensuite la jeune dame qui avait fait la robe de madame

Kenwigs, et qui, demeurant au second, sur le derrière, avait prêté son lit à l'enfant au maillot de madame Kenwigs et mis auprès de lui une petite fille pour le veiller ; le cavalier qu'on destinait à cette dame était un jeune homme que M. Kenwigs avait connu étant garçon. Ajoutez-y un couple nouvellement marié, une sœur de madame Kenwigs, un jeune homme qui passait pour avoir des vues sur elle, une vieille dame du premier sur le derrière, et M. Noggs, qu'on invitait volontiers, parce qu'il avait été riche autrefois.

Mais après le percepteur, le plus grand *lion* de la société était peut-être la fille d'un pompier ; elle figurait dans la pantomime, et avait pour le théâtre d'incroyables dispositions.

On se mit à table à huit heures ; et quand tous les mets furent consommés, on se hâta d'en lever la nappe et de substituer aux débris du festin les ingrédients nécessaires pour faire un punch. Le grave percepteur, homme gros et replet, dont la figure avait l'air d'être sculptée en bois, se dérida à cet attrayant spectacle, et les yeux de Noggs étincelèrent de plaisir.

— C'est vous qui aurez la complaisance de préparer le punch, lui dit miss Petowker, la fille du pompier ; mais si, pendant ce temps, Morleena dansait un pas devant M. Lillywick ?

Ce nom de Morleena, qui peut sembler étrange, avait été imaginé par madame Kenwigs pour désigner son premier enfant.

— Faut-il danser, maman ? demanda la petite fille. — Non, non, ma chère, répondit madame Kenwigs, cela ennuierait votre oncle. — C'est impossible : n'est-ce pas, Monsieur, que cela vous fera beaucoup de plaisir ? — J'en suis persuadé, répondit le percepteur en regardant du coin de l'œil si la fabrication du punch avançait. — Eh bien ! dit madame Kenwigs, Morleena fera ses pas si mon oncle peut obtenir de miss Petowker qu'elle nous récite ensuite l'agonie de la femme vampire.

Des applaudissements frénétiques accueillirent cette proposition ; miss Petowker inclina la tête à plusieurs reprises pour remercier l'assemblée.

Madame Kenwigs et miss Petowker avaient arrangé un petit programme des plaisirs de la soirée ; mais il était convenu que, de part et d'autre, on se ferait un peu prier, pour que cela eût l'air plus naturel. Miss Petowker fredonna un air, et Morleena dansa après qu'on lui eut mis de la craie aux semelles comme pour sauter sur la corde roide. Le pas était accompagné de fréquents mouvements des bras, et il fut applaudi à tout rompre.

— Si j'avais le bonheur **de posséder un... un...** un enfant, dit miss Petowker en rougissant, un enfant d'un aussi grand talent, je le placerais de suite à l'Opéra.

Madame Kenwigs soupira et regada M. Kenwigs, qui répondit qu'il prendrait la chose en considération. On conjura miss Petowker de commencer l'agonie de la femme vampire; la jeune personne défit ses cheveux, et se plaça à un bout de la chambre, tandis que l'ancien ami de Kenwigs se plaçait à l'autre, pour la recevoir expirante entre ses bras. La scène fut jouée avec un entrain extraordinaire, et à la grande terreur des petites Kenwigs, qui faillirent tomber en défaillance.

Newman, qui était las de sa sobriété trop prolongée, n'avait pas encore pu glisser un mot pour annoncer que le punch était prêt, quand on frappa violemment à la porte; madame Kenwigs poussa un cri, s'imaginant aussitôt que l'enfant était tombé à bas du lit. — Qui est là? demanda M. Kenwigs. — Ne vous alarmez pas, ce n'est que moi, dit un voisin qui logeait, ainsi que Noggs, au troisième étage. L'enfant est à merveille, car j'ai jeté un coup d'œil dans la chambre, et il est endormi, ainsi que la petite fille; je ne crois pas que la chandelle mette le feu aux rideaux du lit, à moins qu'il ne vienne un courant d'air. C'est M. Noggs que l'on demande.

— Moi! s'écria Newman très-étonné. — C'est une heure étrange, n'est-ce pas? répondit le voisin; et ceux qui vous rendent visite sont d'étranges gens, tout couverts de pluie et de boue; faut-il les renvoyer? — Non, dit Newman en se levant; combien sont-ils? — Deux. — Et ils me demandent par mon nom? — Par votre nom bien articulé.

Newman réfléchit quelques secondes, et sortit à la hâte, en murmurant qu'il allait revenir de suite. Il tint parole; car, au bout d'un intervalle excessivement court, il se rua dans la chambre comme un fou, saisit, sans un seul mot d'excuse ou d'explication, une chandelle et un grand verre rempli de punch, et disparut rapidement.

Les assistants se levèrent dans un grand désordre, se regardèrent avec une perplexité mêlée de crainte, tendirent le cou et écoutèrent attentivement.

Newman Noggs gravit l'escalier quatre à quatre, emportant dans sa mansarde le breuvage fumant qu'il avait arraché avec si peu de cérémonie des mains mêmes du percepteur, qui, lors de cet enlèvement imprévu, guignait le contenu du verre avec les signes d'un sensible plaisir. Nicolas et Smike attendaient Newman, tous deux sales, surmenés, mouillés, les pieds meurtris et demi-nus, épuisés par les fatigues d'une marche longue et inaccoutumée.

Le premier soin de Newman fut de contraindre doucement Nicolas à avaler d'un seul trait la moitié du punch presque bouillant; puis il en versa le reste dans le gosier de Smike, qui n'ayant jamais de sa vie goûté rien de plus fort qu'une médecine apéritive, manifesta par des gestes singuliers sa surprise et son ravissement durant le passage de la liqueur dans son œsophage.

— Vous êtes transpercé, dit Newman en passant rapidement la main sur l'habit que venait d'ôter Nicolas; et je... je... je n'ai pas même de quoi changer, ajouta-t-il en jetant un regard piteux sur ses propres vêtements.

— J'ai des hardes sèches dans ma valise, répondit Nicolas; si vous avez l'air si désolé de me voir, vous ajouterez à la peine que j'éprouve d'être obligé pour une seule nuit de vous demander l'hospitalité.

Newman n'eut pas l'air moins désolé d'entendre Nicolas parler ainsi; mais son jeune ami lui serra cordialement la main, et lui assura que la confiance la plus absolue dans la sincérité de ses protestations l'avait seule décidé à avoir recours à lui; et la physionomie de M. Noggs s'éclaircit. Il s'occupa avec beaucoup d'empressement de faire toutes les dispositions qui étaient en son pouvoir pour bien recevoir ses hôtes.

Elles furent assez simples, les voyageurs partagèrent leur frugal repas avec plus de satisfaction que l'un d'eux du moins n'en avait éprouvé en savourant des mets plus recherchés.

Le souper fini, ils s'approchèrent du feu, que Newman Noggs arrangea de son mieux. Nicolas, qui, pour complaire à son ami, ne s'était jusqu'alors occupé que de se refaire de la lassitude du voyage, l'accabla de questions sur sa mère et sa sœur.

— Elles vont bien, répondit Newman avec son laconisme habituel. — Elles demeurent toujours dans la Cité? — Toujours. — Et ma sœur? elle me marquait qu'elle allait embrasser une profession qui lui plaisait beaucoup; est-elle installée?

Newman ouvrit de grands yeux, se contenta de répondre par un signe de tête, et demeura la bouche béante. Nicolas crut voir dans cette pantomime une réponse favorable.

— Maintenant écoutez-moi, dit Nicolas en mettant la main sur l'épaule de Newman. Avant de me présenter chez elles, j'ai jugé convenable de venir vous trouver, de peur que, pour satisfaire le désir que j'ai de les voir, je ne leur cause un tort qu'il me serait impossible de réparer. Quelles nouvelles mon oncle a-t-il reçues du Yorkshire?

Vous voyez que je suis prêt à entendre tout ce que la méchanceté a pu imaginer; pourquoi me le cacheriez-vous? il faut que je le sache tôt ou tard; et à quoi bon me laisser languir pendant quelques minutes, quand vous pouvez m'apprendre de suite ce qui s'est passé? — Demain matin, dit Newman. — Pourquoi? — Parce que vous dormirez mieux. — Je dormirai plus mal, reprit Nicolas avec impatience. Dormir! tout harassé que je suis, malgré l'extrême besoin que j'ai de repos, je ne puis espérer fermer les yeux de la nuit si vous ne me dites tout. — Et si je vous disais tout? reprit Newman avec hésitation. — En ce cas, vous pourrez exciter mon indignation ou blesser mon amour-propre ; mais vous n'interromprez pas mon repos, car si la scène était à recommencer, je n'y prendrais pas d'autre rôle que celui que j'ai pris, et quelles qu'en soient les conséquences, je ne me repens point de ma conduite. Qu'est-ce que la pauvreté et la souffrance comparativement à la honte d'être le plus lâche et le plus vil des hommes? Je vous le dis, si j'étais resté calme et impassible, je me serais haï moi-même, et j'aurais mérité le mépris de tous. Oh! le misérable!

Nicolas apaisa sa rage naissante par cette douce allusion à M. Squeers, **et racontant** exactement à Newman ce qui s'était passé au château de Dotheboys, il le conjura de lui parler sans délai. Newman Noggs tira d'une vieille malle un chiffon de papier griffonné à la hâte, et le lui remit en disant : — Mon cher ami, il ne faut pas vous laisser aller à vos sentiments ; vous ne réussirez pas dans le monde si vous prenez le parti de tous ceux qui sont maltraités. Je suis fier d'apprendre ce que vous avez fait ; je voudrais l'avoir fait moi-même.

Newman accompagna cette sortie d'un violent coup de poing sur la table, que, dans la chaleur du moment, il semblait prendre pour les côtes de M. Wackford Squeers, et il entama la question.

— Avant-hier, dit-il, votre oncle a reçu cette lettre : j'en ai pris copie en courant, pendant qu'il était sorti. Faut-il vous la lire? — S'il vous plaît.

Newman Noggs lut ce qui suit :

« Au château de Docboy, mardi matin.

» Monsieur,

» Mon papa me prie de vous écrire. Les médecins doute qu'il puissent jamais recouvrer l'usage de ses jambes, ce qui l'empêche de tenir la plume.

» Nous somes dans une cituation d'esprit qu'on ne saurait dépaindre, et mon papa n'est que contusions bleus et vertes depuis la tête jusqu'aux piés. Nous avons été forcés de le transeporter dans la **cuisine** où il est encore étendu. Vous pouvez voir par là qu'il est bien bas.

» Quand votre neveu, nommé soumaître à **votre recommandation**, eut ainsi traité mon papa et lui eut trepigné sur le cor, en tenant des propos de la repetition desquelles je ne veux pas souyer ma plume, il attaqua maman avec une effroyable violanse, la jetta parterre, et lui enfonsa son peigne à plusieurs pouces dans la tête; il s'en est fallu de bien peu qu'il n'entrât dans le crâne.

» Mon frère et moi fûmes ensuite les victimes de sa furie, et depuis nous avons bocoup soufer, ce qui maleureusement nous fait voir que nous avons quelque lesion intairne, d'autant plus qu'il n'y a pas de traces extérieures de sa brutalité. Je pousse des cris affreux tout en vous écrivant, ainsi que mon frère, dont les gemissemant attire mon attention, j'espère donc que vous excuserez mon grifonnage.

» Le monstre, après avoir assouvi sa soife de sang, s'est enfui, emmenant avec lui un jeune home d'un caractère déterminé, qu'il a egsité à la rébellion. Comme il n'a pas été apperéhendé par les constables, il est à croire qu'il est monté dans quelque voiture public. Mon papa vous prie, dans le cas où vous le verrez, de laisser aller l'assassin; car si nous le poursuivions, il ne serait que déporté, tandis qu'en ne l'arrêtant pas, on est sûr qu'il sera pandu avant peu, ce qui nous épargnera de la peine et sera plus satisfaisant. Je suis, en attendant votre réponse, votre, etc.

» FANNY SQUEERS.

» POSTE-SCRIPTUM. Je plains son ignorance et je le méprise. »

Un profond silence suivit la lecture de cette belle épitre, et Newman Noggs en la pliant regarda avec une sorte de compassion grotesque le jeune homme d'un caractère déterminé auquel on faisait allusion. Celui-ci, comprenant seulement que c'était à cause de lui qu'on calomniait et qu'on persécutait Nicolas, demeura muet et abattu.

— Monsieur Noggs, dit Nicolas après quelques moments de réflexion, il faut que je sorte. — Que vous sortiez! — Oui, que j'aille à Golden square. Je me dois à moi-même de faire connaître la vérité; et en outre j'ai à échanger avec M. Ralph deux mots que je suis bien aise de ne pas laisser refroidir. — Du calme, dit Newman. — Je pars, reprit Nicolas d'un ton ferme en se préparant à descendre. — Ecoutez-moi, dit Newman en se plantant devant son jeune et impétueux ami. Il n'y est pas; il est absent de Londres pour trois jours; et je sais qu'il ne répondra pas à cette lettre avant trois jours. — En êtes-vous sûr? demanda Nicolas en arpentant rapidement l'étroite chambre. — Parfaitement sûr; il avait à peine lu la lettre quand il est parti, et le contenu n'en est connu que de vous et de lui. — Faut-il vous en croire? Ma mère et ma sœur n'en sont pas instruites? Si je le pensais, j'irais les trouver; il faut que je les voie; où demeurent-elles? Montrez-moi le chemin. — Laissez-vous guider par moi, dit Newman; n'essayez pas de les voir avant son retour. Je connais l'homme; n'ayez pas l'air d'avoir fait des efforts pour rallier qu' que ce soit à votre cause. Quand il reviendra, allez droit à lui, et parlez-lui auss hardiment que vous voudrez. Il a deviné la vérité, et la sait aussi bien que vous e moi, soyez-en persuadé. — Vous avez de la bienveillance pour moi, et vous connais sez mon oncle mieux que je ne puis le connaître. Eh bien! soit.

Durant la précédente conversation, Newman s'était tenu adossé à la porte, prêt à employer la force, s'il le fallait, pour s'opposer à une sortie. Il se rassit avec joie, et comme l'eau avait eu le temps de chauffer, il prépara un grand verre de grog pour Nicolas, et mit dans un vieux pot fêlé une autre ration de grog que Smike et lui partagèrent très-équitablement, pendant que Nicolas, la tête appuyée sur sa main, demeurait plongé dans une rêverie mélancolique.

Cependant la société du premier étage, après avoir écouté attentivement, et n'entendant aucun bruit qui justifiât leur curiosité, reprit place dans la chambre des Kenwigs, et hasarda une multitude de conjectures sur les motifs de la disparition subite de M. Noggs.

— Je vois ce que c'est, dit madame Kenwigs; peut-être un exprès vient lui annoncer qu'il a recouvré toute sa fortune. — Ce n'est pas impossible. Peut-être, dans ce cas, ferions-nous bien d'aller lui demander s'il désire encore un peu de punch. — Kenwigs, vous m'étonnez, s'écria M. Lillywick d'un air sombre. — Et pourquoi donc, Monsieur? demanda Kenwigs avec le respect dû à un percepteur. — Par la remarque que vous faites, Monsieur, répondit M. Lillywick avec emportement : il a déjà du punch, n'est-ce pas? Je considère la manière dont ce punch nous a été supprimé comme hautement irrévérencieuse pour la société, comme éminemment scandaleuse. Peut-être est-il d'usage de tolérer de semblables choses dans cette maison, mais ce ne sont pas les manières auxquelles j'ai été habitué, et je ne me gêne pas pour vous le dire. Vous avez devant vous un verre de punch auquel vous allez porter vos lèvres, quand un autre arrive, et empoigne ce verre de punch sans vous en demander permission : c'est peut-être le bon genre, mais je ne le comprends pas, voilà tout; et qui plus est, je n'ai pas envie de le comprendre jamais. — Je suis contrarié de ce qui s'est passé, Monsieur, dit humblement Kenwigs. — Ne me dites pas que vous êtes contrarié, repartit M. Lillywick avec beaucoup d'aigreur; vous auriez dû l'empêcher.

La joie générale fut paralysée par cette sortie; tous les hôtes furent interdits de l'irritation du percepteur. Le maladroit Kenwigs attisa le feu en essayant de l'éteindre.

— Je ne pouvais penser, dit-il, qu'une chose aussi peu importante qu'un verre de punch vous ferait sortir de votre caractère. — Sortir de mon caractère ! Que signifie cette impertinence ? Morleena, donnez-moi mon chapeau. — Oh ! vous ne vous en allez pas, monsieur Lillywick, interrompit miss Petowker avec le plus séduisant sourire.

Mais M. Lillywick s'écria avec opiniâtreté :

— Pourquoi resterais-je ici, mes chères amies ? On n'y désire pas ma présence. — Oh ! point de ces paroles cruelles, mon oncle ! s'écria madame Kenwigs en sanglotant, à moins que vous ne vouliez me tuer. — Je ne m'étonnerais pas que certaines gens prétendissent que je l'ai fait, reprit M. Lillywick en jetant à Kenwigs un coup d'œil plein de fureur. Je sors de mon caractère ! — Oh ! je ne puis souffrir ces regards que vous lancez à mon mari, s'écria madame Kenwigs. — Monsieur Lillywick, dit Kenwigs, au nom de votre nièce, réconcilions-nous.

La société joignit ses instances à celles du neveu. La figure du percepteur s'adoucit ; il tendit la main.

— C'est fini, Kenwigs, dit M. Lillywick ; mais pour vous montrer à quel point j'étais sorti de mon caractère, souffrez que je vous dise que si je m'en étais allé sans explication, je n'en aurais pas moins laissé à vos enfants ce qui doit leur revenir un jour.

La joie régnait de nouveau, lorsqu'on entendit des cris perçants, qui, selon toute apparence, partaient de la chambre où était pour le moment enchâssé l'héritier des Kenwigs. Aussitôt madame Kenwigs, pensant qu'un chat s'était glissé dans la chambre, et qu'il avait égratigné l'enfant pendant que la petite fille était endormie, s'élança vers la porte en se tordant les mains et en jetant des hurlements de désespoir : une consternation profonde s'empara de l'assemblée.

— Mon enfant, mon chéri, mon adoré, mon amour d'enfant ! s'écria madame Kenwigs en *crescendo* : laissez-moi aller à lui ; lai...ai...sse...ez-moi.

Cependant Kenwigs courut à la chambre, à la porte de laquelle il rencontra Nicolas tenant l'enfant dans ses bras. — Nicolas sortit de la chambre avec tant de véhémence que le malheureux père dégringola de six marches, et atterrit sur le palier voisin avant de pouvoir ouvrir la bouche pour demander ce qu'il y avait. — N'ayez pas peur, s'écria Nicolas ; le voici ; tout est fini, tout est passé, calmez-vous ; il n'y a pas de mal

A ces mots, il remit à madame Kenwigs l'enfant, que, dans sa précipitation, il avait emporté la tête en bas, et courut assister M. Kenwigs, qui se frottait la tête et avait l'air étourdi de sa chute.

Rassurée par cette nouvelle, la compagnie oublia des alarmes qui avaient produit les exemples les plus singuliers d'un manque absolu de présence d'esprit.

— Ce n'est absolument rien, dit Nicolas en s'adressant à madame Kenwigs ; la petite fille qui veillait l'enfant, étant fatiguée à ce qu'il paraît, s'est endormie et a mis le feu à ses cheveux. — O malicieuse petite créature ! s'écria madame Kenwigs en menaçant du doigt l'infortunée coupable, qui pouvait être âgée d'environ treize ans, et qui avait la tête flambée et la figure bouleversée. — J'ai entendu ses cris, poursuivit Nicolas, et je suis accouru à temps pour empêcher le feu de se communiquer. Vous pouvez être certaine que l'enfant est sain et sauf, car je l'ai enlevé moi-même de son lit et je l'ai amené pour vous en convaincre

Après cette brève explication, l'enfant, qui, ayant le collecteur pour parrain, s'honorait du nom de Lillywick Kenwigs, fut à moitié étouffé par les caresses de l'auditoire, et serré contre le sein de sa mère avec une violence qui lui arracha de nouvelles clameurs. L'attention de la compagnie se dirigea ensuite, par une transition naturelle, vers la petite fille qui avait eu l'audace de se brûler les cheveux, et qui, après avoir reçu plusieurs horions des dames les plus énergiques de la société, fut impitoyablement congédiée. Les dix-huit sous qui devaient être sa récompense furent confisqués au profit de la famille Kenwigs.

— Et que vous dirons-nous, Monsieur ? je ne le sais vraiment pas, s'écria madame Kenwigs s'adressant au libérateur du jeune Lillywick. — Vous n'avez pas besoin de me rien dire, répondit Nicolas. Je n'ai rien fait qui mérite que vous vous mettiez en frais d'éloquence. — Sans vous, Monsieur, il eût pu être brûlé vif, dit miss Petowker avec un gracieux sourire. — Ce n'est guère probable, je crois, car il y avait ici abondance de secours, et il en fût venu à lui assez à temps pour le préserver du danger. — En tout cas, Monsieur, vous nous permettrez de boire à votre santé, dit Kenwigs en s'approchant de la table. — Oui, mais en mon absence. J'arrive d'un voyage fort pénible, je ferais triste figure en compagnie, et je nuirais à vos plaisirs loin de les partager, même si je pouvais me tenir éveillé, ce qui est très-douteux. Avec votre permission, je vais retourner auprès de mon ami, M. Noggs, qui est remonté après s'être assuré que cet accident n'avait rien de sérieux. Bonsoir.

S'étant excusé en ces termes, Nicolas prit gracieusement congé de madame

Kenwigs et des autres dames, et se retira. Il avait produit sur l'assemblée un effet extraordinaire.

Les dames décidèrent à l'unanimité que Nicolas avait un air aristocratique, e personne ne s'avisant de soutenir le contraire, leur opinion triompha.

Quant à Nicolas, ignorant complètement l'impression qu'il avait produite, i s'était endormi depuis longtemps, laissant Newman Noggs et Smike vider entre eur la bouteille d'eau-de-vie; ils s'acquittèrent de cette tâche avec une bonne volonté si merveilleuse que Newman était incapable de décider si lui-même avait toute sa raison, et s'il avait jamais vu quelqu'un d'aussi complètement ivre que sa nouvelle connaissance.

CHAPITRE XII.

Le lendemain matin, le premier soin de Nicolas fut de chercher une chambre qu'il pût habiter avant que de meilleurs jours se levassent sur lui; il en trouva une dans la maison même, loua quelques grossiers objets d'ameublement à un marchand de bric-à-brac voisin, et paya la première semaine d'avance, sur les fonds obtenus par la conversion de quelques hardes en argent comptant. Puis il se mit à réfléchir sur ses destinées futures, qui, de même que la vue qu'il avait de sa fenêtre, étaient assez tristes et assez bornées. Il mit son chapeau, et laissant le pauvre Smike arranger et déranger la chambre avec autant de plaisir que si c'eût été le plus beau des palais, il descendit dans la rue, et se mêla à la foule des passants.

En errant dans les quartiers les plus populeux de Londres, il leva par hasard les yeux vers une enseigne bleue, où était écrit en caractères d'or : BUREAU GÉNÉRAL DE PLACEMENT. — *On procure ici des places et des emplois de toute espèce.* C'était une boutique à double porte, dont la devanture était garnie de rideaux de gaze. On voyait aux carreaux une longue et séduisante collection de placards écrits à la main, annonçant des places vacantes de tous les degrés, depuis celle de secrétaire usqu'à celle de jockey.

Nicolas s'arrêta instinctivement devant ce temple de promesses, et parcourut des yeux les positions sociales en lettres majuscules qu'on y étalait avec tant de profusion. Quand il eut achevé son examen, il fit quelques pas en avant, puis en arrière, et après s'être arrêté plusieurs fois avec hésitation devant la porte du bureau général de placement, il prit son parti et entra.

Il se trouva dans une petite pièce dont le plancher était couvert d'un tapis; dans un coin, derrière un grand bureau, se tenait assis un jeune homme maigre, aux yeux vifs, au menton proéminent; c'était celui dont les œuvres en lettres majuscules assombrissaient les carreaux. Il avait devant lui un gros registre, entre les feuillets duquel étaient passés les doigts de sa main droite, et ses yeux étaient fixés sur une vieille dame très-corpulente, en bonnet garni de tulle, qu'il était facile de reconnaître pour la propriétaire de l'établissement, et qui se chauffait près du foyer. Il semblait attendre les ordres de cette dame pour examiner les notes contenues dans le registre enfumé.

Au moment où Nicolas ouvrit la bouche pour prier le jeune homme de regarder à la lettre S, et de lui faire connaître les emplois de secrétaire qui restaient disponibles, on vit entrer dans le bureau une sollicifeuse, en faveur de laquelle il se retira immédiatement et dont l'apparition excita sa surprise et son intérêt.

C'était une jeune personne de dix-huit ans à peine, d'une taille frêle et délicate, mais admirable de grâce et d'élégance, et qui, s'avançant timidement vers le bureau, demanda à voix basse un emploi de gouvernante ou de dame de compagnie. Elle leva son voile un instant, et découvrit son visage d'une rare beauté, bien qu'ombragé d'un nuage de tristesse; ce que sa jeunesse rendait encore plus remarquable. Elle prit une adresse, paya la gratification d'usage, et disparut.

Elle était proprement mais très-simplement mise. Son costume était tel, que, porté par une personne douée de moins de grâces personnelles, il eût paru pauvre et misérable. Sa suivante, car elle en avait une, était une fille à la face bourgeonnée, aux yeux ronds, à l'extérieur malpropre; la rudesse de ses bras nus, qu'on apercevait à travers les trous de son châle, et les traces de suie et de grès mal effacées qui tatouaient son visage, pouvaient la faire prendre pour une servante à tout faire, et celles qui se tenaient sur le banc échangèrent avec elle des grimaces et des regards, signes maçonniques de la confrérie.

La servante suivit la maîtresse, et toutes deux étaient parties avant que Nicolas se fût remis des premiers effets de sa surprise et de son admiration. Il n'est pas aussi improbable que pourraient le croire les gens raisonnables qu'il eût été tenté de la suivre, s'il n'avait été retenu par ce qui se passa entre la dame corpulente et son teneur de livres.

— Quand revient-elle, Tom? — Demain matin. — Où l'avez-vous envoyée? — Chez madame Clark! — Elle y sera bien, si elle y entre, dit la dame corpulente en prenant une prise de tabac.

Tom répondit par une grimace, et désigna Nicolas du bout de sa plume.

— Maintenant, Monsieur, dit la dame, qu'y a-t-il pour votre service?

Nicolas répondit brièvement qu'il désirait savoir s'il y avait un emploi de secrétaire vacant.

— S'il y en a! il y en a une douzaine; n'est-ce pas, Tom? — Je suis disposé à le croire, répondit le jeune commis; et en disant ces mots, il adressa à Nicolas un clignement d'yeux avec une familiarité qu'il pensait devoir être flatteuse, mais que l'ingrat Nicolas accueillit avec mépris.

En examinant le livre, on reconnut que la douzaine d'emplois de secrétaire se réduisait à un seul. M. Gregsbury, le fameux membre du Parlement, à Westminster, demandait un jeune homme pour mettre en ordre ses papiers et sa correspondance, et Nicolas était justement l'espèce de jeune homme que M. Gresgbury demandait.

— J'ignore les conditions, fit observer la dame corpulente, car il a dit qu'il les réglerait avec celui qui se présenterait; mais elles ne sauraient être mauvaises, parce que c'est un membre du parlement.

Dans son inexpérience, Nicolas trouva ce raisonnement logique et cette conclusion judicieuse; sans se donner la peine de faire de nouvelles questions, il prit l'adresse et résolut d'aller trouver sans délai M. Gregsbury. Il arriva promptement chez cet éminent personnage : c'était un homme replet, à physionomie dure, à tête grosse, à voix forte, à manières fastueuses, ayant à ses ordres un nombre suffisant de phrases insignifiantes, enfin possédant toutes les qualités requises pour faire un excellent député.

M. Gregsbury jeta un gros paquet de papiers dans un panier d'osier placé à ses pieds, et se renversa sur un fauteuil, en écoutant les offres de Nicolas.

— Vous voulez être mon secrétaire? lui dit-il. — Je désire être employé en cette qualité. — Eh bien! que savez-vous faire? — Je suppose, répondit Nicolas en souriant, que je connais la besogne qui échoit ordinairement aux secrétaires. — En quoi consiste-t-elle? — Les devoirs d'un secrétaire, repartit Nicolas, sont assez difficiles à définir. Ils comprennent, je le crois, la correspondance. — Bien. — L'arrangement des journaux et pièces diverses... — A merveille. — Parfois peut-être il faudra écrire sous votre dictée, copier vos discours importants pour les envoyer aux journaux. — Certainement, et puis? — Vraiment, dit Nicolas après un moment de réflexion, je ne saurais présentement récapituler les autres devoirs d'un secrétaire, en général, il doit se rendre aussi utile et aussi agréable que possible en tout ce qui concerne son emploi, et sans dépasser la ligne que lui tracent ses occupations.

M. Gregsbury tint un moment les yeux fixés sur Nicolas, les promena autour de la chambre avec circonspection, et dit à demi-voix : — Tout cela est très-bien, Monsieur... quel est votre nom? — Nickleby. — Tout cela est très-bien, monsieur Nickleby, pour ce que c'est, mais ce n'est pas assez. Il y a des devoirs que le secrétaire d'un personnage parlementaire ne doit jamais perdre de vue. J'ai besoin d'un teinturier. — Je vous demande pardon, interrompit Nicolas doutant d'avoir bien entendu.

— D'un teinturier, Monsieur, répéta M. Gregsbury. — Puis-je vous demander ce que cela signifie? — Je vais vous expliquer ma pensée, dit solennellement M. Gregsbury. Mon secrétaire aura à s'instruire de la politique de toutes les cours étrangères, telle que la reproduisent les journaux, à parcourir les comptes rendus de toutes les assemblées publiques, tous les articles de fond, tous les rapports des actes des divers corps de l'Etat, à prendre des notes sur ce qui lui paraîtra pouvoir servir à la composition d'un discours. Comprenez-vous? — Je le crois, Monsieur. — En outre, poursuivit M. Gregsbury, j'exige qu'il examine les tables imprimées des dépenses du gouvernement, qu'il en tire des calculs qui puissent figurer avec avantage dans les questions de finances, de droits de timbre, etc.; je voudrais avoir aussi quelques documents sur les désastreux effets des payements en argent comptant et en espèces ayant cours, avec des détails sur l'exportation du billon, et l'empereur de Russie, et les billets de banque, et toutes ces sortes de choses sur lesquelles il suffit de parler coulamment, parce que personne n'y comprend rien. Vous entendez?... — J'ose m'en flatter. — Voilà un rapide exposé de vos principales occupations. En outre, vous m'attendrez toutes les nuits dans le vestibule, pour prévoir le cas où j'aurais oublié quelque chose, et où j'aurais besoin que mon teinturier me fabriquât un nouveau discours. Par intervalles, dans les débats importants, vous vous mettrez sur le premier rang des tribunes, et vous direz à vos voisins : Voyez-vous ce député qui porte la main à son front, c'est M. Gregsbury, le célèbre M. Gregsbury, en y ajoutant tous les éloges qui vous viendront à l'esprit; et quant à votre salaire, ajouta M. Gregsbury en reprenant haleine avec précipitation, quant à votre salaire, je vais vous le faire connaître en chiffres précis, pour éviter tout malentendu; c'est plus que je n'ai coutume de donner : vingt francs par semaine, et voilà.

Après cette offre généreuse, M. Gregsbury se renversa de nouveau dans son fauteuil, avec l'air d'un homme qui s'est laissé aller à un excès de libéralité, mais qui néanmoins a pris le parti de ne pas s'en repentir.

— Vingt francs par semaine, ce n'est pas beaucoup, dit doucement Nicolas. — Pas beaucoup! s'écria M. Gregsbury.

M. Gregsbury saisit le cordon de la sonnette. — Ainsi, vous refusez? dit-il. — Je crains que ces fonctions ne soient au-dessus de mes forces, quelle que soit ma bonne volonté. — C'est-à-dire que vous n'acceptez point, et que vingt francs par semaine ne vous semblent pas suffisants, dit M. Gregsbury, qui sonna. Refusez-vous, Monsieur? — Je n'ai pas à hésiter.

Le domestique parut. Nicolas regagna son gîte d'un air triste et pensif.

Smike avait composé une espèce de repas des restes du souper de la veille, et attendait impatiemment le retour de son ami. Les événements du matin n'avaient pas accru l'appétit de Nicolas, et il ne toucha pas au dîner. Il était assis dans l'attitude de la méditation, sans avoir entamé les morceaux de choix que son pauvre camarade entassait assidûment sur son assiette, quand Newman Noggs passa sa tête à la porte.

— Vous voilà de retour. — Oui, et mort de fatigue, et, ce qu'il y a de pis, sans solution favorable. — On ne peut s'attendre à faire beaucoup en un jour. — C'est possible, mais je suis irritable, et j'ai attendu, et mon désappointement a été proportionné à mon attente.

En disant ces mots, il rendit à Newman compte de ses démarches.

— Si je pouvais me procurer une occupation quelconque jusqu'au retour de M. Ralph, dit Nicolas, et si j'avais soulagé mon cœur en le confondant, je me croirais heureux. Je ne trouve point déshonorant de travailler, Dieu merci! Il m'est pénible de vivre ici dans l'oisiveté comme un animal en cage. — Il se présente un modeste emploi, dit Newman, il payerait le loyer et quelque chose en sus; mais vous allez le refuser; je ne puis guère m'attendre à vous le voir accepter. — Ne suis-je pas disposé à tout accepter? demanda Nicolas en levant les yeux : montrez-moi dans ce vaste désert de Londres un honnête moyen d'acquitter le modique loyer de cette chambre, et vous verrez si j'hésite à y avoir recours. Je me suis trop avancé, mon ami, pour faire le fier et le délicat. Toute ma délicatesse, c'est la commune honnêteté; tout mon orgueil, c'est le respect de moi-même; je vois peu de différence entre être le subordonné d'un pédagogue brutal et manger le pain d'un vil parvenu, qu'il soit ou non député. — Je ne sais vraiment pas si je dois vous dire ce que j'ai appris ce matin, dit Newman. — Est-ce ce modeste emploi dont vous me parliez tout à l'heure? — Oui. — Alors, mon bon ami, parlez; considérez de grâce ma déplorable condition, et puisque je vous promets de ne faire aucune démarche sans prendre conseil de vous, dites du moins un mot pour me consoler.

Touché de ces instances, Newman balbutia une infinité de phrases entortillées e décousues pour arriver à dire que madame Kenwigs l'avait longuement interrogé le matin sur l'origine de sa connaissance avec Nicolas, et sur la vie, les aventures et la généalogie de celui-ci ; que Newman avait éludé ces questions de son mieux, mais que, vivement pressé et forcé dans sa retraite, il s'était permis d'avancer que Nicolas était un professeur du plus haut mérite, victime de malheurs qu'il n'était pas libre d'expliquer, et portant le nom de Johnson. Madame Kenwigs, poussée par la reconnaissance, l'ambition ou l'orgueil maternel, avait fini par changer Newman de proposer à M. Johnson d'apprendre aux quatre demoiselles Kenwigs la langue française, telle que la parlent les naturels du pays, moyennant le salaire hebdomadaire d'un shilling par semaine pour chaque demoiselle Kenwigs, et d'un shilling en sus en attendant que l'enfant pût se mettre à la grammaire.

— Ou je me trompe fort, avait ajouté madame Kenwigs après avoir fait cette proposition, ou ce temps n'est pas loin, car on n'a jamais vu d'enfant venir au monde avec tant de dispositions. — Voilà, dit Newman, j'ai fini. Cette place est au-dessous de vous, je le sais; mais je crois que vous pourriez... — Que je pourrais! s'écria vivement Nicolas; j'accepte cette offre avec empressement. Dites-le sans retard à la digne mère, mon cher ami; je suis prêt à commencer quand elle voudra.

Newman se hâta d'aller apprendre à madame Kenwigs cette bonne nouvelle, et, dans le courant du même jour, les filles du tourneur en ivoire reçurent leur première leçon.

CHAPITRE XIII.

Ce fut le cœur gros et plein d'une foule de tristes pressentiments insurmontables que, le matin du jour désigné pour son début chez madame Mantalini, Catherine Nickleby quitta la Cité.

A cette heure matinale, les rues fourmillent de jeunes filles, pâles et chétives, dont l'occupation, comme celle du ver, est de produire l'étoffe brillante qui revêt les oisifs insouciants; elles se dirigent vers le théâtre de leur travail journalier, et dans leur marche précipitée saisissent comme à la dérobée la seule bouffée d'air bienfaisant et l'unique rayon de soleil qui réjouisse leur monotone existence durant cette longue suite d'heures dont se compose un jour de travail. En s'approchant du quartier riche, Catherine vit plusieurs personnes de cette classe courant à leur pénible occupation; et leur air maladif, leur démarche mal assurée, ne lui prouvèrent que trop bien que ses pressentiment n'étaient pas complètements déraisonnables.

Elle arriva chez madame Mantalini quelques minutes avant l'heure marquée, et frappa timidement à la porte, qui lui fut ouverte par un laquais.

— Madame Mantalini est-elle chez elle? balbutia Catherine. — Elle n'y est pas souvent à cette heure, Mademoiselle, répondit l'homme d'un ton qui rendait le — Mademoiselle — un peu plus offensant que — ma chère. — Puis-je la voir? demanda Catherine. — Attendez, j'oubliais: n'êtes-vous pas miss Nickleby? — C'est moi-même. — Montez donc; madame Mantalini désire vous voir; par ici; prenez garde à ce qui est sur le parquet.

Il désignait par ces mots une litière hétérogène de pâtisseries, de lampes, de plateaux, de verres, de banquettes, épars dans la chambre, débris de la soirée de la veille; il introduisit Catherine dans une pièce qui communiquait par une porte à deux battants avec l'appartement où elle avait vu pour la première fois la maîtresse de l'établissement.

— Si vous voulez attendre une minute, dit-il, je vais l'avertir de suite.

Après avoir fait cette promesse avec beaucoup d'affabilité, il se retira et laissa Catherine toute seule.

La chambre n'avait rien de bien divertissant; son principal ornement était un portrait en buste de M. Mantalini, que l'artiste avait représenté se grattant la tête d'un air d'aisance, et étalant avec avantage un brillant, don de madame Mantalini avant son mariage. Cependant on entendait des voix dans la chambre voisine, et comme la cloison était mince et la conversation bruyante, Catherine reconnut facilement que les interlocuteurs étaient M. et madame Mantalini.

— Mon âme, dit le mari, qui déjeunait paisiblement, si vous êtes jalouse, vous serez horriblement misérable. Vous avez une petite figure enchanteresse, et si vous êtes de mauvaise humeur, vous gâterez votre visage et vous le rendrez sombre comme un fantôme. — Ce n'est pas ainsi que vous me ramènerez, dit madame d'un ton maussade. — Je vous ramènerai de la manière qui vous conviendra. — C'est très-facile de parler, dit Madame. — Ce n'est pas si facile quand on mange un œuf, répondit M. Mantalini, car le jaune tombe sur le gilet, et le jaune d'œuf ne fait bien que sur un gilet jaune.

— Et quel est l'état de la caisse, bijou de mon existence? dit ensuite Mantalini. Combien possédons-nous? — Bien peu, en vérité. — Il faut augmenter ce peu, il faut faire escompter quelques billets au vieux Nickleby pour nous aider à soutenir la guerre. — Vous n'en avez pas besoin présentement. — Mon âme et ma vie, reprit le mari, il y a un cheval à vendre, et ce serait un crime de manquer cette occasion. On le donnera pour rien, délices de mes sens. — Pour rien! s'écria Madame; j'en suis enchantée. — Absolument pour rien! on le laissera pour cent guinées. Il a la crinière, l'encolure, les jambes et la queue de la beauté la plus remarquable. Je le monterai au parc devant la voiture des comtesses repoussées; la vieille douairière s'évanouira de douleur et de rage, les deux autres diront : Il est marié, il a disposé de lui; c'est diabolique, il est perdu pour nous. Elles se détesteront l'une l'autre, et souhaiteront de vous voir morte et enterrée.

La prudence de madame Mantalini, si elle en avait, n'était pas à l'épreuve de ces peintures triomphales; après avoir remué ses clefs, elle dit qu'elle allait voir ce que contenait son bureau, et, se levant dans cette intention, elle ouvrit un des battants de la porte, et entra dans la salle où Catherine était assise.

— Mon Dieu! mon enfant! s'écria madame Mantalini en reculant de surprise, comment vous trouvez-vous ici? — Mon enfant! s'écria Mantalini en se précipitant dans la salle : oh! comment vous portez-vous? — Voici quelques instants que je vous attends, Madame, dit Catherine; le domestique a sans doute oublié de vous faire savoir que j'étais ici. — Il faut vraiment gronder cet homme, dit Madame en se tournant vers son mari; il est d'une négligence... — Je lui aplatirai le nez pour avoir laissé seule une personne ici.

Apaisée par ce compliment, la maîtresse de maison tira de son bureau des papiers et les tendit à M. Mantalini, qui les reçut avec une joie bien vive. Elle pria ensuite Catherine de la suivre.

Madame Mantalini mena Catherine dans une vaste pièce sur le derrière, où il y avait une foule de jeunes filles occupées à coudre, tailler, rassembler les pièces d'étoffe, et à différents autres travaux qui ne sont connus que des experts dans l'art des modistes et des couturières; la salle était tranquille et silencieuse, et éclairée par un vitrage.

Madame Mantalini appela miss Knags, et une petite femme, courte, empressée, habillée avec prétention, pleine d'importance, se présenta aussitôt. Toutes les jeunes personnes suspendirent leurs opérations, et se communiquèrent à voix basse plusieurs observations critiques sur miss Nickleby, son teint, ses traits, son costume.

avec la décence et le bon ton qu'eût pu déployer la meilleure société dans un bal du grand monde.

— Miss Knags, dit madame Mantalini, voici la jeune personne dont je vous ai parlé.

Miss Knags adressa à madame Mantalini un sourire respectueux, qu'elle sut rendre gracieux en dirigeant les yeux vers Catherine.

— Je crois que pour le moment, dit madame Mantalini, il vaut mieux que miss Nickleby vous accompagne au magasin, et fasse essayer les robes aux pratiques, autrement elle serait peu utile, et son extérieur... — Ira parfaitement avec le mien, dit miss Knags, et sans doute vous vous en êtes aperçue; car vous avez tant de goût que vraiment, comme je le répète souvent aux ouvrières, je ne sais comment, où et quand vous avez pu acquérir tout ce que vous savez... hem!... miss Nickleby et moi faisons la paire, madame Mantalini; seulement je crois que je suis un peu plus brune, et... hem!... je crois que mon pied est un peu plus petit.

Miss Knags avait coutume d'introduire dans le courant de sa harangue un hem perçant, clair et retentissant, dont le sens et la portée étaient diversement interprétés par ses connaissances; elle était faible d'esprit et vaine, et de ces personnes dans lesquelles il ne faut pas avoir une confiance illimitée.

— Vous instruirez miss Nickleby des heures de travail, etc., dit madame Mantalini; je vous la laisse; vous n'oublierez pas mes ordres, miss Knags?

Bien entendu que miss Knags répondit qu'oublier les ordres de madame Mantalini était chose moralement impossible; cette dame souhaita un bonjour général à la compagnie, et s'en alla.

— Charmante créature, n'est-ce pas, miss Nickleby? dit miss Knags en se frottant les mains. — Je l'ai très-peu vue, dit Catherine : je la connais à peine.

Après un moment de silence, durant lequel les jeunes personnes examinèrent attentivement la tournure de Catherine, l'une d'elle offrit de la débarrasser de son châle, et lui demanda si elle ne trouvait pas que le noir allait fort mal.

— Oui, répondit Catherine avec un soupir.

Il y a peu de gens qui n'aient perdu un parent ou un ami, leur seul appui dans la vie, sans ressentir douloureusement l'influence glaciale du noir vêtement. Catherine l'avait éprouvée, et ne put en ce moment retenir ses larmes.

— Je suis bien fâchée de vous avoir blessée par un discours irréfléchi, dit sa compagne. Je n'y songeais pas; vous êtes en deuil de quelque proche parent. — De mon père, répondit Catherine en pleurant. — De quel parent, miss Simmonds? demanda miss Knags à haute et intelligible voix. — De son père, murmura miss Simmonds. — De son père, hem?... dit miss Knags sans baisser la voix le moins du monde. Ah! une longue maladie, miss Simmonds? — Silence, je vous prie, je ne sais. — Notre malheur a été subit, dit Catherine, autrement je pourrais à l'heure qu'il est en supporter la pensée.

Suivant un usage invariable lorsqu'une nouvelle ouvrière venait à l'atelier, on avait éprouvé un vif désir de savoir ce qu'était Catherine et tout ce qui la concernait; miss Knags, désespérant de tirer d'elle de nouveaux renseignements, commanda bien à regret le silence, et ordonna de reprendre les travaux.

Ils se continuèrent jusqu'à une heure et demie, et l'on servit dans la cuisine un gigot cuit au four, et garni de pommes de terre. Le repas fini, et les demoiselles ayant eu la liberté de se laver les mains, en guise de récréation supplémentaire, l'ouvrage recommença en silence. Enfin le roulement des voitures et les doubles coups frappés aux portes indiquèrent que la journée de la classe riche commençait à son tour.

L'un de ces doubles coups donné à la porte de madame Mantalini annonça l'équipage d'une grande dame ou plutôt d'une dame riche, car il y a parfois une immense différence entre la richesse et la grandeur. Elle venait avec sa fille examiner une toilette de cour à laquelle on travaillait depuis longtemps, et Catherine fut dépêchée au magasin, accompagnée de miss Knags, et sur les ordres de madame Mantalini.

Le rôle de Catherine était assez humble, et ses fonctions se bornaient à tenir les diverses parties du costume en attendant que miss Knags fût prête à les essayer, et de temps à autre à nouer un cordon et à attacher une agrafe. Elle pouvait donc avec assez de raison se supposer hors de la portée de l'arrogance et de la mauvaise humeur; mais il arriva que la riche dame et sa riche fille avaient mis ce jour-là leur bonnet de travers, et la pauvre fille eut sa part de leurs bourrades. Elle était maussade; ses mains étaient froides et sales; elle ne faisait rien de bien; elles ne concevaient pas que madame Mantalini eût de pareilles gens à son service, et demandèrent à avoir une autre ouvrière la première fois qu'elles viendraient, etc.

Une circonstance aussi ordinaire mériterait à peine d'être remarquée, sans l'effet qu'elle produisit. Catherine versa bien des larmes amères lorsque ces dames furent parties, et se sentit pour la première fois humiliée de son emploi. Elle s'était attendue, il est vrai, à un travail pénible; mais elle n'avait point regardé comme avilissant de travailler pour gagner sa vie, avant de se trouver en butte à l'insolence et au plus stupide orgueil.

A neuf heures, Catherine, lasse et découragée, alla joindre sa mère au coin de la rue, et s'en retourna d'autant plus triste qu'il lui fallait dissimuler ses sentiments réels et feindre de partager toutes les illusions de sa mère.

— Mon Dieu! Catherine, dit madame Nickleby, j'ai pensé toute la journée aux avantages qu'aurait madame Mantalini à vous prendre pour associée, ce qui peut arriver, comme vous savez. Mantalini et Nickleby, comme ça sonnerait bien! et si Nicolas a du bonheur, vous pourrez voir s'établir dans la même rue le docteur Nickleby, chef de l'institution de Westminster.

— Cher Nicolas! s'écria Catherine en tirant de son sac la dernière lettre envoyée par son frère du château de Dotheboys.

Pauvre Catherine! elle ne savait pas combien cette consolation était fragile, et avec quelle rapidité elle allait être désabusée!

L'échec qu'elle avait subi le matin eut du moins pour avantage de lui concilier les bonnes grâces de miss Knags, qui avait craint d'abord d'être éclipsée. Dès le lendemain, la bonne miss Knags apprit franchement à Catherine Nickleby qu'elle ne conviendrait jamais, mais qu'elle n'avait pas besoin de s'en inquiéter, parce que, en travaillant elle-même davantage, elle (miss Knags) aurait soin de la tenir toujours sur le second plan, et qu'elle (miss Nickleby) n'avait qu'à rester parfaitement tranquille devant la société, et à éviter de toutes ses forces d'attirer l'attention. Cette dernière recommandation s'accordait si bien avec les sentiments et les désirs de la timide jeune fille, qu'elle s'empressa de promettre de suivre implicitement les avis de l'excellente demoiselle, sans l'interroger ni réfléchir sur les motifs qui les avaient dictés.

— Je vous porte un vif intérêt, ma chère amie, sur ma parole, un intérêt de sœur, absolument; c'est une chose dont je ne saurais me rendre compte, c'est singulier!

Il était sans doute singulier que si miss Knags portait tant d'intérêt à Catherine Nickleby, ce ne ne fût pas un intérêt de tante ou de grand'mère, car la différence de leurs âges respectifs eût dû naturellement amener cette supposition.

L'amitié de miss Knags en resta à ce haut point durant quatre grands jours, au grand étonnement des ouvrières, qui n'avaient jamais vu de pareille constance; mais, le cinquième jour, une circonstance imprévue fit descendre subitement le thermomètre de cette ardente affection.

Une visite de hauts chalands fort honorable pour Catherine avait été peu agréable à miss Knags. Elle n'était plus installée sur son siége accoutumé, conservant le maintien noble et digne du représentant de madame Mantalini.

Elle reposait sur un coffre, baignée de pleurs, entourée de trois ou quatre jeunes ouvrières, et la présence de plusieurs flacons de vinaigre, de corne de cerf et autres cordiaux, aurait suffi, même sans le dérangement de sa coiffure anglaise, pour prouver qu'elle venait de s'évanouir.

— Mon Dieu ! s'écria Catherine qui venait d'entrer, qu'y a-t-il donc ?

Cette question provoqua de la part de miss Knags de violents symptômes de rechute, et les ouvrières, lançant à Catherine des regards de colère, redoublèrent les doses de vinaigre et de corne de cerf, et dirent que c'était une honte.

— Qu'est-ce qui est une honte ? qu'est-il arrivé ? dites-le-moi ? — Qu'est-il arrivé ! s'écria miss Knags en se levant tout d'un coup à la grande consternation des jeunes filles assemblées ; vous devriez rougir, vilaine créature ! — Bon Dieu ! dit Catherine presque paralysée par la violence avec laquelle l'adjectif sortit d'entre les dents serrées de miss Knags ; est-ce que je vous ai offensée ? — Vous, m'offenser ! repartit miss Knags, vous ! une enfant, une petite morveuse, une fille de rien ! ha ! ha ! c'est trop fort !

Comme miss Knags prononça ces mots en riant, il est évident qu'ils avaient quelque chose d'excessivement drôle. Toutes les ouvrières imitèrent leur directrice, partirent d'un éclat de rire et se firent de petits signes de tête, comme pour se dire que la plaisanterie était délicieuse.

— La voici, poursuivit miss Knags, quittant son coffre et présentant Catherine en grande cérémonie et avec de profondes révérences à la compagnie enchantée, la voici ! tout le monde parle d'elle. C'est la belle, Mesdames, la beauté, la... Etre sans pudeur, va !

A cette crise, miss Knags fut incapable de réprimer un vertueux frémissement, qui se communiqua immédiatement aux ouvrières ; puis elle se mit à rire, puis à pleurer, et reprit en sanglotant de la manière la plus touchante :

— Pendant quinze ans, j'ai été l'honneur et l'ornement de l'atelier et du magasin. Dieu merci ! ajouta-t-elle en frappant du pied avec une remarquable énergie, je n'avais pas encore été exposée aux artifices, aux vils artifices d'une créature qui vous déshonore toutes par sa conduite. Je ressens vivement cet outrage, quoiqu'il excite mon dégoût.

Ici miss Knags se retrouva mal, et les jeunes filles, redoublant d'attention, lui dirent qu'elle devait être au-dessus d'une pareille injure ; que, pour leur part, elles n'y répondraient que par le mépris. A l'appui de leurs condoléances, elles déclarèrent se sentir elles-mêmes si courroucées, qu'elles étaient capables d'une infinité d'excès.

— Ai-je vécu jusqu'à ce jour pour être appelée épouvantail! s'écria miss Knags tombant dans des convulsions subites et faisant des efforts pour s'égratigner. — Modérez-vous, nous vous en prions. — Ai-je mérité d'être appelée vieille laideron? ajouta miss Knags en se débattant entre les mains des ouvrières. — N'y pensez plus, ma chère, répondit le chœur. — Je la déteste, je l'abhorre, qu'on ne m'en reparle plus! que personne de nos amies ne lui reparle plus; c'est une impudente, une déhontée, une artificieuse!

Après avoir dénoncé en ces termes l'objet de sa rage, miss Knags poussa un cri, trois hoquets, plusieurs soupirs, ferma les yeux, frissonna, revint à elle, rajusta sa coiffure, et déclara qu'elle était parfaitement remise.

La pauvre Catherine avait d'abord regardé ces simagrées avec un véritable égarement. Elle avait pâli et rougi tour à tour, et avait essayé plusieurs fois de parler; mais comme les vrais motifs de cet incident se développaient à ses yeux, elle se retira à l'écart sans daigner répondre. Quoiqu'elle eût regagné fièrement sa place et qu'elle tournât le dos au groupe de petits satellites qui s'agitaient autour de leur planète, elle laissa couler en secret des larmes dont l'amertume eût réjoui miss Knags si elle les avait vues tomber.

CHAPITRE XIV.

Le soir, lorsque Catherine, comme de coutume, rejoignit sa mère au coin de la rue, elle fut assez étonnée de la trouver causant avec M. Ralph Nickleby; mais sa surprise fut bientôt redoublée non moins par le sujet de leur conversation que par les manières radoucies de M. Nickleby lui-même.

— Ah! ma chère, dit-il, nous parlions de vous à l'instant. J'allais vous prendre à l'atelier; mais votre mère et moi avons causé d'affaires de famille, et le temps s'est écoulé rapidement... — C'est vrai, interrompit madame Nickleby sans remarquer le ton ironique de Ralph. Catherine, ma chère, vous dînerez avec votre oncle demain à six heures et demie.

Charmée d'être la première à communiquer cette nouvelle extraordinaire, madame Nickleby sourit à plusieurs reprises pour en faire sentir toute l'importance à Catherine, et passa brusquement et sans transition à l'examen de la toilette.

— Attendez. Votre fourreau de soie noire sera de mise, avec cette jolie petite écharpe, et un bandeau dans vos cheveux, et une paire de bas de soie noire. Mon Dieu! s'écria-t-elle en passant non moins brusquement à un autre sujet, si j'avais encore ces malheureuses améthystes ! — Oubliez-les, dit Ralph avec un sourire qui, comme tout autre signe d'émotion, semblait plutôt se cacher sous son épiderme que se jouer ouvertement sur son visage, je réunis chez moi quelques... quelques... messieurs avec lesquels je suis en relations d'affaires; votre mère m'a promis que vous feriez les honneurs; je ne suis pas accoutumé à recevoir; mais il y va de mon intérêt, et ces folles réceptions entrent parfois pour beaucoup dans les affaires. Consentez-vous à m'obliger? — Si elle y consent! s'écria madame Nickleby. — Excusez, interrompit Ralph en lui faisant signe de se taire. Je parle à ma nièce. — J'y suis toute disposée certainement, mon oncle; mais j'ai peur que vous me trouviez maussade et embarrassée. — Oh! non ; venez quand vous voudrez dans une voiture de louage, je la payerai. Bonsoir, et... que... que Dieu vous bénisse !

On eût dit que cette bénédiction tenait à la gorge de M. Ralph Nickleby, comme si elle n'eût pas été habituée au trajet et qu'elle n'eût pas su le chemin; mais elle finit par sortir, et Ralph donna une poignée de main à ses parentes, et les quitta brusquement.

— Que votre oncle a les traits rudes et prononcés! dit madame Nickleby. Il ne ressemble pas le moins du monde à son pauvre frère. — Maman! dit Catherine d'un ton de reproche, pouvez-vous établir cette comparaison?

— Qu'avez-vous? lui demanda madame Nickleby après un moment de silence. — Je réfléchis. — Vous réfléchissez! vous en avez sujet. Votre oncle raffole de vous, c'est clair; et s'il ne vous en revient pas quelque bonne fortune extraordinaire, je serai un peu surprise, voilà tout.

Là-dessus madame Nickleby raconta diverses anecdotes de jeunes personnes dans les sacs desquelles leurs originaux d'oncles avaient glissé des billets de banque. Catherine écouta d'abord machinalement, puis avec plaisir, et sentit par degrés s'éveiller dans son cœur quelque reflet de l'ardeur de sa mère. Elle commença à présumer que son avenir pourrait être brillant, et que de meilleurs jours allaient naître pour elle. Telle est l'espérance, présent du ciel aux mortels engagés dans la lutte; comme une sublime essence descendue d'en haut, elle pénètre toutes choses.

bonnes ou mauvaises; elle est aussi universelle que la mort, et plus contagieuse que la maladie.

Le lendemain, Catherine fut habillée de la tête aux pieds une grande heure et demie avant qu'il fût nécessaire de songer à sa toilette. Le moment de partir arrivé, le marchand de lait alla chercher une voiture sur la place voisine, et Catherine, après bien des adieux à sa mère et bien des compliments à mademoiselle la Creevy, qui devait venir prendre le thé, s'assit commodément dans la voiture, « toutefois personne s'est jamais assis commodément dans une voiture de louage. La voiture, le cocher et les chevaux coururent, se disputèrent, fouettèrent, et trébuchèrent ensemble, jusqu'à leur arrivée à Golden square.

Le cocher donna un effroyable double coup à la porte, qui fut ouverte avant qu'il eût frappé, comme s'il y avait eu derrière un homme avec la main attachée au loquet.

Catherine, qui s'attendait à voir simplement Newman Noggs en linge blanc, fut un peu étonnée de trouver là un homme en brillante livrée, et deux ou trois autres dans le vestibule. C'était cependant bien la maison, car le nom était sur la porte; elle accepta le bras galonné qu'on lui tendait, entra dans la maison, et fut introduite dans une pièce où on la laissa seule.

Si elle avait été surprise de l'apparition du laquais, elle fut stupéfaite de la richesse et de la splendeur de l'ameublement. Les tapis les plus moelleux et les plus élégants, les plus beaux tableaux, les glaces les plus précieuses, les ornements les plus riches éblouissaient par leur beauté, et l'œil embarrassé par leur profusion ne savait sur lequel s'arrêter. L'escalier même regorgeait de meubles somptueux, comme si la maison eût été remplie de trésors qui, avec un léger supplément, auraient été jusqu'au milieu de la rue.

Elle entendit une suite de bruyants doubles coups à la porte de la rue, et après chaque coup, de nouvelles voix dans le salon. Les sons de celle de M. Ralph Nickleby furent d'abord faciles à distinguer; mais ils se perdirent par degrés dans le brouhaha confus de la conversation.

Enfin la porte s'ouvrit, et Ralph lui-même, dépouillé de ses bottes et paré d'une paire de bas de soie et d'escarpins, montra sa physionomie de renard.

— Je n'ai pu vous voir avant ce moment, ma chère, dit-il à voix basse, en désignant du doigt le salon voisin. J'étais occupé à les recevoir. Allons, je vais vous faire entrer. — Dites-moi, mon oncle, demanda Catherine un peu embarrassée, comme le sont des gens plus habitués au monde quand il s'agit de paraître dans une salle remplie d'étrangers, et qu'ils n'ont pas eu le temps de s'y préparer. Y a-t-il des dames? — Non ; je n'en connais aucune. — Faut-il entrer de suite? demanda Catherine en faisant un pas rétrograde. — Comme il vous plaira, dit Ralph en haussant les épaules. Tout le monde est arrivé et l'on va dîner.

Catherine se laissa entraîner.

Sept ou huit messieurs se tenaient autour du feu, et faisaient tant de bruit qu'ils ne s'aperçurent pas de l'arrivée de l'oncle et de la nièce. M. Ralph Nickleby toucha l'un d'eux par la manche, et dit d'une voix rauque, emphatique, pour attirer l'attention générale :

— Lord Frédéric Verisopht, ma nièce miss Nickleby.

Le groupe se dispersa, et lord Verisopht montra en se retournant un habit d'une coupe élégante au superlatif, une paire de favoris de même qualité, des moustaches, un toupet et un jeune visage.

— Eh! dit-il, quoi... que...

En émettant ces incohérentes exclamations, il appliqua son lorgnon à son œil droit, et contempla miss Nickleby avec une vive surprise. Puis il se retourna vers un autre cavalier, non moins superlatif, un peu plus âgé, un peu plus fort, un peu plus coloré.

— Présentez-moi, Nickleby, dit ce second personnage, qui tournait le dos au feu et avait les deux coudes sur le manteau de la cheminée. — Sir Mulberry Hawk, dit Ralph. — Autrement le plus fameux de la bande, dit lord Frédéric Verisopht. — Ne m'oubliez pas, Nickleby, s'écria un homme à figure en lame de couteau, qui était assis sur un fauteuil bas et lisait le journal. — M. Pyke, dit Ralph. — Ni moi, Nickleby, dit un individu à la face rouge et à l'air impertinent, placé à côté de sir Mulberry Hawk. — M. Pluck, dit Ralph.

Puis, se retournant vers un autre qui avait le cou d'une cigogne et les jambes d'un animal quelconque, Ralph le présenta, comme étant l'honorable M. Snobbs. L'individu à cheveux blancs installé près de la table s'appelait le colonel Chauser. Le colonel s'entretenait avec quelqu'un qui semblait être là pour faire nombre, et ne fut pas présenté du tout.

Deux circonstances frappèrent Catherine et lui firent monter le rouge au visage : l'une était le mépris évident avec lequel les hôtes traitaient son oncle, et l'autre l'insolente aisance de leurs manières envers elle.

Quand Ralph eut achevé la cérémonie de la présentation, il fit asseoir sa nièce, et jeta les yeux autour de lui pour s'assurer de l'impression qu'avait produite son apparition inattendue.

On annonça que le dîner était servi. Sir Mulberry Hawk, dans un accès de gaieté, passa adroitement devant lord Frédéric Verisopht, qui allait offrir son bras à Catherine, et la conduisit à la salle à manger avec un air de familiarité qui souleva dans son sein une indignation qu'elle put à peine réprimer. Ces sentiments ne furent nullement diminués quand elle se trouva placée au haut bout de la table, ayant sir Mulberry Hawk et lord Verisopht à ses côtés.

Le dîner fut aussi remarquable que la maison par l'éclat et la multiplicité des services, et la société fut remarquable par la manière dont elle y fit honneur. MM. Pyke et Pluck se signalèrent particulièrement; ils mangèrent de tous les plats et burent de toutes les bouteilles avec une capacité et une persévérance vraiment étonnantes. L'exercice ne diminua pas leurs heureuses dispositions; car, à l'apparition du dessert, ils tombèrent dessus, comme si aucune sérieuse escarmouche gastronomique n'eût eu lieu depuis le déjeuner.

— Eh bien! dit lord Frédéric en savourant son premier verre de porto, si c'est un dîner d'escompteurs, il y aurait du plaisir à faire escompter des billets tous les jours. — On vous en escomptera, répondit sir Mulberry Hawk. — Qu'en dites-vous, Nickleby? demanda le jeune homme : aurez-vous ma pratique? — Cela dépend entièrement des circonstances, mylord. — Des circonstances où se trouvera Votre Seigneurie, et des courses de chevaux, interrompt le colonel Chauser.

Le brave colonel regarda MM. Pyke et Pluck, et parut s'attendre à les voir rire de sa plaisanterie; mais ceux-ci, n'étant engagés à rire que par sir Mulberry Hawk, demeurèrent, à son grand dépit, aussi graves que deux entrepreneurs des pompes funèbres. Pour ajouter à sa défaite, sir Mulberry, considérant la plaisanterie comme un empiètement sur ses priviléges, regarda fixement le coupable à travers son verre, comme s'il eût été étonné de cet excès d'audace, et déclara à haute voix que c'était prendre une liberté du diable. Puis il vida son verre et contempla l'objet de ce reproche comme si c'eût été quelque animal extraordinaire qu'on eût fait voir pour la première fois. Bien entendu que MM. Pyke et Pluck regardèrent l'individu que sir Mulberry Hawk regardait; et le pauvre colonel, pour cacher sa confusion, se vit réduit à la nécessité de tenir son verre de porto devant son œil droit, et de feindre d'en examiner la couleur avec le plus vif intérêt.

Pendant ce temps, Catherine demeurait aussi silencieuse qu'elle le pouvait, osant à peine lever les yeux de peur de rencontrer les regards de lord Frédéric Verisopht et de tous ces drôles.

Elle se leva et sortit de la salle à manger. Elle retint ses pleurs avec effort jusqu'à ce qu'elle fut seule sur l'escalier, et là elle les laissa couler.

— Fameux! dit sir Mulberry Hawk en mettant ses enjeux dans sa poche. Voilà une fille d'esprit, et nous boirons à sa santé.

Ralph, qui avait épié avec des yeux de loup les acteurs de la scène précédente, parut respirer plus librement lorsque sa nièce fut partie. Les verres circulèrent, les têtes s'échauffèrent, et lui, renversé sur sa chaise, promena ses yeux de convive en convive, et sembla vouloir lire au fond de leurs cœurs et s'amuser à en mettre à nu les frivoles pensées.

Cependant Catherine s'était un peu remise. Elle avait appris par un domestique que son oncle désirait la voir avant son départ, et que les convives prendraient le café à table. La certitude de ne plus les voir contribua beaucoup à calmer son agitation; elle prit un livre et se mit à lire.

Elle tressaillait par intervalles lorsque la porte en s'ouvrant laissait **parvenir à ses oreilles** le bruit de l'orgie, et plusieurs fois elle se leva alarmée, s'imaginant entendre sur l'escalier les pas de quelque membre égaré de la compagnie. Cependant, comme rien ne vint réaliser ses appréhensions, elle essaya de concentrer son attention sur son livre, qui absorba par degrés son intérêt au point qu'elle avait lu plusieurs chapitres sans songer au temps ni au lieu, lorsqu'elle fut soudain épouvantée d'entendre une voix d'homme prononcer son nom à son oreille.

Le livre lui tomba des mains. A ses côtés, étendu nonchalemment sur une ottomane, était sir Mulberry Hawk, évidemment rendu pire par le vin, qui n'améliore jamais les individus d'un naturel pervers.

Catherine s'élançait en avant pour sortir, quand M. Ralph Nickleby se présenta à la porte.

— Qu'y a-t-il? dit Ralph. — Il y a, Monsieur, répondit Catherine dans une violente agitation, que sous le toit où moi, fille sans appui, enfant de votre frère mort, j'aurais dû trouver protection, j'ai été exposée à des insultes qui vous feraient détourner de moi les yeux. Laissez-moi passer.

Ralph détourna en effet les yeux pour éviter ceux de la jeune fille.

Ralph fût entré avec une indifférence parfaite dans la maison d'un pauvre débiteur, veillant au lit de mort de son jeune enfant, et l'eût désigné sans scrupule au bailhf, parce que c'était un événement très-ordinaire dans les affaires, et que ce débiteur eût été coupable d'après son unique code de morale ; mais il y avait là une jeune fille, qui n'avait d'autre tort que d'être venue au monde, qui avait patiemment cédé à tous ses désirs, qui avait passé par une rude épreuve pour lui plaire, et surtout qui ne lui devait pas d'argent, et il sentait sa bile en mouvement.

Il s'assit à quelque distance, prit une chaise un peu plus près, puis se rapprocha encore, et finit par s'asseoir sur le même sopha, et par poser sa main sur le bras de Catherine, dont les sanglots redoublèrent.

— Silence, ma chère, dit-il, n'y songez plus. — Au nom du ciel ! s'écria Catherine, laissez-moi m'en aller ; laissez-moi quitter cette maison, et m'en retourner. — Oui, oui, dit Ralph ; mais il faut sécher vos yeux d'abord, et prendre un maintien plus rassis. Laissez-moi relever votre tête ; là, là. — O mon oncle, s'écria Catherine en joignant les mains, qu'ai-je fait, qu'ai-je fait pour que vous me soumettiez à ces affronts ? Si je vous avais offensé, ne fût-ce qu'en pensée, c'eût été m'en punir bien cruellement, et la mémoire d'un homme que vous avez dû aimer à une époque quelconque... — Écoutez-moi un seul moment, interrompit Ralph sérieusement alarmé par tant d'agitation. Je ne savais pas que cela arriverait ; il m'était impossible de le prévoir. J'ai fait tout ce que j'ai pu alors : marchons ; l'air renfermé de la chambre et la vapeur de ces lampes vous sont nuisibles. Vous allez être mieux si vous faites le moindre effort. — Je ferai tout ce que vous voudrez, si seulement vous me renvoyez chez moi. — C'est bon, c'est bon ; mais il faut reprendre vos regards ordinaires, car ceux que vous avez là épouvanteraient, et personne, excepté vous et moi, ne doit savoir ce qui s'est passé. Marchons un peu, bien ; vous paraissez mieux à présent.

En l'exhortant ainsi à prendre courage, Ralph Nickleby fit quelques tours de salon, ayant sa nièce appuyée sur son bras, maîtrisé par le regard et tremblant au contact de la jeune fille.

Quand il jugea prudent de la laisser partir, il l'aida à descendre, lui arrangea son châle, et lui rendit d'autres petits services probablement pour la première fois de sa vie. Il lui fit traverser le vestibule et descendre l'escalier, et ne lui lâcha la main que lorsqu'elle fut assise dans la voiture.

La portière fut fermée avec rudesse, et le peigne de Catherine tomba aux pieds de son oncle. Comme il le ramassait et le lui rendait, la lumière d'une lampe voisine tomba sur le visage de la jeune fille. Les boucles de ses cheveux défrisées et éparses négligemment sur son front, les traces de ses pleurs à peine effacées, ses joues rouges, son expression de chagrin, tout ranima des souvenirs endormis dans le cœur du vieillard. Il crut voir la figure de son frère mort, avec le regard qu'il avait dans les chagrins passagers de son enfance, et les circonstances les plus minutieuses de cette enfance se présentèrent en foule à son esprit, aussi nettement qu'une œuvre de la veille.

Ralph Nickleby, qui était à l'épreuve de tous les appels du sang et de la parenté, qui était cuirassé contre tous les chagrins et tous les malheurs, rentra en chancelant, comme un homme qui a vu un esprit revenir de quelque monde au-delà du tombeau.

CHAPITRE XV.

Le lendemain du dîner, le lundi matin, la petite miss la Creevy trottinait par les rues, chargée d'une importante commission. Elle avait à informer madame Mantalini que miss Nickleby était trop indisposée pour se rendre à l'atelier, mais qu'elle espérait reprendre ses occupations le jour suivant.

Ayant appris que l'autorité supérieure n'était pas encore levée, elle demanda une entrevue avec la première demoiselle ; et miss Knags se présenta.

— Quant à moi, dit miss Knags lorsqu'on lui eut rendu le message enjolivé de périphrases, je dispenserais fort bien miss Nickleby de ses services. — Vraiment, Madame ! répondit miss la Creevy gravement offensée ; mais vous n'êtes pas la maîtresse, ainsi donc votre manière de voir est peu importante. — Très-bien, Madame, avez-vous d'autres ordres à me donner ? — Je n'en ai point, Madame. — Alors, bonjour, Madame. — Je vous salue, Madame ; et je vous ai mille obligations de votre extrême politesse et de votre bon ton.

Ainsi se termina cette entrevue. Miss la Creevy se hâta de sortir.

— Voilà une belle personne, se dit miss la Creevy ; je voudrais avoir à la peindre, je la traiterais comme elle le mérite.

Heureuse d'avoir fait une plaisanterie très-piquante aux dépens de miss Knags, miss la Creevy se prit à rire et s'en alla déjeuner de très-bonne humeur.

Elle avait à peine savouré sa première cuillerée de thé, quand la servante nonça un étranger. Miss la Creevy, s'imaginant que c'était un individu désireux de faire faire son portrait, fut consternée au dernier point de la présence de la théière et des tasses.

— Emportez tout cela, courez avec ces tasses dans la chambre à coucher, n'importe où. Mon Dieu ! mon Dieu ! penser qu'il faut que je sois en retard ce matin

7

même, après avoir été prête, durant trois semaines, à huit heures et demie, et n'avoir vu venir personne! — Ne vous dérangez pas, dit une voix connue de miss la Creevy ; j'ai dit à la servante de ne pas me nommer, parce que je désirais vous surprendre. — Monsieur Nicolas! s'écria miss la Creevy stupéfaite. — Vous ne m'avez pas oublié, à ce que je vois! répondit Nicolas en lui tendant la main. — Je crois que je vous aurais reconnu si je vous avais rencontré dans la rue... Anna, une autre tasse et une soucoupe... A propos, jeune homme, je vous prierai de ne pas réitérer l'impertinence dont vous vous êtes rendu coupable le matin de votre départ.

— Est-ce que vous en seriez très-irritée? demanda Nicolas. — Si je le serais! Je vous conseille d'essayer. — Mais, en vous examinant, je vous trouve plus maigre que la dernière fois que je vous ai vu, et votre visage est pâle et hagard. D'où vient que vous avez quitté l'Yorkshire?

Elle s'arrêta; et il y avait tant de sentiment dans sa voix altérée, que Nicolas en fut touché.

— Je dois être un peu changé, dit-il ; car j'ai été en butte à des tourments de l'esprit et du corps depuis que j'ai quitté Londres. J'ai été bien pauvre, et j'ai souffert du besoin. — Bon Dieu! monsieur Nicolas, que me dites-vous? — Rien qui vaille la peine de vous affliger, répondit Nicolas d'un air dégagé, je ne viens pas ici pour me plaindre de mon sort, mais pour une affaire plus importante. Je veux me rencontrer avec mon oncle face à face. — Alors tout ce que j'ai à vous dire, c'est que vous n'avez pas bon goût, et qu'il suffirait que je fusse dans la même chambre, en tête-à-tête avec ses bottes, pour me mettre de mauvaise humeur pendant une quinzaine. — Mon opinion ne diffère pas essentiellement de la vôtre; mais vous comprendrez que je désire me justifier. J'ai des raisons de croire, d'après ce que m'a dit un de mes amis qui est instruit de tous ses mouvements, qu'il a l'intention de voir ma mère et ma sœur aujourd'hui, et de leur donner sa version de ce qui m'est arrivé. Je veux le rencontrer chez elles. Préparez-les à ma venue : elles me croient bien loin d'ici; si j'arrive à l'improviste, je les effrayerai. Vous me rendriez un grand service en prenant la peine d'aller leur dire que vous m'avez vu, et que je serai chez elles un quart d'heure après vous. — Je voudrais vous en rendre un plus grand à vous ou aux vôtres, dit miss la Creevy; mais le pouvoir et la volonté d'obliger se trouvent rarement ensemble.

Tout en parlant très-vite et beaucoup, miss la Creevy acheva son déjeuner en diligence, reprit son chapeau, et, saisissant le bras de Nicolas, se dirigea vers la

Cité. Nicolas la quitta près de la porte de la maison de sa mère, et promit de revenir dans un quart d'heure au plus tard.

Il arriva que Ralph Nickleby, jugeant enfin convenable à ses desseins de communiquer les atrocités dont Nicolas s'était rendu coupable, avait été droit chez sa belle-sœur, au lieu de se diriger dans un autre quartier de la ville, comme Newman Noggs s'y attendait. Quand miss la Creevy, introduite par la femme de ménage, entra dans le salon, elle trouva madame Nickleby et Catherine en larmes, et Ralph venant de terminer la relation des infamies de son neveu. Catherine lui fit signe de ne pas se retirer, et miss la Creevy prit un siége en silence.

— Vous voilà déjà? pensa la petite femme. Alors il s'annoncera lui-même, et nous verrons l'effet que produira cet incident. — C'est joli, dit Ralph en pliant le billet de miss Squeers, c'est très-joli! Je le recommande, contre ma conviction, car je savais qu'il ne ferait jamais rien de bon, à un homme avec lequel, en se conduisant convenablement, il aurait pu vivre longtemps heureux. Qu'en advient-il? des actes de nature à le conduire en cour de justice. — Je ne le croirai jamais, s'écria Catherine indignée; ma mère, comment pouvez-vous entendre de pareilles accusations?

La pauvre dame Nickleby, qui n'avait jamais été douée d'une compréhension bien vive, et dont ses derniers malheurs avaient encore diminué le peu de clairvoyance, ne répondit à ce discours qu'en s'écriant, derrière un immense mouchoir de poche, qu'elle n'aurait jamais pu le croire, laissant ingénieusement par là supposer aux auditeurs qu'elle le croyait.

— Tout contribue, reprit Ralph, à démontrer la vérité de cette lettre, si l'on était tenté de la nier. Les gens innocents se cachent-ils comme des scélérats? les gens innocents entraînent-ils avec eux des vagabonds sans foi ni loi, et courent-ils le pays avec eux comme des voleurs? Rixe, sévices, vol, comment appelez-vous tout cela?

— Un mensonge! s'écria une voix furieuse; et la porte s'ouvrit, et Nicolas se précipita au milieu de la chambre.

Dans le premier moment de sa surprise et peut-être même de sa terreur, Ralph quitta sa place et recula de quelques pas, tout bouleversé par cette apparition inattendue. Un instant après, il se tint les bras croisés, fixe et immobile, regardant son neveu avec une expression de haine mortelle. Catherine et miss la Creevy se jetèrent entre eux deux pour empêcher les violences que faisait craindre l'irritation de Nicolas.

— Cher Nicolas! lui cria sa sœur en se cramponnant à lui, calmez-vous, examinez... — Examiner, Catherine! dit Nicolas en serrant sa main avec tant de force qu'elle pouvait à peine supporter la douleur. Quand j'énumère tout ce qui s'est passé, il faut que je sois de fer pour rester calme devant lui. Qui parle d'un ton à faire croire que je suis coupable et que j'ai déshonoré ma famille? — C'est votre mère, Monsieur, répondit Ralph en l'indiquant du doigt. — Dont vos propos ont empoisonné les oreilles, dit Nicolas. Vous qui, sous prétexte de mériter les remerciments qu'elle vous adressait, avez amoncelé sur ma tête toute espèce d'outrages; vous qui m'avez envoyé dans un repaire où une cruauté sordide, bien digne de vous, s'exerce sans contrainte. — Réfutez ses calomnies, dit Catherine, et mettez-y plus de calme; car votre colère nuirait à votre cause. Dites-nous la vérité, et confondez l'imposture. — De quoi m'accuse-t-on?... ou plutôt de quoi m'accuse-t-il? — D'abord, d'avoir attaqué votre maître, et d'avoir été sur le point de vous mettre en état d'être jugé comme assassin. Je parle à cœur ouvert, jeune homme, fâchez-vous si vous voulez. — Je suis intervenu pour arracher une misérable créature à la barbarie la plus abjecte. En agissant ainsi, j'ai infligé à un infâme une punition qu'il n'oubliera pas de longtemps, quoiqu'elle soit bien au-dessous de celle qu'il mérite. Et puis j'ai sauvé un être faible et sans secours, dont je suis maintenant le protecteur...

— Vous l'entendez? dit Ralph s'adressant encore à la mère, tout est prouvé, même par son propre aveu. Voulez-vous rendre cet enfant, Monsieur? — Non; je m'y refuse. — Vous vous y refusez? — Oui. Je ne le rendrai pas à l'homme des mains duquel je l'ai tiré. Je voudrais connaître celui dont il tient l'existence; je le ferais rougir de son abandon, fût-il mort à tous les sentiments de la nature. — Vraiment! maintenant, Monsieur, souffrez que je vous dise deux mots. — Vous pouvez parler quand et comme il vous plaira, répondit Nicolas en embrassant sa sœur; je fais peu d'attention à vos paroles et à vos menaces. — Puissamment bien, Monsieur; mais elles en intéressent peut-être d'autres, qui jugeront à propos de m'écouter, et pèseront ma déclaration. Je m'adresserai à votre mère, qui connaît le monde. Aujourd'hui je ne menace point; mais je dis que je ne donnerais pas à ce jeune homme un sou de mon argent, un morceau de mon pain, pour le sauver de la potence la plus haute de toute l'Europe. Je ne veux ni le voir ni en entendre parler; je refuserai mon appui à ceux qui lui accorderont le leur. J'ai regret de vous abandonner, et plus encore d'abandonner ma nièce; mais comme je ne puis vous demander de renoncer à lui, je cesserai de vous voir. — Que voulez-vous que j'y fasse? s'écria madame Nickleby; je sais que vous avez été très-bon pour nous et que vous avez d'excellentes intentions pour ma chère fille; j'en suis convaincue : vous l'avez reçue chez vous, vous lui avez rendu mille services; mais, vous le savez, mon beau-frère, je ne puis renoncer à mon fils, quand même il serait coupable de ce dont on l'accuse, ce que je ne crois pas possible. Soumettons-nous donc à la misère et à l'abandon, ma chère Catherine; je saurai les supporter.

En prononçant ces mots, auxquels elle ajouta une suite étonnante de phrases décousues qu'aucune puissance humaine n'aurait pu lier ensemble, madame Nickleby se tordit les mains avec toutes les apparences du désespoir.

— Pourquoi dites-vous : Quand même Nicolas serait coupable de ce dont on l'accuse? demanda Catherine pleine d'une noble colère. Vous savez qu'il ne l'est pas. — Je ne sais que penser, ma chère, dit madame Nickleby; Nicolas est si violent, et votre oncle a l'air si honnête, que je ne puis songer qu'à ses paroles, et non aux actions de Nicolas. N'importe; n'en parlons plus; nous pouvons trouver un asile à l'atelier pour les pauvres, ou à l'hospice des Orphelins, ou à l'hôpital de la Madeleine, et le plus tôt sera le mieux.

Après cette énumération d'institutions charitables, madame Nickleby se remit à pleurer. Ralph allait partir.

— Arrêtez! dit Nicolas. Il est inutile de sortir! car dans une minute vous serez débarrassé de ma présence, et de longtemps je ne viendrai jeter le trouble dans ces murs. — Nicolas, s'écria Catherine en posant sa tête sur l'épaule de son frère et en le serrant dans ses bras, ne parlez pas ainsi, mon cher frère, vous me brisez le cœur! — Je tournerai le dos à cette ville quelques heures plus tôt que je n'en avais l'intention. Mais qu'importe? nous ne nous oublierons pas, et de meilleurs jours viendront où nous ne nous séparerons plus. Catherine, ayez le courage d'une femme, et empêchez-moi d'en avoir la faiblesse, lorsqu'il a les yeux sur moi. — Mais vous ne nous quitterez pas, dit Catherine avec angoisse. Oh! songez à tous les jours heureux que nous avons passés ensemble avant nos désastres, à notre bonheur domestique et aux épreuves que nous avons à subir. Songez que nous sommes sans protection contre le mépris et les affronts auxquels nous expose la pauvreté, et vous ne nous laisserez pas en supporter seules le fardeau. — Vous aurez un appui quand je ne serai plus là, répondit Nicolas avec empressement; je ne puis rien pour vous, rien que vous apporter le chagrin, la misère, la souffrance. Ma mère le voit, et sa tendresse et ses alarmes pour vous me tracent la conduite que je dois suivre. Ainsi donc, que tous les anges vous bénissent, Catherine, jusqu'à ce que je puisse vous offrir une maison à moi, où nous pourrons voir renaître le bonheur qui nous est refusé aujourd'hui, et parler de nos tribulations comme de choses passées. Ne me retenez pas ici, laissez-moi partir. Chère amie!... chère amie!...

Les bras qui le retenaient s'affaiblirent, et Catherine s'évanouit. Nicolas la soutint pendant quelques secondes, et la plaçant doucement sur une chaise, la confia à la bonne miss la Creevy.

— Je n'ai pas besoin de faire appel à votre sympathie, lui dit-il en lui serrant la main ; car je connais votre bon naturel. Vous ne les oublierez jamais.

Il marcha vers Ralph, qui n'avait pas bougé et ne remuait pas un doigt.

— Quelque parti que vous preniez, Monsieur, dit-il de manière à n'être entendu que de lui, vous m'en répondrez. Je vous les laisse ; agissez à leur égard comme il vous plaira. Il y aura tôt ou tard un jour de compte, et ce compte sera lourd pour vous si vous leur faites tort.

Aucun mouvement des muscles de la figure de Ralph ne laissa voir qu'il avait entendu un mot de cette dernière apostrophe. Il savait à peine qu'elle était terminée, et madame Nickleby avait à peine pris la résolution de retenir son fils par la force, s'il était nécessaire, que Nicolas était déjà parti.

Il retourna à son obscur logement d'un pas dont la rapidité était conforme à l'agitation de ses pensées ; il se jeta sur son lit, et, se tournant du côté du mur, donna un libre cours aux émotions qu'il avait si longtemps étouffées.

Il n'avait entendu entrer personne, et ne remarquait pas la présence de Smike, lorsque, levant la tête par hasard, il le vit debout et les yeux fixes à l'entrée de la chambre. Smike détourna les yeux lorsqu'il s'aperçut qu'on l'observait, et feignit d'être occupé aux maigres préparatifs du dîner.

— Eh bien! Smike, dit Nicolas le plus gaiement possible, quelles nouvelles connaissances avez-vous faites ce matin, ou quelle nouvelle merveille avez-vous trouvée dans cette rue voisine? — Il ne s'agit pas de cela, dit Smike en tournant douloureusement la tête ; j'ai à vous parler d'autre chose aujourd'hui. — De ce que vous voudrez, répondit Nicolas d'un ton léger. — Je sais, reprit Smike, que vous êtes malheureux, et que vous vous êtes attiré bien des désagréments en m'emmenant avec vous. J'aurais dû le savoir, et ne pas vous suivre ; je l'aurais fait, si j'y avais songé. Vous n'êtes pas riche ; vous n'avez pas assez pour vous, et je ne devrais pas être ici... Vous maigrissez chaque jour, ajouta-t-il en posant timidement sa main sur celle de Nicolas, vos joues sont plus pâles et vos yeux plus creux. Je souffre de vous voir ainsi, et je pense que je suis un fardeau pour vous ; j'ai essayé de m'en aller aujourd'hui, mais la pensée de votre bienveillante physionomie m'a ramené. Je ne pouvais vous quitter sans vous dire un mot...

Le pauvre garçon ne put continuer, car ses yeux se remplirent de larmes et la voix lui manqua.

— Le mot qui nous séparera, dit Nicolas en lui mettant amicalement les deux mains sur les épaules, ne sera jamais prononcé par moi, car vous êtes ma seule force et ma seule consolation. Je ne vous perdrais pas maintenant pour tout ce que le monde pourrait m'offrir. C'est en pensant à vous que j'ai pu supporter tout ce que j'ai enduré aujourd'hui, et que j'en supporterais cinquante fois davantage. Donnez-moi la main. Mon cœur est lié au vôtre. Nous quitterons ce lieu ensemble avant la fin de la semaine. Qu'importe que la pauvreté m'accable? vous l'allégerez, et nous serons pauvres ensemble.

CHAPITRE XVI.

Catherine fut quelques jours avant d'être en état de reprendre ses travaux. En retournant au temple de la mode où régnait madame Mantalini, elle trouva toute la maison en désordre. Des huissiers, qu'elle prit d'abord pour des voleurs, étaient occupés à saisir le mobilier. Madame Mantalini gisait au milieu des ouvrières éperdues, et accablait son tendre époux de sanglants reproches.

Au bout de deux ou trois heures, les ouvrières furent informées qu'on n'aurait pas besoin d'elles jusqu'à nouvel ordre; et, deux jours après, le nom de Mantalini figura sur la liste des faillites. Le matin même, mis Nickleby reçut par la poste l'avis que miss Knags se mettait à la tête de l'établissement, et la remerciait de ses services. A cette nouvelle, madame Nickleby déclara qu'elle s'y attendait depuis longtemps, et cita diverses occasions inconnues où elle avait prophétisé cet événement.

— Et je le répète, ajouta-t-elle (et il est inutile de faire observer qu'elle ne l'avait jamais dit), je le répète, Catherine, l'état de modiste et couturière est le dernier que vous auriez dû embrasser. Je ne vous en fais pas un reproche, mon amour; mais pourtant je dirai que si vous aviez consulté votre mère... — Eh bien! maman, dit doucement Catherine, que me conseillerez-vous maintenant? — Ce que je vous conseillerai? n'est-il pas évident, ma chère, que de toutes les occupations convenables à une jeune personne telle que vous, celle de dame de compagnie de quelque aimable dame s'accommode le plus avec votre éducation, vos manières, votre physique! N'avez-vous jamais entendu votre pauvre cher papa parler de la fille d'une vieille dame qui logeait dans la même maison que lui quand il était garçon? Comment s'appelait-elle? Je sais que son nom commençait par un B et finissait par un G, mais j'ignore si c'était Waters ou... Ce ne pouvait être ni l'un ni l'autre. Enfin ne savez-vous pas que la jeune fille entra en qualité de dame de compagnie chez une femme mariée, qui mourut bientôt après, et qu'elle épousa le veuf, et eut l'un des plus beaux enfants que le médecin eût jamais vus.

Catherine savait parfaitement que ce torrent de souvenirs favorables avait sa source dans quelque nouvelle découverte de sa mère. Elle attendit donc patiemment la fin des anecdotes relatives ou étrangères au sujet, et se hasarda à demander quelle place sa mère avait trouvée. La vérité se dévoila. Madame Nickleby avait lu le matin dans un journal un avertissement annonçant qu'une dame mariée, demeurant Cadogan place, désirait pour dame de compagnie une jeune personne de bonne famille.

Après la longue lutte qu'elle avait déjà soutenue avec le monde, Catherine était trop abattue, et s'inquiétait trop peu du sort qui lui était réservé, pour faire la moindre objection. M. Ralph Nickleby n'en présenta aucune; mais au contraire il approuva hautement cette résolution. Il ne parut nullement surpris de la faillite subite de madame Mantalini, et il eût été étrange qu'il le fût, car il en avait été l'un des principaux provocateurs. On se procura donc le nom et l'adresse sans perte de temps, et miss Nickleby et sa mère se rendirent dans l'après-midi chez madame Wititterly, Cadogan place, Sloane street.

Catherine et sa mère furent introduites dans une salle à manger d'un aspect misérable et malpropre, et disposée d'une manière si confortable qu'elle était bonne pour toute espèce d'usage, excepté pour boire et pour manger.

Madame Wititterly donna audience dans le salon, convenablement meublé, et contenant des rideaux et des fauteuils couverts en rose pour jeter un tendre reflet sur le teint de madame Wititterly, un petit chien pour mordre les jambes des étrangers, afin d'amuser madame Wititterly, et le page pour présenter le chocolat afin de restaurer madame Wititterly.

Elle était à demi couchée sur un sopha, dans une attitude très-naturelle, qu'on eût pu croire empruntée à une actrice de ballet prête à entrer en scène et attendant le lever de la toile.

— Avancez des fauteuils.

Le page obéit.

— Sortez, Alphonse.

Mais si jamais un Alphonse porta Gros-Jean ou Guillaume écrit sur sa figure, c'était certainement celui dont il s'agit.

— J'ai osé vous rendre visite, Madame, dit Catherine au bout de quelques secondes d'un pénible silence, après avoir vu votre avertissement. — Oui, répondit madame Wititterly, l'un de mes gens l'a mis dans le journal. — J'ai pensé, reprit modestement Catherine, que si vous n'aviez pas déjà fait un choix, vous me pardonneriez de vous avoir dérangée. — Oui, répéta madame Wititterly d'un ton languissant. — Si vous avez déjà fait un choix... — Oh! mon Dieu, non; je ne m'accommode pas si facilement. Avez-vous déjà été dame de compagnie?

Madame Nickleby, qui attendait avec anxiété l'occasion de parler, intervint adroitement.

— Elle n'a pas été dame de compagnie chez des étrangers, Madame; mais elle a été ma compagne depuis longues années, je suis sa mère. — Oh! dit madame Wititterly, je vous comprends. — Je vous assure, Madame, reprit madame Nickleby, qu'il fut un temps ou je ne croyais guère qu'un jour ma fille aurait besoin de chercher des appuis dans le monde, car son pauvre cher papa était indépendant, et le serait encore s'il avait seulement écouté à temps mes supplications constantes et... — Chère maman... dit Catherine à voix basse. — Ma chère Catherine, si vous voulez me laisser parler, je prendrai la liberté d'expliquer à Madame... — Je crois que c'est inutile, maman.

Malgré tous les signes au moyen desquels madame Nickleby cherchait à faire comprendre qu'elle allait dire quelque chose de concluant pour l'affaire en question, Catherine persista, et un regard expressif arrêta madame Nickleby au milieu de sa harangue.

— Que savez-vous? demanda madame Wititterly les yeux demi-fermés.

Catherine rougit en mentionnant ses principaux talents, et sa mère les compta un à un sur ses doigts, et en eut supputé le nombre avant que sa fille terminât. Heureusement les deux calculs se trouvèrent d'accord, et madame Nickleby n'eut aucun prétexte pour parler.

— Vous êtes d'un bon caractère? demanda madame Wititterly en ouvrant les yeux un instant pour les refermer aussitôt. — Je l'espère, répondit Catherine. — Et vous avez un bon répondant?

Catherine répondit affirmativement, et déposa sur la table la carte de son oncle.

— J'aime votre physionomie, dit la dame; et elle sonna. Alphonse, priez votre maître de venir.

Le page disparut, et après un court intervalle, durant lequel pas un mot ne fut prononcé, il ouvrit à un cavalier d'environ trente-huit ans, à l'air important mais assez commun, aux cheveux très-rares, qui se pencha un moment vers madame Wititterly, et causa avec elle à voix basse.

— Ce qu'il importe de considérer, dit-il ensuite, c'est que madame Wititterly est d'une nature très-excitable, très-délicate, très-fragile; c'est une plante de serre chaude, un arbuste exotique. — Oh! Henri! interrompit la dame. — C'est un fait positif, mon amour, vous n'êtes qu'un souffle, ajouta-t-il en chassant de son haleine une plume imaginaire. Phue! vous voilà envolée.

La dame soupira.

— Votre âme est trop grande pour votre corps; votre intelligence vous emporte; le drame, les beaux-arts, l'opéra, tout vous excite; aussi vous faut-il une dame de compagnie douce, aimable, calme et sympathique. Quelles sont les qualités qui autorisent cette jeune fille à se présenter?

Catherine fit de nouveau l'énumération de ses talents, non sans être fréquemment nterrompue par les questions incidentes de M. Wititterly. Il fut convenu qu'on irait aux renseignements, et que dans deux jours on adresserait à miss Nickleby une réponse décisive sous le couvert de son oncle. Puis le mari reconduisit les solliciteuses jusqu'à la porte vitrée de l'escalier, et le gros laquais, le relevant à cet endroit, les pilota saines et sauves jusque dans la rue.

— Evidemment, dit madame Nickleby en prenant le bras de sa fille, ce sont des gens bien distingués. Quelle femme supérieure est cette madame Wititterly! — Vous croyez, maman? — Qui pourrait s'empêcher de le croire? Elle est pâle, et a l'air mourant. J'espère qu'elle n'est pas près de sa fin, mais je conçois des craintes.

Ces considérations entraînèrent la sensible dame dans le calcul de la durée probable de la vie de madame Wititterly; elle vit le veuf inconsolable offrir sa main à Catherine. Avant d'être arrivée chez elle, elle avait délivré l'âme de madame Wititterly de toute entrave matérielle, et marié sa fille en grande pompe en l'église Saint-Georges.

Les renseignements furent pris, la réponse fut favorable, sans que Catherine en ressentît une joie bien vive; et, au bout d'une semaine, elle se transporta chez madame Wititterly, où nous la laisserons présentement

CHAPITRE XVII.

Tout le capital à la tête duquel se trouva Nicolas après avoir payé son loyer n'excédait que de quelques sous la somme de vingt-cinq francs. Cependant il vit avec un cœur léger se lever l'aurore du jour où il avait résolu de quitter Londres, et sauta à bas de son lit avec une élasticité d'esprit qui est heureusement le partage des jeunes gens; car autrement il n'y aurait point de vieillards.

C'était une matinée de printemps, froide, sèche et brumeuse. Dès le lever de l'aurore Nicolas se dirigea seul vers la Cité, et se mit en embuscade sous les croisées de la maison de sa mère. Cette maison était sombre et nue, mais elle avait pour lui de la lumière et de la vie; car, dans ces vieux murs, il y avait du moins un cœur aussi sensible que le sien aux affronts et au déshonneur.

Il traversa la rue, et leva les yeux vers la fenêtre de la chambre où il savait que couchait sa sœur. La fenêtre était sombre et fermée.

— Pauvre fille, pensa Nicolas, elle ne se doute guère que je suis là!

Il regarda de nouveau, et il se sentit presque affligé de ce que Catherine n'était pas là pour échanger avec lui un mot d'adieu.

Tout à coup un mouvement imaginaire du rideau lui persuada presque que Catherine était à la fenêtre, et, par une de ces étranges contradictions qui nous sont si communes, il se blottit involontairement contre une porte pour qu'elle ne pût le voir. Il sourit de sa propre faiblesse :

— Que Dieu les bénisse! dit-il, et il s'en alla plus tranquille.

Smike l'attendait avec anxiété, ainsi que Newman, qui avait dépensé sa paye d'un jour pour préparer un bol de punch au lait. Smike chargea les paquets sur son épaule, et ils partirent, accompagnés de Newman Noggs; car il avait insisté pour aller avec eux aussi loin qu'il le pourrait.

— Quelle route? demanda Newman. — Celle de Kingston. — Et de là où irez-vous? Pourquoi ne me le dites-vous pas? — Parce que je le sais à peine moi-même, mon bon ami, répondit Nicolas en frappant sur l'épaule de Newman; je n'ai ni plan ni projet arrêté, je pourrais changer cent fois de domicile avant qu'il vous fût possible de communiquer avec moi. — J'ai peur que vous n'ayez adopté quelque profonde résolution. — Si profonde que je ne puis la sonder; mais, quelle qu'elle soit, comptez que je vous écrirai bientôt. — Vous n'oublierez pas? — Je le pense; je n'ai pas assez d'amis pour les confondre avec les indifférents, et oublier le meilleur de tous.

Ils marchèrent une couple d'heures en causant ainsi, et ils auraient pu voyager une couple de jours, si Nicolas ne se fût assis sur une pierre au bord de la route et n'eût déclaré formellement qu'il ne ferait point un seul pas avant que Newman s'en fût retourné.

Après avoir inutilement demandé de les accompagner encore un demi-mille, Newman fut forcé de céder, et de diriger sa course vers Golden square, en échangeant de tendres adieux et en se retournant à plusieurs reprises pour agiter son chapeau aux deux voyageurs, qui ne parurent bientôt qu'un point à l'horizon.

— Maintenant, Smike, écoutez-moi, dit Nicolas; nous allons à Portsmouth.

Smike fit un signe de tête et sourit, mais il n'exprima aucune émotion, car il lui était indifférent d'aller à Portsmouth ou à Port-Royal, pourvu qu'ils s'y rendissent ensemble

— Je ne sais trop ce qui en est, reprit Nicolas; mais Portsmouth est un port de mer, et, si nous n'obtenons aucun autre emploi, je pense que nous pourrons trouver du service à bord de quelque vaisseau. Je suis jeune et actif, et pourrai être utile d'une foule de manières. Et vous? — Je l'espère, répondit Smike, quand j'étais à... vous savez ce que je veux dire. — Oui, je sais, c'est inutile de nommer l'endroit. — Quand j'étais là, reprit Smike enchanté de l'espoir de montrer ses talents, je savais traire les vaches et panser les chevaux aussi bien que n'importe qui. — Ah! dit gravement Nicolas, je pense qu'on ne garde pas ordinairement des animaux de ces espèces à bord des vaisseaux, et même quand on a des chevaux, on ne les étrille pas avec un soin bien particulier. Il vous faudra apprendre quelque autre chose; il n'y a rien d'impossible à une ferme volonté. — Oh! je suis plein de bonne volonté, dit Smike reprenant courage. — Dieu le sait! reprit Nicolas, et si vous venez à en manquer, nous aurons plus de peine, mais je travaillerai pour deux. Souffrez que je vous soulage de ce paquet. — Non! non! reprit Smike en reculant de quelques pas, ne me demandez pas de vous l'abandonner. — Pourquoi pas? — Laissez-moi faire quelque chose pour vous au moins; vous ne me donnerez jamais occasion de vous servir comme je le dois. — Pendant que j'y pense et que nous sommes seuls, ajouta-t-il en le regardant fixement, permettez que je vous adresse une question. Avez-vous bonne mémoire? — Je ne sais, dit Smike en secouant douloureusement la tête, je crois que j'avais de la mémoire autrefois, mais elle s'est en allée. — Pourquoi croyez-vous que vous en aviez autrefois? demanda vivement Nicolas, comme si cette réponse était conforme au but de sa question. — Parce que j'avais des souvenirs lorsque j'étais enfant; mais il y a bien longtemps, ou du moins il me le semble. Toutes mes idées se confondaient en ce lieu d'où vous m'avez tiré; je ne pouvais me rappeler, et souvent même je ne pouvais entendre ce qu'on me disait; je... attendez, attendez. — Ne pensez plus à ce lieu, car tout est fini, repartit Nicolas fixant ses yeux sur ceux de Smike, qui prenaient une expression de stupeur et d'insensibilité qu'ils avaient eue jadis habituellement. Vous souvenez-vous du jour où vous êtes venu dans l'Yorkshire? — Ah! s'écria le jeune homme. — C'était avant que vous perdissiez la mémoire, vous savez, dit tranquillement Nicolas. Le temps était-il chaud ou froid? — Humide, répondit Smike, très-humide. Je me sentais tout glacé, car je pouvais me voir tel que j'étais alors, entrant par la même porte... — Tel que vous étiez alors? répéta Nicolas avec une indifférence affectée : comment étiez-vous? — Un si petit enfant, qu'on aurait pu avoir pitié de moi, rien qu'en se le rappelant. — Vous n'étiez pas arrivé là tout seul, dit Nicolas. — Non, certainement non. — Et qui était avec vous? — Un homme, un homme à la figure brune et flétrie; je l'ai entendu dire à la pension, et je m'en souvenais autrefois; je fus content de le quitter, car j'avais peur de lui; mais j'eus bien plus peur de mes nouveaux maîtres, et ils me traitèrent bien plus mal. — Regardez-moi, dit Nicolas, voulant attirer toute son attention. Là; ne vous détournez pas. Ne vous souvenez-vous pas d'une femme, d'une femme douce et bonne, qui se penchait sur vous, vous embrassait et vous appelait son enfant? — Non, dit la pauvre créature en secouant la tête. — Ni d'une autre maison que de celle d'Yorkshire? — Non, répondit le jeune homme d'un air triste; il y avait une chambre... Je me souviens que je couchais dans une chambre, une grande chambre déserte au dernier étage, avec une trappe dans le plafond. Souvent, je me cachais la tête sous mes draps pour ne pas la voir, car elle m'effrayait, moi, tout enfant, laissé seul la nuit, et je me demandais avec inquiétude ce qu'il y avait de l'autre côté. Il y avait une horloge aussi, une vieille horloge dans un coin; je me rappelle cela, je n'ai jamais oublié cette chambre, car, quand j'ai des rêves affreux, elle revient juste comme elle était. J'y vois des choses et des gens que je ne voyais pas alors; mais c'est bien la même chambre, cela ne change jamais. — Voulez-vous me laisser prendre ce paquet, maintenant? demanda Nicolas changeant brusquement de conversation. — Non, non, dit Smike, allons vivement.

Le soir, ils arrivèrent à Godalming, firent marché pour deux humbles lits, et dormirent profondément. Ils furent sur pied dès le matin.

Ce jour-là, leur voyage fut plus pénible, car ils eurent de longues collines à gravir, et en voyage comme dans la vie, il est beaucoup plus facile de descendre que de monter. Cependant leur persévérance ne se démentit pas, et à la nuit close ils passèrent devant la porte d'une auberge, à quatre lieues de Portsmouth.

— Quatre lieues! dit Nicolas en s'appuyant sur son bâton. — Quatre lieues! répéta l'aubergiste, placé sur le seuil de sa porte. — La route est-elle bonne? demanda Nicolas. — Abominable, dit l'aubergiste, qui ne pouvait répondre autrement. — J'ai besoin d'arriver, dit Nicolas. Je ne sais quel parti prendre. — Je ne veux pas vous influencer, reprit l'aubergiste; mais je m'arrêterais, si j'étais à votre place. — Vraiment? — C'est certain, dit l'aubergiste; et relevant son tablier, il mit ses mains dans ses poches, fit un ou deux pas en dehors, et regarda la route sombre en affectant la plus parfaite indifférence.

Un coup d'œil jeté sur la figure de Smike décida Nicolas à s'arrêter.

L'aubergiste les mena dans la cuisine; et comme il y avait bon feu, il fit observer qu'il faisait très-froid. Si par hasard il n'y avait pas eu de feu, il eût affirmé qu'il faisait très-chaud.

— Que pouvez-vous nous donner à souper? demanda naturellement Nicolas. — Mais... ce que voudrez, répondit non moins naturellement l'aubergiste.

Nicolas indiqua de la viande froide, mais il n'y avait pas de viande froide; des œufs, mais il n'y avait pas d'œufs; des côtelettes de mouton, mais il n'y avait pas une seule côtelette de mouton à trois milles à la ronde, quoiqu'il y en eût eu la semaine dernière en si grande quantité qu'on ne savait qu'en faire, et qu'on dût en avoir le surlendemain une provision extraordinaire.

— Alors, dit Nicolas, il faut que je m'en rapporte entièrement à vous, comme je l'aurais fait d'abord si vous me l'aviez permis. — Eh bien! donc, reprit l'aubergiste, il y a dans la grande salle un monsieur qui a commandé pour neuf heures un bifteck, du pudding et des pommes de terre. Il en a plus qu'il ne lui en faut, et je ne doute pas qu'il ne consente à ce que vous soupiez avec lui. Je vais régler cette affaire dans une minute.

Nicolas le retint : — Non, non, dit-il, je ne m'en soucie pas. Le... du moins... Bah! pourquoi ne pas nous parler franchement? vous voyez que je voyage fort modestement, et que je suis venu à pied jusqu'ici. Il est plus que probable, je pense, que ce monsieur ne trouverait pas grand plaisir à ma société; et malgré la poussière dont je suis couvert, j'ai trop de fierté pour m'exposer à des désagréments.

— Mon Dieu! dit l'aubergiste, ce n'est que M. Crummles, il n'est pas exigeant. —

Vous croyez? demanda Nicolas, sur l'esprit duquel, à vrai dire, l'odeur du savoureux pudding avait produit une assez vive impression. — J'en suis sûr, il aimera votre conversation. Mais nous allons voir ça; attendez une minute.

L'aubergiste s'élança dans la grande salle sans que Nicolas cherchât à l'en empêcher, car il réfléchit qu'en tout cas le souper était une chose trop sérieuse pour qu'on en plaisantât. Bientôt l'hôte revint très-échauffé.

— Tout va bien, dit-il à voix basse; je savais qu'il consentirait. Vous verrez quelque chose qui mérite d'être vu : comme ils y vont!

Nicolas n'eut pas le temps de demander le sujet de cette exclamation proférée avec un accent d'enthousiasme, car l'hôte avait ouvert déjà la porte de la salle. Nicolas y entra, suivi de Smike portant son paquet, qu'il gardait avec autant de vigilance que si c'eût été un sac d'écus.

Nicolas s'attendait à un spectacle étrange, mais son attente fut encore dépassée. A l'extrémité de la salle étaient deux garçons, l'un très-grand, et l'autre très-petit; tous deux vêtus en matelots, ou du moins en matelots de théâtre, avec des ceintures, des boucles, des queues et des pistolets. Ils se livraient ce qu'on appelle sur les affiches de spectacle un grand combat, avec deux de ces épées larges et courtes à coquilles, dont on se sert ordinairement dans nos théâtres secondaires. Le petit avait obtenu de l'avantage sur le grand garçon, qui se trouvait dans une position désespérée. Un homme gros et puissant, perché sur le coin d'une table, les contemplait tous deux et les conjurait avec emphase de faire jaillir plus d'étincelles de leurs épées, leur promettant un succès pyramidal dès la première représentation.

— Monsieur Vincent Crummles, dit l'aubergiste d'un air de déférence profonde, voici le jeune homme.

M. Vincent Crummles accueillit Nicolas par une inclination de tête qui tenait à la fois du salut d'un empereur romain et de celui d'un habitué de taverne, et ordonna à l'hôte de fermer la porte et de s'en aller.

— Voilà un tableau! dit M. Crummles en faisant signe à Nicolas de ne pas le gâter en s'en approchant. Le petit est vainqueur; si le gros ne le terrasse pas en trois secondes, c'est un homme mort. Recommencez, enfants.

Les deux combattants se remirent à l'œuvre et ferraillèrent jusqu'à ce que les épées lançassent une pluie d'étincelles, à la grande satisfaction de M. Crummles, qui semblait considérer cela comme le point important. L'engagement commença par environ deux cents coups administrés alternativement par le matelot court et le grand matelot, sans produire aucun résultat, si ce n'est que le matelot court fut abattu sur un genou ; mais il ne s'en embarrassa guère, car il se défendit avec rage jusqu'à ce que le grand matelot lui eut fait sauter son épée des mains. Réduit à cette extrémité, le matelot court paraissait devoir se déclarer vaincu et demander quartier; mais tout à coup il tira de sa ceinture un énorme pistolet, et le présenta au nez du grand matelot. Celui-ci, qui ne s'y attendait nullement, fut si surpris, que le matelot court put ramasser son épée et recommencer la lutte. Alors se succédèrent les coups variés et les coups de fantaisie, appliqués par exemple de la main gauche et par-dessous la jambe et par-dessus l'épaule gauche ou droite. Le matelot court ayant frappé vigoureusement le grand matelot aux jambes, ce dernier sauta par-dessus l'épée de son adversaire; puis ils s'évitèrent, firent des feintes, relevèrent leurs pantalons sans bretelles, et le matelot court, qui jouait évidemment le rôle vertueux, car il avait toujours l'avantage, renversa le grand matelot, qui, après de vains efforts, expira dans les souffrances, le matelot court lui ayant mis le pied sur la gorge et l'ayant percé d'outre en outre.

— Enfants, dit M. Crummles, si vous travaillez bien, vous aurez les honneurs du *bis*. Maintenant allez reprendre haleine et changer.

Après avoir adressé ces mots aux combattants, il salua Nicolas, qui remarqua alors que la figure de M. Crummles était en parfaite harmonie avec la grosseur de son corps. M. Crummles avait la lèvre inférieure très-grosse, une voix rauque qui indiquait qu'il était dans l'habitude de crier très-haut, des cheveux rares noirs et rasés au sommet de la tête, afin, comme Nicolas l'apprit plus tard, de porter plus aisément des perruques de toutes les formes et de toutes les dimensions. — Que pensez-vous de ce combat, Monsieur? demanda Crummles. — Il est du plus bel effet. — Vous n'avez pas vu souvent des enfants comme ceux-ci. — Non, sans doute ; s'ils étaient seulement un peu mieux assortis... — Assortis! s'écria M. Crummles. — Je veux dire si leur taille était un peu plus égale. — Plus égale! mais c'est l'essence même de ce combat qu'il y ait entre eux un pied ou deux de différence. Comment captiver légitimement l'intérêt de l'auditoire, si vous ne montrez un petit homme luttant avec un grand, à moins qu'on n'en mette au moins cinq contre un, et il n'y a pas assez de monde dans notre théâtre! — Je vois, répondit Nicolas, je vous demande pardon; je n'avais pas envisagé l'affaire sous ce point de vue. — C'est l'essentiel, dit M. Crummles. J'ouvre à Portsmouth après-demain : si vous y allez, venez au spectacle, et vous jugerez de l'effet.

Nicolas promit de le faire s'il le pouvait; et s'approchant du feu, entra en conversation avec le directeur. Celui-ci se montra bavard et communicatif. Il expliqua ses affaires sans la moindre réserve, et disserta assez longtemps sur les mérites de sa troupe et les talents de sa famille, dont les deux matelots étaient d'honorables membres. Le père et les fils devaient retrouver à Portsmouth les autres acteurs, et s'y rendaient pour y donner quelques représentations.

— Vous allez de ce côté? demanda le directeur. — Non... Oui... — Connaissez-vous la ville? demanda le directeur, qui croyait avoir des droits à autant de confiance qu'il en avait accordé à son interlocuteur. — Non, répondit Nicolas. — Vous n'y avez jamais été? — Jamais.

M. Vincent Crummles toussa sèchement, comme pour dire : Si vous ne voulez pas être communicatif, eh bien! ne le soyez pas.

De temps en temps, M. Crummles examinait avec un vif intérêt Smike, dont l'extérieur paraissait l'avoir frappé de prime abord. Smike s'était endormi, et se balançait sur sa chaise.

— Pardon de vous parler ainsi, dit le directeur se penchant vers Nicolas et baissant la voix; mais... quelle bonne tête a votre ami! — Pauvre garçon! dit Nicolas en souriant à demi; je voudrais qu'il fût un peu plus gras. — Gras! s'écria le directeur avec horreur, l'embonpoint le gâterait à jamais. — Vous croyez? — Si je le crois, Monsieur! Mais tel qu'il est maintenant, dit le directeur en se frappant le genou avec force, sans avoir rien de postiche, sans même se farder, ce serait un acteur incomparable pour jouer les affamés. Il n'a qu'à figurer passablement dans l'apothicaire de Roméo avec un soupçon de rouge sur le bout de son nez, et il est sûr de trois salves d'applaudissements dès le moment où il passera sa tête par la porte de la coulisse. — Vous le voyez d'un œil d'artiste, dit Nicolas en riant. — Et j'ai raison. Je n'ai jamais vu jeune homme mieux taillé pour cet emploi depuis que je suis dans la partie, et je jouais les nourrissons à l'âge de dix-huit mois.

L'apparition du bifteck et du pudding, qui se montrèrent en même temps que les fils de M. Crummles, fit changer la conversation, et l'arrêta même un moment, on expédia le souper sans mot dire.

Les jeunes Crummles n'eurent pas plus tôt avalé tout ce qui restait dans les plats, qu'ils manifestèrent, en bâillant et en étendant leurs jambes, le désir d'aller se coucher. Smike l'exprimait encore plus énergiquement, car, dans le cours du repas, il s'était plusieurs fois endormi en mangeant. Nicolas proposa de se séparer; mais le directeur n'en voulut pas entendre parler.

— Laissez-les s'en aller, dit-il, et nous nous installerons à notre aise au coin **du feu.**

L'inquiétude était à Nicolas l'envie de dormir. Il accepta donc, échangea une poignée de main avec chacun des jeunes gens, et s'assit auprès du feu pour aider M. Crummles à vider un bol de punch.

Mais, malgré le punch et le directeur, Nicolas était distrait et abattu. Son attention ne se fixait point; il entendait sans comprendre, et quand M. Vincent Crummles termina le récit d'une longue aventure par un bruyant éclat de rire et en demandant à Nicolas ce qu'il aurait fait en pareil cas, celui-ci fut obligé de s'excuser de son mieux et d'avouer qu'il n'y était pas du tout.

— Je m'en doutais, dit M. Crummles; vous êtes tourmenté; qu'avez-vous?

Nicolas ne put s'empêcher de sourire de cette question faite à brûle-pourpoint; mais, croyant inutile de l'éluder, il déclara qu'il était agité de la crainte de ne pas atteindre le but de ses démarches. — Et quel est ce but? — De vivre, mon pauvre compagnon de voyage et moi, dit Nicolas : voilà la vérité; vous l'avez devinée depuis longtemps, je pense, et il vaut mieux vous la confesser de bonne grâce. — Que peut-on faire à Portsmouth plutôt qu'ailleurs? demanda M. Vincent Crummles. — Il y a beaucoup de vaisseaux en partance dans le port; je chercherai du service à bord de l'un d'eux; on y mange et on y boit, en tout cas. — Du bœuf salé et du rhum, du pudding de pois cassés et du biscuit de mer, dit le directeur tirant une bouffée de sa pipe pour la tenir allumée. — On peut être plus mal, dit Nicolas. Je suis capable de supporter la vie de matelot, je le crois, comme tous les jeunes gens de mon âge. — Il faudra bien vous y habituer, dit le directeur, si vous allez à bord d'un vaisseau; mais vous n'irez pas. — Pourquoi? Parce qu'il n'y a pas de patron, pas de contre-maître qui consente à se charger de vous, quand il peut prendre un marin exercé; et ils sont aussi abondants que des huîtres. — Que voulez-vous dire? demanda Nicolas, alarmé de cette prédiction et du ton d'assurance avec lequel elle était émise. Les hommes ne naissent pas marins, et il faut bien qu'on reçoive des apprentis. M. Vincent Crummles secoua la tête. — Sans doute, on en reçoit, mais non pas des jeunes gens élevés comme vous.

Il y eut un moment de silence; la physionomie de Nicolas se rembrunit, et il baissa vers le feu des yeux pensifs.

— Ne voyez-vous pas d'autre profession que puisse embrasser avec honneur un jeune homme de votre tournure et de votre talent? — Non. — Eh bien! je vais vous en dire une, s'écria M. Crummles : le théâtre! — Le théâtre! — La profession d'artiste dramatique! Je suis moi-même artiste dramatique; ma femme est artiste dramatique; mes enfants sont artistes dramatiques. J'ai eu un chien qui a été artiste dramatique depuis sa naissance jusqu'à sa mort, et mon cheval de carriole figure dans *Tamerlan le Tartare*. Je vous engage, et votre ami aussi. Dites un mot ; j'ai besoin d'une nouveauté. — Je ne sais si j'en viendrais à bout, répondit Nicolas éperdu de cette proposition subite ; je n'ai jamais joué de ma vie, si ce n'est à l'école. — Il y a, dit M. Crummles, de la haute comédie dans votre démarche et vos manières, de la tragédie dans vos yeux, de la farce vive et animée dans votre rire. Vous serez aussi bon que si vous aviez passé votre vie sur les planches depuis votre naissance jusqu'à nos jours.

Nicolas pensa à la faible somme qui lui resterait en poche après avoir payé la carte, et il hésita.

— Vous pouvez nous être utile de cent manières ! dit M. Crummles ; songez aux magnifiques affiches que peut rédiger un homme instruit comme vous. — J'ai bien peu de confiance en moi-même, répondit Nicolas. Cependant je pourrai griffonner de temps à autre quelque chose qui vous conviendra. — Bien ! dit le directeur, nous allons bâcler de suite une nouvelle pièce à grand spectacle. — Et combien gagnerai-je ? demanda Nicolas après un moment de réflexion : pourrai-je vivre de mon salaire ? — Comme un prince ! avec vos appointements, ceux de votre ami, et vos écrits, vous pouvez vous faire... vous faire vingt-cinq francs par semaine ! — Vraiment ! — Je vous le garantis, et le double de la somme, si nous avons de bonnes chambrées.

Nicolas avait la misère en perspective.

Sans plus de délibération, il s'empressa de déclarer que c'était une affaire conclue, et en donna la main pour gage à M. Vincent Crummles.

CHAPITRE XVIII.

Comme M. Crummles avait dans l'écurie de l'auberge un étrange animal à quatre pattes qu'il appelait un cheval, et un véhicule d'une espèce inconnue qu'il honorait de la qualification de phaéton à quatre roues, Nicolas poursuivit le lendemain son voyage plus agréablement qu'il ne s'y était attendu.

Le bidet prit son trot, et, peut-être par suite de son éducation théâtrale, témoigna par intervalles un vif désir de se coucher à terre. Cependant M. Vincent Crummles le fit tenir debout en jouant de la bride et du fouet, et lorsque ces moyens lui manquèrent et que l'animal vint à s'arrêter, l'aîné des jeunes Crummles descendit et lui donna plus ou moins de coups. A l'aide de cet encouragement, on le décida à bouger de temps en temps, et la voiture alla tant bien que mal.

— Au fond, c'est un bon petit cheval, dit M. Crummles à Nicolas.

Il était possible qu'il le fût au fond, mais il ne l'était certainement pas à la superficie. Nicolas se contenta donc de répondre : — Je ne serais pas étonné qu'il fût excellent. — Il a fait du chemin, reprit M. Crummles en le fouettant adroitement sur le front en sa qualité de vieille connaissance ; il est partie intégrante de la troupe. Sa mère a joué la comédie. — Tiens, tiens ! — Pendant près de quatorze ans, dit le directeur, elle mangea des pommes dans le cirque, tira des coups de pistolet, se coucha en bonnet de nuit, et remplit complètement les intermèdes. Son père était danseur. — Était-il tant soit peu distingué ? — Il n'était pas fort, dit le directeur. Le fait est qu'originairement il avait été loué à la journée, et qu'il ne se défit jamais de ses anciennes habitudes.

Le descendant de ce quadrupède nécessitant à chaque pas une recrudescence d'attention, M. Crummles fut obligé de s'interrompre, et Nicolas fut laissé à ses propres pensées jusqu'à leur arrivée au pont-levis de Portsmouth.

— Nous allons descendre ici, dit le directeur, et les enfants vont conduire le cheval à l'écurie et porter mes bagages à mon logement. Vous ferez bien d'y demeurer provisoirement.

Nicolas remercia M. Vincent Crummles de son offre obligeante, descendit, prit le bras de Smike, et accompagna le directeur au théâtre, assez tourmenté de l'idée de son introduction immédiate dans un monde si nouveau pour lui.

Ils passèrent devant des murailles couvertes d'affiches, où les noms de M. Vincent Crummles, de madame Vincent Crummles, de M. Crummles aîné, de M. P. Crummles, et de miss Crummles, étaient imprimés en gros caractères, tandis que le reste était à peine lisible. Enfin, ils entrèrent dans un corridor obscur où se faisaient sentir des parfums peu aromatiques d'écorce d'orange, de suie et d'huile à quinquet, enjambèrent un monceau de paravents en toile et de pots de couleur, et grimpèrent sur la scène du théâtre de Portsmouth.

— Nous y voici, dit M. Crummles.

Il ne faisait pas très-clair ; mais Nicolas se trouva près de la coulisse où se place le souffleur, au milieu de murs nus, de décorations poudreuses, de nuages à moitié pourris, de draperies barbouillées de peinture, et de planches. Il regarda ce qui l'entourait ; cintre, parterre, loges, galerie, orchestre, accessoires et décorations, tout était de la même espèce, froid, sombre et misérable.

— Est-ce là un théâtre? murmura Smike étonné; je croyais que c'était un lieu resplendissant de lumière — Oui, répondit Nicolas non moins surpris.

La voix du directeur, l'arrachant à l'inspection qu'il faisait de l'édifice, le rappela à l'autre côté de l'avant-scène, où était assise une grosse femme de quarante à cinquante ans, en robe de soie fanée, et dont les cheveux très-épais étaient nattés en larges tresses sur les tempes.

— Monsieur Johnson, dit le directeur (car Nicolas avait conservé le nom que lui avait donné Newman Noggs), permettez-moi de vous présenter madame Vincent Crummles. — Je suis enchantée de vous voir, Monsieur, dit madame Vincent Crummles d'une voix sépulcrale.

A ces mots, la dame donna la main à Nicolas; Nicolas avait remarqué que cette main était de bonne taille, mais il ne s'était pas attendu à une étreinte de fer comme celle dont il fut honoré.

— Et voici l'autre? reprit la dame en traversant le théâtre avec une majesté tragique pour s'approcher de Smike. Vous êtes aussi le bienvenu, Monsieur. — Il conviendra, je crois, ma chère, dit le directeur prenant une prise de tabac. — Il est admirable, répondit la dame.

Pendant que madame Vincent Crummles retournait à la table, on vit bondir sur la scène, du fond de quelque cabinet mystérieux, une petite fille en sale fourreau blanc à bouillons sur les genoux, en pantalon court, en sandales, en spencer blanc, en chapeau de gaze, en voile vert et en papillotes. Elle fit une pirouette, un jeté battu, une autre pirouette, poussa un cri après avoir regardé dans la coulisse, s'élança à six pouces de la rampe, et retomba dans une belle attitude de terreur en voyant un sauvage s'avancer sur la scène, grincer des dents, et brandir une énorme massue.

— Ils vont répéter le sauvage indien et la jeune fille, dit madame Crummles. — Bah! dit le directeur, le ballet-intermède? très-bien. Un peu de ce côté, s'il vous plaît, monsieur Johnson. C'est à merveille. Commencez.

Le directeur donna le signal en frappant des mains, et le sauvage, devenant féroce, fit une glissade vers la jeune fille; mais la jeune fille l'évita en six pirouettes, et à la fin de la dernière, demeura droite sur la pointe des pieds. Puis le sauvage et la jeune fille dansèrent ensemble avec vigueur, et pour la clôture, le sauvage mit un genou en terre; la jeune fille monta sur l'autre genou, et s'y tint une jambe en l'air. Ainsi se termina le ballet.

— Bravo, bravissimo! s'écria M. Crummles. — Bravo! répéta Nicolas déterminé à trouver tout bien quand même. — Voici ma fille, dit M. Crummles lui présentant la danseuse, l'enfant phénomène, miss Ninetta Crummles l'idole, de tous les endroits où nous nous arrêtons, Monsieur. Nous avons reçu des lettres de compliment relatives à cette jeune personne, de la noblesse et des gens comme il faut de presque toutes les villes d'Angleterre. — Je n'en suis nullement étonné, dit Nicolas; elle doit avoir un génie naturel. — C'est une... M. Crummles s'arrêta; il n'y avait pas de mots assez puissants pour peindre l'enfant phénomène. Monsieur, reprit-il, on ne saurait imaginer le talent de Ninetta; il faut la voir, il faut la voir pour en avoir une légère idée. — Puis-je vous demander quel âge elle a? — M. Crummles regarda fixement Nicolas comme font ceux qui craignent qu'on ne croie pas implicitement ce qu'ils vont dire. — Elle a dix ans, Monsieur. — Pas plus? — Pas un jour de plus! — Mon Dieu! c'est extraordinaire.

En effet, l'enfant phénomène, quoique de petite taille, avait l'air âgé comparativement, et en outre il y avait non pas un temps immémorial, mais cinq bonnes années au moins qu'elle persistait à avoir précisément le même âge. Mais on l'avait fait veiller très-tard tous les soirs, et on lui avait administré dès son enfance d'amples libations de grog pour l'empêcher de grandir, et peut-être cette méthode hygiénique avait-elle produit dans l'enfant phénomène ces phénomènes additionnels

Pendant ce court dialogue, l'acteur qui avait joué le sauvage s'approcha, et parut désirer se mêler à la conversation.

— Elle a du talent, dit-il en montrant miss Crummles. — Certainement. — Ah! dit l'acteur avec feu, elle est trop bonne pour des planches de province, et elle devrait être dans un des plus grands théâtres de Londres, et sans l'envie et la jalousie de certaines gens, on l'y verrait aujourd'hui. Voulez-vous me présenter à Monsieur? — M. Folair, dit le directeur.

M. Folair toucha de l'index le bord de son chapeau, et donna la main à Nicolas.

— Ravi de vous connaître, Monsieur. Vous êtes une recrue, dit-on. — Une indigne recrue, répondit Nicolas. — Avez-vous jamais vu un assortiment comme ça? murmura l'acteur en le tirant à part, pendant que Crummles parlait à sa femme. — Comme quoi?

M. Folair emprunta une grimace à sa collection de gestes mimiques.

— Voulez-vous parler de la famille Crummles et de l'enfant phénomène? — Enfant de rien, Monsieur, repartit M. Folair, il n'y a pas dans une école gratuite de fille d'une intelligence ordinaire qui ne soit capable de faire mieux. Elle peut remercier sa bonne étoile d'être née fille d'un directeur... Ohé! Monsieur, comment ça va-t-il?

Le personnage ainsi apostrophé était un homme au teint brun, légèrement couleur de suif, aux cheveux noirs et épais, et à la barbe très-forte. Il avait une grosse canne de frêne, apparemment plutôt pour la montre que pour l'usage, car il la tenait par le bout, se mettait en garde, faisait des armes avec les coulisses, ou tout autre objet animé ou inanimé qui lui semblait pouvoir servir de but.

— Eh bien! Tommy, dit l'étranger en poussant une botte à son ami, qui la para habilement, qu'y a-t-il de neuf? — Un nouveau venu, voilà tout, répondit M. Folair regardant Nicolas. — Faites les honneurs, Tommy, faites les honneurs, dit le bâtonniste en lui donnant un coup de canne sur le haut de son chapeau. — Je vous présente M. Lenville, qui joue le premier rôle dans la tragédie, dit le pantomime. — Excepté quand le vieux Plâtras se met en tête de le jouer, fit observer M. Lenville. Vous connaissez le vieux Plâtras, je le suppose, Monsieur? — Nullement. — C'est un nom que nous donnons à Crummles, parce que son jeu est lourd et assommant. Mais il ne faut pas que je plaisante, car j'ai un rôle interminable à débiter demain soir, et je n'ai pas eu le temps de le regarder; j'apprends vite, c'est ce qui me console.

Cependant la troupe s'était réunie à M. Lenville; et à son ami Tommy s'était joint un jeune homme grêle, aux yeux éteints, qui chantait en voix de ténor; il était venu bras dessus, bras dessous avec le bas comique, personnage au nez retroussé, à la bouche large, à la face épanouie, aux yeux de grenouille. Un homme d'un certain âge, à moitié ivre et au dernier degré de l'abaissement, qui jouait les vieillards calmes et vertueux, faisait l'aimable avec l'enfant phénomène. Madame Crummles était courtisée par un autre individu un peu moins ignoble, qui jouait les vieillards grondeurs, ayant des neveux dans le militaire, et courant continuellement sur eux avec une canne à pomme d'or pour les forcer à épouser des héritières. On voyait en outre un individu en grosse redingote, à l'air fanfaron, qui se promenait le long de la rampe, brandissait une badine, et déclamait à demi-voix avec beaucoup de vivacité pour divertir un auditoire imaginaire. Un petit groupe de trois ou quatre jeunes gens à sourcils épais, à pommettes saillantes, était à causer dans un coin; mais ils paraissaient d'une importance secondaire, et riaient et parlaient ensemble sans attirer un attention bien marquée.

Les dames étaient pelotonnées autour de la table d'acajou ci-dessus décrite. Là était miss Snevellicci, qui feignait d'être tout occupée de conter une histoire diverι.ssante à son amie miss Ledrook, qui avait apporté son ouvrage, et brodait un col de la manière du monde la plus naturelle. Il y avait là miss Belvawney, qui ne remplissait d'ordinaire que des rôles muets, jouait les pages en bas de soie blancs, restait un genou en terre et les yeux sur les spectateurs, ou escortait M. Crummles dans la haute tragédie. Elle était en train d'arranger les boucles de la belle miss Bravassa, près de laquelle se montrait madame Lenville, en chapeau bosselé orné d'un voile. Près de là, miss Gazingi battait en riant le jeune Crummles avec les bouts d'un boa de fausse hermine noué autour de son cou. La dernière dame, en chapeau de castor et en pelisse de drap brun, était madame Grudden, qui aidait madame Crummles dans son ménage, recevait l'argent à la porte, habillait les actrices, balayait la salle, soufflait au besoin, jouait toute espèce de rôles sans jamais les apprendre, et figurait sur les affiches sous tous les noms que M. Crummles croyait propres à faire un bon effet imprimés.

M. Folair, après avoir obligeamment confié ces détails à Nicolas, le laissa pour se mêler à ses camarades, et l'œuvre de la présentation fut achevée par M. Vincent Crummles, qui proclama hautement le nouvel acteur un prodige de science et de génie.

— Je vous demande pardon, dit miss Snevellicci en s'avançant obliquement vers Nicolas, mais n'avez-vous jamais joué à Canterbury? — Jamais. — Je me rappelle m'être trouvée à Canterbury, seulement quelques instants, car je quittais la troupe lorsqu'il y entrait, avec un monsieur qui vous ressemblait si fort que je suis presque sûre que c'était vous. — C'est aujourd'hui la première fois que je vous vois, reprit Nicolas.

— Mesdames et Messieurs, dit M. Vincent Crummles, qui venait de griffonner sur un morceau de papier, nous répéterons demain à dix heures *la Lutte mortelle*, tout le monde paraît dans la procession. Vous savez les rôles du *Moyen de parvenir;* ainsi nous n'aurons besoin que d'une seule répétition. Tout le monde à dix heures, s'il vous plaît. — Tout le monde à dix heures, répéta madame Grudden en promenant les yeux sur la société. — Lundi matin, nous lirons une nouvelle pièce, dit Crummles, le nom n'en est pas encore connu; mais il y aura de beaux rôles pour tout le monde, M. Johnson y veillera. — Comment, comment? — Lundi matin, répéta M. Crummles élevant la voix pour anéantir les objections de M. Johnson; c'est convenu, Mesdames et Messieurs.

En quelques minutes le théâtre fut désert, il n'y resta que la famille Crummles, Smike et Nicolas.

— Sur ma parole, dit ce dernier prenant le directeur à part, je ne crois pas pouvoir être prêt lundi. — Bah! bah! — C'est réellement impossible; je suis loin d'avoir l'imagination aussi vive. — L'imagination! et qu'a-t-elle de commun avec ce qui nous occupe? s'écria le directeur. — Tout, mon cher monsieur. — Rien, mon cher monsieur, absolument rien. Entendez-vous le français? — Parfaitement. — Très-bien, dit le directeur ouvrant le tiroir de la table et en tirant un rouleau de papier qu'il remit à Nicolas. Traduisez cela en anglais, et mettez votre nom en tête. J'ai souvent formé le projet de n'admettre dans ma troupe que des maîtres de langue, qui apprendraient leurs rôles dans l'original, et les joueraient en anglais, ce qui épargnerait bien de l'embarras et de la dépense.

Nicolas sourit et empocha la pièce.

— Qu'avez-vous décidé par rapport à votre logement?

— Rien. Venez donc avec moi, dit M. Crummles, et mes enfants vous accompagneront après dîner, et vous montreront le bon endroit.

On dîna, et Nicolas s'installa le soir dans un logement situé au haut d'une maison de trois étages, ou plutôt de deux étages, et d'une échelle, chez un marchand de tabac de Common hard, sale rue qui conduisait au quai.

CHAPITRE XIX.

Nicolas fut debout de bonne heure; mais il avait à peine commencé sa toilette quand il entendit des pas qui montaient l'escalier, et les voix de M. Folair le pantomime et de M. Lenville le tragédien.

— Entrez, dit Nicolas quand il eut achevé sa toilette. — Je viens vous parler de ma femme, monsieur Johnson, reprit Lenville, et j'espère qu'elle aura un beau rôle dans votre pièce. — J'ai regardé l'exemplaire français hier au soir, ça n'est pas trop mauvais. — Que ferez-vous pour moi, mon vieux? demanda Lenville. Il me faut un personnage sombre et bourru. — Vous jetez votre femme et votre enfant à la porte, dit Nicolas, et, dans un accès de rage, vous assassinez votre fils aîné. — Vraiment! s'écria M. Lenville; c'est on ne peut mieux. — Après quoi vous êtes tourmenté par les remords jusqu'au dernier acte, et vous prenez la résolution de vous suicider. Mais au moment où vous portez le pistolet à votre front, l'horloge sonne dix heures.

— Je comprends, s'écria M. Lenville; c'est admirable. — Vous vous arrêtez, vous vous rappelez avoir entendu l'horloge sonner dix heures dans votre enfance. Le pistolet vous échappe des mains, vous êtes abattu ; vous fondez en larmes, et vous devenez un modèle de vertu pour le reste de vos jours. — Sublime! dit Lenville, c'est d'un effet certain. Que la toile baisse sur une scène de sentiment comme celle-là, et ce sera un succès colossal. — Avez-vous quelque bon rôle pour moi? demanda M. Folair avec inquiétude. — Attendez, dit Nicolas. Vous jouez le serviteur fidèle, vous êtes mis à la porte avec la femme et l'enfant. — Toujours accouplé avec cet infernal phénomène, dit en soupirant M. Folair! et nous allons loger dans un taudis où je ne reçois point de gages, et où je fais des phrases sentimentales! — Mais, oui, répondit Nicolas; c'est ainsi que marche l'action. — Il me faut une danse quelconque, vous savez; vous aurez à en introduire une pour le phénomène; ainsi je vous conseille d'en faire un pas de deux pour épargner le temps. — Rien n'est plus facile, dit M. Lenville remarquant les regards troublés du jeune dramaturge. —Je n'en vois pas le moyen, reprit Nicolas.

— Il est évident, dit M. Lenville; vous m'étonnez! vous établissez la dame au désespoir, le petit enfant et le serviteur fidèle dans leur pauvre domicile! eh bien! voyez un peu : n'est-ce pas comme il faut, Tommy?

— Oui, répondit M. Folair. La dame au désespoir, accablée de vieux souvenirs, s'évanouit à la fin de la danse, et vous terminez par un tableau.

Nicolas profita de ces leçons et autres semblables, qui étaient le résultat de l'expérience personnelle des deux acteurs, et quand il se fut enfin débarrassé d'eux, il se mit courageusement à la besogne. Pendant une semaine entière, il vit peu ses nouveaux collègues; la pièce fut lue aux acteurs le lundi, comme le directeur l'avait désiré; elle fut trouvée admirable, et M. Crummles l'annonça pour le samedi suivant, au bénéfice de miss Snevellicci.

Dès le matin du grand jour, le crieur alla proclamer à son de cloche dans toutes les places les plaisirs de la soirée. Des programmes de trois pieds de long sur neuf pouces de large furent dispersés dans toutes les directions, jetés par les soupiraux de toutes les cuisines, attachés à tous les marteaux de porte, développés dans toutes les boutiques; on les placarda encore sur tous les murs, quoique avec peu de succès, car une personne illettrée s'étant chargée de ce soin, par indisposition de l'afficheur ordinaire, une partie des affiches fut collée à l'envers et le reste le haut en bas.

A cinq heures et demie il y avait quatre personnes à la queue; à six heures moins un quart il y en avait une douzaine; à six heures la presse était terrible, et quand l'aîné des fils Crummles ouvrit la porte, il fut obligé de se réfugier derrière pour sauver son existence menacée. Madame Grudden recueillit une recette de quinze shillings dans les dix premières minutes.

Derrière la toile régnait également un tumulte inaccoutumé. Miss Snevellicci était dans un tel état de transpiration que le fard lui coulait sur les joues. Madame Crummles était si agitée qu'elle pouvait à peine se souvenir de son rôle. La chaleur et l'anxiété défaisaient les boucles de miss Bravassa. M. Crummles lui-même avait l'œil collé au trou de la toile, et quittait de temps en temps son poste pour annoncer qu'un nouveau spectateur était entré au parterre.

Enfin l'orchestre joua, la toile se leva, et l'on commença la nouvelle pièce. La première scène, qui n'avait rien de remarquable, fut reçue assez froidement ; mais quand Nicolas eut sa scène à effet avec madame Crummles (sa mère dénaturée), quelles exclamations tumultueuses ! Quand il défia l'autre jeune premier, comme les loges, le parterre et les galeries retentirent d'applaudissements ! Lorsqu'il se cacha derrière un rideau, et que le traître porta des coups d'épée en tous sens, excepté à l'endroit où l'on voyait distinctement les jambes de Nicolas, quels frémissements de terreur s'emparèrent des spectateurs ! L'air, la tournure, la démarche, les gestes du débutant furent l'objet d'élogieux commentaires ; mademoiselle Snevellicci, l'héroïne, ne fut pas l'objet d'une moindre ovation ; on lui jeta des couronnes, dont quelques-unes s'abattirent sur les quinquets et dont l'une alla au parterre ombrager les tempes d'un gros homme qui ne s'attendait pas à cet excès d'honneur ; lorsque enfin madame Grudden alluma les flammes du Bengale, et que tous les membres de la troupe qui n'avaient pas joué entrèrent précipitamment de toutes parts, non parce qu'ils étaient nécessaires à l'action, mais afin de terminer par un tableau, l'auditoire, qui s'était considérablement accru, poussa des cris d'admiration tels que ces murs n'en avaient pas entendu depuis bien longtemps.

CHAPITRE XX.

La nouvelle pièce, ayant décidément réussi, fut annoncée pour tous les soirs jusqu'à nouvel ordre, et le théâtre ne fut fermé que deux fois par semaine au lieu de trois. Ce ne furent pas les seuls indices d'un succès extraordinaire. Le samedi suivant, par l'intermédiaire de l'infatigable madame Grudden, Nicolas ne reçut pas moins de trente shillings. Outre cette récompense matérielle, il fut comblé de gloire et d'honneurs.

— J'ai encore une nouveauté, Johnson! dit un jour M. Crummles d'un ton joyeux. — Quoi donc? répondit Nicolas; le petit cheval? — Non, non, nous n'en venons jamais au cheval qu'à la dernière extrémité, et je ne crois pas que nous ayons cette année besoin de cette ressource. — Un petit garçon phénomène, peut-être? — Il n'y a qu'un seul phénomène, Monsieur, répondit Crummles en accentuant ses paroles, et c'est une fille. — C'est vrai, dit Nicolas, je vous demande pardon. Alors, je ne me doute pas de ce que c'est. — Que diriez-vous d'une jeune dame de Londres, mademoiselle telle et telle, du théâtre royal de Drury-Lane? — Je dirais que son nom ferait grand effet sur les affiches. — Vous avez raison; et si vous aviez dit qu'elle ferait un effet non moins grand sur la scène, vous n'auriez pas eu tort du tout : voyez-moi ça; qu'en pensez-vous?

A cette question, M. Crummles déploya tour à tour une affiche rouge, une affiche bleue et une affiche jaune, en haut de chacune desquelles était écrit en énormes caractères : *Débuts de l'inimitable miss Petowker, du théâtre royal de Drury-Lane.*

— Quoi! s'écria Nicolas, je connais cette dame. — Alors vous connaissez une femme de talent, repartit M. Crummles en repliant ses affiches; c'est-à-dire qu'elle a du talent dans un genre particulier. La femme-vampire, répéta M. Crummles, la femme-vampire mourra avec cette jeune personne; et c'est la seule sylphide que j'aie jamais vue se tenir sur une jambe, et jouer du tambourin sur son autre genou, comme font les sylphides. — Quand arrive-t-elle? — Nous l'attendons aujourd'hui; c'est une vieille amie de madame Crummles; avec sa perspicacité habituelle, madame Crummles a deviné ce dont elle était capable, et lui a appris presque tout ce qu'elle sait. C'est madame Crummles qui a créé le rôle de la femme-vampire. — Ah! ah! — Oui, mais elle a été obligée d'y renoncer. — Est-ce qu'il ne lui convenait pas? demanda Nicolas en souriant. — Si fait, mais il paraissait ne pas convenir aux spectateurs. C'était trop effrayant; il n'y avait pas moyen d'y tenir. Ah! Monsieur, vous ne connaissez pas encore madame Crummles.

Nicolas se hasarda à dire qu'il la jugeait à merveille.

— Non, Monsieur, non, mille fois non. Je suis moi-même hors d'état de la bien juger; elle ne sera convenablement appréciée qu'après sa mort. Cette femme étonnante donne chaque jour de nouvelles preuves de talent. Regardez-la, elle a nourri six enfants, qui tous sont vivants, et tous acteurs. — C'est extraordinaire! s'écria Nicolas. — Ah! bien extraordinaire vraiment, reprit M. Crummles prenant complaisamment une prise de tabac et secouant gravement la tête. La première fois que je vis cette femme admirable, Johnson, ajouta-t-il en se rapprochant et parlant d'un ton de confidence et d'amitié, elle se tenait en équilibre la tête en bas sur la pointe d'une lance, entourée de feux d'artifice! — Vous m'étonnez! dit Nicolas. — Elle m'étonna! repartit M. Crummles. Tant de grâce unie à tant de dignité!... Dès ce moment, je devins son mari.

L'arrivée de l'aimable objet de ces observations mit brusquement un terme aux louanges de M. Crummles, et presque aussitôt le jeune Percy Crummles apporta une lettre adressée à sa gracieuse mère. A la vue de l'adresse, madame Crummles s'écria : C'est d'Henriette Petowker! et elle en parcourut avidement le contenu. — Est-ce terminé? demanda M. Crummles avec une certaine hésitation. — Oui, oui, répondit madame Crummles, c'est une excellente affaire pour elle. — En tout cas, c'est bien drôle, dit M. Crummles; et là-dessus M. Crummles, madame Crummles et le jeune Percy Crummles partirent d'un éclat de rire. Nicolas les laissa s'abandonner à leur accès de bonne humeur, et retourna chez lui, se demandant quel mystère relatif à miss Petowker pouvait exciter tant d'hilarité, et songeant à l'extrême surprise dont cette dame serait saisie en le voyant enrôlé dans une confrérie dont elle faisait l'ornement.

Mais son attente fut trompée sous ce rapport. Miss Petowker lui glissa à l'oreille qu'elle n'avait pas dit un seul mot des Kenwigs à la famille Crummles, et qu'elle s'était donnée comme ayant rencontré M. Johnson dans les cercles les plus distingués de la capitale.

Nicolas eut l'honneur de jouer le soir même dans une petite pièce avec miss Petowker, et il ne put s'empêcher de remarquer que la chaleur avec laquelle elle fut accueillie devait être uniquement attribuée à l'action persévérante d'un parapluie placé aux secondes loges.

Il venait de se mettre à table avec Smike, quand un des gens de la maison entr'ouvrit la porte, et annonça qu'il y avait en bas quelqu'un qui désirait parler à M. Johnson.

— Eh bien! dites-lui de monter, répondit Nicolas. Je crois, Smike, que c'est un de nos confrères qui vient nous demander à souper. Non, c'est quelqu'un qui n'est jamais venu ici, car il trébuche sur toutes les marches. Entrez, entrez. Que vois-je? M. Lillywick!

C'était en effet le collecteur, qui, regardant Nicolas fixement et d'un œil impassible, lui secoua la main avec la dignité la plus solennelle, et s'assit au coin du feu.

— Depuis quand êtes-vous ici? demanda Nicolas. — Depuis ce matin, Monsieur. — Ah! j'y suis; vous étiez au spectacle ce soir, et c'était votre para... — Et le voilà, interrompit Lillywick en montrant un vieux parapluie de coton vert dont le fer était tout bosselé; comment avez-vous trouvé miss Petowker? — Mais pas mal, autant que j'en ai pu juger, étant sur la scène. — Pas mal! s'écria le collecteur; et moi, Monsieur, je prétends qu'elle a été délicieuse.

M. Lillywick se pencha en avant pour prononcer ce dernier mot avec plus d'emphase. Puis il se redressa et fit une multitude de gestes et de grimaces.

Nicolas eut beaucoup de peine à s'empêcher de rire; sans se hasarder à parler, il se contenta de faire des signes de tête pour répondre à ceux de M. Lillywick. — Permettez-moi de vous dire un mot en particulier, reprit celui-ci.

Nicolas lança un joyeux coup d'œil à Smike, qui le comprit et disparut.

— Un célibataire mène une triste existence, dit M. Lillywick. — Vraiment? — Je vous le garantis; il y a près de soixante ans que je suis au monde, et je dois savoir ce qui en est. — Vous devez le savoir certainement; mais comment êtes-vous venus tous les deux ici, si vous allez vous marier? demanda Nicolas. — C'est ce que je viens vous expliquer, répondit le collecteur. Le fait est que nous avons jugé convenable de cacher notre mariage à la famille. — A la famille! dit Nicolas. Quelle famille? — Les Kenwigs, repartit M. Lillywick. Si ma nièce et ses enfants avaient su un mot de ce qui se passe avant l'achèvement de la cérémonie, ils seraient venus se rouler à mes pieds, et je n'aurais pu m'en débarrasser qu'en leur jurant de ne jamais me marier; ou bien ils auraient cherché à me faire interdire, ou bien ils auraient dirigé contre moi quelque terrible machination, ajouta le collecteur, qui tremblait en parlant. — C'est clair, dit Nicolas, ils eussent été jaloux. — Pour prévenir ces inconvénients, dit M. Lillywick, d'après ce qui avait été décidé, Henriette Petowker est descendue ici chez ses amis les Crummles, sous prétexte d'un engagement, et je l'y ai retrouvée. Maintenant, dans la crainte que vous n'écriviez à M. Noggs, et que vous ne lui parliez de nous, nous avons mieux aimé vous mettre dans le secret. Nous sortirons de chez les Crummles pour aller à l'église, et nous serons enchantés de vous voir, soit avant la cérémonie, soit à déjeuner. — Je serai charmé de me rendre à votre invitation; cela me fera le plus sensible plaisir. — Et vous aurez soin de garder le silence! — Vous pouvez compter sur moi. — Voulez-vous accepter quelque chose? — Merci, je n'ai pas d'appétit, je suis tenté de croire que la vie matrimoniale a bien des charmes; qu'en dites-vous? — Je n'ai pas le moindre doute à cet égard. — Vous avez raison; oui, certainement. Bonsoir.

A ces mots, M. Lillywick, dont les manières avaient dénoté, durant le cours de cette entrevue, un mélange extraordinaire de précipitation, d'hésitation, de confiance, de doute, de passion, de craintes, de bassesse et de présomption, descendit l'escalier, et laissa Nicolas rire à sa fantaisie.

Nous n'examinerons pas si le jour suivant parut à Nicolas composé du nombre d'heures ordinaires; mais pour les parties plus directement intéressées à la cérémonie future, il s'écoula avec une grande rapidité, et l'on fut obligé de partir en toute hâte pour l'église.

La procession se composait de deux fiacres; dans le premier étaient miss Bravassa, quatrième demoiselle d'honneur, madame Crummles, le collecteur et M. Folair, qui avait été choisi pour garçon d'honneur. Dans l'autre étaient la fiancée, M. Crummles, miss Snevellicci, miss Ledrook et le phénomène. Les costumes étaient superbes. Les demoiselles d'honneur étaient couvertes de fleurs artificielles, et le phénomène en particulier était presque invisible sous le bosquet portatif dans lequel il était enchâssé. Miss Ledrook, femme d'un esprit romantique, portait sur la poitrine l'image en miniature d'un officier inconnu, qu'elle avait achetée fort cher peu de temps auparavant. Les autres dames étaient éblouissantes de bijouterie fausse, et l'imposante majesté de madame Crummles excitait l'admiration de tous ceux qui la voyaient.

Mais l'extérieur de M. Crummles était peut-être le plus remarquable et le plus approprié à la circonstance. Le directeur, qui représentait le père de la fiancée, par une conception heureuse et originale, s'était préparé à ce rôle en s'affublant d'une perruque, d'un habit de couleur de tabac à la mode du dernier siècle, de bas de soie gris et de souliers à boucles. Afin de mieux jouer son personnage, il avait résolu de paraître ému profondément, et en conséquence, quand on entra dans le temple, le tendre père poussa des sanglots si déchirants, que la loueuse de chaises lui conseilla de se retirer dans la sacristie, et de boire un verre d'eau avant que la cérémonie commençât. Elle fut promptement accomplie. Pour signer sur le registre M. Crummles essuya avec soin et mit une immense paire de lunettes; puis, vivement impressionnée, la société alla déjeuner. Ils trouvèrent à la maison Nicolas, qui attendait leur arrivée.

— Déjeunons, déjeunons, dit Crummles après avoir aidé madame Grudden dans les préparatifs du repas, qui était un peu plus copieux que ne l'eût désiré le collecteur.

Sans se faire prier, la société se pressa de son mieux autour de la table, et attaqua immédiatement les vivres. Miss Petowker rougissait beaucoup quand on la regardait, et mangeait beaucoup quand on ne la regardait pas; M. Lillywick opérait avec ardeur, et se disait que, puisque c'était lui qui devait payer le régal, il fallait laisser aux Crummles le moins de restes possible. On but amplement à la santé des époux, et comme il n'y avait pas spectacle ce soir-là, M. Crummles déclara qu'il avait l'intention de ne quitter la table qu'après avoir absorbé tous les liquides; mais Nicolas, ayant à jouer pour la première fois le rôle de Roméo le lendemain soir, profita pour s'éclipser d'un moment de confusion causé par l'intensité subite des symptômes d'ivresse que donnait madame Grudden.

Il fut entraîné à cette désertion non-seulement par sa propre volonté, mais encore par son inquiétude au sujet de Smike. Smike avait à jouer le rôle de l'apothicaire, et, quoique ce rôle ne se composât que d'une douzaine de lignes, tout ce que le pauvre diable avait pu se mettre dans la tête, c'est qu'il mourait de faim. Ses vieux souvenirs avaient peut-être contribué à lui graver ce fait dans la mémoire.

— Je ne sais que faire, Smike, dit Nicolas en mettant de côté la pièce, j'ai peur que vous ne puissiez jamais apprendre votre rôle, mon pauvre garçon. — Je le crains aussi, répondit Smike en secouant la tête; pourtant si vous... mais cela vous donnerait trop de peine. — Quoi? demanda Nicolas; parlez franchement. — Je pense, reprit Smike, que si vous vouliez me dire les phrases les unes après les autres, à force de les entendre je finirais par m'en souvenir. — Vous croyez! Eh bien! voyons qui se fatiguera le premier; allons, Smike, commencez : *Qui est-ce qui appelle si haut?* — *Qui est-ce qui appelle si haut?* dit Smike. — *Qui est-ce qui appelle si haut?* répéta Nicolas. — *Qui est-ce qui appelle si haut?* cria Smike.

Ils continuèrent ainsi à se demander réciproquement : Qui est-ce qui appelle si haut? jusqu'à ce que Smike sût cette phrase par cœur. Nicolas passa à une autre, puis à deux et trois à la fois. Enfin, à minuit, Smike s'aperçut, à son inexprimable satisfaction, qu'il commençait réellement à se rappeler quelques mots du texte.

Le lendemain, ils se remirent à l'œuvre de bonne heure, et Smike, rendu plus confiant par les progrès qu'il avait déjà faits, alla plus vite et de meilleur cœur. Dès qu'il sut probablement les paroles, Nicolas lui montra comment il devait entrer en scène, les deux mains appuyées sur son estomac, et comment il devait les frotter de temps en temps, pantomime généralement adoptée par les acteurs pour annoncer qu'ils voudraient bien avoir quelque chose à manger. Après la répétition du matin, ils reprirent de plus belle, et ne s'arrêtèrent, sauf un dîner à la hâte, qu'à l'heure de la représentation.

Jamais maître n'eut un élève plus attentif, plus humble, plus docile. Jamais élève n'eut un maître plus patient, plus infatigable, plus éclairé, plus bienveillant.

Les instructions de Nicolas eurent un plein succès; le Roméo fut salué d'applaudissements prolongés, et Smike déclaré à l'unanimité, tant par l'auditoire que par les acteurs, le roi des apothicaires.

CHAPITRE XXI.

Cependant Ralph avait justement compté sur la faiblesse de lord Verisopht. Epris de Catherine, le jeune homme, après d'inutiles démarches pour la revoir, résolut de s'adresser à l'usurier en personne, chez lequel il se rendit avec l'inséparable sir Mulberry.

Ralph montra d'abord quelque répugnance à livrer l'adresse de sa nièce.

— Mon seul désir est de la voir, s'écria lord Verisopht. Allons, où demeure-t-elle? Vous savez que vous vous enrichissez à mes dépens, Nickleby, et, je ne m'adresserai jamais à d'autres qu'à vous, si vous faites droit à ma demande.

Cette promesse décida l'usurier, qui révéla la demeure et l'occupation actuelle de sa nièce. Il ajouta qu'à sa connaissance la famille Wititterly avait l'ambition de se lier avec des personnages de rang élevé, et qu'un lord était sûr d'y être parfaitement accueilli.

Lord Verisopht secoua à plusieurs reprises la main rude de l'usurier, et il allait prendre congé de lui, quand un coup de sonnette se fit entendre. Au lieu de laisser s'éloigner le lord et son compagnon avant d'introduire la personne qui venait d'entrer, Newman, par des raisons connues de lui seul, annonça immédiatement :

— Madame Nickleby! — Madame Nickleby! s'écria sir Mulberry Hawk.

C'était en effet cette excellente dame, qui avait reçu des offres adressées au propriétaire, au sujet de la maison de la Cité, et venait en diligence les communiquer à M. Nickleby.

— Et.. comment va miss Nickleby? dit lord Frédéric. Bien, je l'espère? — A merveille, je vous remercie, milord, reprit madame Nickleby; à merveille, milord. Elle ne s'est pas bien portée le lendemain du dîner et les jours suivants, et je ne puis m'empêcher de penser qu'elle s'est enrhumée dans la voiture de louage en revenant. Les voitures de louage, milord, sont tellement désagréables, **qu'il vaut presque mieux aller à pied que de les prendre;** car, quoique je croie qu'un cocher qui a un carreau de cassé puisse être condamné à la déportation perpétuelle, cependant ils sont si négligents, qu'ils ont presque tous des carreaux cassés. J'ai eu une fois la joue enflée pendant six semaines, milord, pour être montée dans une voiture de louage... La voiture dont je parle était d'un vert foncé, et marquée d'un long numéro, commençant par un zéro et finissant par un neuf... c'est-à-dire commençant par un neuf et finissant par un zéro.

Après s'être ainsi expliquée, madame Nickleby s'arrêta aussi brusquement qu'elle s'était lancée, et conclut en répétant que Catherine se portait parfaitement bien.

— Vraiment, dit-elle, je ne crois pas qu'elle se soit mieux portée depuis qu'elle a eu la coqueluche, la fièvre scarlatine et la rougeole tout à la fois. — Cette lettre est-elle pour moi? grommela Ralph, montrant le petit paquet que tenait madame Nickleby. — C'est pour vous, mon beau-frère; et je suis venue jusqu'ici, à pied, tout exprès pour vous l'apporter. — Jusqu'ici à pied! s'écria sir Mulberry; mais vous ne comptez certainement pas vous en retourner de même. — Oh! non; je prendrai l'omnibus; je n'allais pas en omnibus, du vivant de mon pauvre Nicolas; mais aujourd'hui, vous le savez, mon beau-frère... — Lord Frédéric, dit sir Mulberry, nous allons du côté de madame Nickleby, nous la conduirons jusqu'à l'omnibus. — Avec beaucoup de plaisir. — Oh! Messieurs, c'est trop de bonté.

Les deux amis prirent chacun un bras de madame Nickleby et sortirent. Cette bonne dame était ravie non moins des attentions dont l'honoraient deux personnages titrés, que de l'idée que Catherine pouvait maintenant choisir entre deux grandes fortunes et des maris dans le dernier goût.

— Je ne contrarierai jamais son inclination, se dit-elle, quoiqu'elle eût quitté les deux amis, et qu'elle fût installée dans la voiture. Elle ne m'a jamais dit un mot de ces messieurs, et c'est une preuve certaine qu'elle éprouve un vif penchant pour l'un d'eux. Lequel est-ce? Le lord est plus jeune, d'un rang plus élevé, mais je pense qu'il n'y a pas de comparaison à établir entre Sa Seigneurie et sir Mulberry. Sir Mulberry a des manières si distinguées, il est si attentif, si bel homme! il y a tant de choses qui parlent en sa faveur! J'espère qu'elle aura choisi sir Mulberry! Je suis convaincue que ce doit être sir Mulberry!

Pendant que la vieille dame ruminait ainsi, Ralph marchait à **grands pas** dans son bureau, l'esprit troublé de ce qui s'était passé. Dire que Ralph aimait qui que ce fût au monde, dire qu'il s'inquiétait d'une seule des créatures de Dieu, **ce serait** mentir effrontément. Cependant les pensées que lui suggérait la position de sa nièce étaient mêlées d'un peu de compassion. Un faible rayon de lumière, pâle même dans son plus vif éclat, perçait l'épais nuage d'égoïsme et d'indifférence qui enveloppait le cœur de Ralph, et lui montrait la pauvre fille sous un aspect plus pur et meilleur que celui sous lequel il avait toujours envisagé la nature humaine.

— Je voudrais n'avoir jamais conçu ce projet, pensa Ralph. Et pourtant, il contribue à m'assurer le monopole de ce jeune homme, dont je tire de l'argent.

Il s'assit et examina le pour et le contre, en comptant sur ses doigts.

CHAPITRE XXII.

Nous n'avons pas à raconter les scènes hideuses d'effronterie dont Mulberry et ses misérables amis avaient rendu témoin la pauvre et innocente Catherine. La journée avait été bonne pour Ralph Nickleby. Il se promenait en long et en large dans sa petite chambre, les mains derrière le dos, et additionnait dans son esprit toutes les sommes qu'il avait récoltées depuis le matin. Sa bouche était contractée par un sourire dur et sévère, mais l'immobilité de ses lèvres et le regard rusé de ses yeux glacés et brillants semblaient dire qu'il était prêt à accomplir toute résolution susceptible d'augmenter ses bénéfices.

— Très-bien! dit-il par allusion, sans doute, à quelque opération du jour. Il brave l'usurier! eh bien! nous verrons. La probité est la meilleure politique. Il oppose à la puissance de l'argent une réputation intacte et une conduite régulière. Quel entêté que cet homme!... Qui est là? — Moi, dit Newman Noggs en entrant. Votre nièce... — Eh bien? demanda Ralph d'une voix aigre.

— Est ici. — Ici!

Newman fit un signe de tête du côté de sa petite chambre, pour indiquer qu'elle attendait là.

— Que veut-elle? — Je ne sais, faut-il le lui demander? — Non, faites-la entrer... Attendez.

Ralph retira précipitamment un coffre-fort qui était sur la table, et y substitua une bourse vide.

— Maintenant elle peut entrer.

Newman sourit de cette manœuvre, fit signe à la jeune personne d'approcher, avança une chaise, regarda Ralph à la dérobée, et se retira lentement.

— Eh bien! dit Ralph assez rudement, mais d'un ton plus doux que celui qu'il prenait avec tout autre, eh bien! ma chère, que me voulez-vous?

Catherine leva des yeux remplis de larmes, fit un effort pour maîtriser son émotion, essaya inutilement de parler, baissa la tête et demeura silencieuse; mais Ralph put s'apercevoir qu'elle pleurait. Il la regarda quelque temps en silence, et fut un moment déconcerté par la douleur de sa nièce.

— Je devine la cause de ces larmes, pensa-t-il, eh bien! où est le mal? Un peu de peine seulement, et ce sera une excellente leçon pour elle. — Voyons, Catherine, qu'avez-vous?

Il s'était assis en face d'elle; il fut surpris de la fermeté soudaine avec laquelle elle lui répondit.

— Le sujet qui m'amène à vous, Monsieur, est de nature à vous faire monter le sang au visage, si je juge de vos émotions par les miennes. J'ai été offensée, insultée, blessée, et tout cela par vos amis. — Mes amis! s'écria sèchement Ralph. Je n'ai point d'amis, jeune fille. — Par les gens que j'ai vus ici, reprit vivement Catherine. Si ce n'étaient point vos amis, et si vous saviez ce qu'ils étaient, il n'en est que plus mal à vous, mon oncle, de m'avoir amenée parmi eux. Il eût été pardonnable peut-être de m'exposer à leurs outrages par une confiance mal placée ou par une fausse opinion de leur caractère : mais, si, comme je le crois, vous avez agi avec connaissance de cause, c'est une lâcheté et une barbarie.

Ralph recula stupéfait de cette franchise, et lança à Catherine un de ses plus rudes regards. Mais elle le soutint fièrement, et son visage, quoique très-pâle, avait plus de noblesse et de beauté que jamais. L'éclair de ses yeux rappela à Ralph ceux de Nicolas à leur dernière entrevue.

— Il y a en vous un peu du sang de votre frère, à ce que je vois. — Je l'espère, mon oncle, et j'en serais fière. Je suis jeune, et les embarras de ma situation m'ont abattue; mais aujourd'hui je me sens ranimée par la souffrance, et, quoi qu'il arrive, la fille de votre frère ne supportera pas plus longtemps ces insultes. — Quelles insultes? demanda Ralph brusquement. — Rappelez-vous ce qui s'est passé ici et interrogez-vous vous-même, répondit Catherine en rougissant. Mon oncle, vous devez et vous voulez, j'en suis sûre, me débarrasser de la dégradante société à laquelle je suis exposée maintenant. Mon intention, continua-t-elle en s'avançant vers le vieillard et en lui posant le bras sur l'épaule, n'est pas de montrer de la colère; je vous demande pardon si je vous ai paru emportée, mon cher oncle, mais vous ne savez pas ce que j'ai souffert. Vous ne pouvez savoir ce que c'est que le cœur d'une jeune fille, je n'ai pas sujet de m'y attendre. Mais quand je vous dis que je suis malheureuse, je suis sûre que vous viendrez à mon secours.

Ralph la contempla un instant, détourna la tête, et, par un mouvement nerveux, battit le sol de son pied.

— Et en quoi puis-je vous assister, mon enfant? dit-il. — Vous avez de l'influence sur l'un de ces hommes, je le sais; une parole de vous ne l'engagerait-elle pas à se désister de cette poursuite inhumaine? — Non, dit Ralph en se retournant brusquement. Du moins... En tout cas... je ne puis la prononcer. — Vous ne pouvez la prononcer! — Non, dit Ralph s'arrêtant tout court et serrant ses mains jointes derrière son dos.

Catherine recula d'un pas et le regarda, comme si elle doutait d'avoir bien entendu. Ralph, se balançant alternativement sur la pointe des pieds et sur les talons, fixa sur sa nièce un œil impassible. — Nous faisons des affaires ensemble, dit-il, et je ne puis le blesser en rien. Qu'est-ce, après tout? Tout le monde a ses peines, et c'est une des vôtres. Il y a des jeunes filles qui seraient fières de voir à leurs pieds de pareils seigneurs.

— Fières! s'écria Catherine. — Je ne dis pas, reprit Ralph en levant l'index, que vous n'ayez pas raison de les mépriser, au contraire, le peu de cas que vous en faites prouve votre bon sens, et je vous avais bien jugée, mais sous d'autres rapports, c'est une épreuve facile à supporter. Si ce jeune lord s'est attaché à vos pas, que vous importe? si sa passion est déshonorante, elle ne durera pas longtemps. En attendant... — En attendant, interrompit Catherine avec autant de fierté que d'indignation, je serai le mépris de mon sexe et le jouet de l'autre! justement condamnée par toutes les femmes d'un sens droit, et méprisée de tous les hommes probes et honorables! avilie à mes propres yeux, et dégradée à ceux des autres! Non, ce ne sera pas, dussé-je être réduite aux plus rudes travaux. Ne vous méprenez pas sur le sens de mes paroles. Je ferai honneur à votre recommandation, je resterai dans la maison où vous m'avez placée, jusqu'à ce que je sois en droit de la quitter aux termes de mon engagement, mais je ne reverrai plus ces hommes. Quand je sortirai de ma place, j'irai me cacher loin d'eux et de vous, je soutiendrai ma mère en travaillant, je vivrai du moins en paix, et que Dieu me soit en aide!

A ces mots, elle fit un signe de la main, et sortit, laissant Ralph Nickleby immobile comme une statue.

En fermant la porte de la chambre, elle aperçut à côté Newman Noggs debout dans une petite niche de la muraille, et faillit pousser un cri de surprise. Mais elle eut la présence d'esprit de se contenir en voyant Newman porter un doigt à ses lèvres.

— Ne pleurez pas, dit Newman se glissant hors de sa cachette et l'accompagnant à travers la salle d'entrée.

Et comme il disait ces mots, deux grosses larmes coulaient sur le visage du pauvre Noggs.

Il tira de sa poche quelque chose d'analogue à un très-vieux torchon, et s'en servit pour essuyer les yeux de Catherine avec autant de douceur que si elle eût été un enfant.

— Je sais ce que c'est, dit-il, vous donnez un libre cours maintenant... Oui, oui, très-bien. C'est bien, j'aime cela. Vous avez raison de ne pas pleurer devant lui. Oui, oui! Ah! ah! ah! pauvre fille!

Après ces exclamations décousues, Newman essuya ses propres yeux avec le susdit torchon, alla en boitant jusqu'à la porte et l'ouvrit.

— Ne pleurez plus, murmura-t-il. Je vous verrai bientôt. Ah! ah! ah! Et un autre que moi vous verra bientôt aussi. Oui, oui. — Dieu vous bénisse! murmura Catherine en sortant, Dieu vous bénisse! — Et vous de même, reprit Newman en entr'ouvrant la porte pour parler.

Et Newman Noggs ouvrit encore une fois la porte pour faire un signe de consolation et pour rire, et il la referma pour secouer douloureusement la tête et pour pleurer.

Ralph demeura dans la même attitude jusqu'à ce qu'il eût entendu le bruit de la porte; puis il haussa les épaules, et après quelques tours de chambre, d'un pas qui se ralentit par degrés, il s'assit à son bureau.

Voici un de ces problèmes de la nature humaine qu'on note sans les résoudre. Ralph ne sentait en ce moment aucun remords de sa conduite envers l'innocente et naïve jeune fille. Quant à la conduite de ses clients, elle répondait précisément à son attente, à ses vœux, à ses projets; elle devait tourner à son avantage, et cependant il les haïssait du fond de l'âme pour avoir agi ainsi. Les figures des deux débauchés se présentèrent à son esprit, et agitant ses poings fermés :

— Oh! grommela-t-il, vous me le payerez, vous me le payerez.

Pendant que l'usurier cherchait une consolation dans ses livres et dans ses papiers, il se passait à l'extérieur de son bureau une scène qui ne l'aurait pas médiocrement étonné s'il avait pu en avoir connaissance.

Newman Noggs en était l'unique acteur. Il se tenait à peu de distance de la porte, et le visage tourné vers elle. Il avait les manches de son habit retroussées, et frappait l'air des coups les plus vigoureux, les plus savants et les mieux appliqués.

Au premier abord, cet exercice eût pu sembler une simple précaution sage de la part d'un homme d'habitudes sédentaires, et ayant pour but d'élargir la poitrine et de fortifier les muscles des bras; mais l'ardeur et la joie peintes sur la face en sueur de Newman Noggs, l'énergie surprenante avec laquelle il dirigeait une suite non interrompue de coups vers un panneau situé à environ cinq pieds du sol, auraient suffisamment expliqué à l'observateur attentif que l'imagination du commis rossait, de manière à le laisser pour mort, le despotique maître de son corps, M. Ralph Nickleby.

CHAPITRE XXIII.

Le succès inattendu qui accueillit les débuts de M. Crummles à Portsmouth le détermina à prolonger son séjour dans cette ville une quinzaine au-delà de l'époque qu'il avait fixée pour son départ; durant ce temps, Nicolas remplit une multitude de rôles, aux applaudissements du public, et attira au théâtre tant de gens qui n'y avaient jamais mis le pied, que le directeur pensa qu'une représentation à son bénéfice serait une spéculation fructueuse. Nicolas consentant aux conditions proposées, le bénéfice eut lieu, et ne rapporta pas à Nicolas moins de vingt livres sterling.

Maître de cette richesse inespérée, son premier soin fut d'envoyer à l'honnête John Browdie le montant de son prêt amical, avec maintes expressions de reconnaissance et d'estime et maints vœux sincères pour son bonheur conjugal. Il fit passer à Newman Noggs la moitié de la somme qu'il avait réalisée. Il le conjurait de la remettre secrètement à Catherine, en y joignant les plus vifs témoignages de tendresse. Il ne faisait pas mention de la manière dont il avait disposé de lui, se contentant d'apprendre à Newman qu'une lettre adressée à M. Johnson à Portsmouth lui parviendrait aisément. Il suppliait ce digne ami de lui donner les plus complets détails sur la situation de sa mère et de sa sœur, et sur les grands sacrifices que Ralph Nickleby avait faits pour elles depuis son départ.

— Vous êtes triste, dit Smike le soir du jour où cette dernière lettre parut. — Moi! reprit Nicolas avec une feinte gaîté, car un aveu eût rendu l'enfant misérable toute la nuit; je pensais à ma sœur, Smike. — A votre sœur! — Oui. — Vous ressemble-t-elle? — On le dit, répondit Nicolas en riant.

— Verrai-je jamais votre sœur? — Sans doute; nous serons tous ensemble un de ces jours, quand nous serons riches. — Comment se fait-il que, vous qui êtes si bon pour moi, vous ne trouviez personne qui soit bon pour vous? — Ah! ce serait difficile à expliquer, et vous auriez sans doute peine à le comprendre : j'ai un ennemi... Il est riche, et ne sera pas si facile à punir que votre ancien ennemi M. Squeers. C'est mon oncle, mais c'est un méchant, et il m'a fait du mal. — Vraiment? demanda Smike en se penchant en avant avec empressement. Quel est son nom? Dites-moi son nom. — Ralph Nickleby. — Ralph Nickleby. Je veux apprendre ce nom-là par cœur.

En effet, pendant les jours suivants, Smike se répéta ce nom à plusieurs reprises.

La réponse de Noggs ne tarda pas. Convaincu que M. Nickleby n'avait pas besoin d'argent, et qu'un temps pourrait venir où Nicolas aurait besoin de toutes ses ressources, il prenait sur lui de renvoyer les dix livres. Il le conjurait de ne pas s'alarmer de ce qu'il allait lui dire; il n'avait pas de mauvaises nouvelles à lui apprendre, sa mère et sa sœur se portaient bien; mais il pensait que certaines circonstances pouvaient rendre absolument nécessaire à Catherine la protection de son frère; et dans ce cas Newman lui promettait d'écrire à cet effet par le prochain courrier, ou par le suivant.

Plus Nicolas relut ce passage, plus il craignit quelque perfidie de la part de Ralph. Une ou deux fois il se sentit tenté de se rendre à Londres, à tout hasard, sans une minute de délai; mais il réfléchit que si une pareille démarche était indispensable, Newman n'aurait pas manqué de l'en avertir.

— En tout cas, dit-il, sans perdre de temps, je vais les préparer à la possibilité de mon départ subit.

Et, prenant son chapeau, il courut au foyer.

— Eh bien! monsieur Johnson, dit madame Crummles vêtue d'un costume de reine et soutenant le phénomène dans ses bras maternels, la semaine prochaine nous allons à Ryde, de là à Winchester, de là... — J'ai des raisons, interrompit Nicolas, pour craindre qu'avant que vous quittiez Portsmouth, ma carrière dramatique ne soit terminée. — Terminée! s'écria madame Crummles en levant les mains d'étonnement. — Terminée! s'écria miss Snevillicci si tremblante dans son pantalon collant qu'elle fut obligée de s'appuyer sur l'épaule de la directrice. — Il ne veut pas dire qu'il va partir! s'écria madame Grudden, c'est impossible!

Le phénomène, de nature sensible et irritable, poussa un cri plaintif; miss Belvawney et miss Bravassa versèrent des larmes; les acteurs mêmes suspendirent leur conversation et répétèrent le mot : Partir! Cependant quelques-uns d'entre eux exprimèrent par des signes réciproques qu'ils ne seraient pas fâchés de perdre un redoutable rival.

M. Crummles n'était pas au théâtre ; mais, promptement averti, il courut sur les traces de Nicolas, qui était rentré chez lui pour méditer encore la lettre de Newman. Le directeur essaya de le retenir, lui parla même vaguement d'augmentation ; mais, le trouvant inflexible, il fut obligé de se contenter de prendre de promptes et énergiques mesures pour en tirer tout le parti possible, avant qu'il abandonnât la troupe.

— Attendez, dit M. Crummles ôtant sa perruque, afin d'examiner l'affaire à tête refroidie, attendez : c'est aujourd'hui mercredi soir; nous annoncerons par des affiches que vous jouerez définitivement demain pour la dernière fois. — Mais ce ne sera peut-être pas pour la dernière fois, vous le savez. A moins qu'on ne me presse, je serais fâché de vous nuire en vous quittant avant la fin de la semaine. — Tant mieux, reprit M. Crummles; vous jouerez définitivement jeudi pour la dernière fois; vendredi, je vous engagerai encore pour une dernière représentation définitive; et samedi, vous céderez à la demande générale d'un public nombreux qui n'aura pu trouver de places. Nous devons faire ainsi trois bonnes recettes. — Alors, demanda Nicolas en souriant, je jouerai donc trois fois pour la dernière fois? — Oui, reprit le directeur en se grattant la tête d'un air de dépit, trois fois ce n'est pas assez, et il est bien fâcheux et contre les règles de ne pas faire davantage; mais enfin n'en parlons plus. Il nous faudrait du nouveau. Pourriez-vous chanter une chanson comique sur le dos du petit cheval? — Non, répondit Nicolas, je ne le puis vraiment. — C'est un moyen qui nous a déjà rapporté de l'argent. Que diriez-vous d'un feu d'artifice? — Cela coûterait trop cher, répondit sèchement Nicolas. — Nous en serions quittes pour trente-six sous. Vous, élevé sur deux marches, le phénomène en attitude derrière vous; *Adieu*, sur un transparent, et, dans les coulisses, neuf individus avec une fusée dans chaque main : les dix-huit fusées partant à la fois, ce serait un magnifique spectacle.

Nicolas, loin de paraître convaincu de la solennité de l'effet proposé, accueillit la proposition avec les éclats de rire les moins respectueux. M. Crummles abandonna donc son projet, et fit observer qu'on se contenterait de renforcer le drame de combats et de trompettes.

Aussitôt le directeur se rendit dans une petite salle d'habillements où madame Crummles échangeait ses vêtements de reine de mélodrame contre l'attirail ordinaire des matrones du dix-neuvième siècle. Il s'appliqua sérieusement à la composition de l'affiche, avec l'aide de sa femme et de madame Grudden. Cette dame accomplie avait un talent tout particulier pour rédiger les annonces, et savait au juste où jeter les points d'admiration et placer les lettres capitales.

Dans l'intermède du soir, Smike remplit le rôle d'un tailleur maigre, avec un seul pan à son habit, un petit mouchoir de poche percé d'un grand trou, un bonnet de laine, un nez rouge et autres marques distinctives des tailleurs de théâtre.

— Holà! lui dit Nicolas de la chaise du souffleur où il était assis, je voudrais que tout ceci fût fini. — Fini! monsieur Johnson, répéta derrière lui une voix de femme avec l'accent de la surprise et de la plainte. — Sans doute, dit Nicolas reconnaissant miss Snevellicci; je ne l'aurais pas dit si j'avais su que vous pussiez m'entendre. — Que j'aime ce monsieur Digby! dit miss Snevellicci.

Digby était le nom de théâtre de Smike, qui venait de terminer son rôle et quittait en ce moment la scène au milieu des applaudissements universels.

— Je vais le lui dire pour sa satisfaction, repartit Nicolas. — Méchant! repartit miss Snevellicci. Au reste, peu m'importe qu'il sache l'opinion que j'ai de lui; mais il en est d'autres...

Miss Snevellicci s'arrêta, comme si elle se fût attendue à une question, mais Nicolas resta muet; il était occupé d'affaires plus sérieuses.

— Miss, ajouta-t-il en voyant Smike approcher, nous allons tous deux vous souhaiter le bonsoir. — Non, je ne le souffrirai pas, reprit miss Snevellicci. Il faut venir chez nous voir maman, qui est arrivée aujourd'hui à Portsmouth, et meurt d'envie de vous connaître. Ma chère Ledrook, décidez M. Johnson. — Oh! répondit miss Ledrook avec impétuosité, si vous ne pouvez le décider...

Miss Ledrook n'en dit pas davantage, mais elle donnait adroitement à entendre que si miss Snevellicci ne parvenait pas à décider Nicolas, personne n'y réussirait.

Là-dessus miss Snevellicci dit que miss Ledrook était une étourdie; miss Ledrook répondit à miss Snevellicci qu'il était inutile de tant rougir; miss Snevellicci battit miss Ledrook, et miss Ledrook battit miss Snevellicci.

Miss Ledrook prit le bras de Smike, et laissa son amie et Nicolas les suivre isolément; ce qui arrangea Nicolas, peu soucieux d'un tête-à-tête.

Quand ils furent dans la rue, ils ne manquèrent pas de sujets de conversation. Ils arrivèrent bientôt à la maison, où ils trouvèrent, outre M. Lillywick et madame Lillywick, non-seulement la mère, mais encore le père de miss Snevellicci. C'était un bel homme au nez crochu, au front blanc, aux cheveux noirs frisés, aux pommettes saillantes; somme toute, il avait une figure belle, mais légèrement bourgeonnée par la boisson. Sa poitrine était large et serrée dans un vieil habit bleu à boutons dorés. Dès qu'il vit entrer Nicolas, il passa deux doigts de sa main droite entre les deux boutons du milieu, et plaçant gracieusement un autre bras derrière son dos, il semblait demander : Maintenant, me voici, qu'avez-vous à me dire?

Tel était le père de miss Snevellicci; il avait été dans la profession depuis l'âge de dix ans, époque à laquelle il jouait les lutins dans les pantomimes. Il chantait un peu, dansait un peu, savait un peu l'escrime, jouait un peu et faisait de tout un peu, mais pas beaucoup. Il avait figuré quelquefois dans le ballet, et quelquefois dans le chœur de tous les théâtres de Londres; on l'avait toujours choisi à cause de sa figure pour jouer les militaires et les seigneurs muets, et il se présentait si bien en scène que souvent des gens du parterre avaient crié bravo, dans l'idée que c'était un personnage. Tel était le père de miss Snevellicci, que des envieux accusaient de battre parfois la mère de miss Snevellicci. Cette dame était encore danseuse. Elle était placée en ce moment comme sur la scène, sur le second plan.

Nicolas fut présenté à ces braves gens avec beaucoup de formalités. Puis le père de miss Snevellicci, parfumé d'une odeur de grog, dit qu'il était charmé de faire la connaissance d'un comédien d'un talent aussi élevé, ajoutant qu'il n'en avait pas rencontré de pareil depuis les débuts de son ami Glavormelly.

— L'avez-vous vu, Monsieur? — Jamais, répondit Nicolas. — Vous n'avez jamais vu mon ami Glavormelly, Monsieur! alors vous n'avez jamais vu jouer. Ah! s'il avait vécu... — Il est mort? interrompit Nicolas. — Oui, Monsieur; mais il n'est pas enterré à Westminster, et c'est une honte.

En disant ces mots, le père de miss Snevellicci se frotta le bout du nez avec un mouchoir de soie jaune, et donna à entendre à la compagnie que ces souvenirs lui étaient bien pénibles.

Cependant le lendemain, des affiches ornées de toutes les couleurs de l'arc-en-ciel apprirent au public, en lettres affligées de toutes les déviations possibles de l'épine dorsale, que M. Johnson aurait l'honneur de jouer le soir pour la dernière fois, et qu'il était bon de se procurer des places à l'avance si l'on ne voulait rester à la porte. C'est dans l'histoire dramatique un fait remarquable, mais bien constaté, qu'il est inutile de songer à attirer des spectateurs au théâtre, si l'on ne commence par leur persuader qu'ils n'y entreront jamais.

En entrant le soir au théâtre, Nicolas fut un peu intrigué de l'agitation inusitée qui régnait sur tous les visages; mais il en sut bientôt la cause, car avant qu'il pût adresser une question, M. Crummles s'approcha, et d'une voix émue lui apprit qu'il y avait aux loges un directeur de Londres.

— C'est la renommée du phénomène qui l'amène, Monsieur, dit Crummles, attirant Nicolas vers le trou de la toile pour lui montrer le directeur de Londres. Je n'ai pas le moindre doute à ce sujet... le voilà ; c'est cet homme en redingote et sans col de chemise. Elle aura dix livres par semaine, Johnson ; elle ne montera pas sur les planches de Londres pour un liard de moins. J'exigerai qu'on engage madame Crummles avec elle, moyennant vingt livres par semaine pour les deux, et je me faufilerai moi-même avec mes deux garçons : on aura toute la famille pour trente livres ; c'est une affaire d'or. Mais il faut nous prendre tous ; nous sommes inséparables. Trente livres par semaine, Johnson, c'est trop bon marché.

Nicolas répondit que ce n'était assurément pas cher, et M. Vincent Crummles, prenant d'énormes prises de tabac pour se distraire de son émotion, courut dire à madame Crummles qu'il avait complètement réglé les seules conditions acceptables, et qu'il était décidé à ne pas en rabattre un liard.

Lorsque tout le monde fut prêt et la toile levée, l'agitation causée par la présence du directeur de Londres fut mille fois plus considérable. Chacun savait positivement que ce directeur venait spécialement pour le voir jouer, et tous étaient en proie aux angoisses de l'attente. Quelques-uns de ceux qui ne jouaient pas dans la première scène se placèrent dans les coulisses et tendirent le cou pour voir le directeur ; d'autres se glissèrent dans les avant-scènes, pour le reconnaître de là. Une fois, le directeur sourit des grimaces du paysan comique.

— Très-bien, dit M. Crummles à celui-ci, lorsqu'il rentra dans la coulisse, on vous emmènera à Londres samedi soir.

Ainsi tout le monde ne vit de spectateur qu'un seul individu ; tout le monde joua pour le directeur de Londres. Quand M. Lenville, dans un soudain accès de colère, appela l'empereur mécréant, et mordit ensuite son gant en disant : Dissimulons, au lieu de regarder les planches d'un œil sombre et d'attendre ainsi sa réplique, comme il est convenable de le faire en pareil cas, il tint les yeux fixés sur le directeur de Londres. Quand miss Bravassa chanta sa chanson à son ami, qui, selon l'usage, se tenait prêt à lui prendre la main, au lieu de se regarder l'un l'autre, ils regardèrent le directeur de Londres. M. Crummles ne mourut absolument que pour lui ; et quand, après une pénible agonie, deux gardes vinrent emporter son cadavre, on le vit ouvrir les yeux et regarder le directeur de Londres. Enfin, on s'aperçut que le directeur de Londres s'était endormi, et dès qu'il fut éveillé, il s'en alla. Alors toute la troupe accabla de reproches le malheureux comique, en déclarant que sa bouffonnerie était la seule cause de ce malheur, et M. Crummles lui dit que sa patience était à bout, et qu'il le priait de s'engager ailleurs.

Tout ceci divertit beaucoup Nicolas, sincèrement satisfait qu'avant qu'il entrât en scène le grand homme eût disparu. Il expédia de son mieux les deux dernières pièces, et fut reçu avec une faveur sans bornes et des acclamations inouïes, comme le dirent les programmes du lendemain, qu'on avait imprimés deux heures avant la représentation. Puis il prit le bras de Smike, et alla se coucher.

La poste du lendemain apporta une lettre de Newman Noggs, très-courte, très-sale, très-étroite, très-barbouillée et très-mystérieuse, qui pressait Nicolas de revenir à Londres immédiatement, de ne pas perdre un instant, de s'y trouver le soir même s'il était possible.

— J'y serai, dit Nicolas. Dieu sait que j'ai cru devoir rester ici contre ma propre volonté; mais j'ai tardé trop longtemps. Qu'est-il arrivé? Smike, mon brave ami, prenez ma bourse, faites nos paquets, payez nos petites dettes, et nous arriverons à temps pour prendre la voiture du matin. Je vais leur dire que nous partons, et vous rejoindrai à l'instant.

Il prit son chapeau, courut au logis de M. Crummles, et se fit ouvrir en frappant à coups redoublés; puis il monta sans cérémonie, entra dans le sombre salon, et trouva les deux jeunes Crummles qui s'étaient levés brusquement et s'empressaient de s'habiller, dans l'idée qu'il était minuit et que le feu était à la maison voisine.

Avant qu'il eût le temps de les désabuser, M. Crummles parut en robe de flanelle et en bonnet de nuit, et Nicolas lui expliqua brièvement que des circonstances imprévues le forçaient de se rendre à Londres immédiatement.

— Adieu donc; adieu, adieu.

Il était déjà descendu avant que M. Crummles se fût suffisamment remis pour lui crier :

— Et nos affiches qui sont posées!

— Je n'y puis rien, gardez ce que je peux avoir gagné cette semaine, et si cette indemnité ne vous suffit pas, dites-le-moi : vite, vite! — C'est arrangé; mais ne pouvez-vous donner encore une représentation? — Impossible; je ne resterai pas une heure, pas une minute de plus, répondit Nicolas avec impatience. — Ne vous arrêterez-vous pas pour dire quelque chose à madame Crummles? demanda le directeur en le suivant jusqu'à la porte.

— Je ne m'arrêterai pas, fût-ce pour prolonger ma vie d'une vingtaine d'années.

Donnez-moi donc la main, et recevez mes sincères remerciements. Oh! pourquoi me suis-je amusé ici!

Il accompagna ces paroles d'un trépignement d'impatience, détacha sa main de l'étreinte du directeur, et, s'élançant rapidement dans la rue, fut perdu de vue en un instant.

Smike avait fait diligence, et tout fut bientôt prêt pour le départ. Ils prirent à peine le temps de manger un morceau, et en moins d'une demi-heure ils arrivèrent tout essoufflés au bureau de la voiture. Il leur restait quelques minutes, et, après avoir retenu des places, Nicolas entra chez un fripier voisin, et acheta à Smike une redingote.

Comme ils couraient à la voiture, à laquelle les chevaux étaient attelés, Nicolas ne fut pas médiocrement étonné de se sentir tout à coup étreint dans un violent embrassement qui faillit le renverser; et sa surprise ne diminua pas en entendant la voix de M. Crummles qui s'écriait :

— C'est lui!... Mon ami, mon ami! — Bon Dieu! s'écria Nicolas en se débattant dans les bras du directeur, qu'avez-vous? qu'avez-vous?

Le directeur ne répondit pas, mais le pressa encore contre son cœur en disant :

— Adieu! mon noble enfant! mon enfant au cœur de lion!

Le fait était que M. Crummles, ne pouvant perdre l'occasion d'une scène dramatique, était sorti tout exprès pour prendre publiquement congé de Nicolas. Pour rendre ses adieux plus imposants, il prodiguait à l'infortuné Nicolas une multitude d'embrassades de théâtre, dans lesquelles, comme l'on sait, celui ou celle qui embrasse appuie le menton sur l'épaule de l'objet de son affection et regarde par-dessus. M. Crummles s'en acquittait selon toutes les meilleures règles du mélodrame, en tirant en même temps des pièces en vogue les formes d'adieu les plus douloureuses dont il pouvait se souvenir. Ce n'était pas tout, car l'aîné des fils Crummles infligeait à Smike une pareille cérémonie, et le jeune Percy Crummles, drapé théâtralement d'un petit manteau de camelot, se tenait à l'écart dans l'attitude d'un garde prêt à conduire les victimes à l'échafaud.

Les spectateurs rirent de bon cœur, et Nicolas, prenant son parti, rit aussi quand il fut parvenu à se dégager. Il alla au secours de Smike étonné, grimpa sur l'impériale après lui, et, pendant que la voiture roulait, envoya un adieu à tous.

CHAPITRE XXIV.

— Voici Londres enfin! s'écria Nicolas jetant derrière lui sa redingote et réveillant Smike d'un long sommeil. Il me semblait que je n'arriverais jamais.

Ils suivirent les rues de Londres, bruyantes et encombrées, éclairées d'une double rangée de brillants lampadères, étincelantes des reflets variés des pharmacies, illuminées des clartés qui partaient des carreaux des boutiques, où se succédaient avec profusion la bijouterie, la soie, le velours et les plus somptueux ornements.

Dans leur route à travers ces objets changeants et divers, il était curieux de voir l'étrange procession qui leur passait sous les yeux. Des magasins de vêtements magnifiques, dont la matière première venait de tous les coins du monde; des comestibles de toute sorte, pour stimuler l'appétit rassasié et donner de nouveaux attraits aux fêtes gastronomiques; de la vaisselle d'or et d'argent polie, délicatement travaillée en forme de vases, de plats, de gobelets; des fusils, des épées, des pistolets et autres instruments brevetés de destruction; des ferrements pour les membres difformes, des langes pour les nouveau-nés, des drogues pour les malades, des cercueils pour les morts, des cimetières pour les ensevelis; toutes ces choses se confondaient et tournoyaient ensemble comme les peintures fantastiques d'une danse macabre, et offraient une moralité analogue à la multitude remuante et inattentive.

Il ne manquait point, dans cette multitude elle-même, d'objets propres à faire ressortir ce spectacle varié. Les haillons du sale chanteur des rues flottaient à la lueur des trésors de l'orfèvre; de pâles figures rôdaient autour des fenêtres où il y avait abondance d'aliments recherchés; des yeux affamés erraient sur les mets protégés par un mince carreau de vitre comme par un mur de fer, des êtres humains grelottants et demi-nus s'arrêtaient pour examiner les châles de la Chine et les étoffes dorées de l'Inde. Il y avait un baptême chez un gros marchand de cercueils, et une pompe funèbre avait interrompu les réparations de la plus belle maison. La vie et la mort se donnaient la main, la richesse et la pauvreté allaient côte à côte, la plénitude et l'inanition marchaient ensemble.

Mais c'était Londres!

Nicolas retint des lits à l'auberge où s'arrêtait la voiture, et se rendit sans délai au logis de Newman Noggs; car son anxiété et son impatience augmentaient à chaque minute.

Il y avait du feu dans le galetas de Newman, et une chandelle y avait été laissée; le plancher était balayé, la chambre était aussi bien arrangée que pouvait l'être une pareille chambre, et un souper était servi. Tout décelait les tendres soins de Newman Noggs, mais Newman lui-même n'y était pas.

Nicolas essaya de rester tranquillement au coin du feu, mais il se sentit tellement agité qu'il ne pouvait demeurer en place; il lui semblait que son repos était du temps perdu. C'était une folle idée, il le savait; mais il était incapable d'y résister. Il reprit donc son chapeau et sortit.

Il marchait constamment dominé de l'idée qu'il était arrivé quelque malheur à sa sœur.

Il n'avait presque rien pris depuis le matin, et se sentait épuisé de lassitude. En retournant lentement vers son point de départ, il passa devant un bel hôtel, et s'arrêta machinalement.

— Tout est bien cher ici, pensa Nicolas; mais une chopine de vin et un biscuit ne sont nulle part une grande dépense. Entrerai-je?

Il fit quelques pas, vit s'étendre devant lui une longue ligne de lampadères, et songea au temps qu'il lui faudrait pour en atteindre l'extrémité. Il était d'ailleurs dans une disposition d'esprit à céder à sa première impulsion, et se sentait entraîné vers cet hôtel tant par curiosité que par un indéfinissable sentiment. Il revint donc sur ses pas et entra dans la salle du restaurant.

Elle était magnifiquement meublée. Il y avait près du feu quatre consommateurs assez bruyants.

Nicolas s'assit auprès des bruyants consommateurs, auxquels il tourna le dos. Il prit un journal et se mit à le parcourir.

Il n'avait pas lu vingt lignes, quand il entendit prononcer le nom de sa sœur; on avait parlé de la petite Catherine Nickleby. Etonné, il leva la tête, et, à la faveur de la glace, s'aperçut que deux des quatre inconnus s'étaient levés et se tenaient devant le feu.

— C'est l'un d'eux qui a dû prononcer ce nom, pensa Nicolas. Il se mit en devoir d'écouter en contenant à peine son indignation; car le ton de celui qu'il supposait avoir parlé n'avait été nullement respectueux. Cet individu avait la langue et les jambes embarrassées. Il tournait le dos au feu, et causait avec un homme plus jeune qui, le chapeau sur la tête, arrangeait dans la glace le col de sa chemise. Ils parlaient à voix basse, entremêlant leur conversation de bruyants éclats de rire; mais Nicolas n'entendit point répéter les mots qui avaient d'abord frappé son oreille.

— C'est singulier pourtant, si l'on avait dit Catherine ou Catherine Nickleby, j'aurais été moins surpris; mais la petite Catherine Nickleby!

On lui apporta du vin, il en avala un verre et reprit un journal. En ce moment...

— A la petite Catherine Nickleby! cria une voix derrière lui.

Le journal lui tomba des mains.

— J'avais raison, murmura-t-il, et c'était l'homme que je soupçonnais.

— A la petite Catherine Nickleby! s'écrièrent les trois autres, et les verres furent replacés vides sur la table.

Irrité de la légèreté avec laquelle on prononçait le nom de sa sœur dans un lieu public, Nicolas fut prêt à se lever, mais il fit un violent effort et ne tourna pas même la tête.

Il est inutile de répéter ce qu'il entendit. Il suffit de dire qu'il en entendit assez pour connaître les caractères et les desseins des interlocuteurs, pour apprécier la scélératesse de Ralph et savoir les véritables raisons qui l'avaient fait mander lui-même à Londres. Il entendit encore railler les souffrances de sa sœur, attribuer à de vils calculs les vertueux motifs qui la guidaient, et en faire le sujet d'insolentes gageures et de plaisanteries.

L'homme qui avait parlé le premier donnait le ton à la conversation, où ses compagnons se contentaient de glisser une observation par intervalles. Nicolas s'adressa à lui, quand il fut assez remis pour se présenter à la compagnie, et faire sortir les paroles de son gosier brûlant.

— Souffrez que je vous dise un mot, Monsieur, dit Nicolas. — A moi, Monsieur? répliqua sir Mulberry Hawk en le toisant d'un air de dédaigneuse surprise. — A vous, répondit Nicolas s'exprimant avec difficulté, car la colère l'étouffait. — Sur mon âme, voici un mystérieux étranger! s'écria sir Mulberry en portant son verre à ses lèvres et en promenant les yeux sur ses amis. — Voulez-vous m'accorder quelques minutes d'entretien, ou vous y refusez-vous?

Sir Mulberry cessa un moment de boire, et lui enjoignit de s'expliquer ou de se retirer.

Nicolas tira sa carte de sa poche, et la lui jeta.

— Voilà, Monsieur, dit-il, vous devinerez ce que je vous veux.

Une expression passagère d'étonnement, mêlée d'un peu de confusion, parut sur la figure de sir Mulberry, mais il s'en rendit maître aussitôt, lança la carte à lord Verisopht, qui était assis en face de lui, prit un cure-dent, et le porta tranquillement à sa bouche.

— Votre nom et votre adresse? dit Nicolas, dont la pâleur augmentait. — Ni l'un ni l'autre. — S'il y a un gentleman dans la société, reprit Nicolas, dont les lèvres blanches articulaient à peine, il m'instruira du nom et du domicile de cet homme.

Il y eut un silence de mort.

— Je suis le frère de la jeune personne qui a été le sujet de votre conversation. J'accuse cet homme de mensonge et de lâcheté. S'il a un ami parmi vous, cet ami lui épargnera la peine qu'il prend pour cacher son nom, peine complètement inutile, car je le découvrirai; je ne le quitterai pas avant de le savoir.

Sir Mulberry le regarda avec mépris, et s'adressant à ses compagnons :

— Laissez-le parler, dit-il; je n'ai rien de sérieux à dire à des gens de cette espèce, et il devra à sa sœur de ne pas avoir la tête cassée. — Vous êtes un misérable sans esprit et sans âme! dit Nicolas, et je le proclamerai partout. Je vous connaîtrai; je vous suivrai jusque chez vous, quand même vous resteriez dans la rue jusqu'à demain.

La main de sir Mulberry se referma involontairement sur son verre, et il parut un moment sur le point de le lancer à la tête de son adversaire. Mais il se contenta de remplir son verre en riant de pitié.

Nicolas s'assit en face de la compagnie, appela le garçon, et paya sa dépense.

— Connaissez-vous le nom de cette personne? demanda-t-il au garçon en désignant sir Mulberry.

Sir Mulberry rit de nouveau, et les deux voix rirent également, toujours avec le même ensemble, mais avec moins de force.

— De cette personne, Monsieur? répliqua le garçon, qui répondait juste avec autant d'impertinence qu'il lui était possible de le faire sans danger : non, Monsieur. — Ici! cria sir Mulberry à l'homme qui se retirait. Connaissez-vous le nom de cette personne? — Non, Monsieur; non, Monsieur. — Alors vous le trouverez là, dit sir Mulberry en lui jetant la carte de Nicolas, et quand vous l'aurez appris, vous jetterez ce morceau de carton au feu... m'entendez-vous?

L'homme ricana, regarda Nicolas du coin de l'œil, et pour ne pas se compromettre, plaça la carte dans un coin de la glace, et se retira.

Nicolas se croisa les bras, et, se mordant les lèvres, s'assit tranquillement; il annonça toutefois la ferme résolution de mettre à exécution sa menace de suivre sir Mulberry.

Il était évident, d'après le ton du plus jeune membre de la compagnie, qu'il faisait des représentations à son ami, et le pressait d'accéder à la requête de Nicolas.

Mais sir Mulberry, troublé par d'amples libations, aveuglé par l'entêtement, l'eut bientôt réduit au silence, et, pour s'épargner de nouveaux reproches, parut demander qu'on le laissât seul. En effet, le jeune homme et les deux autres se levèrent et se retirèrent un moment après.

Ils demeurèrent ainsi dans un silence complet pendant une heure; Nicolas eût pensé que trois heures s'étaient écoulées, mais la sonnerie n'avait tinté que quatre fois. Par intervalles, il lançait autour de lui des regards de colère et d'impatience; mais sir Mulberry était là, dans la même attitude, portant de temps en temps son verre à ses lèvres, considérant le mur d'un air distrait, comme s'il eût complètement ignoré la présence d'aucune personne vivante.

Enfin, il bâilla, s'allongea, se leva, s'approcha froidement de la glace, y jeta un coup d'œil, se retourna, et honora Nicolas d'un regard long et dédaigneux. Nicolas le regarda avec non moins de bonne volonté; sir Mulberry haussa les épaules, sourit légèrement, sonna, et ordonna au garçon de lui apporter sa redingote.

Le garçon l'apporta, et tint la porte ouverte.

— Je n'ai plus besoin de vous, dit sir Mulberry, et il resta seul encore avec Nicolas.

Il fit plusieurs tours dans la chambre, en sifflant avec insouciance; s'arrêta pour achever le dernier verre de bordeaux qu'il venait de se verser, mit son chapeau, l'arrangea devant la glace, tira ses gants, et sortit lentement. Nicolas, dont l'emportement allait jusqu'à la rage, s'élança de sa chaise et le suivit de si près, qu'avant que la porte eût tourné sur ses gonds derrière sir Mulberry, ils étaient côte à côte dans la rue.

Un cabriolet bourgeois attendait; le groom ouvrit le tablier, et prit le cheval par la bride.

— Voulez-vous vous faire connaître à moi? demanda Nicolas d'une voix étouffée. — Non, répliqua fièrement sir Mulberry. — Si vous vous fiez à la vitesse de votre cheval, vous vous abusez, dit Nicolas. Je vous suivrai, par le ciel, dussé-je me pendre au marchepied. — Vous recevrez des coups de fouet, si vous le faites. — Vous êtes un malhonnête homme, dit Nicolas. — Vous êtes un homme de rien, reprit sir Mulberry Hawk. — Je suis le fils d'un propriétaire de province, votre égal par la naissance et l'éducation, et votre supérieur en tout le reste, j'en suis convaincu. Je vous le répète, miss Nickleby est ma sœur. Voulez-vous ou non répondre de votre conduite brutale et inhumaine? — A un champion digne de moi, oui; à vous, non, reprit sir Mulberry en prenant les rênes. Rangez-vous. William, lâchez la jument. — Vous ferez mieux de la retenir, dit Nicolas sautant sur le marchepied à la suite de sir Mulberry et s'emparant des rênes : il n'en est pas maître, songez-y bien... Vous ne partirez pas, avant de m'avoir dit qui vous êtes.

Le groom hésita, car la jument, vigoureuse et bien pansée, piaffait avec tant de violence qu'il avait beaucoup de peine à la maintenir.

— Lâchez-la! cria le maître d'une voix de tonnerre.

Le groom obéit. La jument se cabra, et sembla prête à mettre la voiture en pièces; mais Nicolas, insensible à tout danger, n'écoutant que sa juste fureur, n'abandonna ni sa place ni les rênes.

— Voulez-vous ôter votre main? — Voulez-vous me dire qui vous êtes? — Non! — Non!

Ces mots furent échangés plus vite que la pensée; sir Mulberry leva son fouet, et en appliqua un coup furieux sur la tête et les épaules de Nicolas. Le fouet se rompit; Nicolas en atteignit la lourde poignée, dont il fendit un côté du visage de son adversaire depuis l'œil jusqu'à la lèvre. Il vit la blessure, s'aperçut que la jument avait pris le mors aux dents, mille lueurs dansèrent devant ses yeux, et il se sentit violemment jeté sur le sol.

Il était étourdi et faible; mais il se releva de suite en chancelant, réveillé par les clameurs des passants, qui couraient et criaient gare! Il entrevit des flots de peuple qui passaient rapidement près de lui; il put distinguer le cabriolet traîné le long du trottoir avec une effrayante vitesse... Puis il entendit un cri perçant, le bruit de la chute d'un corps pesant, et des glaces qui se brisaient; puis la foule se referma dans le lointain, et il ne put ni voir ni entendre davantage.

L'attention générale avait été dirigée tout entière vers le maître de la voiture, et Nicolas était seul. Pensant avec raison qu'en de pareilles circonstances ce serait une folie de suivre la voiture, il prit une rue adjacente pour chercher une place de fiacres, s'apercevant au bout de quelques minutes qu'il chancelait comme un homme ivre, et découvrant pour la première fois qu'un ruisseau de sang lui coulait sur le visage et sur la poitrine.

CHAPITRE XXV.

Smike et Newman Noggs, qui était enfin revenu chez lui, étaient assis auprès du feu, écoutant avec anxiété les moindres bruits qui vibraient dans la maison. L'absence prolongée de Nicolas commençait à exciter de vives alarmes dans le cœur de ses deux amis. Mais enfin une voiture s'arrêta à la porte, et Newman courut au-devant de Nicolas. En le voyant dans l'état décrit à la fin du dernier chapitre, il demeura immobile de surprise et de consternation.

— Ne vous alarmez pas, dit Nicolas, je n'ai pas de mal; un peu d'eau me guérira. — Pas de mal! s'écria Newman portant vivement la main sur le dos et les bras de Nicolas pour s'assurer qu'il n'avait pas d'os cassé. Qu'avez-vous fait? — Allons, parlez, Newman. — Oui, oui; je vais vous dire toute la vérité.

Newman le fit. Nicolas inclina la tête de temps en temps aux détails qui venaient à l'appui de ce qu'il avait déjà entendu; mais il tint les yeux fixés sur le feu sans les lever un seul instant.

Son récit terminé, Newman exigea que Nicolas ôtât son habit et permit de panser ses blessures; Nicolas y consentit avec quelque répugnance, et, pendant que diverses contusions assez graves aux bras et aux épaules étaient frottées d'huile et de vinaigre, et d'autres remèdes efficaces que Nicolas avait empruntés aux différents locataires, il raconta la manière dont il les avait reçues. Cette narration fit une forte impression sur l'ardente imagination de Newman; car lorsque Nicolas en vint à la partie violente de la querelle, Newman frotta de manière à lui causer les plus vives douleurs. Cependant Nicolas se garda bien de se plaindre; car il comprit clairement que, pour le moment, Newman opérait sur sir Mulberry Hawk, et avait complètement perdu de vue son véritable patient.

Après avoir subi ce martyre, Nicolas convint avec Newman qu'on s'arrangerait pour que sa mère changeât immédiatement de domicile, et qu'on lui dépêcherait miss la Creevy pour lui apprendre les nouvelles du jour. Puis, il s'enveloppa dans la redingote de Smike, et alla à l'auberge où ils devaient passer la nuit. Là, après avoir écrit à Ralph quelques lignes, que Newman devait se charger de remettre le lendemain, il s'efforça de goûter le repos dont il avait tant besoin.

Les hommes ivres, dit-on, peuvent rouler au fond d'un précipice, et n'avoir pas la moindre idée d'un danger sérieux quand ils reviennent à la raison. Cette observation peut s'appliquer à tout ce qu'on endure dans un état d'excitation violent. Il est certain que le lendemain matin, bien que Nicolas éprouvât d'abord quelque peine à s'éveiller, il sortit aisément du lit à sept heures, alerte et dispos, comme s'il ne lui fût rien arrivé.

Il jeta un coup d'œil dans la chambre de Smike, l'avertit de la prochaine visite de Newman, descendit, prit un fiacre, et se fit conduire chez madame Wititterly, dont Newman lui avait donné l'adresse le soir précédent

Il était huit heures moins un quart quand ils atteignirent Cadogan place. Nicolas eut un moment peur que personne ne fût levé à cette heure; mais il fut tiré d'incertitude par la vue d'une servante occupée à balayer les degrés de la porte. Ce fonctionnaire femelle l'adressa au page équivoque, qui parut tout ébouriffé, comme un page qui sort du lit.

Ce jeune homme lui apprit que miss Nickleby se promenait dans le jardin. Nicolas demanda si on pouvait l'y aller trouver, et le page répondit qu'il ne le croyait pas; mais, stimulé par le présent d'un shilling, il devint plus confiant, et dit que la chose était possible.

— Dites à miss Nickleby que son frère est ici, et très-pressé de la voir.

Le page disparut avec une célérité qui ne lui était pas ordinaire; et Nicolas parcourut la chambre dans un état d'agitation fiévreuse qui lui rendait le moindre délai insupportable. Il entendit bientôt un pas léger qu'il connaissait bien, et avant qu'il pût s'avancer à la rencontre de Catherine, elle se jeta à son cou et fondit en larmes.

— Ma tendre amie, que vous êtes pâle! dit Nicolas en l'embrassant. — J'ai été si malheureuse, si misérable ici, mon cher frère! dit en sanglotant la pauvre Catherine. Ne me laissez pas ici, mon cher Nicolas, ou je mourrai de désespoir. — Je ne vous laisserai nulle part, je ne vous abandonnerai plus... Il faut que vous sortiez d'ici de suite; vous n'auriez pas dû y coucher cette nuit, mais j'ai été instruit trop tard. A qui puis-je parler avant de vous emmener?

Cette question fut adressée très à propos, car en ce moment M. Wititterly entra, et Catherine lui présenta son frère, qui lui annonça immédiatement ses intentions et l'impossibilité de différer.

— Le trimestre, dit M. Wititterly avec la gravité d'un homme qui a raison, n'est pas encore à moitié : par conséquent... — Par conséquent, interrompit Nicolas, les appointements du trimestre doivent être perdus. Vous excuserez, Monsieur, cette extrême diligence; mais les circonstances exigent que je retire ma sœur d'ici, et je n'ai pas un moment à perdre. J'enverrai chercher ses effets, si vous me le permettez, dans le courant de la journée

M. Wititterly s'inclina, mais ne chercha pas à s'opposer au départ immédiat de Catherine.

— Quant à la modique somme qui est due, dit M. Wititterly, je la... (ici il fut interrompu par une violente quinte de toux) je la devrai à miss Nickleby.

— Comme il vous plaira, dit Nicolas; et après s'être excusé de nouveau de son départ subit, il emballa Catherine dans le fiacre et ordonna au cocher de les conduire en toute hâte dans la Cité.

Ils se dirigèrent donc vers la Cité avec toute la vitesse que des chevaux de fiacre étaient susceptibles d'avoir; et comme les chevaux avaient leur écurie de ce côté-là, et qu'ils avaient l'habitude d'y déjeuner (quand ils déjeunaient), ils firent le trajet plus promptement qu'on n'aurait pu raisonnablement l'exiger.

Nicolas fit monter Catherine quelques moments avant lui, pour que son apparition inattendue n'alarmât point sa mère, et se présenta ensuite avec beaucoup de respect et d'affection. Newman n'était pas en retard, car il y avait une petite charrette à la porte, et le déménagement s'opérait déjà.

Or, madame Nickleby n'était pas femme à comprendre, après une explication rapide, quelque chose d'important et de délicat. C'est pourquoi, bien que la bonne dame eût été préparée depuis une heure par la petite miss la Creevy, elle était dans un singulier état de trouble et d'égarement, ne devinant pas les motifs d'une telle précipitation.

— Pourquoi ne vous expliquez-vous pas avec votre oncle, mon cher Nicolas? — Ma chère mère, le temps des explications est passé. Il n'y a qu'un parti à prendre, et c'est de le repousser avec le mépris qu'il mérite. Votre honneur exige qu'après avoir découvert ses viles intentions, vous ne lui ayez aucune obligation, même celle de l'abri de ces murailles nues.

Comme Nicolas et sa sœur étaient occupés du transport du mobilier, miss la Creevy se dévoua à consoler la digne dame.

— Vous allez revoir votre ancien domicile, lui dit-elle; tout y est prêt, et vous serez les bienvenus par-dessus le marché. Allons, je vais vous conduire en bas.

Après avoir pourvu à tout, congédié la domestique et fermé la porte, Nicolas sauta dans un cabriolet et se rendit dans un lieu voisin de Golden square, où il avait donné rendez-vous à Newman. Il avait mis tant d'activité à tous ces arrangements, qu'il n'était pas plus de neuf heures et demie quand il y arriva.

— Voici la lettre pour Ralph, et voici la clef, dit-il. Quand vous viendrez me voir ce soir, pas un mot de ce qui s'est passé hier. Les mauvaises nouvelles se propagent vite, et elles l'apprendront assez tôt. Savez-vous s'il a été grièvement blessé?

Newman secoua la tête.

— Je m'en informerai sans perdre de temps. — Vous ferez mieux de vous reposer. Vous êtes malade, vous avez la fièvre.

Nicolas agita la main avec insouciance, et, dissimulant l'indisposition qu'il éprouvait réellement, maintenant que l'excitation qui l'avait soutenu avait cessé, il s'empressa de prendre congé de Newman Noggs.

Newman Noggs n'était pas à trois minutes de Golden square, mais dans le cours de ces trois minutes il ôta et remit la lettre dans son chapeau au moins une vingtaine de fois. L'adresse, le devant, le derrière, les côtés, le cachet, furent l'objet de l'admiration de Newman. Il la tint ensuite à bras tendu pour mieux jouir de ce délicieux aspect, et se frotta les mains, extasié de sa commission.

Il arriva au bureau, suspendit son chapeau au clou accoutumé, mit la lettre et la clef sur le pupitre, et attendit impatiemment l'apparition de Ralph Nickleby. Au bout de quelques minutes, un craquement de bottes bien connu se fit entendre sur l'escalier, et la sonnette retentit.

— La poste est-elle venue? — Non. — Y a-t-il d'autres lettres? — Une seule.

Newman le suivit des yeux, et la lui présenta.

— Qu'est-ce? demanda Ralph en prenant la clef. — On l'a laissée avec la lettre; c'est un petit garçon qui les a apportées, il y a environ un quart d'heure.

Ralph regarda l'adresse, ouvrit la lettre, et lut ce qui suit :

« Vous m'êtes connu maintenant. Les reproches que je pourrais accumuler sur votre tête n'emporteraient pas avec eux la millième partie de la honte que cette seule affirmation éveillera dans votre cœur.

» La veuve de votre frère et sa fille orpheline dédaignent l'abri de votre toit, et vous fuient avec dégoût. Vos parents vous renient; car le seul déshonneur qu'ils connaissent, c'est de vous être uni de nom par les liens du sang.

» Vous êtes vieux, et je vous laisse à la tombe. Puissent les souvenirs de votre vie peser sur votre cœur, et jeter leur ombre sur votre lit de mort! »

Ralph Nickleby lut cette lettre deux fois, fronça le sourcil, et tomba dans un accès de rêverie; la lettre échappa de sa main, mais il crispait encore les doigts comme s'il l'eût tenue.

Tout à coup il se leva, la fourra toute chiffonnée dans sa poche, et se tourna avec fureur vers Newman Noggs, comme pour lui demander pourquoi il était là ; mais Newman était immobile, le dos tourné, repassant avec un vieux tronçon de plume les chiffres d'une table d'intérêts collée au mur, et inattentif en apparence à tout autre objet.

L'irritation de Ralph augmenta lorsqu'il eut appris par un mot de M. Pyke l'accident arrivé à sir Mulberry.

— Ainsi, murmura-t-il, ce démon est encore lâché ; il est né pour traverser mes projets, et il les traverse ! Il m'a dit autrefois qu'un jour nous aurions un compte à régler ensemble ; je justifierai sa prophétie.

L'apparition inattendue d'un tiers évita à Newman la peine d'une réponse. Dirigeant son œil (car il n'en avait qu'un) sur Ralph Nickleby, il fit une multitude de révérences et s'assit dans un fauteuil.

— Voici une surprise, dit Ralph en se penchant vers le visiteur, et en souriant à demi durant son examen attentif. J'aurais dû vous reconnaître, monsieur Squeers.
— Ah ! répondit ce digne personnage, vous m'auriez reconnu plus tôt si vous m'aviez vu depuis moins longtemps. Mon ami, poursuivit-il en s'adressant à Newman, allez faire descendre ce petit garçon du tabouret où il est assis dans l'autre bureau, et dites-lui de venir ici ; voulez-vous ? Oh ! il est descendu tout seul. C'est mon fils, Monsieur, le petit Wackford. Comment le trouvez-vous, pour un échantillon de la manière dont on est nourri au château de Dotheboys ?

— Il a bonne mine assurément, reprit Ralph, qui par de secrètes raisons semblait désireux de se concilier le maître d'école. Mais comment va madame Squeers, et comment vous portez-vous vous-même ? — Madame Squeers, Monsieur, répondit le propriétaire de Dotheboys, est toujours la même ; c'est une mère pour les pensionnaires ; c'est la vie, la consolation, le bonheur de tous ceux qui la connaissent. Un de nos élèves s'est gorgé de nourriture, et est devenu malade, c'est leur habitude ; il lui est venu un abcès... Ah ! il fallait voir comme elle l'a opéré avec un canif ! O ciel ! que cette femme est un membre précieux pour la société !

M. Squeers poussa un soupir et gesticula en prononçant ces mots ; puis il s'abandonna un moment à une contemplation rétrospective, comme si cette allusion aux perfections de sa femme l'eût naturellement ramené au paisible village de Dotheboys, près de Greta-Bridge, Yorkshire.

Il semblait attendre que Ralph lui parlât.

— Etes-vous bien remis de l'attaque de ce gredin ? demanda l'usurier. — J'en suis encore souffrant, et j'en souffrirai peut-être toujours. Figurez-vous, Monsieur, que je n'étais qu'une plaie d'ici là, dit Squeers en touchant d'abord les racines de ses cheveux et ensuite les talons de ses bottes ; du matin au soir, on m'appliquait des compresses de vinaigre et de papier brouillard ; je crois qu'on a bien usé pour moi au moins une demi-rame de papier brouillard. J'étais dans la cuisine pelotonné et replié sur moi-même, et l'on m'aurait pris pour un immense morceau de papier brouillard, tout rempli de gémissements. Wackford, mes plaintes étaient-elles faibles ou aiguës? — Aiguës, répondit Wackford. — Les élèves étaient-ils contents ou fâchés de me voir dans cet état, Wackford? demanda M. Squeers d'un ton sentimental. — Cont... — Heim? s'écria Squeers se retournant vivement. — Fâchés, reprit son fils. — Oh! dit Squeers en lui donnant un coup sur l'oreille, ôtez vos mains de vos poches, et ne balbutiez pas quand on vous adresse une question. — Avez-vous été obligé de prendre un médecin? demanda Ralph. — Oui, Monsieur, et il m'a présenté un mémoire assez long; mais je l'ai payé.

Ralph leva les sourcils d'une manière qui pouvait exprimer également la surprise ou la sympathie, au choix de son interlocuteur.

— Oui, Monsieur, je l'ai payé, jusqu'au dernier liard, répondit Squeers, mais non pas avec l'argent de ma poche. — Ah! dit Ralph. — Le fait est, reprit Squeers, que nous n'avons à réclamer d'extra aux pensionnaires que pour les visites du docteur; aussi nous nous gardons bien de l'appeler quand les parents ne sont pas solvables : vous saisissez? — Parfaitement.

Ralph ne riait jamais; mais, en cette occasion, il émit un son qui se rapprochait du rire autant que possible, et il lui demanda ce qui l'appelait à Londres.

— J'y viens chercher des élèves. — Etes-vous descendu à votre ancien hôtel? — Oui, à la Tête de Maure.

Ralph parlait et écoutait machinalement, et semblait méditer.

— Je voudrais vous dire un mot, dit-il. — Autant de mots qu'il vous plaira, Monsieur. Je vous écoute. — Je ne pense pas que vous soyez assez fou pour oublier ou pardonner aisément la violence dont vous avez été victime. — Non! — Ni pour perdre l'occasion de vous en venger avec usure, si vous le pouvez. — Qu'on me la procure, et vous verrez. — N'est-ce point pour la chercher auprès de moi que vous m'avez rendu visite? dit Ralph regardant en face le maître d'école. — N... n... non, je n'y ai pas songé; j'ai pensé que s'il vous était possible de me donner, outre la bagatelle que vous m'avez envoyée, une indemnité... — Ah! interrompit Ralph, il est inutile d'en dire davantage.

Après un long silence, pendant lequel Ralph parut réfléchir, il reprit la conversation, en demandant :

— Quel est ce garçon qu'il a emmené avec lui? — Squeers prononça le nom de Smike. — Etait-il jeune ou vieux, bien portant ou malade, doux ou intraitable?... Parlez, parlez, reprit Ralph précipitamment. — Mais il n'était pas jeune, c'est-à-dire pas jeune pour un enfant... — C'est-à-dire que ce n'était pas un enfant? interrompit Ralph. — Eh bien! reprit vivement Squeers, comme si cette suggestion l'eût tiré d'embarras, il pouvait avoir une vingtaine d'années. Il ne paraîtrait pas si âgé à des gens qui ne le connaîtraient pas, car il manque un peu de ceci (il porta le doigt à son front); il n'y a personne au logis, quand même on frapperait jusqu'à demain. — Et vous frappiez assez souvent, je pense? murmura Ralph. — Mais oui, reprit Squeers en ricanant. — Quand vous m'avez écrit pour m'envoyer quittance de cette bagatelle, comme vous l'appelez, vous disiez que ses protecteurs l'avaient abandonné depuis longtemps, et que vous n'aviez pas le moindre indice qui pût vous faire connaître qui il était. Est-ce là la vérité?

— Oui, répondit Squeers montrant plus d'aisance et de familiarité à mesure que Ralph mettait moins de réserve. Il y a environ quatorze ans, date fixée par mes livres, un étranger me l'amena par un soir d'automne, et me le laissa en payant d'avance cinq livres cinq shillings pour le premier trimestre; l'enfant pouvait avoir alors cinq ou six ans. Pas plus. — Que savez-vous davantage sur son compte? demanda Ralph. — Bien peu, je le dis à regret. On me paya pendant six ou huit ans; puis le payement fut suspendu. L'inconnu avait donné une adresse à Londres; mais quand je le fis demander, personne ne le connaissait. Je gardai donc l'enfant par... par... — Charité? suggéra Ralph sèchement. — Par charité sans doute, poursuivit Squeers en se frottant les genoux; et quand il commençait à me rendre de bons services, voilà ce coquin de Nickleby qui arrive et me l'enlève. Mais le plus fâcheux de l'affaire, la circonstance aggravante (Squeers baissa la voix et se rapprocha de Ralph), c'est qu'on m'a enfin demandé des renseignements sur son compte, non pas à moi, mais à des voisins de notre village, en disant que j'étais peut-être sur le point d'être payé de tout l'arriéré de sa pension, et peut-être... Qui sait? pareille chose m'est arrivée déjà... de recevoir un présent pour le placer chez un fermier ou l'envoyer en mer, afin qu'il ne déshonorât jamais ses parents, en supposant que ce soit un enfant naturel, comme beaucoup d'autres de nos élèves... Mais ce maudit Nickleby me l'a ravi, m'a volé comme sur une grande route! — Avant peu nous serons quittes avec lui! dit Ralph en posant la main sur le bras de l'instituteur. — Quittes! répéta Squeers. Ah! je voudrais seulement laisser en sa faveur une légère balance, qu'il réglerait quand il pourrait. Si seulement madame Squeers pouvait l'attraper! Juste ciel! elle le tuerait, monsieur Nickleby, en aussi peu de temps qu'elle en mettrait à dîner. — Nous reparlerons de cela, dit Ralph. Il faut que j'aie le temps d'y penser. Il s'agit de le blesser dans ses idées, dans ses affections. Si je puis le frapper par ce garçon... — Frappez-le comme vous voudrez, interrompit Squeers, mais que le coup porte, voilà tout. Sur ce, je vous souhaite le bonjour.

M. Squeers passa dans l'autre bureau, pendant que Newman, la plume derrière l'oreille, était roide et immobile sur son siége, et regardait le père et le fils avec stupéfaction.

L'espèce d'entraînement que Ralph ressentait pour Catherine augmentait son aversion pour Nicolas. Peut-être, afin de contrebalancer la faiblesse d'un tendre penchant pour une personne, il croyait nécessaire d'en haïr une autre plus vivement qu'auparavant. Et quand il songeait qu'il était bravé et méprisé, qu'on le dépeignait à Catherine sous les couleurs les plus repoussantes, qu'on lui apprenait à le détester, quand il songeait que son neveu l'avait défié dès leur première entrevue et ouvertement affronté depuis, sa méchanceté froide et calculatrice était irritée à un si haut degré, qu'il eût tout hasardé pour la satisfaire, s'il avait pu se procurer une vengeance immédiate.

Toute cette journée, au milieu des affaires qui lui survinrent, il réserva un coin de sa cervelle au principal sujet qui l'occupait, et la nuit le retrouva ruminant encore les mêmes réflexions.

CHAPITRE XXVI.

Après avoir établi sa mère et sa sœur dans l'appartement de la bonne miss la Creevy, et s'être assuré que sir Mulberry ne courait pas risque de la vie, Nicolas tourna ses pensées vers le pauvre Smike, qui, après avoir déjeuné avec Newman Noggs, était resté seul et désolé au logis de ce brave homme, et attendait avec anxiété des nouvelles de son protecteur.

— Je craignais, dit Smike charmé de revoir son ami, qu'il ne nous fût arrivé quelque nouveau malheur; le temps me semblait si long à la fin, que j'avais peur que vous fussiez perdu. — Perdu! répondit gaiement Nicolas; vous ne serez pas si facilement débarrassé de moi, je vous le promets ; je reparaîtrai sur l'eau bien des fois encore, Smike, et plus on fera d'efforts pour m'enfoncer, plus je rebondirai à la surface. Mais allons, je suis chargé de vous emmener à la maison. — A la maison! balbutia Smike en reculant timidement. — Oui, reprit Nicolas lui prenant le bras : pourquoi pas? — J'ai rêvé une maison autrefois, dit Smike, jour et nuit, jour et nuit, pendant bien des années; à force de désirer inutilement, je me suis lassé, et j'ai souffert, et maintenant!... — Vous êtes une folle créature, reprit gaiement Nicolas. Mais voici une triste mine pour être présenté à des dames, à ma sœur, dont vous m'avez si souvent parlé.

Smike se ranima et sourit.

Nicolas prit son compagnon par le bras, continua la conversation pour le consoler, lui montra en route divers objets capables de l'amuser et de le distraire, et le conduisit chez miss la Creevy.

— Catherine, dit Nicolas en entrant dans la chambre où sa sœur était seule, voici le fidèle ami et le bon compagnon de voyage que je vous ai préparée à recevoir.

Le pauvre Smike fut d'abord assez interdit, mais Catherine l'accueillit avec tant de bonté, qu'il se remit presque immédiatement, et se sentit à son aise.

Smike fut ensuite présenté à miss la Creevy. Miss la Creevy ne fut pas moins affectueuse, et jasa considérablement, non pas avec Smike, dont elle eût redoublé le trouble, mais avec Nicolas et sa sœur. Puis elle adressa de temps en temps la parole à Smike, lui demandant s'il était bon juge en fait de ressemblance; si ce portrait placé dans le coin lui ressemblait; s'il ne croyait pas qu'elle eût bien fait de se rajeunir de dix ans.

La porte s'ouvrit encore, et une dame en deuil entra. Nicolas embrassa la dame en deuil en l'appelant sa mère, et la conduisit vers la chaise que Smike avait quittée quand elle avait paru.

— Vous êtes toujours bonne et secourable au malheur, ma chère mère, dit Nicolas; vous serez donc favorablement disposée en sa faveur, je le sais. — Certainement, mon cher Nicolas, répondit madame Nickleby regardant d'un air dur sa nouvelle connaissance et la saluant avec un peu plus de majesté que n'en exigeait l'occasion, tous vos amis, vous le savez, ont des droits à mes égards, et c'est avec le plus grand plaisir que je reçois toute personne à laquelle vous prenez intérêt, il n'y a pas de doute à cela; en même temps, je dois vous dire, mon cher Nicolas, ce que j'avais coutume de dire à votre pauvre père quand il invitait quelqu'un à dîner, et qu'il n'y avait rien à la maison : — Si vous l'aviez amené il y a deux jours, lui disais-je, nous aurions été plus à même de le recevoir. — **Mais ici, ce n'est plus il y a deux jours qu'il faut dire, c'est il y a deux ans.**

A ces mots, madame Nickleby se tourna vers sa fille et lui demanda tout bas, mais à intelligible voix, si ce monsieur allait coucher à la maison...

Sans paraître aucunement contrariée, Catherine murmura quelques mots à l'oreille de sa mère.

— Ha! ma chère Catherine, dit madame Nickleby en reculant, comme vous me chatouillez l'oreille! sans doute, je comprends cela, mon amie, sans que vous ayez besoin de me le dire. Vous ne m'avez pas dit, Nicolas, comment s'appelle votre ami? — Il s'appelle Smike, ma mère.

On n'avait point prévu l'effet de cette communication; mais ce nom n'eut pas plus tôt été prononcé, que madame Nickleby se laissa tomber sur une chaise en gémissant.

— Qu'avez-vous? s'écria Nicolas accourant pour la soutenir. — C'est tellement semblable à Pyke! cria madame Nickleby, c'est si parfaitement semblable à Pyke! Oh! ne me parlez pas, je suis mieux maintenant.

Madame Nickleby passa successivement par tous les degrés d'une syncope, but une cuillerée d'eau d'un verre qu'on lui présenta, jeta le reste, et se trouvant mieux, déclara avec un faible sourire qu'elle était bien folle, et qu'elle le savait.

— M. Smike est d'Yorkshire, Nicolas? dit-elle après le dîner. — Oui, ma mère; je vois que vous n'avez pas oublié sa triste histoire. — Oh! mon Dieu, non. Ah! elle est bien triste, vraiment! Vous est-il arrivé, monsieur Smike, de dîner avec la famille Grimble, au château de Grimble? Sir Thomas Grimble était un homme fier, qui avait cinq pieds dix pouces, des filles fort aimables, et le plus beau parc du comté. — Ma chère mère, observa Nicolas, pouvez-vous supposer que le malheureux orphelin d'une pension d'Yorkshire reçoive bien des lettres d'invitation des nobles et des propriétaires du voisinage? — Mais je ne vois pas ce qu'il y aurait là d'extraordinaire; je sais que, quand j'étais en pension, j'allais au moins quatre fois par an chez les Hawkinses, au village de Taunton, et ils sont beaucoup plus riches que les Grimbles, et leurs alliés par mariage; vous voyez donc que ce n'est pas si invraisemblable.

Après avoir confondu Nicolas par cet argument péremptoire, madame Nickleby oublia tout d'un coup le véritable nom de Smike, et fut irrésistiblement tentée de l'appeler M. Slammons. Elle attribua cette particularité à la ressemblance frappante des deux noms, qui se prononçaient à peu près de même, commençaient tous deux par un *s*, et s'épelaient tous deux avec un *m*. Quelque contestable que fût cette identité, elle contribua à établir une bonne intelligence entre Smike et madame Nickleby.

Le petit cercle demeura sur le pied de la concorde jusqu'au lundi matin, où Nicolas se retira dans sa chambre pour réfléchir à l'état de ses affaires, et viser aux moyens de nourrir ceux qui étaient désormais à sa charge.

Il eut plus d'une fois envie de recourir à M. Crummles ; mais sa mère ignorait ses relations avec le directeur, quoique Catherine en fût informée, et il prévoyait mille objections s'il cherchait des ressources dans la profession d'acteur. Il pensa que le meilleur parti à prendre était de s'adresser encore au bureau de placement.

Ce bureau était tel qu'il l avait vu jadis, et à deux ou trois exceptions près, il semblait y avoir à la croisée les mêmes placards. C'étaient toujours des maîtres irréprochables en quête de vertueux domestiques, et de vertueux domestiques en quête de maîtres irréprochables ; d'avantageux placements offerts aux capitaux, et une énorme quantité de capitaux à placer ; enfin mille occasions superbes offertes aux gens qui voulaient faire fortune. C'était une preuve très-extraordinaire de la prospérité nationale, que depuis si longtemps il ne se fût présenté personne pour profiter de tant d'avantages.

Pendant que Nicolas s'arrêtait devant la croisée, un vieux gentleman vint à s'y arrêter aussi en cherchant quelque affiche en lettres majuscules qui pût lui être applicable ; Nicolas aperçut ce vieillard, et cessa instinctivement d'examiner les affiches pour l'observer plus attentivement.

C'était un homme robuste, en habit bleu à larges pans, dans la confection duquel on avait sacrifié l'élégance à la commodité. Mais ce qui attira principalement l'attention de Nicolas, ce fut l'œil du vieillard. Jamais œil plus clair et plus vif n'avait mieux exprimé l'honnêteté, la joie, le bonheur. Un sourire si agréable se jouait sur ses lèvres, une expression si comique de finesse, de simplicité, de bonté, de bonne humeur éclairait sa vieille figure joviale, que Nicolas fût resté volontiers jusqu'au soir à la contempler, et eût oublié qu'il y avait au monde des esprits revêches et de rudes physionomies.

Mais cette satisfaction devait lui être refusée ; car, bien que le vieillard parût ignorer complètement qu'il eût été l'objet d'un examen, il regarda par hasard Nicolas, et celui-ci, craignant de l'offenser, se remit aussitôt à examiner les affiches.

Cependant le vieillard continuait à les passer en revue, et Nicolas ne pouvait se défendre de lever les yeux sur lui. Outre la singularité et l'étrangeté de son extérieur, il y avait en lui quelque chose de si engageant, de si affable, de si prévenant, tant de petites lueurs voltigeaient aux coins de sa bouche et autour de ses yeux, que c'était non pas un simple amusement, mais un véritable plaisir de le regarder.

Il n'est donc pas étonnant que le vieillard surprit à plusieurs reprises Nicolas occupé à l'observer ; en ces instants, Nicolas rougissait et paraissait embarrassé, car il s'était mis à se demander si l'étranger n'aurait pas besoin par hasard d'un commis ou d'un secrétaire, et il s'imaginait que le vieux gentleman devait deviner sa pensée.

Quoique ces choses soient longues à raconter, elles ne durèrent que quelques minutes. Comme l'étranger se retirait, ses yeux rencontrèrent encore ceux de Nicolas, et celui-ci, pris sur le fait, balbutia une excuse.

— Il n'y a pas de mal; oh! il n'y a pas de mal! dit le vieillard.

Ces mots furent prononcés avec tant de cordialité, le son de voix était si bien celui qu'on pouvait attendre d'un pareil homme, et il y avait tant d'affabilité dans ses manières, que Nicolas s'enhardit à poursuivre.

— Voici bien des occasions, Monsieur, dit-il, et il montra en souriant la croisée.
— Eh bien! des gens désireux de trouver de l'emploi y ont souvent songé sérieusement, j'ose le dire, répondit le vieillard. Les pauvres diables, les pauvres diables!

Il continuait sa route en s'exprimant ainsi; mais, voyant Nicolas sur le point de lui parler de nouveau, il eut la bonté de ralentir sa marche, comme s'il n'eût pas voulu le quitter brusquement. Après un moment de cette hésitation qu'on remarque parfois entre deux passants qui ont échangé un regard d'intelligence, et ne savent s'ils entameront ou non la conversation, Nicolas se trouva aux côtés du vieillard.

— Vous alliez me parler, jeune homme; que vouliez-vous me dire? — Simplement que j'ai eu presque l'espérance... je veux dire la pensée... que vous aviez un but en consultant ces annonces. — Ah! ah! ah! ah! dit le vieillard, se frottant les mains et les manchettes comme s'il les lavait, c'est une pensée bien naturelle en tout cas. J'ai eu d'abord la même idée de vous, sur ma parole. — Si vous avez eu cette idée, du moins, Monsieur, vous n'avez pas été bien loin de la vérité. — Quoi! s'écria le vieillard en le toisant de la tête aux pieds; mon Dieu, c'est impossible; un jeune homme bien né réduit à une pareille nécessité!

Nicolas le salua, lui souhaita le bonjour, et lui tourna les talons.

— Arrêtez! dit le vieillard, l'attirant dans une rue détournée, où ils pouvaient causer sans être interrompus, expliquez-vous, expliquez-vous. — La bonté qui règne dans votre physionomie et dans vos manières, si différentes de tout ce que j'ai vu, m'a entraîné à un aveu que je n'aurais jamais eu l'idée de faire à aucun autre étranger dans ce vaste désert de Londres. — Dans ce désert! dit le vieillard en s'animant; oui, vous avez raison, c'est un désert; c'en a été un pour moi autrefois. Je suis venu ici pieds nus, je ne l'ai jamais oublié, Dieu merci!

Et il se découvrit le front avec une imposante gravité. Puis il mit la main sur l'épaule de Nicolas, et remonta la rue avec lui.

— Eh bien! poursuivit-il, comment en êtes-vous arrivé là? vous êtes... n'est-ce pas? de qui?

En disant ces mots, il posait le doigt sur la manche de l'habit noir de Nicolas.

— Je porte le deuil de mon père. — Ah! dit précipitamment le vieillard, il est triste pour un jeune homme de perdre son père. Votre mère vit encore peut-être, la pauvre veuve?

Nicolas soupira.

— Vous avez des frères et des sœurs? — Une sœur. — Je la plains, je la plains. J'ai lieu de croire que vous êtes instruit. — J'ai été passablement bien élevé. — Tant mieux, tant mieux! l'éducation est un grand point, un point très-important; je n'en ai jamais eu, et c'est pourquoi je l'admire davantage dans les autres. Donnez-moi plus de détails sur vous; contez-moi votre histoire. Ce n'est point la curiosité qui me guide; non, non.

Il y avait quelque chose de si pressant et de si cordial dans la manière dont tout ceci fut dit, avec un tel mépris de la contrainte et de la froideur qu'établissent les convenances, que Nicolas ne put y résister. Entre des hommes doués de quelques bonnes et solides qualités, rien n'est contagieux comme la franchise. Nicolas s'en ressentit aussitôt, et lui exposa sans réserve ses principales aventures, se contentant de supprimer les noms et glissant aussi légèrement que possible sur la conduite de son oncle envers Catherine. Le vieillard écouta très-attentivement, et quand le narrateur se tut, il lui prit le bras avec empressement.

— Pas un mot de plus, pas un seul, dit-il; suivez-moi, ne perdons pas une minute.

A ces mots, le vieillard l'entraîna dans Oxford street, héla un omnibus qui se dirigeait vers la Cité, y poussa Nicolas, et l'y suivit.

Comme il semblait dans un état extraordinaire d'agitation, et que, toutes les fois que Nicolas voulait prendre la parole, il ripostait par :

— Pas un mot de plus, mon cher monsieur, pas un mot de plus! Le jeune homme crut devoir garder le silence. Ils voyagèrent donc vers la Cité sans échanger un seul mot, et plus ils avançaient, plus Nicolas faisait d'hypothèses sur la fin probable de l'aventure.

Quand ils arrivèrent à la banque, le vieillard sortit précipitamment de l'omnibus, reprit Nicolas par le bras, et suivit avec lui plusieurs ruelles et passages jusqu'à ce qu'ils débouchassent dans une petite place ombreuse et paisible. Il l'introduisit dans la plus vieille et la plus apparente maison de la place. Il n'y avait à côté de la porte que cette inscription : Cheeryble frères; mais un coup d'œil rapide jeté sur les adresses de quelques ballots épars fit supposer à Nicolas que les frères Cheeryble étaient des marchands, qui faisaient la commission pour l'Allemagne.

Traversant un magasin dont l'aspect indiquait le commerce le plus actif, M. Cheeryble, que Nicolas reconnut au respect que lui témoignaient les commis et les garçons, l'introduisit dans un petit comptoir formé de châssis vitrés. On y voyait un commis d'un certain âge, gras, joufflu, à tête poudrée et à lunettes d'argent, si propre, si exempt de taches et de poussière, qu'il semblait qu'on l'eût enfermé entre les châssis vitrés avant d'en poser le faîte, et qu'il n'en était jamais sorti.

— Mon frère est-il dans sa chambre, Tim? dit M. Cheeryble avec non moins de bonté qu'il en avait montré à Nicolas. — Oui, Monsieur, répondit le gros commis dirigeant les verres de ses lunettes vers son patron, et ses yeux vers Nicolas; mais M. Trimmers est avec lui. — Ah! ah! et quel objet l'amène, Tim? dit M. Cheeryble. — Il recueille une souscription pour la veuve et les enfants d'un homme qui a été tué ce matin dans les chantiers de la compagnie des Indes. Il a été écrasé par un ballot de sucre! — Trimmers est un brave homme, dit avec chaleur M. Cheeryble; je lui ai beaucoup d'obligations. Trimmers est un des meilleurs amis que nous ayons; il nous a fait connaître une multitude d'accidents que nous n'aurions jamais sus nous-mêmes; je lui ai beaucoup, beaucoup d'obligations.

A ces mots, M. Cheeryble se frotta les mains avec une satisfaction infinie, courut après M. Trimmers, qui sortait en ce moment, et le prit par la main.

— Je vous dois mille remercîments, Trimmers, dix mille remercîments; je vous sais gré de votre conduite, dit M. Cheeryble l'attirant dans un coin pour n'être pas entendu. Combien y a-t-il d'enfants, Trimmers, et qu'est-ce que mon frère Edwin a donné? — Il y a six enfants, et votre frère nous a donné vingt livres sterling. — Mon frère Edwin est un bon garçon, et vous êtes un bon garçon aussi, dit le vieillard lui serrant les mains et tremblant d'émotion, inscrivez-moi pour vingt autres livres... ou... attendez une minute, attendez une minute. Il ne faut pas avoir l'air de viser à l'ostentation; inscrivez-moi pour dix livres, et Tim Linkinwater pour dix livres également. Tim, faites à M. Trimmers un bon de vingt livres. Dieu vous bénira, Trimmers. Venez dîner chez nous quelque jour de cette semaine, vous trouverez toujours votre couvert mis, et nous serons charmés de vous recevoir. Ecrasé par un ballot de sucre!... six pauvres enfants!... O mon Dieu! mon Dieu!

M. Cheeryble prononça ces paroles aussi vite qu'il le put, pour empêcher le collecteur de la souscription de lui faire d'amicales remontrances sur le total élevé de l'offrande. Il conduisit ensuite à la porte entr'ouverte d'une autre chambre Nicolas, également étonné et touché de ce qu'il avait vu et entendu en si peu de temps.

— Frère Edwin, dit M. Cheeryble frappant, et s'arrêtant pour écouter, êtes-vous occupé, mon cher frère, et avez-vous le temps de m'entendre? — Frère Charles, ne m'adressez pas de pareilles questions, mais entrez de suite, répondit une voix de l'intérieur, si semblable à celle qui venait de parler, que Nicolas tressaillit et crut presque que c'était la même.

Ils entrèrent sans parlementer davantage. Quel fut l'étonnement de Nicolas quand son conducteur s'avança et échangea un bonjour cordial avec un autre vieillard, absolument semblable de figure, de taille, d'habit, de gilet, de cravate, de culottes et de guêtres! Pour compléter l'identité, un autre chapeau gris était suspendu à la muraille.

Pendant qu'ils se donnaient la main, la physionomie de chacun d'eux s'éclairait d'une expression de tendresse qu'il eût été délicieux d'observer chez les enfants, et qui, chez des hommes de cet âge, était indiciblement touchante. Nicolas put remarquer que le dernier vieillard était un peu plus robuste et plus ramassé que son frère, mais il n'y avait pas entre eux d'autre différence sensible, on ne pouvait douter qu'ils fussent jumeaux.

— Frère Edwin, dit le conducteur de Nicolas en fermant la porte de la chambre, voici un jeune homme de mes amis que nous devons secourir; il faut prendre sur son compte les renseignements nécessaires, par égard pour lui et pour nous; et s'ils sont favorables, comme je n'en doute pas, nous devons l'assister, nous devons l'assister, frère Edwin. — Il suffit, mon cher frère, que vous disiez que nous le devons; vos paroles rendront toute enquête inutile, il sera assisté. De quoi a-t-il besoin? que demande-t-il? Où est Tim Linkinwater? faites-le entrer.

Les deux frères avaient la même manière de parler chaleureuse et rapide. Tous deux avaient presque les mêmes dents, ce qui donnait le même caractère à leur son de voix.

— Où est Tim Linkinwater? dit le frère Edwin. — Attendez, attendez, dit le frère Charles en prenant l'autre à part. J'ai un plan, mon cher frère, j'ai un plan. Tim devient vieux, et Tim nous a servis fidèlement, frère Edwin; la pension faite à sa mère et à sa sœur, l'achat d'une petite tombe pour la famille quand son pauvre frère est mort, ne sont pas une récompense suffisante de ses bons et loyaux services.

— Non, certainement, reprit l'autre. — Si nous pouvons alléger la besogne de

Tim, le déterminer à aller de temps en temps à la campagne, le mettre à même de dormir la grasse matinée en n'exigeant plus qu'il arrive d'aussi bonne heure, avec ce régime le vieux Tim Linkinwater rajeunira, et il est notre aîné de trois bonnes années. Voyez-vous le vieux Tim Linkinwater redevenu jeune, mon frère Edwin? Je me rappelle de l'avoir vu tout petit garçon, et vous? Ah! pauvre Tim! pauvre Tim!

Et les bons vieillards rirent agréablement ensemble, et chacun d'eux avait une larme à l'œil en songeant au vieux Tim Linkinwater.

— Mais écoutez d'abord ceci, frère Edwin, dit Charles en plaçant deux chaises auprès de celle de Nicolas; je vais vous le conter moi-même, parce que ce jeune homme est modeste et bien élevé, Edwin, et je ne crois pas convenable de lui faire répéter son histoire comme à un mendiant, ou comme si nous doutions de sa véracité. — Vous avez raison, mon cher frère. — Il me reprendra si je me trompe, poursuivit l'ami de Nicolas; mais en tout cas, ce récit me rappellera le temps où nous étions deux enfants sans appui, et où nous gagnions notre premier shilling dans cette grande cité.

Les jumeaux se serrèrent la main en silence, et le frère Charles rapporta à sa manière ce qu'il tenait de Nicolas. Il s'ensuivit une longue conversation, et une conférence secrète d'une durée presque égale eut lieu dans une autre pièce, entre le frère Edwin et Tim Linkinwater. On peut dire, sans déshonneur pour Nicolas, qu'après avoir été enfermé dix minutes avec les deux frères, il ne pouvait qu'agiter la main à chaque expression nouvelle de bienveillance et de sympathie, et qu'il sanglotait comme un petit enfant.

Enfin, le frère Edwin et Tim Linkinwater reparurent ensemble, et Tim s'approcha aussitôt de Nicolas et lui dit brièvement à l'oreille (car il était ordinairement laconique) qu'il avait pris son adresse dans le Strand, et lui rendrait visite le soir même à huit heures. Puis Tim essuya ses lunettes, et les remit sur son nez, pour se préparer à entendre ce que les frères Cheeryble avaient à dire de plus.

— Tim, dit le frère Charles, vous comprenez que nous avons l'intention de prendre ce jeune homme pour commis?

Le frère Edwin fit observer que Tim était averti de l'intention, et l'approuvait entièrement; et Tim, ayant répondu dans le même sens, se rengorgea d'un air d'importance, après quoi il y eut un silence profond, que Tim rompit le premier

— Mais, dit-il d'un air résolu, je ne viendrai pas une heure plus tard, vous le savez; je ne dormirai pas la grasse matinée; je n'irai pas à la campagne! — Fi de votre entêtement, Tin Linkinwater, dit le frère Charles sans colère et la figure rayonnante d'attachement pour le vieux commis; fi de votre entêtement, Tim Linkinwater! quelles sont donc vos intentions? — Il y a quarante-quatre ans, dit Tim faisant dans l'air un calcul avec sa plume et tirant une ligne imaginaire avant de poser la somme, il y a quarante-quatre ans que je tiens les livres de Cheeryble frères. Il y a quarante-quatre ans que j'occupe la même chambre, et, si rien ne s'y opposait, je désirerais y mourir. — Que parlez-vous de mourir, Tim Linkinwater? s'écrièrent à la fois les deux jumeaux. — Voilà ce que j'avais à dire, monsieur Edwin et monsieur Charles, reprit Tim; ce n'est pas la première fois que vous parlez de me donner ma retraite, mais je vous prierai de ne plus m'en reparler.

A ces mots, Tim Linkinwater sortit, et se renferma dans sa boîte de verre avec l'air d'un homme qui s'est exprimé catégoriquement, et est bien résolu à ne point céder.

Les jumeaux échangèrent un coup d'œil, et demeurèrent un instant sans parler.

— Il faut prendre un parti avec lui, dit Charles avec chaleur; il faut lui donner un intérêt dans la maison, et, s'il s'y refuse, avoir recours à la violence. Mais en attendant, mon cher frère, nous retenons notre jeune ami, et la pauvre dame et sa fille sont inquiètes de lui. Congédions-le donc provisoirement. Adieu, mon cher monsieur... par ici... prenez garde... Pas un mot, s'il vous plaît.

En l'empêchant, au moyen de ces paroles décousues, d'exprimer sa reconnaissance, les deux frères le mirent dehors en échangeant avec lui de nombreuses poignées de main.

Qui pourrait raconter l'étonnement et la joie qu'éveillèrent ces circonstances dans la maison de miss la Creevy, et les actions, pensées, espérances, conjectures et prophéties qui s'ensuivirent? Il suffit de dire brièvement que, du consentement de Tim Linkinwater, Nicolas fut nommé commis de Cheeryble frères, avec un salaire de cent vingt livres sterling par an.

CHAPITRE XXVII.

City square, où était situé le comptoir des frères Cheeryble, méritait jusqu'à un certain degré les éloges de Tim Linkinwater. C'est une place tranquille, peu fréquentée, favorable à la mélancolie, convenable aux rendez-vous. En hiver, la neige la couvre encore longtemps après avoir fondu dans les grandes rues. Le soleil d'été respecte City square, et lorsqu'il y darde avec économie ses joyeux rayons, il garde ses dévorantes chaleurs pour des places plus agitées et moins imposantes. Cet endroit est si calme que, si vous venez en respirer la fraîche atmosphère, vous pouvez entendre le tic-tac de votre montre. Un bourdonnement lointain, non d'insectes mais de voitures, est le seul bruit qui trouble le repos de la place. Dans les jours les plus brûlants, le commissionnaire s'appuie paresseusement contre la borne tiède sans être chaude. Il laisse par degrés tomber sa tête sur sa poitrine, ouvre et ferme les yeux, et finit par céder à l'influence si pacifique du lieu. A son réveil, il recule, il regarde en l'air avec stupéfaction. A-t-il entendu un orgue? a-t-il vu un fantôme? Non; ce qu'il aperçoit est encore plus étrange. C'est un papillon, un véritable papillon, égaré loin des fleurs, et voltigeant autour des barreaux de fer de la grille.

Mais si, à la porte des frères Cheeryble, rien n'attirait l'attention de Nicolas, il ne manquait pas chez eux d'objets capables de le divertir et de l'intéresser. Tout ce qu'on voyait, vivant ou inanimé, participait à un degré quelconque à la régularité et à la ponctualité rigoureuse de M. Timothée Linkinwater. Timothée réglait la pendule du comptoir à l'horloge de quelque vieille église inconnue des environs, qu'il soutenait être le meilleur chronomètre de Londres; et non moins exact que sa pendule, le vieux commis veillait à tout minutieusement, réglait tout ce qu'il y avait à faire, disposait les moindres effets mobiliers avec un ordre et une précision qu'on eût à peine surpassés s'il se fût agi des curiosités les plus précieuses. Papier, plumes, encre, règles, cire, pains à cacheter, boîte de pierre ponce, ficelle, briquet, chapeau de Tim, gants de Tim soigneusement pliés, habit de Tim, qu'on eût pris pour lui-même vu de dos quand il était suspendu à la muraille; chacun de ces objets avait sa place accoutumée, son espace de quelques pouces habituel. Après la pendule, il n'existait pas d'instrument aussi infaillible que le petit thermomètre accroché derrière la porte. Il n'y avait pas dans l'univers entier d'oiseau aussi méthodique que le merle aveugle qui coulait d'heureux jours dans sa cage, et avait perdu la voix longtemps avant que Tim l'eût acheté. Tim ne savait pas d'histoire plus remplie d'incidents que celle de l'acquisition de cet oiseau; il avait eu pitié de son état de souffrance et d'inanition, et l'avait acheté dans l'intention de mettre un terme à sa misérable existence, puis il s'était déterminé à attendre trois jours pour voir si l'oiseau se ranimerait. Le merle s'était rétabli au bout de trente-six heures, et avait recouvré sa bonne mine et son appétit jusqu'à ce qu'il devînt... tel que vous le voyez maintenant, Monsieur, disait Tim en regardant fièrement la cage; et là-dessus, Tim imitait un mélodieux gazouillement, et appelait Dick : et Dick, qu'au peu de signes de vie qu'il donnait, on eût pu prendre pour l'image en bois ou empaillée d'un merle, arrivait en trois sauts au bord de la cage, passait son bec entre les barreaux, et tournait sa tête aveugle vers son vieux maître ; et en ce moment, il eût été difficile de déterminer lequel était le plus heureux du merle ou de Tim Linkinwater.

Ce n'était pas tout, la bienveillance des deux frères se montrait en toutes choses ; les commis et les hommes de peine étaient si gras et si joyeux, qu'ils faisaient plaisir à voir. Au milieu des avis de départ de navires qui décoraient le mur du comptoir, on voyait des plans de dépôts de mendicité, d'établissements de charité et de nouveaux hôpitaux. Un mousqueton et deux épées figuraient au-dessus de la cheminée pour la terreur des malfaiteurs ; mais le mousqueton était rouillé et hors d'état de service, et les épées n'avaient ni tranchant ni pointe ; ailleurs on eût souri de voir ces armes étalées en si mauvais état, mais elles semblaient, malgré leurs qualités meurtrières, se ressentir de l'influence régnante, et devenaient des emblèmes de miséricorde et de pardon.

Telles furent les pensées qui se présentèrent à Nicolas lorsqu'il prit possession de sa place avec plus de calme qu'il n'en avait éprouvé depuis longtemps. Elles l'encouragèrent et le stimulèrent sans doute ; car, durant les deux semaines suivantes, il employa toutes ses heures de loisir, matin et soir, à s'initier aux mystères de la tenue des livres. Il s'y appliqua avec tant de persévérance, que, bien qu'il n'eût que de faibles notions d'arithmétique, il fut au bout d'une quinzaine en état de faire part de ses progrès à M. Linkinwater, de réclamer l'exécution de la promesse qu'on ui avait faite, et de se présenter pour aider le vieux commis.

Il était beau de voir Tim Linkinwater prendre lentement un registre et un livre de compte massifs, les tourner en divers sens, les épousseter avec soin, en parcourir les feuillets, et jeter des regards de tristesse et de fierté sur la netteté des chiffres et des caractères.

— Depuis quarante-quatre ans, dit Tim, j'ai bien vu des registres !

Il referma le livre.

— Allons, allons, dit Nicolas, j'ai hâte de commencer.

Tim Linkinwater remua la tête d'un air de doux reproche. M. Nickleby n'était pas assez vivement pénétré de l'importance de ses fonctions ; car enfin, s'il y avait eu une erreur, une page déchirée !...

Les jeunes gens sont aventureux, ils montrent parfois une audace extraordinaire.

Nicolas ne prit pas même la précaution de s'asseoir sur le tabouret, mais il se tint debout devant le pupitre. Un sourire errait sur ses lèvres, un véritable sourire ; comme M. Linkinwater l'a souvent répété depuis, il n'y avait pas moyen de s'y méprendre. Le novice, trempant sa plume dans l'encrier, la fit courir sur les livres de Cheeryble frères.

Tim Linkinwater devint pâle, et, penchant son tabouret sur les deux pieds les plus proches de Nicolas, il le regarda par-dessus l'épaule avec anxiété. Les deux jumeaux entrèrent en ce moment; mais Tim Linkinwater, sans se détourner, agita la main avec impatience pour leur recommander un silence profond, et continua à suivre d'un œil inquiet les traits de la plume inexpérimentée.

Les frères le contemplèrent en souriant; mais Tim Linkinwater ne rit pas, ne bougea pas durant quelques minutes. Enfin il respira lentement, regarda Charles Cheeryble sans changer son tabouret de position, désigna Nicolas du bout de sa plume à la dérobée, et inclina la tête d'un air grave et résolu, qui voulait évidemment dire :

— Il ira.

Le frère Charles répondit à ce signe, et échangea un sourire avec Edwin. Mais Nicolas avait suspendu sa tâche pour faire une recherche dans une autre page, et Tim Linkinwater, incapable de contenir plus longtemps sa satisfaction, quitta sa place, et le prit avec ardeur par la main.

— Voilà son ouvrage, dit Tim d'un air de triomphe. Ses *B* et ses *D* majuscules sont parfaitement semblables aux miens. Il met les points sur tous les *i*, et barre tous les *t* en les écrivant. Il n'y a pas un jeune homme comme lui dans toute la capitale, je le soutiens. La Cité n'offrirait pas son pareil, je l'en défie.

Jetant ainsi le gant à la Cité, Tim Linkinwater donna un coup de poing sur le pupitre.

— Bien dit, Tim, bien dit ! s'écria le frère Charles presque aussi satisfait que Linkinwater même ; je savais que notre jeune ami travaillerait avec zèle, et j'étais presque certain qu'il réussirait en peu de temps. Ne vous l'ai-je pas dit, frère Edwin ? — Certainement, mon cher frère, et vous avez eu parfaitement raison. Tim Linkinwater est ému, mais il a de justes motifs pour l'être. C'est un brave homme. Monsieur Tim, vous êtes un brave homme.

Tim ne fit pas attention à cette apostrophe, et leva les yeux vers les deux jumeaux.

— Je suis enchanté, dit-il; pensez-vous que je n'aie pas souvent songé à ce que deviendraient ces livres quand je serais retiré? Pensez-vous que je n'aie pas souvent songé qu'après mon départ tout se ferait avec tiédeur et irrégularité? Mais à présent je suis content. Je lui donnerai encore quelques leçons, et je pourrai mourir, et les affaires iront comme de mon vivant, et j'aurai la satisfaction de savoir qu'il n'y a jamais eu, qu'il n'y aura jamais de livres tenus comme ceux de Cheeryble frères.

M. Linkinwater indiqua par un court éclat de rire qu'il continuait à défier la Cité, retrancha tranquillement une erreur de 79 de la dernière colonne qu'il avait additionnée, et se remit à l'ouvrage.

Le deux jumeaux s'éloignèrent, et Charles Cheeryble dit à Edwin :

— J'ai pensé à une chose; c'est à louer à la famille Nickleby notre maison de Bow street, qui se trouve vacante aujourd'hui. Qu'en dites-vous? — Il faut la leur donner pour rien, répondit Edvin; nous sommes riches, et il serait honteux pour nous d'en toucher le loyer en cette circonstance. — Peut-être, reprit Charles doucement, vaudrait-il mieux exiger des Nickleby une modique somme annuelle, ce qui contribuerait à leur conserver des habitudes d'économie, et leur serait moins pénible qu'un bienfait complètement gratuit. Nous pouvons demander quinze ou vingt livres, et si on les paye régulièrement, leur en tenir compte d'une autre manière. Nous pouvons aisément leur faire de petites avances pour se meubler, et s'ils se conduisent bien, comme j'en ai la certitude, nous transformerons ces prêts en dons avec précaution, et par degrés, sans le leur faire trop sentir. Qu'en pensez-vous, mon frère?

Edwin fut de cet avis. Madame Nickleby et Catherine prirent possession de la maison, et tout fut espoir, agitation et contentement.

Il n'y eut jamais assurément de semaine plus remplie de surprises et de découvertes que la première qu'on passa dans la petite maison. Toutes les fois que Nicolas rentrait, on avait constaté la présence de quelque chose de nouveau. Tantôt c'était une vigne, puis un fourneau, puis un cabinet. Des rideaux de mousseline donnaient à telle ou telle chambre une physionomie des plus élégantes. Miss la Creevy, qui était venue par l'omnibus passer un jour ou deux avec la famille, perdait continuellement ses pointes et son marteau, courait partout les manches retroussées, trébuchait sur l'escalier, et se donnait beaucoup de peine. Madame Nickleby parlait sans cesse et travaillait de temps en temps, mais pas souvent. Catherine s'occupait sans bruit, et trouvait tout charmant. Smike rendait le jardin magnifique, et Nicolas aidait et encourageait tout le monde. La joie et la tranquillité étaient revenus dans cette humble famille, et l'absence et les maux qu'elle avait endurés communiquaient de nouveaux charmes à leur situation actuelle.

Bref, les pauvres Nickleby étaient unis et heureux, pendant que le riche Nickleby était seul et misérable.

CHAPITRE XXVIII.

Il était environ sept heures du soir, et l'obscurité croissait dans les étroites rues voisines de Golden square, quand M. Kenwigs envoya chercher une paire de gants de chevreau de vingt-huit sous. Il en prit un, descendit avec une certaine pompe et beaucoup d'agitation, et enveloppa de son gant le marteau de la porte de la rue. Puis il ferma la porte, et se plaça de l'autre côté de la rue pour juger de l'effet. Satisfait de son examen, M. Kenwigs cria à Morleena, par le trou de la serrure, de lui ouvrir la porte, et disparut dans la maison.

Il n'y avait aucun motif appréciable pour que M. Kenwigs enveloppât ce marteau ; car ce n'est pas seulement par des raisons de pure utilité qu'on enveloppe des marteaux de porte. Il y a chez les nations civilisées certaines formalités qu'il faut observer si l'on ne veut que le genre humain retombe dans sa barbarie primitive. Jamais dame comme il faut n'est accouchée en Angleterre sans qu'on l'annonçât symboliquement en enveloppant d'un gant le marteau de la porte. Or, madame Kenwigs avait quelques prétentions à être une dame comme il faut, et madame Kenwigs était accouchée. Voilà pourquoi M. Kenwigs attachait un gant blanc au marteau silencieux.

— Comme c'est un garçon, j'ai bien envie de le faire mettre dans les journaux, se disait M. Kenwigs en arrangeant son col de chemise et remontant lentement l'escalier.

Il réfléchissait encore à l'opportunité de cette démarche, et à la sensation qu'elle produirait vraisemblablement dans le voisinage, quand il entra dans son salon. Divers objets d'habillement, d'une extrême petitesse, y séchaient devant le feu, et M. Lumbey, le docteur, faisait danser l'enfant, c'est-à-dire le plus grand, et non celui qui venait de naître.

— C'est un beau garçon, monsieur Kenwigs, dit M. Lumbey le docteur. — Vous trouvez, Monsieur ? — C'est le plus beau garçon que j'aie vu de ma vie; je n'ai jamais vu d'enfant pareil.

— Morleena était cependant un bel enfant, fit observer M. Kenwigs, comme si cet éloge exclusif eût offensé le reste de sa famille. — C'étaient tous de beaux enfants, répéta M. Lumbey. Et il continua à bercer le petit Kenwigs d'un air pensif. Il se demandait probablement comment il s'indemniserait sur la note de cette fastidieuse occupation.

Durant ce court entretien, miss Morleena, en sa qualité d'aînée de la famille et de représentant naturel de sa mère alitée, avait brusqué et tapé sans relâche les trois autres demoiselles Kenwigs.

— Ce sera un trésor pour celui qu'elle épousera, dit M. Kenwigs à demi-voix; je crois qu'elle épousera un homme au-dessus de son rang, monsieur Lumbey. — Je n'en serais pas étonné du tout, monsieur Kenwigs. — Vous ne l'avez jamais vue danser? — Jamais. Ah! dit M. Kenwigs d'un ton de commisération réelle; alors vous ignorez de quoi elle est capable.

Là-dessus M. Kenwigs arrangea la blonde queue de sa seconde fille, et lui enjoignit d'être une bonne fille et d'écouter ce que lui disait sa sœur Morleena.

— Cette enfant devient de plus en plus en plus ressemblante à sa mère, dit M. Lumbey subitement frappé d'une admiration enthousiaste pour Morleena.

M. Kenwigs allait faire de nouvelles observations, probablement à l'appui de cette opinion, quand une femme, qui était entrée pour ranimer le courage de madame Kenwigs, et pour aider à boire et à manger tout ce qu'il y avait de potable et de comestible, annonça qu'on venait de sonner, et qu'il y avait à la porte un monsieur qui désirait voir M. Kenwigs en particulier.

A cette nouvelle, l'image de son illustre parent s'offrit aux yeux de M. Kenwigs; sous l'influence de ces visions, il dépêcha Morleena pour introduire immédiatement l'étranger, et se plaça en face de la porte pour voir plus vite le visiteur.

— Ah! c'est M. Johnson. Comment vous portez-vous, Monsieur?

Nicolas lui donna la main, embrassa ses anciens élèves, confia un gros paquet de jouets d'enfants à la garde de Morleena, salua le docteur et les dames, et prit l parole d'un ton d'intérêt, qui alla au cœur de la garde, occupée à faire chauffer u mystérieux mélange dans une petite bouilloire.

— Je vous dois mille excuses pour me présenter dans un pareil moment; mais je j'ignorais avant d'avoir sonné, et comme tout mon temps est pris à présent, je craignais de ne pouvoir revenir de quelques jours. Le moment n'est point défavorable, Monsieur, et la situation de madame Kenwigs ne saurait vous empêcher de nous entretenir un instant. — Vous êtes bien bon.

— Le fait est, reprit Nicolas, qu'avant de quitter la province où j'étais il y a quelque temps, je me suis chargé de vous transmettre une nouvelle. — Ah! ah! — Et voici déjà quelques jours que je suis à Londres, sans avoir trouvé l'occasion de le faire. — Peu importe, Monsieur; cette nouvelle, pour être refroidie, n'en sera pas plus mauvaise. Mais de qui peut-elle me venir?... Je ne connais personne en province. — Miss Petowker. — C'est vrai. Ah! madame Kenwigs sera charmée de savoir ce qu'est devenue son amie Henriette Petowker! N'est-il pas singulier que vous vous soyez rencontrés?

En entendant nommer leur ancienne connaissance, les quatre petites filles se groupèrent autour de Nicolas, ouvrant les yeux et la bouche, pour en entendre davantage. M. Kenwigs témoigna un peu plus de curiosité, mais ne montra ni embarras ni soupçon.

Nicolas hésitait.

— Mon message, dit-il, a trait à des affaires de famille. — Oh! n'importe; nous sommes tous amis ici, dit Kenwigs en regardant M. Lumbey.

Nicolas toussa deux fois, et parut éprouver quelque difficulté à poursuivre.

— Henriette Petowker est à Portsmouth? dit M. Kenwigs. — Oui, répondit Nicolas. M. Lillywick y est aussi.

M. Kenwigs devint pâle; mais il se remit et dit que c'était une étrange coïncidence.

— C'est de sa part que je viens.

M. Kenwigs parut se ranimer. Le collecteur était instruit de l'état de sa nièce, et leur envoyait sans doute demander des renseignements détaillés! C'était bien aimable de sa part; on le reconnaissait bien là!

— Il m'a prié, dit Nicolas, de vous assurer de sa constante affection... — Nous lui avons beaucoup d'obligations, certainement. C'est votre grand-oncle Lillywick, mes chères amies! interrompit M. Kenwigs expliquant complaisamment la chose aux enfants. — De vous assurer de sa constante affection, et de vous dire qu'il n'avait pas le temps de vous écrire, mais qu'il était marié avec miss Petowker.

M. Kenwigs se leva brusquement, et demeura anéanti, pétrifié. Il saisit sa cadette par sa blonde queue, et se couvrit la figure de son mouchoir. Morleena tomba roide dans la chaise de son petit frère, comme elle avait vu tomber sa mère en s'évanouissant, et les deux autres demoiselles poussèrent des cris d'effroi.

— Mes enfants, mes enfants! frustrés, spoliés, volés! Le misérable, le scélérat, le traître!... s'écria M. Kenwigs.

Et dans son emportement, il tira si fort les cheveux de sa cadette, qu'il l'enleva sur la pointe des pieds, et la tint quelques secondes en cette attitude.

— Quoi! s'écria la garde-malade en colère, où veut-il en venir avec tout ce tapage? — Taisez-vous, femme! dit fièrement M. Kenwigs. — Je ne veux pas me taire. Taisez-vous vous-même, mauvais sujet. N'avez-vous pas d'égard pour votre enfant? — Non. — Tant pis pour vous, monstre dénaturé! — Qu'il meure! s'écria M. Kenwigs dans l'explosion de sa rage. Qu'il meure! il n'a plus d'espérances, plus de fortune à venir; nous n'avons pas besoin d'enfants ici. Emportez-les, emportez-les à l'hospice.

Après cette sinistre imprécation, M. Kenwigs s'assit et regarda d'un air de défi la garde-malade. Celle-ci se sauva dans la chambre voisine, et revint suivie de flots de commères, déclarant que M. Kenwigs avait blasphémé contre sa famille, et devait être fou furieux.

Les apparences n'étaient certainement pas en faveur de M. Kenwigs; car les efforts qu'il avait faits pour s'énoncer avec tant de véhémence, sans cependant que ses lamentations parvinssent aux oreilles de sa femme, lui avaient rendu la figure noire. Mais Nicolas et le docteur, qui d'abord étaient restés neutres faute de savoir si M. Kenwigs parlait sérieusement, intervinrent pour expliquer aux commères la cause immédiate de son état.

— Ai-je eu des attentions pour cet homme! dit M. Kenwigs d'un ton plaintif. A-t-il mangé des huîtres! a-t-il vidé des pots de bière, d'ale dans cette maison! — C'est bien fâcheux sans doute, c'est bien difficile à supporter, dit une des dames, mais songez à votre chère épouse. — Oh! oui, et à tout ce qu'elle a souffert seulement aujourd'hui, s'écrièrent plusieurs voix. — A-t-il reçu des présents, des pipes, des tabatières, et une paire de pantoufles en caoutchouc, qui m'avaient coûté douze sous!... — N'y pensez plus, s'écria l'universalité des matrones.

M. Kenwigs regarda toutes les dames d'un air sombre, mais il ne dit rien, et, posant sa tête sur sa main, il parut s'assoupir.

Morleena, qui avait totalement oublié son évanouissement en voyant qu'on ne faisait pas attention à elle, annonça qu'une chambre avait été préparée pour son père; et M. Kenwigs, après avoir presque étouffé ses quatre filles dans ses étreintes convulsives, accepta le bras du docteur d'un côté, celui de Nicolas de l'autre, et fut conduit à son lit.

Après l'avoir entendu ronfler de la manière la plus satisfaisante, et avoir procédé à la distribution des joujoux, au grand plaisir de tous les petits enfants, Nicolas se retira. Les lumières disparurent par degrés ; le dernier bulletin annonça que madame Kenwigs était aussi bien qu'elle pouvait l'être, et toute la famille reposa.

CHAPITRE XXIX.

Catherine Nickleby commençait à jouir d'une tranquillité qu'elle n'avait pas depuis longtemps goûtée, même passagèrement. Vivant sous le même toit qu'un frère dont elle avait été si brusquement séparée, délivrée des persécutions qui pouvaient lui mettre la rougeur au front et l'inquiétude au cœur, elle semblait avoir repris une nouvelle vie. Sa gaieté était revenue.

C'est ce que pensa miss la Creevy lorsque la maison eut été mise en ordre de la cave au grenier, et que la petite femme active eut enfin le temps de songer à ceux qui l'habitaient.

— Depuis que je suis ici, dit-elle, je n'ai été occupée matin et soir que de marteaux, de clous, de tenailles et de tournevis. — Vous n'avez jamais le temps de penser à vous, je crois, répondit Catherine en souriant. — Mon Dieu, non, ma chère ; j'ai tant d'occasions de penser aux autres. — Savez-vous que je remarque un grand changement chez une personne de cette maison, un changement très-extraordinaire? — Chez qui? chez mon frère? — Non, ma chère ; c'est toujours le même homme, bon et affectueux, un peu irritable parfois, tel qu'il était lorsque je vous ai connue; mais Smike, le pauvre garçon ! car il ne veut pas de monsieur devant son nom, Smike est bien changé depuis peu. — En quoi? se porte-t-il plus mal? — Pas précisément, quoiqu'il soit faible et malingre, et qu'il ait une mine que je ne voudrais vous voir pour rien au monde. — En quoi donc? — Je le sais à peine, dit l'artiste en miniature; mais je l'ai observé, et il m'a souvent fait venir les larmes aux yeux; ce qui du reste n'est pas bien difficile, car je m'attendris aisément. Je crois pourtant qu'en cette circonstance il y a réellement de quoi pleurer. Depuis qu'il est ici, j'en suis sûre, il est plus intimement convaincu de la faiblesse de son intelligence, il la sent davantage, il est affligé de divaguer parfois et de ne pouvoir comprendre des choses qui sont fort simples; je l'ai épié, ma chère, quand vous n'étiez pas auprès de lui; il était rêveur, concentré, et si triste que sa vue m'était pénible; il se levait brusquement et quittait la chambre, et son abattement était tel que je ne saurais vous dire le mal qu'il me causait. Il n'y a pas trois semaines, il était alerte, éveillé, plein d'insouciance et de joie; maintenant c'est un autre individu, toujours aimant, dévoué, inoffensif, et cependant méconnaissable. — Cette disposition à la mélancolie ne sera que passagère, dit Catherine. — Je le souhaite pour lui, le pauvre garçon, repartit la petite femme d'un ton grave qui ne lui était pas ordinaire; puis elle ajouta avec son enjouement habituel : Je vous ai dit ma façon de penser, mais je me trompe peut-être ; en tout cas, je vais tâcher de lui redonner du courage ce soir, car il doit m'accompagner jusque chez moi. Je parlerai, je jaserai, je babillerai jusqu'à ce que je sois venue à bout de le faire rire de quelque chose, et plus tôt nous partirons, mieux il s'en trouvera.

A ces mots, la petite miss la Creevy déclara que l'omnibus pourrait venir quand il lui plairait.

Mais il fallait encore prendre congé de madame Nickleby; et avant que cette brave dame fût à court de souvenirs appropriés à la circonstance, l'omnibus était arrivé. Sa présence mit l'artiste dans une vive agitation, et en voulant secrètement allouer à la domestique une gratification de dix-huit sous, elle laissa tomber de son sac dix sous en monnaie, qui roulèrent dans tous les coins possibles du couloir, et qu'elle ne ramassa qu'avec peine. Il y eut ensuite lieu d'embrasser une seconde fois Catherine et madame Nickleby, et de se charger d'un paquet et d'un petit panier, et pendant ce temps, au dire de miss la Creevy, l'omnibus jurait de la plus terrible manière. Enfin il feignit de s'éloigner; miss la Creevy courut après lui, et y entra en faisant mille excuses aux voyageurs, et en les assurant qu'elle était désolée de les avoir fait attendre. Pendant qu'elle cherchait une place, le conducteur poussa Smike dedans et s'écria : Complet! et l'énorme voiture partit avec un bruit pareil à celui d'une demi-douzaine de camions.

Laissons-la poursuivre son voyage à la satisfaction du conducteur, et assurons-nous de l'état de sir Mulberry Hawk. Voyons jusqu'à quel point il est remis des suites de sa violente chute.

Une jambe meurtrie, le corps contusionné, le visage défiguré par des cicatrices, pâli par la fièvre et par la souffrance, sir Mulberry Hawk était étendu sur la couche où il était condamné à languir encore quelques semaines. M. Pyke et M. Pluck buvaient dans la pièce voisine, et par intervalles un rire à demi étouffé rompait la monotonie de leur conversation. Le jeune lord, le seul membre de cette société qui ne fût pas complètement perverti, le seul qui eût réellement bon cœur, était assis, un cigare à la bouche, à côté de son mentor, et lui lisait à la lueur d'une lampe les passages du journal du jour susceptibles de l'intéresser ou de le divertir.

— Hum! murmura le malade entre ses dents en se tordant sur son lit, ce matelas

n'est-il pas assez dur, cette chambre assez triste, mes douleurs assez insupporta-
bles, pour qu'on me tourmente encore? Quelle heure est-il? — Huit heures et
demie, répondit son ami. — Allons, approchez la table et reprenons les cartes, dit
sir Mulberry, encore une partie de piquet.

Il était curieux de voir avec quel empressement le malade, incapable de changer
de position, ne pouvant que remuer la tête d'un côté et de l'autre, épiait tous les
mouvements de son ami durant la partie. Il jouait avec ardeur, sans cependant
perdre son sang-froid. Il avait vingt fois plus d'adresse et d'habileté que son adversaire, qui n'était guère de force à lui tenir tête, même quand il avait beau jeu, ce
qui était rare. Sir Mulberry gagnait toujours; et quand son compagnon jeta les cartes et refusa de jouer davantage, le malade étendit son bras endolori, et s'empara
des enjeux avec ce juron de triomphe et ce rauque éclat de rire qui plusieurs mois
auparavant avaient retenti plus bruyants et plus sonores dans la salle à manger de
Ralph Nickleby.

Cependant son domestique vint lui annoncer que M. Ralph Nickleby était en bas,
et désirait savoir comment il allait ce soir.

— Mieux, dit sir Mulberry avec impatience. — M. Nickleby désire savoir, Monsieur... — Mieux, vous dis-je, reprit sir Mulberry en frappant la table du poing.

Le domestique hésita un moment, et dit que Nickleby avait demandé la permission de voir sir Mulberry Hawk, si c'était possible.

— Ce n'est pas possible, je ne puis le voir, je ne puis voir personne, dit le maître
avec un nouvel emportement. Vous le savez, imbécile! — J'en suis bien fâché,
Monsieur, mais M. Nickleby a tellement insisté...

La vérité était que Ralph Nickleby avait séduit le domestique, qui, tenant à gagner
son argent, et dans l'espoir d'une nouvelle récompense, laissait la porte entr'ouverte
et ne se retirait point.

— A-t-il dit qu'il voulait m'entretenir d'affaires? demanda sir Mulberry au bout
d'un instant de réflexion. — Non, Monsieur; il a dit seulement qu'il désirait vous
parler en particulier. — Dites-lui de monter... Holà! cria sir Mulberry passant la
main sur sa face meurtrie et appelant le domestique; enlevez cette lampe, et
placez-la derrière moi. Roulez cette table de côté, et mettez une chaise là-bas...
C'est bien.

Le domestique obéit à ces ordres comme s'il eût parfaitement compris les motifs
qui les avaient dictés, et sortit. Lord Verisopht passa dans la pièce voisine et ferma
derrière lui la porte à deux battants

On entendit des pas légers sur l'escalier, et Ralph Nickleby, le chapeau à la main, se glissa doucement dans la chambre, le corps plié en avant dans une attitude de profond respect, et les yeux fixés sur la figure de son digne client. Sir Mulberry lui fit signe de s'asseoir.

— Eh bien! Nickleby, dit-il agitant la main avec une indifférence affectée; j'ai été victime d'un fâcheux accident, vous le voyez. — C'est vrai, reprit Ralph, je ne vous aurais pas reconnu, sir Mulberry.

Les manières de Ralph exprimaient autant de respect que d'humilité, et le son de sa voix affaiblie témoignait les égards les plus attentifs pour le malade; mais l'expression de sa physionomie, que sir Mulberry ne pouvait voir, offrait un contraste extraordinaire avec ses paroles. Il regardait avec calme l'homme étendu devant lui, et tous ceux de ses traits que ne voilait pas l'ombre de ses sourcils proéminents et contractés portaient l'empreinte d'un sourire sarcastique.

— Asseyez-vous, dit sir Mulberry se tournant vers lui avec effort; suis-je donc si effrayant, que vous me contempliez avec stupéfaction?

Ralph recula d'un pas, eut l'air de chercher à contenir un irrésistible étonnement, et s'assit avec un embarras parfaitement joué.

— Sir Mulberry, dit-il, j'ai fait demander de vos nouvelles tous les jours, et même deux fois par jour, au commencement; et ce soir, comptant sur nos anciennes relations et sur le souvenir d'affaires qui nous ont été profitables à tous deux, je n'ai pu m'empêcher de solliciter une entrevue. Avez-vous... avez-vous beaucoup souffert?

Sir Mulberry avait les yeux fermés. Ralph se pencha en avant et laissa le même sourire railleur reparaître sur sa figure.

— Plus que je ne l'aurais voulu, reprit sir Mulberry en agitant un bras sous la couverture, et moins que ne l'auraient voulu certaines gens que vous connaissez, et que nous ruinons de concert

Ces paroles furent prononcées avec colère; car la froideur calme de Ralph était de nature à irriter son interlocuteur.

— Et quelles sont les affaires qui vous ont amené ce soir? demanda sir Mulberry.
— Presque rien. Il y a des billets de milord qui ont besoin d'être renouvelés, mais nous attendrons votre rétablissement. Je... je viens vous exprimer combien je suis fâché qu'un de mes parents, que je désavoue d'ailleurs, vous ait infligé un châtiment comme celui... — Un châtiment!... — Je sais qu'il a été sévère, dit Ralph se méprenant volontairement sur le sens de l'interruption; et c'est pourquoi j'ai plus

vivement éprouvé le désir de vous dire que je désavoue ce vagabond, que je ne le reconnais point pour parent, que je l'abandonne à votre vengeance.

— Est-ce que l'histoire qu'on m'a contée s'est répandue? demanda sir Mulberry en serrant les poings et les dents. — Elle a couru partout, répondit Ralph. Tous les clubs, tous les salons de jeu en ont retenti. On m'a même assuré qu'on l'avait mise en chanson. On prétend même que la chanson est imprimée, et qu'elle circule partout; mais je ne l'ai pas vue. — C'est un mensonge, s'écria sir Mulberry, je vous dis que c'est un mensonge; la jument s'est emportée. — Parce qu'il l'avait effrayée, dit-on, reprit Ralph toujours calme et impassible. Il y a des gens qui prétendent qu'il vous a effrayé vous-même : mais ceci est un mensonge; c'est une calomnie que j'ai vingt fois réfutée.

En attendant que sir Mulberry pût lier deux mots ensemble, Ralph, la main appuyée sur l'oreille, se tint courbé en avant, et son visage était immobile comme celui d'une statue de bronze.

— Quand je serai hors de ce maudit lit, s'écria le malade en frappant du poing sa jambe fracturée, je me vengerai comme jamais homme ne s'est vengé. Les circonstances l'ont favorisé; il m'a laissé des marques qui dureront une ou deux semaines; mais je lui en laisserai, moi, qu'il emportera dans la tombe. Je lui déchirerai le nez et les oreilles, je le foulerai aux pieds. Et quant à cette sœur délicate, je la...

Peut-être en ce moment le sang glacé de Ralph lui nuança-t-il légèrement les joues.

— Il est pénible, dit Ralph après un moment de silence, durant lequel il avait regardé le malade d'un œil perçant; il est pénible de penser que l'homme à la mode, le roué, le héros de toutes les fêtes a été ainsi traité par un enfant, sur lequel il avait tant d'avantages! Ces gredins-là ont du bonheur! — Il aura besoin d'en avoir, dit sir Mulberry Hawk, qu'il se cache où il voudra. — Oh! il ne se cache pas; il ne songe point à la fuite. Il est ici, il se promène en plein jour, il porte la tête haute, il vous attend, il vous brave.

A cette joyeuse peinture du triomphe de Nicolas, Ralph se laissa pour la première fois entraîner à sa haine; sa figure s'assombrit. — Je jure, dit-il, que si nous habitions un pays où nous fussions à même d'agir impunément, je donnerais bien de l'argent pour lui faire percer le cœur, pour le faire jeter dans le ruisseau, et déchirer par les chiens.

Au moment où Ralph, non sans surprendre un peu son ancien client, donnait ce petit échantillon de ses sentiments de famille, et prenait son chapeau pour se retirer, lord Frédéric Verisopht entra.

— Hawk, de quoi parlez-vous avec Nickleby? Je n'ai jamais entendu de charivari aussi insupportable. Couac, couac, couac, wow, wow, wow; qu'est-ce que cela veut dire? — Sir Mulberry s'est mis en colère, milord, répondit Ralph. — Ce n'est pas à propos d'argent, je l'espère? les affaires vont toujours bien, Nickleby? — Nous sommes toujours d'accord sur les matières d'intérêt, milord; sir Mulberry s'est rappelé la cause de...

Il devint inutile que Ralph continuât, car sir Mulberry proféra de nouvelles menaces contre Nicolas avec un redoublement de fureur.

Ralph, qui n'était pas mauvais observateur, fut surpris quand le jeune lord pria sir Mulberry avec colère et d'un ton peu amical de ne plus reparler de ce sujet en sa présence.

— Songez-y bien, Hawk, ajouta-t-il avec une énergie inaccoutumée, je ne souffrirai jamais, si je puis l'empêcher, qu'on attaque lâchement ce jeune homme. — Lâchement, lord Verisopht! interrompit sir Mulberry. — Oui, lâchement. Si vous lui aviez dit votre nom, si vous lui aviez donné votre adresse, et si vous aviez reconnu ensuite que sa condition et son caractère vous interdisaient de vous battre avec lui, l'affaire eût été assez fâcheuse. De la manière dont elle s'est passée, vous avez eu tort aussi de ne pas intervenir, et j'en suis fâché. Ce qui vous est arrivé est plutôt le résultat d'un accident que d'un projet arrêté, et l'on ne doit point chercher à l'en punir cruellement.

A ces mots, le jeune lord se prépara à rentrer dans la pièce voisine; mais, avant d'y arriver, il se retourna, et dit avec plus de véhémence encore :

— Je crois aujourd'hui, sur mon honneur, que la sœur est aussi vertueuse et aussi modeste que belle; et quant au frère, je dis qu'il a montré du cœur, et qu'il s'est comporté en homme et en frère. Tout ce que je désire, c'est que nous nous tirions tous de cette affaire aussi honorablement qu'il s'en est tiré.

Et lord Frédéric Verisopht sortit, laissant Ralph Nickleby et sir Mulberry dans une stupéfaction peu agréable.

— Est-ce là votre élève? demanda Ralph, ou est-il tout frais sorti des mains de quelque prêtre de village? — Les fous ont parfois de pareils accès, répondit sir Mulberry Hawk.

Ralph échangea un coup d'œil familier avec sa vieille connaissance, car leur surprise commune les avait rapprochés, et il retourna lentement chez lui

Pendant cette scène, l'omnibus avait déposé miss la Creevy et son cavalier, et ils étaient arrivés à leur destination. La bonne petite artiste ne pouvait laisser Smike s'éloigner avant d'avoir pris un biscuit et une gorgée de quelque boisson réconfortante. Smike, loin de faire des façons, avait au contraire regardé ce léger repas comme une préparation indispensable à sa longue course. Il s'ensuivit qu'il resta plus longtemps qu'il ne se l'était d'abord proposé, et que la brune était déjà venue depuis une demi-heure lorsqu'il se mit en route.

Il n'était pas à craindre qu'il s'égarât, car il n'avait qu'à aller toujours tout droit, et presque tous les jours il suivait ce chemin pour conduire Nicolas. Mais la Creevy le congédia sans alarmes, en lui recommandant de présenter ses amitiés à madame et à miss Nickleby.

Arrivé au pied de Lugdate hill, Smike se détourna un peu pour satisfaire sa curiosité en donnant un coup d'œil à la prison de Newgate. Après en avoir examiné avec effroi les sombres murailles, il reprit son chemin et s'avança joyeusement à travers les rues. Parfois il s'arrêtait pour regarder l'étalage d'une boutique plus attrayante que les autres, puis il se mettait à courir, puis il s'arrêtait encore, comme un vrai provincial.

Il contemplait depuis longtemps la devanture d'une boutique de bijoutier, souhaitant de pouvoir porter en présent à ses hôtes un de ces brillants colifichets, quand les horloges sonnèrent huit heures trois quarts. Tiré de sa rêverie, il repartit au pas accéléré, et passait au coin d'une rue adjacente, quand il se sentit arrêté avec tant de violence, qu'il fut obligé de se cramponner à un lampadère pour n'être pas renversé. En même temps, un petit garçon le saisit à la jambe, et cria d'une voix perçante :

— C'est lui, mon père, le voici!

Smike connaissait trop bien cette voix. Il jeta un regard de désespoir sur l'enfant, et frémit de la tête aux pieds. M. Squeers l'avait attrapé au collet avec la poignée de son parapluie, sur l'autre extrémité duquel il pesait de toute sa force. Le cri de triomphe avait été poussé par le jeune Wackford, qui, bravant d'inutiles coups de pied, se cramponnait au malheureux avec la ténacité d'un bouledogue.

Smike vit tout cela d'un coup d'œil, et ce seul coup d'œil ôta au pauvre jeune homme les forces et la voix.

— Ah! la bonne affaire! s'écria M. Squeers, dont la main, montant graduellement le long du parapluie, était venue saisir la victime au collet; ah! la délicieuse affaire! Wackford, mon ami, allez chercher un fiacre. — Un fiacre, mon père? —

Oui, Monsieur, un fiacre! je ne regarde point à la dépense. — Qu'est-ce donc qu'il a fait? demanda un maçon qui passait avec un de ses camarades. — Tout! répondit M. Squeers regardant son ancien élève avec ravissement; tout, Monsieur! il s'est sauvé, il a eu soif du sang de son maître; il n'y a point de crime qu'il n'ait commis. Ah! la charmante aventure!

L'ouvrier regarda Smike; mais le peu d'intelligence que possédait le pauvre garçon l'avait complètement abandonné. La voiture arriva; le jeune Wackford y entra, Squeers y poussa sa proie; et le cocher s'éloigna lentement, laissant à leurs réflexions les deux maçons, une vieille marchande de pommes, et un petit garçon qui revenait de l'école, seuls témoins de cette scène dramatique.

— N'est-ce pas un songe? dit Squeers. C'est bien lui en chair et en os!

Et afin de mieux constater l'identité, M. Squeers administra à Smike plusieurs coups de poing sur l'oreille en riant avec plus de force à chaque coup.

— Votre mère est capable de mourir de joie quand elle recevra cette nouvelle, dit Squeers à son fils. — Vous croyez, mon père? — Penser que nous l'avons retrouvé au détour d'une rue, et que je l'ai atteint du premier coup de mon parapluie comme avec un grappin de fer! ah! ah! — Ne l'ai-je pas empoigné solidement par la jambe, mon père? dit le petit Wackford. — Oui, mon fils, dit Squeers en lui frappant sur la tête, et vous aurez la meilleure veste et le meilleur gilet du premier élève nouveau, en récompense de votre mérite. Suivez toujours le même sentier, faites ce que vous voyez faire à votre père, et quand vous mourrez, vous irez droit au ciel, et l'on ne vous demandera compte de rien.

A ces mots, M. Squeers frappa de nouveau son fils sur la tête; puis il frappa Smike, mais plus fort, et lui demanda d'un ton railleur comment il se trouvait.

— Je veux aller chez moi, dit Smike en promenant les yeux autour de lui d'un air égaré. — Vous y irez bientôt sans doute. Avant une semaine, mon jeune ami, vous vous trouverez au paisible village de Dotheboys (Yorkshire), et, la première fois que vous en sortirez, je vous donne la permission de n'y jamais rentrer. Où sont les habits que vous aviez quand vous vous êtes sauvé, voleur, être dénué de toute espèce de reconnaissance?

Smike regarda le costume propre et élégant qu'il devait aux soins de Nicolas, et se tordit les mains.

— Savez-vous, dit Squeers, que je pourrais vous faire pendre pour vous être sauvé avec des objets à moi appartenant? Savez-vous que vous avez encouru la potence en vous enfuyant d'une maison avec une valeur de cinq livres sterling? Et je ne sais pas même si ce n'est point l'un des cas où le corps des suppliciés est abandonné au scalpel... Hein, savez-vous cela? que pensez-vous que valaient les vêtements que vous aviez? Savez-vous que la botte que vous portiez à une jambe coûtait huit francs la paire, et votre soulier six francs? Mais vous êtes tombé entre les mains d'un homme miséricordieux, remerciez-en votre bonne étoile.

Les sceptiques auraient pu croire qu'au lieu d'avoir de la miséricorde à revendre, M. Squeers en était à court; et leur opinion eût été confirmée s'ils avaient vu le pédagogue frapper Smike à la poitrine avec le fer de son parapluie, et lui chatouiller la tête et les épaules avec les côtés de ce même instrument.

— C'est la première fois que je rosse un enfant dans un fiacre, dit Squeers quand il s'arrêta pour reprendre haleine. Ça n'est pas très-commode, mais la nouveauté m'y fait trouver un certain attrait.

Pauvre Smike! Il parait les coups de son mieux, et s'était réfugié dans un coin de la voiture, la tête entre les mains et les coudes sur les genoux. Il était étourdi et stupéfié, et avait perdu tout espoir d'échapper au tout-puissant Squeers. Maintenant qu'il n'avait aucun ami pour lui donner des conseils, il considérait sa position comme aussi désespérée qu'avant l'arrivée de Nicolas à Dotheboys.

Le voyage lui parut sans fin; les rues se succédaient, et ils allaient toujours. Enfin, M. Squeers mit la tête à la fenêtre toutes les demi-minutes, et donna au cocher une multitude de renseignements. Après avoir traversé plusieurs rues, que l'aspect des maisons et le mauvais état du chemin annonçaient avoir été récemment bâties, M. Squeers tira le cordon de toute sa force, et cria :

— Voici la maison. C'est la seconde de ces quatre petites maisons, d'un étage de haut, à volets verts. Il y a sur la porte une plaque de cuivre avec le nom de Snawley. Arrêtez!

Obéissant à cet ordre, le cocher arrêta à la porte de M. Snawley. Ce M. Snawley était le gentleman saint et mielleux qui avait confié deux beaux-fils aux soins paternels de M. Squeers, comme on l'a rapporté dans cette histoire.

— Nous voici! dit Squeers poussant Smike dans le petit salon où M. Snawley et son épouse soupaient avec un homard. Voici le vagabond, le filou, le rebelle, le monstre d'ingratitude! — Quoi! l'enfant qui s'est sauvé! s'écria Snawley laissant tomber subitement son couteau et sa fourchette et ouvrant de grands yeux. — Lui-même, dit Squeers mettant à plusieurs reprises son poing sous le nez de Smike avec les intentions les plus hostiles. S'il n'y avait pas de dame ici, je lui donnerais... mais n'importe; je le retrouverai.

Ici, M. Squeers raconta comment, où et quand il avait rattrapé le fugitif.

— Il est clair que la main de la Providence vous a guidé, dit M. Snawley.

Et baissant les yeux d'un air d'humilité, il éleva vers le plafond sa fourchette surmontée d'un morceau de homard.

— La Providence s'est déclarée contre lui, sans doute, répondit M. Squeers en se grattant le nez, on devait s'attendre à ce qui est arrivé. — La dureté de cœur et les mauvaises actions ne prospéreront jamais, dit M. Snawley. — Cela ne s'est jamais vu, reprit Squeers. J'ai été, monsieur Snawley, le bienfaiteur de ce drôle ; je l'ai nourri, instruit, habillé. J'ai été son ami classique, commercial, mathématique, philosophique, et trigonométrique. Mon fils, mon fils unique, Wackford, a été son frère. Madame Squeers a été sa mère, sa grand'mère, sa tante, et je pourrais même dire son oncle ; elle n'a jamais eu de soins pour personne autant que pour lui, si ce n'est pour vos deux charmants enfants. Quelle est ma récompense ? Quel est le fruit de ma bonté ? Le lait de ma bienveillance, si je puis m'exprimer ainsi, tourne et s'en va sous mes yeux ! — Ce n'est que trop vrai, Monsieur, dit madame Snawley. — Où a-t-il vécu pendant tout ce temps ? demanda Snawley. A-t-il demeuré avec ?... — Oui, Monsieur, interrompit Squeers, avez-vous demeuré avec ce diable de Nickleby ?

Mais ni menaces ni coups ne purent arracher à Smike une réponse ; car il avait intérieurement résolu de périr dans la misérable prison où il allait être renfermé, plutôt que de prononcer une syllabe qui compromît son premier et seul ami. Il se rappelait qu'à son départ de Dotheboys, Nicolas lui avait recommandé le plus profond secret sur les événements de sa vie passée ; il s'imaginait vaguement que son bienfaiteur avait commis en l'emmenant un crime épouvantable, qui l'exposerait à quelque grave punition s'il était découvert ; et cette idée contribuait à le jeter dans un état de terreur et d'apathie.

Telles étaient les pensées de Smike, si l'on peut donner ce nom à des visions aussi indéfinies que celles qui erraient dans sa cervelle affaiblie. Elles le rendirent inébranlable à la persuasion et à l'intimidation simultanément employées. Voyant ses efforts inutiles, M. Squeers le conduisit dans une petite chambre de derrière où il devait passer la nuit. L'instituteur prit la précaution de lui enlever ses souliers, son habit et son gilet, et de fermer la porte pour prévenir toute tentative d'évasion ; puis il l'abandonna à ses méditations.

Qui dirait la nature de ces méditations incessantes ? qui dirait combien la pauvre créature eut le cœur ulcéré en songeant à sa demeure, à ses amis, aux figures aimables qui lui étaient familières? Pour préparer l'esprit à un sommeil aussi lourd que celui qui pesait sur le sien, il faut que le développement des facultés mentales ait été arrêté dès l'enfance par les rigueurs et la barbarie ; il faut que des années de misère et de souffrance se soient succédé sans la lueur d'un seul rayon d'espérance; il faut que les cordes secrètes du cœur, que fait sympathiquement retentir la voix de la tendresse et de la bienveillance, se soient brisées depuis longtemps, et n vibrent point de l'harmonie d'une ancienne sphère d'amour ou de bonté. Il faut qu'une pareille nuit intellectuelle ait été précédée d'un jour bien court et bien sombre, d'un crépuscule bien long et bien sinistre.

Il y avait des voix qui, même alors, auraient ranimé Smike; mais leurs sons bienvenus ne pouvaient pénétrer jusqu'à lui ; et quand il se glissa dans son lit, c'était le même être flétri, abattu, découragé, que Nicolas avait trouvé dans la pension de Dothebovs.

CHAPITRE XXX.

La nuit, si pénible pour le malheureux Smike, avait fait place à une pure et brillante matinée d'été, quand une diligence du nord de l'Angleterre traversa avec un bruit joyeux les rues encore silencieuses d'Islington, et signalée de loin par les sons retentissants du cor du conducteur, s'approcha de l'endroit où elle s'arrêtait à Londres, près de la poste.

Le seul voyageur de l'impériale était un gros paysan à la mine honnête, qui, les yeux fixés sur le dôme de la cathédrale de Saint-Paul, semblait si éperdu d'admiration, qu'il était insensible au bruit des paquets qu'on déballait. C'était John Browdie, marié depuis peu à Mathilde Price.

Arrivés à l'hôtel de la Tête de Maure, ils y trouvèrent M. Squeers et Fanny sa fille. La conversation tomba sur le pauvre prisonnier.

— Eh! quoi! dit madame Browdie, c'est lui? — Lui-même, dit Squeers; je le tiens ferme à présent, chez moi, dans une chambre du haut sur le derrière ; il est d'un côté, et la clef de l'autre. — Chez vous! vous le tenez renfermé chez vous? ho! ho! le maître d'école lutterait avec toute l'Angleterre. Donnez-moi votre main, mon homme; vous méritez que je vous secoue la main. Ah! vous le tenez enfermé chez vous! — Oui, répliqua Squeers, que fit chanceler sur sa chaise le coup qu'en manière de congratulation le vigoureux paysan lui appliqua sur la poitrine; je vous remercie de vos félicitations; mais, de grâce, ne les réitérez pas. Vos intentions sont bonnes, je le sais; mais vos mains sont rudes. L'aventure n'est pas mauvaise, n'est-ce pas? — Mauvaise! répéta John Browdie; rien qu'à vous l'entendre dire, on en demeure pétrifié.

Squeers se frotta les mains :

— Je savais, dit-il, que cette affaire vous causerait un peu de surprise; elle a été expédiée vite et bien. — Comment? demanda John, s'asseyant près de l'instituteur. Racontez-nous cela, mon homme; allons, vite.

Sans pouvoir conformer la rapidité de son récit à l'impatience générale, M. Squeers raconta par quel heureux hasard Smike était tombé entre ses mains, et il ne s'arrêta qu'après avoir terminé, sauf les temps d'arrêt que nécessitèrent les cris d'admiration de ses auditeurs.

— De peur qu'il ne m'échappe d'une manière quelconque, ajouta Squeers d'un air de malicieuse finesse, j'ai retenu trois places d'impériale dans la diligence de demain, pour Wackford, lui et moi, et je me suis arrangé pour laisser à un agent le soin des comptes et des nouveaux élèves. Il est donc très-heureux que vous soyez arrivés aujourd'hui, autrement vous ne nous auriez pas rencontrés; et, si vous ne venez prendre le thé avec nous ce soir, nous ne nous reverrons point. — N'en parlons plus, reprit le paysan en lui serrant les mains; nous irons, fût-ce à vingt milles d'ici. — Vous viendrez? repartit Squeers, qui ne s'était pas attendu à une acceptation aussi prompte de son invitation, car autrement il y aurait regardé à deux fois avant de la faire.

John Browdie ne répondit que par une autre poignée de main, et assura qu'ils ne commenceraient à voir Londres que le lendemain, et que par conséquent ils seraient chez M. Snawley sans faute à six heures. Au bout d'un instant de conversation, M. Squeers et son fils se retirèrent.

Durant le reste du jour, M. Browdie fut dans un étrange état d'irritation. Parfois il éclatait de rire, prenait son chapeau et allait courir seul dans la cour de l'hôtel. Il entrait et sortait continuellement sans prendre de repos, faisait claquer ses doigts, dansait de bizarres danses de son pays, et se conduisit enfin d'une façon si extraordinaire, que miss Squeers le crut fou, et communiqua longuement ses soupçons à Mathilde en la priant de ne pas se désoler. Madame Browdie elle-même, sans partager ces alarmes, fit observer qu'elle l'avait déjà vu dans cet état, qu'il en serait presque certainement malade, mais peu sérieusement, et qu'il valait mieux l'abandonner à lui-même.

On le mit au lit, on le confia aux soins de sa femme, qui, un moment après, reparut au salon en apportant la bonne nouvelle qu'il s'était endormi.

Or, John Browdie n'eut pas plus tôt comprimé son émotion, qu'il ôta ses souliers, se glissa jusqu'à la chambre voisine où le prisonnier était renfermé, tourna la clef qui était en-dehors, et couvrit de sa large main la bouche de Smike avant que celui-ci eût pu proférer un cri.

— Silence! ne me connaissez-vous pas, mon homme? murmura le paysan au prisonnier interdit : je suis Browdie. — Oui, oui, s'écria Smike. Oh! secourez-moi. — John lui remit la main sur la bouche, en disant : Que je vous secoure! vous n'auriez pas besoin d'être secouru, si vous n'étiez pas le jeune homme le plus niais qui ait jamais humé l'air; pourquoi êtes-vous venu ici? — Il m'y a amené, il m'y a amené. — Il m'y a amené! pourquoi ne pas lui avoir poché les yeux? pourquoi ne pas vous être débattu? pourquoi ne pas avoir crié à la garde? Quand j'étais jeune comme vous, je n'aurais pas craint une douzaine d'individus comme lui. Mais vous êtes un pauvre diable abruti, et que Dieu me pardonne de faire des reproches à l'une de ses plus faibles créatures!

Smike allait parler, mais John Browdie l'arrêta.

— Silence! pas un mot sans ma permission.

Puis John Browdie tira de sa poche un tournevis, fit adroitement sauter la serrure, et la jeta sur le parquet.

— Voyez-vous, dit-il, c'est vous qui avez fait cela. Maintenant, décampez.

Smike le regarda d'un air égaré, comme s'il n'eût pas compris son intention.

— Décampez, vous dis-je, répéta vivement John Browdie : savez-vous où vous demeurez? Vous le savez... Bien.

Il l'entraîna dans la chambre voisine, et lui montrant un habit et une paire de souliers étendus sur une chaise :

— Ces habits, dit-il, sont-ils à vous ou au maître d'école? — Ils sont à moi. — Mettez-les, dit John en lui faisant entrer le bras droit dans la manche gauche, et lui entortillant le cou avec les pans de l'habit. Maintenant, suivez-moi, et quand vous serez dans la rue, tournez à droite, et ils ne vous verront point passer. — Mais... mais... il m'entendra fermer la porte, repartit Smike tremblant de la tête aux pieds. — Eh! vous ne la fermerez point du tout. Avez-vous peur que le maître d'école attrape un rhume? — N...on, dit Smike, dont les dents claquaient; mais il m'a retrouvé, et me retrouvera encore. — N'ayez donc pas peur, reprit John avec impatience. Voyez-vous, je n'aimerais pas, parce que nous sommes voisins, en venir à de fâcheuses extrémités, et je veux leur laisser croire que vous vous êtes sauvé tout seul. Mais s'il sort du salon pendant votre fuite, qu'il prenne garde à lui. S'il s'en aperçoit plus tard, peu m'importe. Allons; si vous avez du cœur, vous serez chez vous avant qu'il sache que vous êtes parti.

Smike, qui avait juste assez d'intelligence pour comprendre que ces paroles avaient pour but de l'encourager, se préparait à le suivre à pas chancelants, quand John lui murmura à l'oreille :

— Vous direz au sous-maître que je suis marié à Mathilde Price, qu'il peut m'écrire à la Tête de Maure, et que je n'ai nulle rancune de ce qui s'est passé certain soir. Je crois que je le vois encore avec ses tartines de beurre!

C'était en ce moment pour John un souvenir périlleux; car il fut sur le point de pouffer de rire. Se retenant à propos par un grand effort, il guida Smike au bas de l'escalier; et, se plaçant près la porte du salon, pour faire face à la première personne qui se présenterait, il lui fit signe de s'éloigner.

Après en avoir tant fait, Smike n'avait pas besoin d'un second avertissement. Il ouvrit doucement la porte de la rue, et, jetant sur son libérateur un regard de gratitude et de terreur, il prit la direction qui lui avait été indiquée, et disparut avec la rapidité de la foudre.

Le paysan demeura quelques minutes à une porte; mais, voyant qu'il n'y avait pas d'interruption dans la conversation, il remonta à pas de loup. Tout étant parfaitement calme, il retourna dans le lit de M. Squeers, et cachant sa tête sous les draps, il rit de manière à s'essouffler.

CHAPITRE XXXI.

Encore une fois hors des griffes de son ancien persécuteur, Smike n'avait pa. besoin d'être stimulé davantage pour déployer toute l'énergie dont il était susceptible. Porté sur les ailes de la peur, il lui semblait que la voix trop connue de Squeers retentissait à ses oreilles. Ce ne fut que lorsque le calme et l'obscurité d'une grande route le rappelèrent au sentiment des objets extérieurs, lorsque le ciel étoilé l'avertit de la marche rapide du temps, que, haletant et couvert de poussière, il s'arrêta pour écouter et regarder autour de lui.

Tout était silencieux. Dans le lointain, une lueur éclatante, qui s'épanouissait dans le ciel, marquait la place où gisait l'immense capitale. Smike eut vaguement l'idée puérile de faire dix ou douze milles dans la campagne et de retourner chez lui par un long détour, tant il appréhendait de suivre seul les rues où il risquait de rencontrer son formidable ennemi ; mais bientôt il rebroussa chemin, et, prenant la grande route, non sans crainte ni méfiance, revint à Londres avec presque autant de célérité qu'il en avait mis à quitter la résidence temporaire de M. Squeers.

Au moment où il rentra dans les quartiers de l'Ouest, la plus grande partie des boutiques étaient fermées. Il ne restait dans les rues qu'un petit nombre de ceux qui avaient été tentés de se promener après la chaleur du jour, et ils allaient rentrer. Smike prit de temps en temps des informations, et à force de questions réitérées il atteignit enfin la demeure de Newman Noggs.

Newman avait passé la soirée à chercher dans tous les coins et recoins de la ville la personne même qui frappait à la porte. Pendant que Nicolas faisait de son côté de semblables perquisitions, Newman soupait seul et tristement, quand le coup incertain et craintif de Smike retentit à ses oreilles. Attentif à tous les bruits, dans son état d'inquiétude et d'attente, Newman descendit les degrés quatre à quatre, poussa un cri de surprise et de joie, entraîna son hôte bienvenu dans l'allée, puis en haut de l'escalier, et ne prononça pas une parole avant de le tenir en sûreté dans son grenier, et d'avoir fermé la porte sur eux. Puis il remplit une grande **jatte d'un** mélange de genièvre et d'eau, la porta à la bouche de Smike, comme on présenterait une médecine aux lèvres d'un enfant réfractaire, et lui commanda de la boire jusqu'à la dernière goutte.

Newman devint pâle en voyant que Smike avait à peine la force de goûter du bout des lèvres la précieuse mixture ; il allait porter la jatte à sa propre bouche quand Smike se mit à raconter ses aventures. Newman s'arrêta à moitié chemin, et il écouta sa jatte à la main.

Les changements qui s'opérèrent sur la face de Newman pendant cette narration furent assez étranges à voir. Quand Smike en vint à parler des coups qu'il avait reçus dans le fiacre, Newman déposa la jatte sur la table, arpenta la chambre avec la plus grande agitation, s'arrêtant parfois brusquement pour écouter avec plus d'attention. Quand John Browdie parut en scène, Newman se laissa lentement tomber sur une chaise, se frotta les mains sur les genoux avec une vitesse qui croissait à mesure que le récit approchait de sa conclusion, et finit par faire entendre un éclat de rire composé de ha ! ha ! bruyants et sonores. Puis sa physionomie s'assombrit, et il demanda avec l'anxiété la plus vive s'il était probable que John Browdie et Squeers en étaient venus aux coups.

— Je ne crois pas, répondit Smike. Squeers ne s'est aperçu de ma fuite que lorsque j'étais bien loin.

Newman se gratta la tête d'un air de désappointement, éleva encore une fois la jatte, et s'en administra le contenu tout en souriant à Smike par-dessus le bord.

— Vous resterez ici, dit Newman, vous êtes fatigué, harassé. Je leur dirai que vous êtes de retour. Ils avaient presque perdu la tête à cause de vous. M. Nicolas...
— Que Dieu le bénisse! s'écria Smike. — Amen! reprit Newman. Il n'a pas eu une seule minute de repos ni de tranquillité, pas plus que la vieille dame et miss Nickleby.

Dans son enthousiasme, il allait continuer, quand, jetant les yeux sur lui, il s'aperçut que Smike s'était couvert la figure avec ses mains, et que des larmes glissaient entre ses doigts.

Un moment auparavant les yeux du jeune homme avaient étincelé d'un feu inaccoutumé, et tous ses traits avaient brillé d'une animation qui le rendait tout différent de lui-même.

— Bien, bien, murmura Newman. J'ai été touché plus d'une fois de ce qu'une pareille nature eût été en proie à tant de tribulation; ce pauvre garçon... Oui, oui, il sent cela aussi, il en est attendri, il se rappelle ses propres malheurs. Ah! voilà! Oui, c'est cela!... Hum!

Le but de ces réflexions entrecoupées était d'expliquer l'émotion qui les avait suggérées. Les considérant comme suffisamment claires; Newman Noggs demeura quelque temps à contempler Smike dans une attitude de rêverie. Puis il renouvela la proposition d'aller lui-même calmer l'inquiétude de la famille, pendant que Smike se coucherait. Mais Smike s'y refusant et alléguant son vif désir de revoir ses amis, ils sortirent ensemble.

La nuit était avancée; Smike, épuisé de fatigue, se traînait péniblement, et ce ne fut qu'une heure avant le lever du soleil qu'ils atteignirent leur destination.

En entendant leurs voix si connues à la porte, Nicolas, qui avait passé une nuit blanche à chercher les moyens de retrouver son protégé perdu, sauta à bas du lit et les accueillit avec transport. Le plaisir et l'indignation s'exprimèrent d'une manière si bruyante que le reste de la famille fut bientôt éveillé, et Smike fut reçu cordialement, non-seulement par Catherine, mais aussi par madame Nickleby.

D'abord Nicolas fut disposé à croire que son oncle avait été complice de cette tentative hardie, qui avait failli réussir; mais, après de plus mûres considérations, il fut convaincu que M. Squeers seul en avait toute la responsabilité. Déterminé à s'assurer, s'il le pouvait, par John Browdie, de la manière dont la chose s'était passée, il se rendit à ses occupations journalières. En route, il examina différents moyens de punir l'instituteur d'Yorkshire. Tous ces moyens étaient fondés sur les principes les plus rigoureux de la justice, et n'avaient d'autre inconvénient que celui d'être complètement impraticables.

— Voilà une belle matinée, monsieur Linkinwater, dit Nicolas en entrant au bureau. — Ah! répondit Tim, parlez donc de la campagne. Que dites-vous de ce jour, pour un jour de Londres? — Il est un peu plus brillant hors de la ville. — Plus brillant? répéta Tim Linkinwater; il faudrait le voir de la fenêtre de ma chambre à coucher. — Il y a des giroflées doubles au n° 6, dans la cour? demanda Nicolas. — Oui, répondit Tim; et elles sont plantées dans un pot fêlé, sur la gouttière. Le printemps dernier, on y voyait des hyacinthes qui fleurissaient dans... Mais vous allez rire. — De quoi? — Des vases où elles fleurissaient; c'étaient de vieilles bouteilles de cirage. — Je n'y vois rien de risible.

Tim parut encouragé par le ton de cette réponse à s'expliquer davantage. Il planta derrière son oreille une plume qu'il venait de tailler, ferma son canif avec un craquement aigu, et dit :

— Les fleurs du n° 6 appartiennent à un enfant bossu, contrefait, alité, et semblent être les seuls plaisirs de sa triste existence. Combien y a-t-il d'années que je l'ai remarqué pour la première fois, faible enfant, se traînant sur une paire de petites béquilles! Il y a peu de temps, sans doute; mais si ce temps me paraît court en songeant à autre chose, je le trouve long, très-long quand je songe à ce malheureux. Il est triste de voir un petit enfant difforme, séparé des autres enfants, qui sont actifs et joueurs, et, contemplant de loin les jeux auxquels il lui est interdit de prendre part; ce spectacle m'a souvent fort ému. — Il faut avoir bon cœur, dit Nicolas, pour accorder à de pareilles choses une attention que requièrent les tracas multipliés de chaque jour. Vous disiez... — Que les fleurs appartenaient à ce pauvre enfant, voilà tout. Lorsqu'il fait beau temps, et qu'il peut se traîner hors de son lit, il approche une chaise de la croisée, s'assied, et passe la journée à les regarder, à les arranger. Nous nous sommes fait d'abord des signes, puis nous avons entamé la conversation. Au commencement, quand je lui parlais le matin et lui demandais comment il se portait, il souriait et répondait : Mieux. Mais à présent il secoue la tête, et s'incline davantage vers ses plantes. Ce doit être pénible de ne voir, pendant tant de mois consécutifs, que les toits sombres et les nuages qui passent; mais il a beaucoup de patience. — N'y a-t-il dans la maison personne pour le secourir ou pour le consoler? — Son père y demeure, je crois, et d'autres gens aussi ; mais personne ne semble prendre soin du pauvre estropié. Je lui ai demandé bien souvent si je ne pouvais rien faire pour lui ; sa réponse est toujours la même : Rien. Dernièrement sa voix s'est affaiblie, mais je vois qu'il me fait encore la même réponse. Maintenant il ne peut plus quitter son lit, qu'on a placé près de la fenêtre, et où il passe tout le jour regardant tantôt le ciel, tantôt ses fleurs, qu'il essaye encore de cultiver et d'arroser de ses mains débiles. Le soir, quand il voit ma chandelle, il tire son rideau, et ne le referme que lorsque je suis couché. La certitude que je suis là semble lui tenir lieu de société ; et il m'arrive souvent de rester une heure et plus à ma fenêtre pour qu'il voie que je veille encore. Quelquefois je me lève la nuit pour regarder la triste et sombre lumière qui éclaire sa petite chambre, et je me demande s'il est éveillé ou endormi. La nuit ne tardera pas à venir où il s'endormira pour ne jamais se réveiller sur la terre. Nous n'avons jamais échangé une poignée de main, et cependant je le regretterais comme un vieil ami. Croyez-vous qu'il y ait dans la campagne des fleurs susceptibles de m'intéresser autant? Cent espèces de fleurs choisies, appelées des noms latins les plus barbares, me donneraient-elles en se flétrissant sous mes yeux la moitié de la douleur que j'éprouverai quand ces vieux pots et ces vieilles bouteilles seront enlevés comme d'inutiles objets? Vous parlez de la campagne! Ne savez-vous pas que c'est à Londres seulement que je puis avoir une pareille vue sous la croisée de ma chambre à coucher?

Après cette question, Tim se retourna, et feignant d'être absorbé dans ses comptes, profita pour essuyer ses yeux à la hâte d'un moment où il supposait que Nicolas regardait d'un autre côté.

Soit que ce matin-là les comptes de Tim fussent plus embrouillés qu'à l'ordinaire, soit que sa sérénité habituelle eût été troublée par ses souvenirs, il arriva que Nicolas, après avoir exécuté quelque commission, ayant demandé si M. Charles Cheeryble était seul, Tim répondit affirmativement sans la moindre hésitation.

— Alors, dit Nicolas, je vais lui porter cette lettre.

Et il se dirigea vers la chambre et frappa à la porte. On ne répondit point.

Il frappa de nouveau, mais sans plus de succès.

— Il n'y est pas, se dit Nicolas ; je mettrai la lettre sur sa table.

Nicolas entra, et retourna promptement sur ses pas en voyant, à sa grande surprise, une jeune dame à genoux aux pieds de M. Cheeryble. M. Cheeryble la conjurait de se lever, et priait une troisième personne, qui semblait être la domestique de la jeune dame, de l'aider à persuader celle-ci.

Nicolas balbutia une excuse, et allait se retirer précipitamment, quand la dame, tournant un peu la tête, lui montra les traits de la jeune fille qu'il avait vue au bureau de placement lors de sa première visite. Il reconnut dans la domestique celle qui l'accompagnait également à cette époque ; et partagé entre son admiration pour la jeune dame et le trouble que lui causait cette rencontre inattendue, il demeura immobile, égaré, muet, éperdu.

— Ma chère dame, ma chère dame, s'écria le frère Charles dans une agitation violente, de grâce, pas un mot de plus, je vous en supplie. Levez-vous, miss... nous ne sommes pas seuls.

A ces mots, il releva la jeune dame, qui s'avança en chancelant vers une chaise et s'évanouit.

Nicolas s'élança :

— Elle se trouve mal, Monsieur !

— Pauvre fille, pauvre fille ! cria Charles. Où est mon frère Edwin ? Mon cher Edwin, venez ici !

Edwin se précipita dans la chambre.

— Qu'y a-t-il ? ah !... quoi !... — Silence ! silence ! pas un mot, Edwin ! Sonnez la femme de charge, mon cher frère ; vous êtes surpris sans doute d'être témoin d'une pareille scène durant nos heures d'occupation ; mais...

Ici il se rappela la présence de Nicolas, le prit par la main, le pria avec instance de sortir, et d'envoyer Tim Linkinwater sans une minute de retard.

Nicolas se retira immédiatement, et rencontra sur son passage la vieille femme de charge et Tim Linkinwater qui se coudoyaient dans le couloir, et arrivaient avec une vitesse extraordinaire. Sans s'arrêter à prendre connaissance du message du jeune commis, Tim Linkinwater se rua dans la chambre, et aussitôt après Nicolas entendit fermer et verrouiller la porte en-dedans.

Il eut tout le temps nécessaire pour ruminer sur sa découverte, car Tim Linkinwater fut absent durant près d'une heure. Pendant ce temps, Nicolas ne songea qu'à l'inconnue, se demandant ce qui pouvait l'avoir amenée, et pourquoi l'on prenait tant de mystérieuses précautions. Plus il y pensait, plus il était embarrassé, et plus il désirait savoir ce qu'elle était.

— Je l'aurais reconnue entre dix mille, se disait Nicolas, et il arpentait la chambre en long et en large, se représentait le visage de celle qui l'occupait si vivement, et écartait avec dédain tout autre sujet de réflexion.

Enfin Tim Linkinwater revint; il était d'un calme désespérant, et tenait des papiers à la main, une plume à la bouche, comme si rien n'était arrivé.

— Est-elle complètement remise? dit avec impétuosité Nicolas. — Qui? — Qui? la jeune dame.

Tim ôta sa plume de sa bouche.

— Monsieur Nicolas, dit-il, combien font quatre cent vingt-sept fois trois mille deux cent trente-huit? — Répondez donc d'abord à ma question, reprit Nicolas. Je vous interrogeais... — Au sujet de la jeune dame, dit Tim Linkinwater en mettant ses lunettes. Oui, sans doute, elle se porte très-bien. — Vraiment? — Sans contredit. — Pourra-t-elle retourner chez elle aujourd'hui? — Elle est partie. — Partie! — Oui. — J'espère qu'elle n'a pas beaucoup de chemin à faire, dit Nicolas les yeux fixés sur son interlocuteur. — Et moi aussi, répondit l'impassible Tim.

Nicolas hasarda une ou deux autres observations, mais il était évident que Tim Linkinwater avait ses raisons pour éluder les questions. Sans être découragé par ce refus, Nicolas revint à la charge le lendemain avec d'autant plus de hardiesse que M. Linkinwater était d'une humeur très-communicative. Mais sitôt que ce sujet fut entamé, Tim retomba dans une désespérante taciturnité, et, après avoir répondu par des monosyllabes, finit par ne point répondre du tout.

Frustré dans son espoir, Nicolas fut réduit à attendre la prochaine visite de la jeune dame; mais il éprouva un nouveau désappointement. Les jours se succédèrent, et elle ne revint pas. Il examina les adresses de toutes les lettres et de tous les billets, mais pas un seul ne lui parut être de son écriture. Deux ou trois fois on le chargea d'affaires qui l'obligèrent à s'éloigner, et qui étaient ordinairement dans les attributions de Tim Linkinwater. Nicolas ne put s'empêcher de soupçonner qu'on l'envoyait en course tout exprès, et qu'on recevait la jeune dame en son absence. Mais rien ne transpira qui confirmât ses soupçons, et aucun aveu propre à les corroborer ne put être obtenu de Tim Linkinwater.

CHAPITRE XXXII.

Un soleil ardent avait brûlé toute la journée le pavé de Snow hill, et les têtes de Maure qui gardaient l'entrée de l'hôtellerie dont elles étaient l'enseigne. Dans l'un des plus petits salons de l'hôtel, dont la fenêtre ouverte laissait pénétrer en épais nuages les exhalaisons salutaires de l'écurie, une table bien garnie présentait le coup d'œil le plus attrayant ; on y remarquait un cruchon de bière, de larges quartiers de bœuf rôti et bouilli, une langue, un pâté de pigeon, un poulet froid, et autres menus comestibles.

M. John Browdie, les mains dans ses poches, contemplait nonchalamment cet étalage gastronomique. De temps à autre, il chassait les mouches du sucrier avec le mouchoir de poche de sa femme, plongeait dans le pot au lait une cuiller qu'il portait à sa bouche, coupait une petite croûte de pain et un mince morceau de viande, et les avalait en deux bouchées comme une couple de pilules. Toutes les fois qu'il badinait ainsi avec les vivres, il tirait sa montre, et déclarait d'un ton pathétique qu'il ne pouvait attendre deux minutes de plus.

— Mathilde !... dit-il à sa femme couchée sur un canapé et dans un état de somnolence. — Eh bien ! John. — Eh bien ! John, repartit le mari avec impatience, est-ce que vous n'avez pas faim, ma fille? — Pas beaucoup. — Pas beaucoup ! répéta John levant les yeux au plafond ; peut-on dire ça quand nous avons dîné à trois heures, et goûté avec de la pâtisserie, ce qui augmente la faim au lieu de l'apaiser ?

— Voici quelqu'un qui vous demande, dit le garçon en entrant. Etes-vous chez vous, Monsieur? — Je voudrais y être ; il y a deux heures que j'aurais pris le thé. J'avais dit à votre camarade de se mettre en sentinelle, et de lui dire, sitôt qu'il le verrait, que nous étions morts d'inanition. Ah! ah! vous voilà ! votre main, monsieur Nickleby ! ce jour est l'un des plus beaux de ma vie ; comment va votre famille?

La cordialité de son salut fit oublier la faim à John Browdie, et il serra à plusieurs reprises la main de Nicolas, en lui frappant violemment sur les doigts dans les intervalles, pour ajouter à la chaleur de la réception.

— Ah! la voilà, dit John remarquant que les yeux de Nicolas s'arrêtaient sur Mathilde, la voilà... mais vous devez avoir de l'appétit. Mangez, mon garçon, mangez.

Jamais homme ne fut plus diverti que John Browdie. Il ricana, il cria, il s'étouffa, mangea en riant, devint rouge et noir, toussa, s'étrangla, fit peur à sa femme, et s'arrêta hors d'haleine et la larme à l'œil. Mais, en cet état d'épuisement, il répétait encore d'une voix faible : C'est parfait !

— C'est la seconde fois, dit Nicolas, que nous sommes à table ensemble, et ce n'est que la troisième fois que je vous vois ; et pourtant je crois me trouver avec de vieux amis. — J'éprouve la même chose, dit le paysan. — Et moi aussi, ajouta sa jeune épouse. — J'ai les plus fortes raisons pour vous accorder toute mon amitié, dit Nicolas, car, sans la bonté de votre cœur, mon cher ami, sans votre bienveillance, que je n'étais pas en droit d'attendre, je ne sais trop ce que je serais devenu. — Parlez d'autre chose, grommela John Browdie. — Eh bien! dit Nicolas en souriant, je vais chanter la même chanson sur un autre air. Je vous remerciais cordialement dans ma lettre d'avoir fait évader le pauvre Smike, au risque de vous attirer des désagréments; mais je ne puis vous exprimer à quel point lui et moi vous savons gré de l'avoir pris en pitié. — Ah! s'écria madame Browdie, dans quel état j'étais ce soir-là! — Est-ce qu'ils vous soupçonnent d'avoir facilité son évasion? demanda Nicolas à John Browdie. — Pas le moins du monde. Je restai couché longtemps après la brune sur le lit du maître d'école, et personne n'approcha de la chambre où j'étais. Bon! me dis-je, il marche passablement vite, et s'il n'est pas chez lui maintenant, il n'y sera jamais. Vous pouvez venir quand il vous plaira, je suis prêt à vous recevoir. Quand je dis vous, je veux parler du maître d'école. — Je comprends. — Squeers monta sur ces entrefaites. — Allez doucement, dis-je en moi-même, ne vous pressez pas. Il arrive à la porte, tourne la clef, et ne trouve point de serrure. — Holà! s'écrie-t-il. — Criez encore, me dis-je, vous n'avez pas à craindre de réveiller personne. — Holà! reprend-il un moment après, ne m'irritez pas davantage, Smike, ou je vous romprai tous les os du corps. Tout d'un coup il demande de la lumière; on vient; grand remue-ménage. Je demande qu'est-ce qu'il y a? — Il est sauvé, dit-il tout bouleversé; n'avez-vous rien entendu? — J'ai entendu fermer la porte de la rue, il n'y a pas longtemps; j'ai entendu quelqu'un courir de ce côté. Et je lui donne une fausse indication. — Aidez-moi! s'écrie-t-il. — Volontiers. Et nous partons, tournant le dos à Smike. — Avez-vous été loin? — Loin! j'ai couru avec lui pendant plus d'un quart d'heure. — Il fallait voir le maître d'école, tête nue, dans l'eau et la boue jusqu'aux genoux, trébuchant contre les haies, roulant dans les fossés, criant comme un fou; j'ai failli en mourir de rire.

Ce seul souvenir excita chez John une gaieté contagieuse qui se communiqua à ses auditeurs.

— Ce maître d'école est un méchant homme, reprit John en s'essuyant les yeux. — Je n'en puis supporter la vue, ajouta sa femme. — C'est pourtant par vous que nous le connaissons, ma chère. — Je n'ai pu m'empêcher de fréquenter Fanny Squeers, qui était ma camarade de pension. — Vous avez eu raison, reprit John; il faut vivre en paix avec ses voisins, conserver ses anciennes connaissances, et ne pas se quereller si l'on peut l'éviter. N'est-ce pas, monsieur Nickleby? — Certainement, et vous avez agi d'après ce principe le jour où je vous rencontrai à cheval après notre mémorable soirée. — Sans doute ; mes actions sont toujours conformes à mes paroles. — C'est ce qu'il faut. Miss Squeers loge avec vous, d'après ce que vous m'avez dit dans votre billet? — Oui, répondit John ; c'est la demoiselle d'honneu de Mathilde, et elle a un drôle de genre, elle peut s'en flatter. Elle ne paraît pa pressée de se marier. — Fi donc, John! dit madame Browdie, qui, toutefois, étant mariée elle-même, goûtait intérieurement cette saillie. — Heureux celui qui l'épousera! reprit John. — Vous voyez, monsieur Nickleby, dit Mathilde, que c'est parce qu'elle est absente que John vous a invité à prendre le thé ce soir avec nous, car il n'eût pas été agréable de vous trouver ensemble, après ce qui s'est passé... — Sans aucun doute, interrompit Nicolas. — Surtout, reprit madame Browdie d'un air de finesse, après ce que nous savons de vos amours passés. — Je vous soupçonne, dit Nicolas, de m'avoir joué un mauvais tour dans cette affaire. — C'est vrai! dit John Browdie passant ses gros doigts dans les cheveux bouclés de sa femme, dont il paraissait très-fier. Elle a toujours été maligne comme un... comme une... — Comme quoi? dit Mathilde. — Comme une femme. Je ne puis trouver de meilleure comparaison. — Vous parliez de miss Squeers, dit Nicolas dans l'intention de mettre un terme à certaines privautés conjugales qui rendaient la position d'un tiers assez embarrassante. — Oh! oui, reprit madame Browdie. — John vous a invité pour ce soir, parce qu'elle avait résolu de prendre le thé chez son père. Et pour que nous soyons sûrs d'être seuls avec vous, il s'est engagé à l'aller chercher. — C'est parfaitement arrangé, dit Nicolas ; mais je suis fâché de vous causer tant d'embarras.

— Vous ne nous en causez point, repartit madame Browdie. John et moi avions le plus vif désir de vous voir. Savez-vous, monsieur Nickleby, que je crois fermement que Fanny Squeers était éprise de vous? — Je lui en ai beaucoup d'obligation, mais je n'ai jamais aspiré au bonheur de produire aucune impression sur son cœur virginal. — Vous plaisantez ; mais, sérieusement, savez-vous que Fanny elle-même m'a donné à entendre que vous lui aviez fait des propositions, et que vous alliez vous unir à elle par des liens solennels? — Vraiment, Madame! s'écria une perçante voix de femme ; moi, je vous ai donné à entendre que j'allais m'unir à un assassin qui a versé le sang de mon père! Mais j'aurais été éprise d'un être immonde que je ne voudrais pas toucher avec des pincettes, de peur de me salir! Le croyez-vous, Madame? le croyez-vous?

A ces mots, miss Squeers ouvrit la porte, et découvrit aux yeux des convives étonnés non-seulement sa personne symétriquement ornée des chastes vêtements blancs ci-dessus décrits (toujours les mêmes, quoiqu'un peu plus sales), mais encore son frère et son père, le couple des Wackfords.

— Il faut en finir, poursuivit miss Squeers, il faut en finir ; j'ai trop aimé cet être à deux faces, cette vipère, cette sirène! J'ai trop longtemps supporté sa fausseté, sa bassesse, sa perfidie, les artifices qu'elle emploie pour s'attirer les hommages des esprits vulgaires, artifices qui me font rougir pour mon... pour mon... — Pour mon sexe, lui suggéra M. Squeers, dont on pouvait dire avec raison qu'il regardait la société d'un mauvais œil. — Je suis lasse d'honorer de mon patronnage une aussi vile créature. — Ne dites pas de pareilles sottises, interrompit madame Browdie s'avançant en dépit des efforts de son mari pour la retenir.

Miss Squeers ne répondit qu'en toisant son ancienne amie de la tête aux pieds, et en levant le nez en l'air avec un ineffable dédain. Quelques épithètes injurieuses lui échappèrent ; elle se mordit les lèvres, et de profonds soupirs démontrèrent que ce qu'elle éprouvait était inexprimable.

Durant cette conversation, le jeune Wackford, voyant qu'on ne faisait pas attention à lui, et sentant s'éveiller ses inclinations prédominantes, s'était approché à pas furtifs de la table, et avait dirigé de légères escarmouches contre les aliments. Il avait promené ses doigts sur le bord des plats, ratissé avec des croûtes la superficie du beurre, empoché des morceaux de sucre. N'éprouvant aucun obstacle, il s'était permis une collation assez copieuse, et creusait en ce moment le pâté.

Ces manœuvres n'avaient point échappé à M. Squeers, qui, tant que l'attention de la société avait été fixée sur d'autres objets, s'était applaudi de voir son fils s'engraisser aux dépens de l'ennemi. Mais le calme semblait provisoirement rétabli ; le petit Wackford allait être pris en flagrant délit, et son père, feignant de le remarquer pour la première fois, lui donna un soufflet qui fit retentir les tasses et les assiettes.

— Vous mangez les restes des ennemis de votre père! s'écria-t-il, et vous ne craignez pas d'en être empoisonné, fils dénaturé! — Ça ne lui fera pas de mal, dit John, qui parut enchanté de voir un homme intervenir dans la dispute; laissez-le manger; je voudrais que tous vos élèves fussent ici, je leur donnerais quelque chose pour restaurer leurs malheureux estomacs, dussé-je y dépenser mon dernier sou!

Squeers le regarda avec la plus malicieuse expression dont il fût capable, et il avait en ce genre une capacité très-étendue; puis il lui montra le poing.

— Allons, allons, maître d'école, ne faites pas de bêtises; car je n'aurais qu'à remuer le doigt pour vous renverser. — C'est vous, n'est-ce pas, qui avez prêté secours à mon élève fugitif? — Moi!... eh bien! oui, c'est moi; après? — Vous l'entendez, mon enfant, dit Squeers prenant sa fille à témoin; il en convient! — Je dirai plus, s'écria John, si un autre de vos élèves se sauvait, je recommencerais; si vingt de vos élèves se sauvaient, je recommencerais vingt fois. Je dirai plus, maintenant que je suis échauffé, je vous dirai que vous êtes un vieux coquin : et bien vous prend d'être vieux, car je vous aurais écrasé quand vous êtes venu conter à un honnête homme comment vous vous étiez emparé de ce pauvre diable. — Un honnête homme! s'écria Squeers ironiquement. — Oui, un honnête homme, qui n'a à se reprocher que d'avoir mis les pieds sous la même table que vous. — Des injures, dit Squeers d'un air de triomphe. J'ai deux témoins; nous vous tenons, Monsieur. Ah! je suis un coquin! (M. Squeers tira son portefeuille, et consigna le fait dans une note.) Très-bien, ce mot vous coûtera vingt livres aux prochaines assises, Monsieur. — Aux assises? vous feriez mieux de n'en pas parler. Les maîtres d'école d'Yorkshire ont eu souvent des démêlés avec la justice, et c'est un sujet sur lequel il est prudent de vous taire.

M. Squeers, blême de colère, secoua la tête d'une manière menaçante, donna le bras à sa fille, prit le petit Wackford par la main, et battit en retraite vers la porte.

— Je ne crains rien, répondit Nicolas en haussant les épaules. — Nous verrons, répliqua Squeers avec un regard diabolique; maintenant partons. — Je quitte à jamais cette société, dit miss Squeers avec hauteur, l'air qu'elle respire est un poison pour moi. Pauvre M. Browdie, je le plains; on l'abuse! O artificieuse Mathilde!

Après cette dernière explosion de majestueux emportement, miss Squeers sortit de la chambre. Elle avait soutenu sa dignité jusqu'au bout; mais on l'entendit sangloter dans le corridor.

John Browdie, la bouche ouverte, promena un moment ses regards de sa femme à Nicolas. Sa main tomba par hasard sur le cruchon de bière, il le prit; sa figure disparut un instant derrière, puis il le tendit à Nicolas et sonna.

— Alerte, garçon! dit-il précipitamment, préparez-nous quelques grillades pour le souper; un bon plat, copieux, pour dix heures. Apportez de l'eau-de-vie, de l'eau et des pantoufles, les plus grandes de la maison. Dieu merci! nous n'aurons pas à sortir aujourd'hui pour aller chercher personne, et nous passerons tranquillement la soirée.

Et il se frotta les mains.

CHAPITRE XXXIII.

Le calme le plus profond avait succédé à l'orage, la soirée était avancée et le souper fini, et sous l'influence d'une tranquillité complète, d'une conversation enjouée et de légères doses de grog, la digestion marchait aussi favorablement qu'auraient pu s'y attendre tous les hommes instruits en anatomie et au fait des fonctions de la machine humaine. Les trois amis, ou plutôt les deux amis, car aux yeux des lois civiles et religieuses M. et madame Browdie ne comptaient que pour un, furent tout à coup épouvantés par le bruit d'une violente querelle. Les menaces proférées étaient d'une nature tellement sanguinaire, qu'elles auraient à peine été plus féroces si la Tête de Maure, enseigne de l'établissement, avait surmonté le torse d'un véritable et cruel Sarrasin.

— Qu'est-ce que c'est que cela? dit Nicolas se précipitant vers la porte.

Le couloir qui conduisait au restaurant était le théâtre du désordre, et les habitués et les garçons du restaurant y étaient réunis avec deux ou trois cochers et valets de l'hôtellerie. Ils étaient groupés autour d'un jeune homme qui semblait avoir un ou deux ans de plus que Nicolas. L'indignation de ce jeune homme, après s'être exprimée par des propos assez modéréss, paraissait avoir été beaucoup plus loin. Ses pieds n'étaient protégés que par une paire de bas, et ses pantoufles gisaient à peu de distance d'un personnage étendu dans un coin, et à la tête duquel elles avaient probablement été lancées.

A en juger par leurs signes, leurs clignements d'yeux et leurs murmures, habitués, garçons, cochers, valets et servantes, sans compter la demoiselle de comptoir, qui regardait par un vasistas, tous paraissaient disposés à prendre parti contre le jeune déchaussé. Voyant que ce jeune homme était à peu près de son âge, et n'avait pas l'air d'un tapageur, Nicolas, poussé par ses sympathies, se rangea du côté du plus faible, se plaça au milieu du groupe, et demanda d'où venait le bruit.

— Qu'est-ce que c'est que ce tapage? dit l'un des valets. Et il s'adressa au jeune homme qui venait de ramasser ses pantoufles.

— C'est une bagatelle, répondit celui-ci.

A ces mots, un murmure circula parmi les spectateurs, et les plus hardis s'écrièrent :

— Vraiment! — Tiens, tiens! il appelle cela une bagatelle! — Ah! ah! c'est heureux pour lui, s'il trouve que ce n'est rien.

Quand ces marques ironiques de désapprobation eurent cessé, deux ou trois individus se mirent à pousser Nicolas et le jeune homme, à se heurter contre eux comme par accident, et à leur marcher sur les pieds. Mais comme le nombre des joueurs n'était pas limité, John Browdie s'élança dans la mêlée, à la grande terreur de sa femme, manœuvra vigoureusement à droite et à gauche, en avant et en arrière, enfonça le chapeau du valet qui avait montré le plus d'animosité, et changea promptement la face du combat.

La plupart des assaillants s'écartèrent à une distance respectueuse, et celui qui avait reçu les pantoufles à la tête sortit de la retraite où il avait été confiné par un coup de poing, et se releva, non pour se mettre au niveau de son premier adversaire, mais de peur que John Browdie lui marchât sur le corps par inadvertance.

— Que je le voie recommencer, dit-il; que je le voie!... — Que je vous entende encore tenir ces propos, repartit le jeune homme, et je vous ferai rouler au milieu des bouteilles qui sont là derrière.

Ici un garçon, qui, enchanté de la scène, s'était frotté les mains tant qu'il ne s'était agi que de coups de poing, conjura avec instance les deux assistants d'aller chercher la garde, déclarant qu'autrement il allait se commettre un meurtre, et qu'il était responsable des verres et de la porcelaine placés dans le couloir.

— Il est inutile de vous déranger, dit le jeune homme; je passe la nuit ici, et l'on m'y trouvera demain matin si l'on veut me demander compte de ma conduite. — Pourquoi l'avez-vous frappé? demanda l'un des assistants. — Oui, pourquoi l'avez-vous frappé? répétèrent les autres.

Le jeune homme impopulaire regarda froidement l'assemblée, et s'adressant à Nicolas :

— Vous me demandiez tout à l'heure, dit-il, ce qui s'était passé; j'arrive de voyage, et j'ai mieux aimé passer la nuit ici que d'aller ce soir à mon domicile, où l'on ne m'attend que demain. Etant venu pour une demi-heure au café avant de me coucher, j'entendis cet individu, attablé avec un de ses amis, tenir les propos les plus inconvenants et les plus insolemment familiers sur une jeune personne que je reconnus à certains détails, et que j'ai l'honneur de connaître. Comme il parlait assez haut pour attirer l'attention des assistants, je lui dis qu'il se trompait dans ses conjectures injurieuses, et le priai de cesser. Il le fit; mais comme il recommença de plus belle en quittant la salle, je ne pus m'empêcher de le suivre, et de favoriser sa sortie par un coup de pied qui le mit dans la position où vous l'avez vu. Je sais mieux que personne ce que j'ai à faire, ajouta le jeune homme encore échauffé, et si quelqu'un juge à propos d'épouser cette querelle, je ne m'y oppose nullement.

Rien ne pouvait paraître plus louable à Nicolas que la conduite du jeune homme. Aucun sujet de dispute ne lui semblait plus légitime. Influencé par ces considérations, il prit chaleureusement le parti du jeune étranger, protesta qu'il avait eu raison, et l'assura de son estime. Il fut vigoureusement secondé par John Browdie.

— Qu'il prenne garde à lui, dit le vaincu, dont le garçon venait de brosser le habits, je ne me laisserai pas toujours frapper à propos de rien! Ce serait beau vraiment qu'un homme ne pût admirer une femme sans être mis en pièces

Cette réflexion parut d'un grand poids à la demoiselle de comptoir; elle s'écria en arrangeant son bonnet devant la glace que rien n'était plus vrai, et que si l'on châtiait les gens pour des actions aussi innocentes et aussi naturelles que celles-là, tant de gens s'exposeraient à être battus qu'il n'y aurait plus assez de monde pour les battre. Bref, elle ne concevait pas la conduite du jeune inconnu.

— Ma chère dame, dit celui-ci à voix basse en s'approchant d'elle. — Laissez-moi tranquille, Monsieur. — Ecoutez-moi, de grâce. S'il était criminel d'admirer une femme, je serais moi-même le plus coupable des hommes ; car les charmes de la figure produisent sur moi l'impression la plus extraordinaire, et je l'éprouve en vous regardant. — C'est très-joli, répondit la demoiselle, mais... — Mais il faut qu'on parle de la beauté avec respect, en termes convenables, avec le sentiment intime de ce qu'elle vaut, tandis que cet homme n'a pas la moindre idée...

La demoiselle de comptoir interrompit la conversation pour demander au garçon, d'une voix perçante, si l'homme qui avait été jeté à terre allait rester toute la nuit dans le couloir, ou laisser enfin l'entrée libre. Les domestiques de l'hôtel cédèrent à cette insinuation, et l'infortunée victime fut expulsée en un clin d'œil.

— J'ai déjà vu ce garçon-là, dit Nicolas. J'en suis certain; où?... Attendez, il appartient à un bureau de placement situé à l'ouest de la ville. Je savais bien que sa figure ne m'était pas inconnue.

C'était en effet le vilain commis.

— C'est singulier! se dit Nicolas réfléchissant à la manière dont ce bureau de placement lui apparaissait de temps à autre et au moment où il y songeait le moins. — Je vous ai mille obligations d'avoir bien voulu défendre ma cause quand elle avait si grand besoin d'avocat, dit le jeune étranger en riant e. en tirant une carte de sa poche. Peut-être me ferez-vous l'honneur de m'apprendre où je pourrai vous aller remercier.

Nicolas prit la carte, la regarda involontairement, et donna des signes d'une vive surprise.

— M. Frank Cheeryble! s'écria-t-il, le neveu de MM. Cheeryble frères, qui est attendu demain! — Je ne m'intitule pas ordinairement le neveu de la compagnie, répondit M. Frank d'un ton jovial; mais je suis fier de me dire le neveu des deux excellents individus qui la composent. Vous êtes, à ce que je vois, M. Nickleby, dont j'ai tant entendu parler. Voici une rencontre inattendue; mais elle n'en est pas moins agréable, je vous assure.

Nicolas répondit à ces compliments par d'autres analogues, et ils échangèrent une poignée de main. Puis Nicolas présenta John Browdie; ils montèrent ensemble dans la chambre, avec madame Browdie, et passèrent la demi-heure suivante dans les plaisirs d'une conversation amicale.

A en juger par ce qui avait eu lieu, M. Frank Cheeryble avait la tête chaude, ce qui n'est point, chez les jeunes gens, d'une rareté phénoménale. Il était vif, aimable, de bonne humeur, et avait beaucoup des traits et du caractère de ses oncles. Ses manières étaient simples comme les leurs, et respiraient cette cordialité qui captive aisément les cœurs généreux. Il était gai et intelligent, et il fut accoutumé en cinq minutes aux bizarreries de John Browdie, comme s'il l'eût connu depuis l'enfance. Aussi produisit-il l'impression la plus favorable, non-seulement sur le digne paysan et sa femme, mais encore sur Nicolas, qui s'applaudit en retournant chez lui de cette connaissance nouvelle.

— Mais, pensait-il, que faisait là ce commis de bureau de placement? J'ai appris, l'autre jour, par Tim Linkinwater que M. Frank venait prendre un intérêt dans la maison de Londres, qu'il avait dirigé pendant quatre ans celle d'Allemagne, et que depuis six mois il s'était occupé d'établir une agence dans le nord de l'Angleterre; cela fait quatre ans et demi. Elle n'a pas plus de dix-sept ans... dix-huit ans au plus; c'était donc une enfant quand il est parti. Il ne pouvait la connaître; il ne l'avait jamais vue. En tout cas, il n'est pas à craindre qu'elle lui ait donné son cœur, c'est évident.

C'était là le seul point qui occupât sérieusement Nicolas.

Les mêmes idées le poursuivirent toute la nuit. Après être convenu, à part lui, que Frank Cheeryble ne connaissait pas la mystérieuse jeune fille, il se dit que lui-même était exposé à ne la revoir jamais, et se créa, sur cette hypothèse, une succession de tourments chimériques.

Le jour ne hâte point sa venue pour complaire aux amoureux en proie à l'insomnie, et le soleil se lève à l'heure indiquée par les almanachs sans avoir égard à aucune considération particulière. Le matin reparut comme de coutume, et M. Frank fut reçu et fêté joyeusement par ses oncles et par Timothée Linkinwater.

— Ah! M. Frank et M. Nickleby se sont rencontrés hier au soir, dit le vieux commis quittant lentement son tabouret et s'appuyant contre le pupitre; c'est vraiment une coïncidence remarquable. Je ne vois pas au monde de ville comparable à Londres pour ces sortes de hasards. En est-il en Europe? Non. En Asie? Non assurément. En Afrique? Point du tout. En Amérique? Encore moins. Où donc en trouver? — Je ne vous contredirai point là-dessus, dit Frank en riant, et me contenterai de me féliciter de cet heureux hasard. — Eh bien! tant pis; j'aurais voulu vous entendre combattre mon opinion. Je vous aurais terrassé!...

Il était impossible d'exprimer par des mots le degré d'abaissement mental auquel eût été réduit, dans la discussion, l'aventureux adversaire de Tim Linkinwater. Le commis en resta donc là, et remonta sur son tabouret.

— Nous devons être enchantés, frère Edwin, dit Charles, d'avoir avec nous deux jeunes gens comme notre neveu Frank et M. Nickleby. — Certainement, Charles, certainement. — Je ne parle pas de Tim, parce que c'est un enfant, un être nul, dont nous ne nous occupons jamais. Qu'en dites-vous, monsieur Tim? — Je suis jaloux, dit Tim, et j'ai l'intention de chercher un autre emploi. Ainsi, Messieurs, songez à me remplacer.

Tim regarda cette plaisanterie comme si exquise, si supérieure et si extraordinaire, qu'il mit sa plume dans l'encrier, sauta à bas de son tabouret, et rit à en tomber en pâmoison, en secouant autour de lui la poudre de sa perruque. Les deux frères ne demeurèrent pas en arrière, et rirent aussi de l'idée d'une séparation volontaire du vieux Tim et de ses vieux maîtres. Nicolas et M. Frank rirent aux éclats, pour cacher l'émotion que leur avait causée ce petit incident. Et, dans ce moment peut-être, ils goûtèrent plus de plaisir que n'en fit jamais éprouver au cercle le plus aristocratique la méchanceté la plus spirituelle.

— M. Nickleby, dit Charles en le prenant à part, je désire vivement voir si vous êtes convenablement installé dans votre nouvelle demeure : nous ne laisserons manquer de rien, s'il nous est possible, ceux qui nous servent avec tant de zèle. Je veux voir votre mère et votre sœur, les connaître, et leur assurer que les légers services que nous pouvons leur avoir rendus sont largement payés par l'ardeur que vous témoignez. Pas un mot, mon cher monsieur, je vous prie. C'est demain dimanche; je sortirai sur les cinq heures, à l'heure où l'on prend le thé, et j'irai vous rendre visite. Si vous n'y êtes pas, ou si je dérange ces dames, j'y retournerai ; c'est convenu. Frère Edwin, j'ai à vous parler.

Les jumeaux sortirent bras dessus, bras dessous, et laissèrent Nicolas pénétré de reconnaissance.

La nouvelle d'une pareille visite éveilla dans le cœur de madame Nickleby des sentiments de joie et de regret ; d'un côté, elle la considérait comme lui présageant son prochain retour aux plaisirs presque oubliés des visites et des soirées ; mais de l'autre, elle faisait d'amères réflexions sur l'absence d'une théière et d'un pot au lait d'argent, jadis orgueil de la maison, et gardés précieusement sur une planche qui se présentait sous de vives couleurs à son imagination attristée.

Néanmoins, elle s'occupa activement des préparatifs nécessaires pour la réception de ses hôtes. Après avoir disposé la décoration des appartements, elle alla donner un coup d'œil au jardin, qu'éclairait le plus brillant soleil.

— Ma chère Catherine, dit-elle en examinant l'état des allées, je ne sais comment cela se fait, mais par un beau jour d'été comme celui-ci, quand les oiseaux chantent de tous côtés, je songe toujours à du cochon de lait rôti à la sauce à l'ognon. — Le rapprochement est curieux, ma mère. — Je n'y comprends rien moi-même, ma chère... attendez. Cinq semaines après votre baptême, nous eûmes pour rôti... ce ne pouvait être un cochon de lait, car je me rappelle que ce rôti se composait de deux choses, et votre pauvre père et moi n'aurions jamais songé à manger deux cochons de lait rôtis ; c'étaient probablement des perdrix. Du cochon de lait !... maintenant que j'y songe, je crois que nous n'en avons jamais eu à dîner, car votre pauvre père n'en pouvait supporter la vue, prétendant que ces animaux ressemblaient à des enfants en bas âge, et il avait horreur des enfants en bas âge, parce qu'il n'aurait pu voir sans ennui s'augmenter le nombre des siens. Mais qui peut m'avoir mis cela dans la tête ?... Je me rappelle avoir dîné une fois chez madame Bevan. Elle logeait dans une grande rue, près d'un carrossier, et ce fut dans cette rue qu'un homme ivre tomba par le soupirail dans la cave d'une maison à louer, environ une semaine avant le trimestre, et n'en fut tiré que lorsque le nouveau locataire en reprit possession. Madame Bevan nous donna du cochon de lait, c'est cela probablement qui m'y fait penser, d'autant plus qu'il y avait dans la chambre un petit oiseau qui chanta tout le temps du dîner... c'est-à-dire.. ce n'était pas un petit oiseau, car c'était un perroquet, et il ne chantait pas précisément, car il parlait et jurait d'une façon terrible, mais je crois que ce doit être cela, j'en suis même persuadée. Qu'en dites-vous, ma chère ? — Je dis que ce n'est pas douteux, répondit

Catherine avec enjouement. — Bon, mais est-ce là votre avis? dit madame Nickleby avec autant de gravité que s'il se fût agi d'une question de l'intérêt le plus palpitant. Si ce n'est point votre avis, avouez-le franchement, car il est à propos de savoir à quoi s'en tenir, principalement sur un point de cette espèce, qui est très-curieux, et vaut la peine d'être éclairci.

Catherine répliqua en riant qu'elle était parfaitement convaincue.

— Eh bien! dit madame Nickleby en continuant l'inspection du jardin, je déclare qu'il n'y a jamais eu de meilleure créature que Smike. Sur ma parole, je lui sais gré des peines qu'il a prises pour arranger ce petit treillage, et l'entourer des plus jolies fleurs; seulement, je voudrais qu'il n'eût pas mis tout le sable du côté où vous vous mettez d'ordinaire, Catherine, en ne me laissant que le sol nu. — Mon Dieu, ma mère, répondit précipitamment Catherine, nous changerons de place, si vous voulez. — Non pas, ma chère. Je tiens à garder ma place habituelle. Mais que vois-je?

Catherine la regarda d'un air interrogateur.

— N'a-t-il pas été planter ici deux pieds de ces fleurs que l'autre soir je disais aimer à la folie, en vous demandant si vous les aimiez aussi... ou plutôt, que vous me disiez aimer à la folie, en me demandant si je les aimais aussi... cela revient au même? Sur ma parole, voilà de l'attention! Je ne vois point de ces fleurs de mon côté, mais je suppose qu'elles viennent mieux sur le sable. Voilà pourquoi, Catherine, elles sont toutes auprès de vous, et il y a mis le sable parce que c'est le côté du soleil. Sur ma parole, c'est très-bien de sa part. — Ma mère, dit Catherine, se courbant sur son ouvrage de manière à cacher sa figure, avant votre mariage... — Au nom du ciel, Catherine, pourquoi remontez-vous au temps qui précède mon mariage, quand je vous parle des attentions de Smike pour moi? vous ne semblez pas prendre le moindre intérêt au jardin. — Si fait, ma mère, dit Catherine en levant la tête. — Eh bien! alors, ma chère, pourquoi ne faites-vous pas l'éloge de la propreté avec laquelle il est tenu? Que vous êtes singulière, Catherine! — J'en fais l'éloge, ma mère, répondit doucement Catherine; le pauvre garçon! — Je vous comprends à peine, Catherine.

Pendant qu'elle s'exprimait ainsi, madame Nickleby avait cueilli des fleurs qui formaient un gros bouquet. Elle les divisa en une multitude de petits bouquets, et alla les placer sur la cheminée et les meubles du salon, de la manière la plus agréable possible.

Vers six heures de l'après-midi, un coup frappé à la porte mit la dame du logis dans une vive agitation, et le bruit des pas de deux paires de bottes fut loin de lui rendre la tranquillité. Elle augura que c'étaient les deux messieurs Cheeryble, mais ce n'étaient pas ceux qu'elle attendait; car M. Charles Cheeryble parut accompagné de son neveu, qui fit mille excuses de se présenter ainsi sans cérémonie. Madame Nickleby, ayant quantité suffisante de petites cuillers, agréa gracieusement les explications de M. Frank, et la présence de cet hôte inattendu n'excita pas le moindre embarras. Le vieillard et le jeune homme montrèrent tant d'affabilité, que la gêne ordinaire d'une première entrevue n'accompagna point celle-ci.

On prit le thé en causant; on parla du récent séjour de M. Frank en Allemagne, et le vieux Cheeryble apprit à la société qu'on supposait au neveu d'avoir été éperdûment amoureux de la fille de certain bourgmestre allemand. Frank repoussa énergiquement cette accusation, et madame Nickleby fit observrr finement que la chaleur de ces dénégations tendait à confirmer le fait. Le jeune Frank supplia M. Charles d'avouer que c'était une plaisanterie, et celui-ci finit par en convenir. Madame Nickleby remarqua avec plaisir la vive rougeur de M. Frank ; car, ainsi qu'elle le répéta souvent en parlant de cette scène, les jeunes gens ne se distinguent point par un excès de modestie, surtout quand il s'agit de leurs bonnes fortunes.

Après le thé, on se promena dans le jardin jusqu'à la brune, et le temps s'écoula rapidement. Catherine marchait devant, appuyée sur le bras de son frère, et s'entretenait avec lui et M. Frank. Madame Nickleby et M. Charles suivaient à peu de distance, et l'intérêt que le négociant témoignait à Nicolas, l'admiration qu'il exprimait pour Catherine, produisirent un tel effet sur la bonne dame, que sa loquacité ordinaire fut circonscrite à d'étroites limites. Smike, objet de l'intérêt général, allait d'un groupe à l'autre, tantôt prêtant l'appui de son épaule à la main du vieillard, tantôt s'approchant de Nicolas, qui, plus familier avec lui, avait seul le pouvoir d'amener un sourire sur cette figure soucieuse.

Les deux hôtes prirent congé après un joyeux souper. M. Frank Cheeryble présenta deux fois la main à Catherine, oubliant qu'il lui avait déjà dit adieu, ce qui fut l'occasion de beaucoup de plaisanteries. M. Charles considéra cette circonstance comme une preuve des distractions causées à son neveu par le souvenir de son Allemande, et ce qu'il dit à ce sujet provoqua une explosion d'hilarité, tant il est facile d'émouvoir des cœurs innocents.

Enfin, ce fut un jour de bonheur pur et tranquille, un de ces jours, comme nous en avons tous quelquefois, dont on se souvient avec délices, et qui occupe une place importante dans les annales de la vie.

Qui donc ne partagea point la joie générale, quand il avait plus que tous besoin d'être heureux? Qui donc, dans le silence de sa chambre solitaire, se mit à genoux pour répéter la prière que son premier ami lui avait enseignée, joignit les mains et les tendit avec égarement, et tomba la face contre terre dans un accès d'amère douleur?

CHAPITRE XXXIV.

Il y a des hommes dont le seul but est de s'enrichir, n'importe comment, qui apprécient parfaitement la bassesse des moyens qu'ils emploient chaque jour, et affectent cependant le ton de la probité, et gémissent de la dépravation des hommes. Les plus vils scélérats qui marchent, ou plutôt qui rampent en ce monde par les voies les plus sales et les plus étroites, jugent gravement les événements du jour, et tiennent avec le ciel un compte en règle, dont la balance est constamment en leur faveur.

Ralph Nickleby n'était pas un homme de cette trempe. Sévère, opiniâtre, cuirassé, impénétrable, Ralph ne cherchait dans la vie et au-delà qu'à assouvir deux passions : la première et la plus violente, c'était l'avarice; et la seconde, c'était la haine. Feignant de se considérer comme le type de l'homme, il ne se donnait point la peine de dissimuler son véritable caractère, et choyait sans scrupule tous les mauvais desseins qui germaient en son cœur; le seul précepte de l'Ecriture auquel il fît attention était celui-ci : Connais-toi toi-même. Il se connaissait bien ; et aimant à s'imaginer que tous les mortels étaient jetés dans le même moule, il les détestait tous. Les plus fiers d'entre nous ont trop d'amour-propre pour se haïr; mais, comme nous jugeons involontairement les autres par nous-même, ceux qui raillent habituellement la nature humaine et affectent de la mépriser sont en général les plus vils et les plus méchants.

Mais occupons-nous de Ralph, qui regardait Newman Noggs d'un œil sévère, pendant que ce digne personnage ôtait ses gants sans doigts, les étalait avec soin sur la paume de sa main gauche, les polissait avec soin, et les roulait d'un air distrait et comme entièrement absorbé par cette intéressante occupation.

— Il a quitté Londres! dit Ralph lentement. Vous vous trompez. — Pas du tout; il est parti. — Est-ce qu'il est tombé en enfance? — Je ne sais; mais il est parti.

La répétition de ce mot *parti* semblait procurer à Newman Noggs un plaisir proportionné à la peine qu'il causait à Ralph. Il s'y arrêta aussi longtemps qu'il pouvait le faire décemment; et, après avoir cessé, se le répéta à lui-même comme si c'eût été encore une satisfaction.

— Et où a-t-il été? dit Ralph. — En France; le docteur le lui a ordonné, craignant une attaque d'érysipèle, et il est parti. — Et lord Frédéric? — Il est parti aussi. — Et sir Mulberry emporte avec lui les coups qu'il a reçus! il renonce à la peine du talion, il ne demande pas la moindre réparation! — Il est trop malade! — Trop malade! mais je voudrais me venger, fussé-je au lit de mort. L'approche même de ma fin serait un nouveau motif d'agir sans délai. . mais il est trop malade, le pauvre Mulberry!

En prononçant ces mots avec autant de mépris que d'emportement, Ralph fit signe à Newman de sortir, se jeta dans un fauteuil, et battit la terre du pied.

— Ce garçon est ensorcelé, dit Ralph en grinçant des dents. Tout conspire en sa faveur! Qu'on parle donc des bienfaits de la fortune! qu'est-ce que l'argent comparativement à un pareil bonheur?

Il mit avec impatience ses mains dans ses poches; mais, nonobstant la précédente réflexion, il y trouva de quoi se consoler, car sa figure s'éclaircit un peu, et, si ses sourcils demeurèrent froncés, ce fut l'effet du calcul, et non du désappointement.

— Ce Hawk reviendra cependant, murmura-t-il, et si je connais l'homme, sa rage n'aura rien perdu de sa violence. Obligé de vivre dans la retraite, de mener une existence monotone et contraire à ses habitudes, de s'abstenir de vin, de jeu, de tout ce qu'il aime, il n'oubliera point celui auquel il doit cette renonciation forcée aux plaisirs du monde.

Il sourit, appuya son menton sur sa main, rêva un moment, sourit encore, se leva et sonna.

— Ce M. Squeers est-il venu? dit-il. — Il était ici hier au soir. Je l'y ai laissé en partant. — Je le sais, imbécile! dit Ralph avec colère. Est-il venu depuis? s'est-il présenté ici ce matin? — Non, cria Newman sur une gamme très-élevée. — S'il vient pendant mon absence, faites-le attendre. Il sera sans doute ici vers les neuf heures du soir, et s'il y a un autre homme avec lui, ce qui arrivera... peut-être, faites-le attendre aussi. — Je les ferai attendre tous les deux? — Oui; aidez-moi à mettre mon pardessus, et ne répétez pas mes paroles comme un perroquet. — Je voudrais bien être un perroquet, dit Newman. — Que ne l'êtes-vous! repartit Ralph en passant son pardessus, il y a longtemps que je vous aurais tordu le cou.

Newman ne répondit point à ce compliment; mais en arrangeant le collet du par-, dessus, il regarda Ralph et parut fortement tenté de lui tirer les oreilles. Toutefois, ses yeux ayant rencontré ceux de Ralph, il modéra l'ardeur de ses doigts errants. Ralph lui lança un coup d'œil, lui recommanda de la vigilance, et sortit.

En relation avec des gens de toutes les classes, il fit des visites chez les riches comme chez les pauvres. Toutes avaient le même objet, l'argent. Sa figure était un talisman qui le faisait respecter des portiers et des domestiques de ses plus fastueux clients; on s'empressait de l'admettre, lui qui allait à pied, tandis qu'on refusait la porte à des gens en équipage. Avec les grands, il était d'une douceur moelleuse et d'une civilité rampante : ses pas étaient si légers qu'ils produisaient à peine un son sur les épais tapis; sa voix était si faible, que celui auquel il s'adressait l'entendait seul. Mais chez les pauvres, Ralph était un autre homme; il entrait hardiment en faisant craquer ses bottes, il demandait avec éclat et avec rudesse le montant des créances arriérées. Ses menaces étaient brutales et violentes. Ralph changeait encore de caractère avec une autre classe de pratiques. C'étaient des avoués de réputation plus qu'équivoque, qui lui procuraient de nouvelles affaires, ou lui facilitaient de nouveaux bénéfices sur les anciennes. Avec eux, Ralph était jovial et familier; il plaisantait sur les événements du jour, et notamment sur les banqueroutes et les embarras pécuniaires dont son industrie profitait. Bref, il eût été difficile de reconnaître le même homme sous ces différents aspects, sans un portefeuille de cuir qu'il tirait de sa poche à chaque visite, et la répétition constante des mêmes plaintes diversifiées seulement par l'expression.

— Le monde me croit riche, disait-il sans cesse, et je le serais peut-être si tous mes fonds étaient réalisés. Mais une fois que l'argent est dehors, il n'y a pas moyen de le faire rentrer, et l'on a grand'peine à vivre, même au jour le jour.

Vers le soir, Ralph, après avoir pris un léger repas dans un restaurant, se mit en devoir de retourner chez lui. Les plis de son front, et son indifférence pour ce qui l'environnait, témoignaient des profonds desseins auxquels il songeait. Son abstraction était si complète, qu'en dépit de la vivacité ordinaire de son coup d'œil, il n'observa pas qu'il était suivi par une espèce de mendiant, qui tantôt se glissait sans bruit derrière lui, tantôt le précédait de quelques pas, ou se plaçait à son côté. Cet homme regardait Ralph d'un œil si perçant et avec tant d'attention, qu'il avait plutôt l'air d'une des figures étranges d'un rêve saisissant que d'un observateur ordinaire.

Le ciel s'était assombri, et le commencement d'un violent orage força Ralph à s'abriter sous un des arbres du parc de Saint-James. Il s'était appuyé contre le tronc, les bras croisés, et encore absorbé dans ses pensées, quand, levant les yeux par hasard, il rencontra tout à coup ceux de l'inconnu. Il y avait en ce moment sur la figure de l'usurier une expression dont l'étranger parut se souvenir; car elle le décida à s'approcher et à appeler Ralph par son nom.

Un instant étonné, Ralph recula, et toisa l'individu de la tête aux pieds. C'était un homme à peu près du même âge que lui, maigre, flétri et courbé; sa figure hâlée, sinistre, était encore rendue plus ingrate par un teint basané, des joues creuses et des sourcils épais, dont la couleur noire contrastait avec la blancheur de ses cheveux. Ses vêtements tombaient en lambeaux, et tout son extérieur indiquait une dégradation profonde. Ce fut tout ce que Ralph remarqua au premier abord; mais peu à peu il distingua des traits qui lui étaient familiers, et il les reconnut pour ceux d'un homme avec lequel il avait été longtemps en relation, et qu'il avait oublié et perdu de vue depuis non moins longtemps.

L'homme s'aperçut que la reconnaissance était mutuelle, et fit signe à Ralph de reprendre place sous l'arbre et d'éviter la pluie, à laquelle, dans sa première surprise, il s'était involontairement exposé.

— Vous ne me reconnaîtriez guère à ma voix, monsieur Nickleby? dit le mendiant d'un ton faible. — C'est vrai, reprit Ralph; cependant je me la rappelle. — Je ne suis plus guère semblable à moi-même; depuis huit ans je suis bien changé. — Mais, oui, assez, dit Ralph avec insouciance et en détournant la face. — Si j'avais douté de votre identité, monsieur Nickleby, cet accueil et ces manières m'auraient promptement convaincu. — Vous attendiez-vous à une autre réception? — Non. — Vous aviez raison; pourquoi donc exprimer une surprise que vous n'éprouvez pas?

L'homme parut lutter un moment contre l'envie de répondre à Ralph par des reproches. — Monsieur Nickleby, reprit-il, voulez-vous entendre quelques mots que j'ai à dire? — Je suis obligé d'attendre que la pluie soit passée. Si vous parlez, Monsieur, je ne me boucherai pas les oreilles; mais vos discours pourront n'être pas moins inutiles. — J'étais autrefois votre confident.

Ralph sourit involontairement.

— Du moins vous m'accordiez autant de confiance que vous en ayez jamais témoigné à qui que ce soit. — Ah! c'est tout autre chose, reprit Ralph en croisant les bras. — Ne jouons pas sur les mots, monsieur Nickleby, au nom de l'humanité. — De quoi? — De l'humanité, répéta l'homme avec énergie. J'ai faim, je suis dans la misère. Vous devez remarquer en moi, après une si longue absence, un changement dont je m'aperçois moi-même, moi qui l'ai senti venir lentement et par degrés. Si vous n'en êtes pas ému, apprenez que je manque de pain. Cette considération est-elle capable de vous toucher? — Si c'est la forme habituelle dans laquelle vous mendiez, dit Ralph, vous avez bien étudié votre rôle; mais, si vous voulez écouter les conseils d'un homme qui connaît un peu le monde, je vous recommanderai de prendre un ton moins élevé, ou vous courez la chance de périr d'inanition.

A ces mots, Ralph serra son poing droit avec sa main gauche, inclina la tête, appuya son menton contre sa poitrine, et contempla son interlocuteur avec un visage sombre et renfrogné. Tout indiquait en lui l'homme que rien ne peut émouvoir ni attendrir.

— Je ne suis à Londres que depuis hier, dit le vieillard jetant les yeux sur ses habits de voyage souillés de boue et sur sa chaussure usée. — Vous auriez mieux fait de n'y jamais venir, je crois. — Voilà deux jours que je vous cherche partout où j'avais des chances de vous trouver, et je commençais à désespérer de vous rencontrer.

Il paraissait attendre une réponse; mais Ralph garda le silence.

— Je suis misérable et repoussé de tous; j'ai près de soixante ans, et je suis sans asile et sans secours. — J'ai soixante ans aussi, répondit Ralph, et je ne suis ni sans secours ni sans asile. Travaillez, ne faites pas de discours dramatiques sur le pain qui vous manque, mais gagnez-le. — Comment? où? indiquez-m'en les moyens, donnez-les-moi! — Je vous les ai donnés jadis, répliqua Ralph avec calme; il est presque inutile de me demander si j'ai envie de recommencer. — Il y a vingt ans, vous vous le rappelez, dit le vieillard d'une voix étouffée, je vous réclamai une part dans les bénéfices d'une affaire que je vous avais procurée; et, comme j'insistais, vous me fîtes arrêter pour un ancien prêt de dix livres, au taux de cinquante pour cent environ. — J'ai quelque idée du fait, dit Ralph avec insouciance; eh bien! après? — Cette affaire ne nous brouilla pas, je me soumis, car j'étais sous les verrous, et comme vous n'étiez pas encore parvenu où vous en êtes, vous fûtes charmé de reprendre un commis qui n'était pas excessivement scrupuleux, et connaissait votre industrie. — Je cédai par bonté d'âme à vos supplications. Peut-être avais-je besoin de vous... je ne m'en souviens pas, je serais tenté de le croire; car autrement vous m'auriez en vain sollicité; vous étiez utile, peu honnête, peu délicat, mais utile enfin. — Oui, bien utile! avant cet événement, vous m'aviez humilié et maltraité durant quelques années; mais je vous avais servi fidèlement, malgré votre conduite brutale à mon égard. Est-ce vrai?

Ralph ne répondit point.

— Est-ce vrai? répéta l'homme. — Vous aviez fait votre besogne, vous aviez reçu vos gages; nous étions quittes. — Oui, mais depuis nous avons cessé de l'être. — Nous ne l'étions même pas alors; car vous me deviez de l'argent, et vous êtes encore mon débiteur.

— Ce n'est pas tout, dit le vieillard, ce n'est pas tout, écoutez-moi. Je gardais contre vous un profond ressentiment, et en partie pour me venger, en partie pour en tirer quelque jour de l'argent, je m'emparai d'un secret qui vous concerne. Ce secret, vous donneriez la moitié de votre fortune pour le connaître, et moi seul peux vous l'apprendre. Je vous quittai longtemps après; je fus traduit en justice pour une bagatelle qui était du ressort des tribunaux, mais qui n'était rien comparativement aux friponneries que se permettent les prêteurs d'argent sans dépasser les limites de la légalité. Je fus condamné à sept années de déportation, et me voici de retour. Maintenant, monsieur Nickleby, quel secours voulez-vous m'accorder? combien achetez-vous mon secret, pour m'expliquer clairement? Mes prétentions ne sont pas monstrueuses, mais il faut que je vive, que je mange. L'argent est de votre côté, la faim et la soif du mien; notre marché est facile à conclure.

L'humilité se mêlait étrangement dans ces paroles du vieillard avec le sentiment de sa puissance. Les regards de Ralph demeurèrent impassibles, et il ne remua que les lèvres pour demander :

— Est-ce là tout? — Ce sera tout si vous le voulez; cela dépend de vous. — Eh bien donc! écoutez-moi, Monsieur... Comment dois-je vous appeler? — Je n'ai pas changé de nom. — Ecoutez-moi donc, monsieur Brooker, et n'attendez pas de moi d'autre réponse que celle que je vais vous faire. Je vous connais depuis longtemps pour un fripon déterminé, mais vous n'avez jamais eu d'énergie. Les fatigues d'un rude travail, les fers que vous avez portés, une nourriture moins substantielle que celle que vous aviez au temps où je vous maltraitais, ont affaibli vos facultés intellectuelles; autrement vous ne viendriez pas me conter une pareille histoire. Vous êtes maître d'un secret qui me concerne, gardez-le ou publiez-le, à votre choix. — A quoi bon? interrompit Brooker; je n'y gagnerai rien. — Vous y gagnerez autant qu'à me l'apporter, je vous le promets. Parlons franchement; mes affaires sont en règle : je connais le monde, et le monde me connaît. Ce que vous avez vu ou entendu, quand vous étiez à mon service, le monde en est instruit et l'amplifie déjà. Vos prétendues révélations ne le surprendraient point, à moins qu'elles ne fussent en ma faveur, et dans ce cas il vous accuserait de mensonge; cependant, les affaires ne me manquent point, et les clients ne sont point difficiles, au contraire. Tous les jours, je suis menacé ou insulté par quelqu'un ; mais je vais toujours mon train, et n'en suis pas plus pauvre. — Je n'insulte ni ne menace, reprit Brooker. Je puis vous faire connaître ce que vous avez perdu par mon fait, ce que moi seul suis à même de vous rendre, ce que vous ne retrouverez jamais, si je meurs sans vous le rendre. — Je vous dis que mes affaires sont en règle, et mon argent soigneusement serré. Je surveille de près les personnes avec lesquelles je trafique, et je vous ai surveillé de plus près que tous les autres ; et si vous m'avez pris quelque chose, je vous autorise à le garder. — Ceux de votre sang vous sont-ils chers? dit Brooker en accentuant ses paroles ; s'ils le sont... — Ils ne le sont pas! s'écria Ralph exaspéré de cette persévérance, et chez lequel cette dernière question avait réveillé l'idée de Nicolas. Si vous vous étiez présenté à moi comme un mendiant ordinaire, j'aurais pu vous jeter quelques sous en mémoire de votre qualité d'habile fripon ; mais puisque vous essayez de me rendre la dupe de vos intentions, je ne vous donnerai pas un liard ; et, rappelez-vous, échappé des galères, que si nous nous rencontrons encore, si vous osez vous permettre de me demander l'aumône, ne fût-ce que du geste, vous renouerez connaissance avec la prison, et vous réfléchirez à votre secret dans les intervalles de repos que vous laissera le système pénitentiaire. Voilà ma réponse ; méditez-la.

Après avoir lancé un coup d'œil de dédain à l'objet de sa colère, Ralph s'éloigna sans presser le pas, sans retourner la tête, sans témoigner la moindre curiosité de savoir ce que deviendrait son compagnon. Celui-ci ne répondit pas un mot, suivit des yeux Ralph Nickleby jusqu'à ce qu'il l'eut perdu de vue, ramena ses vêtements sur sa poitrine, comme pour chasser le froid que lui causaient la faim et la pluie, et alla implorer la pitié des passants.

Ralph sortit du parc, et voyant à sa montre que l'heure était avancée, il se rendit chez lui en toute hâte.

— Sont-ils ici?

Newman fit un signe affirmatif.

— Depuis une demi-heure. — Ils sont deux, dont un très-gras? — Oui, dans votre chambre. — Bien ; allez-moi chercher un fiacre. — Un fiacre! quoi vous... eh? balbutia Newman.

Il avait lieu de s'étonner d'un ordre aussi extraordinaire ; car il n'avait jamais vu Ralph en fiacre. Cependant il exécuta la commission.

M. Squeers, Ralph, et le troisième personnage, que Newman Noggs n'avait jamais vu, entrèrent dans la voiture. Newman s'arrêta à la porte pour les voir partir, sans s'inquiéter de leur destination ; mais il entendit par hasard Ralph donner au cocher l'adresse de l'endroit où il devait les mener.

Plein d'étonnement, Newman s'élança dans son bureau avec la rapidité de l'éclair, saisit son chapeau, et courut après le fiacre, dans l'intention de monter derrière. Mais la voiture avait trop d'avance pour qu'il lui fût possible de la rattraper, et il fut obligé de s'arrêter pour reprendre haleine.

— Au fait, se dit-il, à quoi bon courir? il me verrait. Pourquoi va-t-il là? Si je l'avais su hier seulement! Il se trame quelque méchanceté, j'en suis sûr.

Il fut interrompu dans ces réflexions par un homme à cheveux gris, d'un extérieur singulier, mais peu prévenant. Cet homme lui demanda l'aumône, le suivit, et lui fit un tableau pathétique de sa misère. Newman, qui n'avait pas grand'chose à donner, finit par chercher dans son chapeau les sous qu'il y enserrait habituellement dans un coin de son mouchoir de poche.

Pendant qu'il en dénouait le nœud avec ses dents, son attention fut attirée par quelques mots que l'homme prononça. Ces mots, quels qu'ils fussent, en amenèrent d'autres, et enfin le mendiant et Newman marchèrent côte à côte, l'un parlant avec chaleur, l'autre écoutant avec surprise.

CHAPITRE XXXV.

— Nous quittons Londres demain soir, monsieur Nickleby; je n'ai jamais été plus heureux de ma vie; je vais boire encore à notre prochaine réunion!

En disant ces mots, John Browdie se frotta les mains avec une vive satisfaction, et sa physionomie luisante et enluminée était en parfaite harmonie avec ses paroles.

C'était le soir même de la sortie de Ralph en fiacre, et Nicolas, madame Nickleby, Catherine, Smike, et le couple d'Yorkshire étaient réunis. Madame Nickleby, connaissant les obligations qu'avait son fils à l'honnête paysan, avait consenti non sans hésitation à inviter M. et madame Browdie à prendre le thé. Le principal motif de sa résistance avait été qu'elle n'avait pas eu l'occasion d'aller préalablement rendre visite à madame Browdie. Semblable à beaucoup de gens pointilleux, madame Nickleby se vantait souvent de n'avoir pas la moindre fierté et de ne point tenir à de vaines cérémonies; cependant elle était esclave des convenances; et comme, d'après les lois de la politesse, elle était censée ignorer l'existence même de madame

Browdie avant de lui avoir rendu visite, elle se trouvait dans une **position délicate** et embarrassante.

— J'aurais dû au moins lui envoyer ma carte, dit-elle à son fils. — Ma chère mère, dit Nicolas, je ne pense pas que ces naïfs campagnards aient jamais connu l'emploi des cartes. — Alors, c'est différent. S'il en est ainsi, je n'ai qu'une chose à dire, c'est que je suis convaincue que ce sont de braves gens, que je ne m'oppose nullement à les inviter, et que je me ferai un devoir de les recevoir très-civilement.

M. et madame Browdie avaient donc été invités, et comme ils avaient témoigné beaucoup de déférence à madame Nickleby, et paru satisfaits de la soirée, la bonne dame avait plus d'une fois murmuré aux oreilles de Catherine que c'étaient des gens de bon sens et parfaitement bien élevés.

Et, après souper, dans le salon, à onze heures moins vingt minutes, John Browdie avait déclaré qu'il n'avait jamais été plus heureux de sa vie.

Madame Browdie ne pouvait se lasser d'admirer les manières douces et séduisantes de la jeune personne, et l'affabilité de la mère. Catherine eut l'art d'amener la conversation sur des matières connues de la paysanne, qui s'était trouvée d'abord mal à l'aise; et si madame Nickleby n'était pas toujours aussi heureuse dans le choix de ses sujets d'entretien, si ses idées semblaient parfois trop élevées à madame Browdie, elle se montrait du moins d'une entière bienveillance. Elle prouvait l'intérêt que lui faisait éprouver le jeune couple en faisant obligeamment de longs sermons sur l'économie domestique. Elle vantait la bonne tenue de son ménage, dont cependant elle ne pouvait guère se glorifier, Catherine étant exclusivement chargée de tenir en ordre la maison.

— M. Browdie, dit Catherine s'adressant à la jeune femme, est l'homme le meilleur et le plus jovial que j'aie jamais rencontré; fussé-je en proie à mille soucis, sa vue suffirait pour les dissiper. — Sur ma parole, dit madame Nickleby, je le crois un excellent homme, et je serais charmée de vous recevoir tous les jours. Nous ne faisons pas d'étalage, pas de cérémonies.

— Je vous en ai beaucoup d'obligation, Madame, repartit madame Browdie. John, il est près d'onze heures. Nous craignons de vous faire veiller bien tard. — Bien tard, s'écria madame Nickleby avec un ricanement aigu, il est de bonne heure pour nous. Nous nous couchions autrefois, sans y prendre garde, à minuit, à une heure, à deux heures du matin. Nous étions accablés d'invitations. Il y avait en particulier une famille, demeurant à un mille de nous, non pas en droite ligne, mais en prenant une route de traverse à gauche; cette famille était extraordinaire pour donner des soirées extravagantes, avec champagne, fleurs artificielles, verres de couleur, et enfin toutes les délicatesses gastronomiques que peut désirer l'épicurien le plus difficile. Je ne crois pas avoir jamais vu des gens comme ces Peltirogus. Vous vous rappelez les Peltirogus, Catherine?

Catherine s'aperçut que, pour l'agrément des auditeurs, il était grand temps d'imposer une digue à ce torrent de souvenirs, et elle répondit que l'image des Peltirogus était parfaitement présente à son esprit. Elle ajouta que M. John Browdie avait promis au commencement de la soirée de chanter une chanson d'Yorkshire, et lui rappela sa promesse, en assurant que madame Nickleby aurait le plus vif plaisir à l'entendre.

Madame Nickleby confirma gracieusement cette assertion de sa fille ; car elle était ravie qu'on parût lui supposer du goût, et qu'on la prît pour juge du mérite d'une chanson. John Browdie se mit à chercher les paroles de quelques couplets indigènes et à consulter la mémoire de sa femme.

A la fin du premier couplet, on frappa violemment à la porte. Ceux qui frappaient semblaient avoir attendu, pour se faire entendre, que John Browdie cessât de chanter. Toutes les dames tressaillirent.

— C'est sans doute une méprise, dit Nicolas; nous ne connaissons personne qui puisse venir à cette heure indue.

Madame Nickleby supposa toutefois que le feu était aux magasins, ou que MM. Cheeryble envoyaient chercher Nicolas pour lui donner un intérêt dans la maison (ce qui était excessivement probable à cette heure de nuit); ou que M. Linkinwater s'était enfui avec la caisse, ou que miss la Creevy était malade, ou que...

Mais une exclamation de Catherine l'arrêta brusquement au milieu de ces conjectures, et Ralph entra dans la chambre.

Nicolas se leva, et Catherine se jeta au-devant de lui pour le retenir.

— Arrêtez! s'écria Ralph ; avant que cet enfant dise un mot, écoutez-moi.

Nicolas se mordit les lèvres, secoua la tête d'un air menaçant, mais il parut incapable d'articuler une syllabe. Catherine se cramponna à son bras, Smike se réfugia derrière eux, et John Browdie, qui reconnut aisément Ralph au portrait qu'on lui en avait tracé, se mit entre Nicolas et l'usurier, dans l'intention de les empêcher de faire un pas de plus l'un vers l'autre.

— Ecoutez-moi, reprit Ralph. — Parlez donc, dit John, et prenez garde de nous échauffer le sang, car il vaut mieux pour vous qu'il reste froid. — Je vous aurais reconnu tous deux, dit Ralph ; vous à votre langue, et lui (montrant Smike) à ses regards. — Ne parlez pas à cet homme, cria Nicolas; je ne veux pas l'entendre, je ne veux pas l'entendre, je ne le connais pas, je ne puis respirer l'air qu'il empoisonne; sa présence est une honte, une insulte pour ma sœur. — Arrêtez! dit John, lui mettant sa lourde main sur la poitrine. — Alors, qu'il se retire immédiatement! dit Nicolas; je ne veux point porter la main sur lui, mais qu'il s'en aille! John, John Browdie, suis-je chez moi? suis-je un enfant? S'il reste ici, à regarder avec tant de calme ceux qui connaissent la perversité de son cœur, vous voyez bien qu'il me rendra fou.

John Browdie ne répondit à toutes ces exclamations qu'en continuant à retenir Nicolas. Quand celui-ci se tut, John prit la parole.

— Il est plus essentiel de l'écouter que vous ne le croyez. Je vous dis que j'ai eu vent de ce qui se prépare. Qu'est-ce que cette ombre que j'aperçois dans le corridor? Allons, maître d'école, montrez-vous, mon homme; n'ayez pas honte.

M. Squeers était demeuré en arrière en attendant le moment de faire une entrée à effet; mais, ainsi conjuré, il fut forcé de se présenter piteusement et sans dignité. Son embarras divertit tellement John Browdie, que ses éclats de rire égayèrent Catherine elle-même, bien qu'elle fût affligée et surprise.

Quand le silence fut rétabli, Ralph s'adressa à madame Nickleby, sans perdre de vue Catherine, comme s'il eût tenu à s'assurer de l'effet qu'il produirait sur elle.

— Maintenant, Madame, écoutez-moi : vous n'êtes pour rien, je l'imagine, dans la belle tirade que votre fils m'a écrite. La nature, la raison, votre expérience devraient avoir de l'influence sur lui; mais je ne pense pas que vous ayez de volonté à vous, je ne pense pas qu'il daigne consulter un seul instant votre opinion ni vos désirs.

Madame Nickleby soupira en signe d'adhésion.

— Je m'adresse donc à vous, Madame, et comme je ne veux pas être déshonoré par les actes d'un enfant pervers que j'ai été obligé de désavouer, et qui ose feindre de me désavouer lui-même, je me présente aujourd'hui dans cette maison. Ma visite a encore un motif... un motif d'humanité. Je viens rendre un fils à son père.

Ralph prononça ces mots lentement et avec un sourire de triomphe. Nicolas pâlit.

— Oui, Monsieur, je viens rendre un enfant à son père, un enfant égaré, gardé à vue par vous, dans l'odieuse intention de vous emparer du peu de bien qui doit lui revenir un jour. — En cela, vous savez que vous mentez, dit fièrement Nicolas. —

Je sais que je dis la vérité, son père est ici. — Il est ici! s'écria Squeers d'un ton railleur. Il est ici, entendez-vous? ne vous avais-je pas dit de prendre garde que son père ne revînt, et ne le remît entre mes mains? Eh bien! son père est mon ami, l'enfant me sera rendu de suite; qu'en dites-vous, hein? n'êtes-vous pas fâché d'avoir pris tant de peine pour rien? — J'ai laissé sur votre corps, dit Nicolas, certaines marques difficiles à effacer, et, pour vous vous en dédommager, je vous permets de parler tant que vous voudrez, monsieur Squeers.

Cet estimable pédagogue jeta sur la table un coup d'œil rapide comme s'il eût été tenté de jeter un vase ou une assiette à la tête de Nicolas. Il fut arrêté dans l'exécution de ce dessein (si toutefois il l'avait) par Ralph, qui, le poussant du coude, lui enjoignit de dire au père qu'il pouvait se montrer et réclamer son fils.

M. Squeers obéit avec joie, et ramena bientôt un personnage à face huileuse, qui n'était autre que M. Snawley. Ce dernier courut droit à Smike, lui prit la tête sous le bras, éleva en l'air son chapeau à larges bords comme pour remercier le ciel, et s'écria :

— Que je m'attendais peu à le revoir lorsque je l'ai quitté! — Calmez-vous, dit Ralph, vous l'avez enfin retrouvé. — Je l'ai retrouvé! puis-je le croire? est-il possible? — Oui, c'est lui, c'est son sang, c'est sa chair. — Il n'en a pas beaucoup, dit John Browdie.

M. Snawley était trop ému pour remarquer cette interruption; et, pour mieux s'assurer que son fils lui était rendu, il lui serrait étroitement la tête sous le bras.

— D'où venait donc l'intérêt puissant que je ressentis pour lui, quand ce digne instituteur l'amena chez moi? D'où venait donc l'ardent désir que j'éprouvai de le punir sévèrement d'avoir quitté ses meilleurs amis, ses guides et ses maîtres? — De l'instinct paternel, Monsieur, dit Squeers. — Précisément, Monsieur; de ce sentiment élevé, commun à l'homme et aux animaux. Voilà ce que c'est que la voix du sang!

Les assistants restaient stupéfaits. Nicolas promenait ses regards de Snawley à Squeers et de Squeers à Ralph, et se sentait en proie à la surprise, au doute et au dégoût. En ce moment, Smike parvint à se débarrasser de l'étreinte paternelle, s'enfuit vers Nicolas, et le supplia, dans les termes les plus touchants, de ne pas l'abandonner, et de le laisser vivre et mourir auprès de lui.

— Si vous êtes le père de cet enfant, dit Nicolas, voyez à quel triste état il est réduit, et dites-moi pourquoi vous voulez le renvoyer dans le hideux repaire d'où je l'ai tiré.

— Calomnie nouvelle! s'écria Squeers. Vous ne valez pas un coup de pistolet, voyez-vous ; mais je vous rattraperai d'une manière ou d'une autre.

Snawley allait parler.

— Arrêtez, dit Ralph, terminons promptement cette affaire, et ne prostituons pas nos paroles. C'est votre fils, comme vous pouvez le prouver; et vous, monsieur Squeers, vous reconnaissez cet enfant pour le même que vous avez gardé si long temps sous le nom de Smike. — Si je le reconnais!... certainement. — Bien ! quelques mots suffiront. Vous aviez un fils de votre première femme, monsieur Snawley? — Oui, le voici. — Nous le démontrerons tout à l'heure. — Votre femme se sépara de vous, et garda l'enfant, âgé d'un an ; vous reçûtes d'elle, après un ou deux ans de séparation, la nouvelle que l'enfant était mort, et vous y ajoutâtes foi. — C'est cela. Oh! joies de... — De la raison, je vous prie. Vos transports sont hors de saison. Cette femme mourut il y a environ un an et demi, femme de charge dans une famille. Est-ce vrai? — Très-vrai. — A son lit de mort elle vous écrivit une lettre, qui, ne portant que votre nom sans adresse, ne vous est parvenue que depuis quelques jours? — C'est de la dernière exactitude. — Elle vous écrivait que la mort de l'enfant était imaginaire; que cette fausse nouvelle entrait dans le système d'hostilité que vous paraissiez avoir adopté l'un envers l'autre ; que l'enfant vivait, mais qu'il était faible d'intelligence; qu'elle l'avait fait placer par une personne de confiance dans une pension d'Yorkshire; qu'elle avait fait payer pendant quelques années les frais de son éducation, mais qu'étant pauvre et loin de son fils, elle avait fini par l'abandonner? Elle terminait en implorant votre pardon?

Snawley fit un signe affirmatif, et s'essuya les yeux.

— La pension était celle de M. Squeers, l'enfant y avait été laissé sous le nom de Smike; toutes les indications sont exactes; les dates s'accordent avec celles des livres de M. Squeers. M. Squeers demeure actuellement chez vous. Vous avez deux autres enfants en pension chez lui; vous lui avez fait part de votre découverte; il vous a amené à moi comme à celui qui lui avait recommandé le ravisseur de votre fils, et je vous ai amené ici. Est-ce cela? — Vous parlez comme un bon livre qui ne contient que des vérités, Monsieur. — Voici votre portefeuille, l'acte de votre premier mariage, l'acte de naissance de l'enfant, deux lettres de votre femme, et plusieurs autres papiers qui viennent à l'appui de ces documents, n'est-ce pas? — Oui, Monsieur. — Et vous ne vous opposez pas à ce qu'on les examine, pour mettre ces gens à même de se convaincre que, devant la loi et devant la raison, vous êtes en droit de réclamer votre fils, et que vous pouvez de suite exercer sur lui votre autorité. Ai-je bien compris vos sentiments? — Aussi bien que moi-même, Monsieur. — Alors, dit Ralph, prenant sur la table le contenu d'un portefeuille qu'il avait tiré de sa poche, qu'ils les regardent s'ils veulent; et comme ce sont les pièces originales, je vous recommanderai de vous tenir auprès pendant qu'on les examine, autrement vous seriez exposé à en perdre.

A ces mots, Ralph s'assit sans cérémonie, serra les lèvres pour comprimer un léger sourire, croisa les bras, et regarda pour la première fois son neveu.

Nicolas, piqué de l'insolence des dernières paroles, lui lança un regard d'indignation; mais il se contint, et commença avec John Browdie l'examen des pièces. On n'en pouvait révoquer en doute l'authenticité; les actes étaient extraits en bonne forme des registres de la paroisse. La première lettre paraissait avoir été écrite depuis plusieurs années; l'écriture de la seconde était exactement la même, en tenant compte de ce qu'elle avait été écrite par une personne à l'extrémité, et il y avait plusieurs autres notes également concluantes.

— Cher Nicolas, murmura Catherine, qui regardait avec anxiété par-dessus l'épaule de son frère, le fait est-il possible? ces documents sont-ils authentiques? — Je le crains; qu'en dites-vous, John?

John se gratta la tête et la secoua, mais il ne dit rien du tout.

— Vous remarquerez, Madame, dit Ralph à madame Nickleby, que cet enfant étant mineur et faible d'esprit, nous aurions pu nous présenter ce soir armés de la puissance de la loi et assistés d'une troupe de ses satellites. Je l'aurais fait indubitablement, Madame, si ce n'eût été par égard pour vous et pour votre fille. — Vous avez eu déjà bien des égards pour elle, dit Nicolas attirant sa sœur vers lui. — Votre éloge m'enchante, Monsieur. — Eh bien! dit Squeers, que fait-on? Les chevaux du fiacre vont s'enrhumer, si nous ne songeons à partir; il y en a un qui éternue si fort que son souffle fait ouvrir la porte de la rue. Quel est l'ordre du jour, hein? le jeune Snawley vient-il avec nous? — Non, non, non! répondit Smike reculant et s'accrochant à Nicolas; non, je vous en prie. Je ne veux pas vous quitter pour aller avec lui. — C'est bien cruel, s'écria Snawley; est-ce pour cela que les parents donnent le jour à des enfants? — Est-ce pour ceci que les parents donnent le jour à des enfants? dit John Browdie en désignant Squeers.

Squeers s'avançait vers Smike; mais John Browdie le repoussa par un si vigoureux coup de coude dans la poitrine, que le maître d'école chancela, tomba en arrière sur Ralph Nickleby, et, ne pouvant recouvrer son équilibre, renversa ce dernier.

Cet accident fut le signal d'une affaire décisive. Au milieu d'un grand tapage, causé par les prières de Smike, les exclamations des femmes et l'agitation des hommes, une démonstration fut tentée pour s'emparer de vive force du fils perdu. Squeers commençait à le tirer dehors, quand Nicolas, jusque-là indécis, prit l'instituteur au collet, et, le secouant de manière à faire claquer toutes les dents qui lui restaient, il le conduisit poliment à la porte de la chambre, la referma, et le laissa dans le corridor.

— Allons, dit Nicolas aux deux autres, ayez la bonté de suivre votre ami. — Je veux mon fils, dit Snawley. — Votre fils préfère rester ici, et il y restera. — Vous ne voulez pas l'abandonner? — Fût-il un chien, je ne l'abandonnerais pas contre sa volonté, pour être victime de la brutalité de l'homme auquel vous avez l'intention de le remettre. — Rossez ce Nickleby à coups de chandelier, s'écria M. Squeers par le trou de la serrure, et rendez-moi mon chapeau, je vous prie, à moins qu'il ne veuille me le voler.

Cependant mesdames Nickleby et Browdie pleuraient et se mordaient les doigts dans un coin, pendant que Catherine, très-pâle, mais parfaitement calme, se tenait aussi près que possible de son frère.

— Je suis bien fâchée de ce qui arrive, dit madame Nickleby. Je ne sais véritablement pas ce qu'il y aurait de mieux à faire; Nicolas en décidera sans doute; il est pénible d'avoir à sa charge les enfants des autres, quoique M. Snawley jeune soit certainement utile et plein de bonne volonté; mais si l'on pouvait s'arranger à l'amiable... si M. Snawley aîné, par exemple, s'engageait à payer quelque chose pour la table et le logement de son fils, ce qui nous permettrait d'avoir du poisson ou du pudding deux fois par semaine, je crois que tout se terminerait à la satisfaction générale.

Ce compromis, proposé avec force larmes et soupirs, ne fut honoré de l'attention de personne, et la pauvre madame Nickleby continua à développer à madame Browdie les avantages d'un tel arrangement, et les malheurs qui adviendraient si l'on n'écoutait pas ses conseils.

— Vous êtes un enfant ingrat, dénaturé, indigne d'être aimé, dit Snawley à Smike épouvanté. Vous repoussez ma tendresse, vous ne voulez pas me suivre? — Non, non, non! — Il n'a jamais aimé personne, brailla Squeers par le trou de la serrure, il ne m'a jamais aimé; il n'a jamais aimé mon fils, qui est presque un chérubin. Comment peut-on s'attendre à ce qu'il aime son père? il ne sait pas ce que c'est que d'avoir un père, il ne le comprend pas.

M. Snawley regarda fermement son fils pendant une bonne minute, se couvrit les yeux avec la main, éleva de nouveau son chapeau vers le ciel, et parut déplorer profondément cet excès d'ingratitude. Puis il passa sa main sur ses yeux, il ramassa le chapeau de M. Squeers, le prit sous son bras, mit le sien sous l'autre, et s'éloigna lentement.

— Vos rêves sont détruits, Monsieur, dit Ralph à Nicolas. Ce n'est pas un inconnu, ce n'est pas l'héritier persécuté d'une haute famille, mais le fils imbécile et faible d'un pauvre marchand. Nous verrons si votre sympathie survivra à la connaissance de la réalité. — Nous verrons, dit Nicolas en lui faisant signe de sortir. — Apprenez, Monsieur, ajouta Ralph, que je n'ai nullement supposé que vous nous le rendriez ce soir. L'orgueil, l'entêtement, les beaux sentiments que vous affectez, tout s'y opposait. Mais nous saurons bientôt vous réduire, Monsieur. Les dépenses, les tracas, les tourments et l'insomnie d'un procès briseront votre esprit hautain. Quand vous aurez fait de cette maison un enfer, attiré mille chagrins sur ce malheureux et sur ceux qui vous regardent comme un héros, nous pourrons régler notre compte et décider quel sera le débiteur, même aux yeux du monde.

Ralph Nickleby se retira ; mais M. Squeers, qui avait entendu une partie de cette apostrophe, furieux de voir sa méchanceté impuissante, ne put s'empêcher de retourner à la porte du salon. Là, il fit une douzaine de gambades avec accompagnement de grimaces hideuses, pour exprimer sa foi intime dans la défaite prochaine de Nicolas.

Après cela, M. Squeers suivit ses amis, et laissa la famille réfléchir à ce qui s'était passé.

CHAPITRE XXXVI.

Après avoir longtemps examiné la pénible position où il se trouvait Nicolas se décida à demander conseil aux deux frères. Il profita de la première occasion où il fut seul avec M. Charles Cheeryble, pour lui raconter l'histoire de Smike. Il exprima le ferme espoir que, vu les circonstances, le bon vieillard ne le blâmerait pas d'intervenir entre le père et l'enfant, et de soutenir ce dernier dans sa désobéissance.

— L'horreur qu'il éprouve pour cet homme est telle, ajouta Nicolas, que j'ai peine à croire qu'il soit réellement son fils. La nature ne paraît pas avoir mis en lui la moindre tendresse pour celui qui le réclame, et la nature ne se trompe jamais. — Mon cher monsieur, répondit Charles, vous tombez dans une erreur très-commune en attribuant à la nature des actes dont elle n'est point responsable. On parle de la nature comme d'une abstraction, et l'on perd de vue ce qui est naturel. Voici un pauvre malheureux qui n'a jamais été l'objet des soins paternels, qui durant toute sa vie n'a presque connu que les souffrances. On lui présente un homme qui se dit son père, et dont le premier acte est de lui signifier l'intention formelle de mettre fin à ses courts instants de bonheur, de l'enlever au seul ami qu'il ait jamais eu. Si, dans ce cas, la nature avait mis dans le cœur de cet enfant un secret penchant pour son père et de l'éloignement pour vous, elle eût été absurde et mensongère.

Nicolas fut charmé que le vieillard parlât avec tant de chaleur, et ne répondit rien dans l'espérance d'en entendre davantage.

— A chaque instant, je vois de semblables méprises; des parents qui n'ont jamais donné une seule preuve d'affection se plaignent de l'ingratitude de leurs enfants; des enfants qui ne se sont jamais acquittés de leurs devoirs se plaignent de l'indifférence de leurs parents; des législateurs dont les affections n'ont jamais eu assez de soleil pour s'épanouir dissertent avec fracas sur les liens du sang, et s'écrient qu'on outrage la nature. Les instincts et les sentiments naturels, mon cher monsieur, sont les plus belles œuvres du Tout-Puissant; mais, comme d'autres belles œuvres de ses mains, ils ont besoin d'être soutenus et cultivés; autrement, il est naturel qu'ils s'éteignent, et que de nouveaux penchants en usurpent la place, comme il est également dans l'ordre des choses qu'abandonnées à elles-mêmes, les plus précieuses productions de la terre soient étouffées par les mauvaises herbes. Nous devrions réfléchir là-dessus, et ne pas parler à tort et à travers des obligations qu'impose la nature.

Après ces paroles prononcées avec énergie, M. Charles s'arrêta pour se calmer un peu, et reprit ensuite :

— Vous devez être surpris, mon cher monsieur, que j'aie écouté votre récit sans étonnement. Cela s'explique aisément : votre oncle est venu ici ce matin.

Nicolas rougit et recula.

— Oui, dit le vieillard, ici, dans cette chambre. Il a été sourd à toute raison, à tout sentiment, à toute justice. Mais Edwin et moi l'avons serré de près; les paroles de mon frère, Monsieur, auraient attendri un pavé. — Il est venu pour... — Pour se plaindre de vous, pour empoisonner nos oreilles de calomnies; mais il a échoué dans ses tentatives, et a emporté chez lui quelques vérités salutaires. J'ai vu aussi le père, vrai ou supposé; c'est un barbare et un hypocrite, monsieur Nickleby. Je lui ai dit : Vous êtes un barbare, Monsieur; et je suis content d'avoir trouvé cette épithète; mais ce n'est pas de cette affaire qu'il s'agit maintenant. Je vais vous parler d'un autre sujet... en confidence, monsieur Nickleby. Tâchons d'être calme.

Après avoir fait deux ou trois tours dans la chambre, il reprit sa chaise, qu'il approcha de celle de Nicolas, et dit :

— Je vais vous charger, mon cher monsieur, d'une mission mystérieuse et délicate. — Vous pouvez employer un messager plus habile; mais j'ose dire que vous n'en trouverez pas de plus fidèle et de plus dévoué. — J'en suis intimement convaincu, et vous apprécierez l'opinion favorable que j'ai de vous quand vous saurez que l'objet de cette mission est une jeune personne. — Une jeune personne! s'écria Nicolas tremblant d'émotion. — Une jeune personne charmante, dit gravement M. Cheeryble. — Poursuivez, je vous prie. — Je ne sais comment continuer, dit tristement Charles; vous avez vu par hasard dans cette chambre une jeune personne évanouie. — Vous le rappelez-vous? vous avez peut-être oublié cet incident... — Oh! non, répondit précipitamment Nicolas, je... je me le rappelle très-bien. — C'est de cette dame que je vous parle. C'est la fille d'une dame qui, lorsqu'elle était belle et jeune elle-même, fut...

Mon frère Edwin devait se marier avec la sœur de cette dame; mais elles sont mortes toutes deux il y a longtemps. Celle que j'aimais épousa un homme de son choix, et je voudrais pouvoir ajouter que sa vie fut ensuite aussi heureuse que mes ferventes prières le demandaient au ciel.

Il y eut un moment de silence que Nicolas n'essaya pas de troubler.

— Je le dis avec toute la sincérité de mon cœur, reprit le vieillard avec calme, je n'ai jamais souhaité à mon rival ni peines ni malheurs. Si Dieu avait exaucé mes vœux, il eût mené une vie de paix et de félicité... Mais il n'en fut pas ainsi. Ils éprouvèrent des pertes, de la gêne, des embarras compliqués. Elle vint, un an avant sa mort, faire appel à ma vieille amitié; elle vint tristement changée, abattue par la souffrance et les mauvais traitements. Il gaspilla promptement l'argent que j'aurais versé aussi facilement que de l'eau pour procurer à sa femme un seul instant de tranquillité. Il savait, disait-il, qu'elle se repentait amèrement du choix qu'elle avait fait, et qu'elle l'avait épousé par des motifs d'intérêt et de vanité, car c'était autrefois un jeune homme aimable et entouré de joyeux amis. Enfin il lui attribuait injustement les malheurs dont sa prodigalité était l'unique cause. A cette époque leur fille n'était qu'une enfant, je ne l'avais jamais vue avant le jour où vous la vîtes aussi ; mais mon neveu Frank, deux jours après son retour en Angleterre, la rencontra par hasard, et la perdit de vue presque immédiatement. Son père, conduit aux portes du tombeau par la maladie et la pauvreté, se cachait pour échapper à ses créanciers. Elle, enfant qui nous semblerait mériter un meilleur père, bravait pour soutenir le sien les privations, la misère, tout ce qu'il y a de plus terrible pour une créature jeune et délicate. Elle n'avait qu'une domestique, jadis aide de cuisine dans la maison, mais qui, par sa fidélité à toute épreuve, était digne, Monsieur, d'être... d'être la femme de Tim Linkinwater lui-même.

Après s'être livré quelque temps avec énergie à l'éloge de la pauvre suivante, le frère Charles se renversa sur sa chaise, et poursuivit avec calme.

Voici la substance de ce qu'il dit. Cette jeune fille, sans appui, avait vécu avec son père du travail de ses mains. Elle avait repoussé fièrement les offres de service des anciens amis de sa mère, parce qu'on voulait lui imposer la condition de quitter son père ; elle avait évité d'avoir recours à M. Cheeryble, qu'il détestait et qu'il avait calomnié, et avait travaillé assidûment, malgré ses chagrins, malgré la brusquerie d'un malade que ne soutenait ni le souvenir ni l'espérance. Jamais elle ne s'était plainte du triste sort auquel elle s'était volontairement condamnée. Elle avait mis à profit tous les petits talents qu'elle avait acquis en des jours plus heureux, et manié tour à tour l'aiguille, le pinceau et la plume. Enfin, après deux ans d'efforts presque infructueux, elle avait été forcée de s'adresser au vieil ami de sa mère, et de se confier à lui.

— Si j'avais été pauvre, dit M. Charles les yeux étincelants, si j'avais été pauvre, monsieur Nickleby, et je ne le suis pas, Dieu merci, je me serais refusé le nécessaire pour l'assister ; assurément tout le monde le ferait en pareille circonstance. Si son père était mort, rien ne serait plus aisé que de la secourir ; car elle aurait un asile dans notre maison, et serait considérée comme notre fille ou notre sœur ; mais son père vit, il refuse tout secours, il ne veut rien accepter de personne... comment donc leur venir en aide ? — Ne peut-on la déterminer à ?...

Nicolas n'osa exprimer entièrement sa pensée.

— A le quitter ? dit M. Charles : qui pourrait demander à un enfant d'abandonner son père ? On a tâché d'obtenir d'elle qu'elle ne le vît que de temps à autre ; mais toutes les instances ont été inutiles. — N'avez-vous aucune influence sur lui ? demanda Nicolas. — Moi, mon cher monsieur ! moins que personne. Il a contre moi tant de haine et de jalousie que, s'il apprenait que sa fille m'a ouvert son cœur, il l'accablerait de reproches. Et cependant, par suite de son égoïsme, s'il savait qu'elle me doit toutes ses ressources, il dépenserait l'argent sans remords et s'abandonnerait sans frein aux fantaisies les plus coûteuses. — Le misérable! s'écria Nicolas indigné. — N'employons pas de mots injurieux, dit Charles d'une voix douce ; mais accommodons-nous aux circonstances dans lesquelles cette jeune dame est placée. J'ai été obligé, à sa propre requête, de lui donner par petites portions les secours que je suis parvenu à lui faire accepter ; autrement, s'apercevant de la facilité avec laquelle on trouvait de l'argent, il l'eût prodigué plus légèrement encore que de coutume. Elle est venue le recevoir par intervalles, le soir et en secret. Mais je ne puis souffrir plus longtemps que les choses se passent ainsi, monsieur Nickleby ; je ne le puis vraiment pas.

Alors M. Charles expliqua peu à peu comment les bons vieux jumeaux avaient roulé dans leur esprit une multitude de plans tendant à assister cette jeune personne sans éveiller les soupçons du père. Ils étaient enfin arrivés à conclure que le meilleur moyen était de feindre d'acheter à un prix élevé ses dessins et ses ouvrages de tapisserie. Il était nécessaire à l'accomplissement de ce projet que quelqu'un représentât l'acheteur ; et après de longues délibérations, ils avaient jeté les yeux sur Nicolas.

— Il me connaît, ajouta M. Charles, et il connaît aussi mon frère Edwin. Quant à Frank, c'est un bon enfant, un excellent garçon ; mais nous craignons son étourderie et son irréflexion. Quand il la rencontra pour la première fois, il éprouva pour elle un intérêt extraordinaire, et nous avons su par lui-même que c'était pour elle qu'il avait engagé le combat qui vous a mis en rapport avec lui pour la première fois. Eh bien ! poursuivit M. Charles, vous voyez donc qu'il ne conviendrait nullement. Tim Linkinwater est hors de la question ; car Tim, Monsieur, est un garçon si terrible qu'il ne saurait se contenir, et qu'il en viendrait aux mains avec le père au bout de cinq minutes. Vous ne savez pas ce que c'est que Tim, Monsieur, quand on lui a échauffé la bile ; alors il devient effrayant, Monsieur, tout à fait effrayant. Maintenant nous pouvons avoir en vous toute confiance, nous vous avons jugé depuis longtemps, ou du moins je vous ai jugé, et c'est la même chose ; car il n'y a point de différence entre moi et mon frère Edwin, si ce n'est qu'il n'y a pas, et qu'il n'y aura jamais son pareil au monde. Nous avons reconnu en vous des vertus domestiques et une délicatesse de sentiments qui vous rendent propre à cet emploi. Vous êtes l'homme qu'il nous faut, Monsieur.

Nicolas se trouvait si embarrassé qu'il ne savait que répondre.

— La jeune personne, Monsieur, dit-il, est-elle... est-elle complice de cette ruse innocente? — Oui, oui, repartit M. Charles; du moins elle sait que vous viendrez de notre part; elle ignore toutefois ce que nous ferons de ce que vous achèterez de temps en temps; et peut-être, si vous jouiez bien votre rôle, peut-être parviendrait-on à lui persuader que nous... que nous bénéficions sur ces objets : qu'en dites-vous?

M. Charles était si heureux de cette naïve supposition, et l'idée que la jeune personne croirait peut-être ne lui avoir aucune obligation lui causait un plaisir si vif, que Nicolas n'osa le contredire.

— Pourquoi, pensa-t-il, mettrais-je des obstacles à l'exécution de ce projet charitable? Cet excellent homme n'est-il pas en droit d'attendre de moi le plus entier dévouement, et des considérations personnelles doivent-elles m'empêcher de lui rendre service?

Nicolas s'adressa ces questions, et se répondit énergiquement : — Non!

Il se persuada qu'il était un martyr volontaire et glorieux, il crut se résigner noblement à accepter sa mission.

M. Cheeryble, ne se doutant nullement des réflexions qui se présentaient à l'esprit du jeune homme, continua à lui donner les instructions nécessaires. La première visite devait avoir lieu le lendemain; et après qu'on eut réglé tous les préliminaires et recommandé le secret le plus rigoureux, Nicolas se retira pensif.

Le lieu où M. Cheeryble l'envoyait était un pâté de maisons basses et misérables, situé aux environs de la prison de King's-Bench. Il y a là une douzaine de rues, où sont autorisés à demeurer les débiteurs qui peuvent acheter ce droit.

L'aspect de la maison était triste, les fenêtres du rez-de-chaussée étaient sombres et à peine garnies de sales rideaux de mousseline. La porte ouverte découvrait aux yeux de Nicolas un escalier couvert d'un vieux tapis fané.

Nicolas eut tout le temps de faire ces remarques, pendant qu'un petit garçon allait appeler la domestique de miss Bray. Rien n'était plus simple que de demander miss Bray; et cependant, quand la servante parut, Nicolas donna les signes d'une agitation plus violente que celle qu'aurait dû causer une circonstance aussi naturelle.

Il monta, et fut introduit dans une chambre du devant. Là, auprès de la fenêtre, à une petite table garnie de tous les objets nécessaires pour dessiner, était assise la jeune fille qui l'avait charmé.

Combien le cœur de Nicolas fut touché de ce qu'elle avait répandu d'élégant et de gracieux dans cet humble appartement! Qu'il lui avait fallu de sacrifices pour garder ces fleurs, ces jardinières, ces oiseaux, et la harpe et le piano dont les sons avaient été jadis si doux! De combien de douleurs patiemment supportées l'idée s'associait-elle avec des ornements futiles, fruit de ses loisirs, et remplis de cette grâce particulière aux ouvrages des mains d'une femme de goût! Nicolas s'imaginait qu'un sourire du ciel était descendu sur cette petite chambre, et que le dévouement de la jeune fille embellissait d'une lumineuse auréole les objets inanimés qui l'entouraient.

Nicolas n'avait pas remarqué la présence d'un malade enveloppé d'oreillers, et qui s'agitait avec impatience sur une chaise longue. Cet homme avait à peine cinquante ans; mais sa maigreur le faisait paraître beaucoup plus âgé. Ses traits portaient l'empreinte d'une beauté effacée; mais on y distinguait plutôt les traces des passions fortes et impétueuses que celles de sentiments de nature à rendre attrayante une physionomie beaucoup moins heureuse. Ses regards étaient égarés, son corps était usé; mais le feu de la jeunesse étincelait encore dans ses grands yeux creux.

Il frappa deux ou trois fois le plancher de sa canne, et appela sa fille.

— Madeleine, qui est là? qui nous demande? qui a dit à un étranger que nous étions visibles? de quoi s'agit-il? — Je crois... — Vous croyez toujours, repartit le père avec pétulance, qu'y a-t-il?

Cependant Nicolas avait recouvré assez de présence d'esprit pour parler : il dit donc, conformément à ce qui avait été convenu, qu'il désirait avoir deux écrans, et du velours peint pour une ottomane, et qu'il ne tenait pas au prix, pourvu que le dessin fût élégant. Il était aussi chargé de payer deux dessins, et, s'avançant vers la petite table, il y déposa un billet de banque plié dans une enveloppe cachetée.

— Voyez si l'argent y est, Madeleine, dit M. Bray, ouvrez le papier, ma chère. — Il y est, j'en suis sûre, mon père. — Voyons, dit M. Bray, étendant la main et ouvrant et fermant ses doigts osseux avec irritation. Voyons; comment en êtes-vous sûre, Madeleine? C'est un billet de cinq cents livres; bien! est-ce le compte? — Oui, mon père, dit Madeleine en se courbant vers lui.

Elle était si occupée d'arranger les oreillers, que Nicolas ne pouvait apercevoir son visage; mais il crut avoir vu tomber une larme.

— Sonnez, sonnez! dit le malade avec la même agitation nerveuse et montrant la sonnette d'une main dont le tremblement se communiquait au billet de banque : dites à la domestique d'aller changer ce billet, de me procurer un journal, de m'acheter des raisins, une bouteille de ce vin que j'ai eu la semaine dernière, et...

et... j'oublie la moitié de ce dont j'ai besoin, mais elle redescendra. Qu'elle aille chercher cela d'abord. Allons, Madeleine, vite, vite! que vous êtes lente! — Il ne songe pas à ce dont elle a besoin! pensa Nicolas.

Sa physionomie trahit sans doute quelque chose de ses pensées; car le malade se tourna brusquement vers lui, et lui demanda s'il voulait un reçu.

— Je n'y tiens pas, dit Nicolas. — Vous n'y tenez pas! Qu'entendez-vous par là Monsieur? Vous n'y tenez pas! Croyez-vous que vous nous apportez votre argent à titre de bienfait ou en échange d'une valeur? Pensez-vous donner votre argent en pure perte? Savez-vous que vous parlez à un gentleman, Monsieur, à un gentleman qui a possédé de quoi acheter cinquante individus comme vous, cinquante fortunes comme la vôtre? Quelles sont vos intentions? — Mes intentions, dit Nicolas, sont uniquement de faire plusieurs affaires de commerce avec cette dame, si elle me le permet, et de ne pas exiger d'elle des formalités gênantes. — Eh bien! Monsieur, nous prétendons nous astreindre à toutes les formalités possibles. Ma fille, Monsieur, n'a besoin des bontés de personne; veuillez ne point sortir des bornes de votre métier. Faut-il qu'elle soit exposée à la compassion du moindre commerçant? Madeleine, ma chère, donnez-lui un reçu, et ayez soin de lui en donner toujours.

Pendant qu'elle feignait d'écrire la quittance, Nicolas réfléchissait au caractère singulier, mais assez commun, qu'il avait sous les yeux. Le malade, qui semblait en proie à de vives souffrances corporelles, se renversa dans sa chaise, et murmura d'une voix plaintive que la domestique était sortie depuis une heure, et que tout le monde conspirait pour le tourmenter.

— Eh bien! dit Nicolas en prenant la quittance, quand reviendrai-je?

Ces paroles étaient adressées à la fille; mais le père se chargea de répondre.

— Quand on vous priera de revenir, Monsieur, et pas avant; ne vous rendez pas importun. — Si je m'abaissais, Monsieur, à demander des secours à des gens que je méprise, un intervalle de trois ou quatre mois, de trois ou quatre ans entre leur visites, ne serait point trop long pour moi; mais comme je ne me suis pas mis volontairement sous la dépendance d'autrui, vous pouvez repasser dans huit jours.

Nicolas s'inclina, et sortit en méditant sur les idées d'indépendance de M. Bray et souhaitant ardemment que peu d'esprits indépendants à la manière du sien animassent l'argile humaine.

En descendant l'escalier, il entendit un pas léger derrière lui, et vit la jeune fille qui le regardait timidement, et semblait se demander si elle devait le rappeler. Le meilleur moyen de mettre fin à son irrésolution était de remonter; c'est ce que fit Nicolas.

— Je ne sais, dit précipitamment Madeleine, si je ne suis point blâmable ; mais, je vous prie, ne parlez pas aux amis de ma pauvre mère de ce qui s'est passé ici aujourd'hui. Il a souffert beaucoup, et il est de mauvaise humeur ce matin. — Vous n'avez qu'à exprimer un désir, dit Nicolas, comme je suis instruit de votre histoire, et que j'éprouve ce que doivent éprouver les hommes et les anges qui la connaissent, je vous conjure de croire que je mourrais pour vous servir.

Miss Bray détourna la tête, et essaya vainement de cacher ses larmes. Elle agita la main pour l'inviter à partir, mais ne répondit pas un seul mot. Nicolas n'en put dire davantage, et ainsi finit sa première entrevue avec Madeleine Bray.

CHAPITRE XXXVII.

— Les trois quarts sont sonnés, murmurait Newman Noggs en écoutant l'horloge d'une église voisine, et je dîne ordinairement à deux heures. Ce maudit homme le fait exprès.

C'était dans son obscur bureau et du haut de son tabouret que Newman Noggs tenait ce soliloque ; et comme tous les soliloques de Newman Noggs, celui-ci avait rapport à Ralph Nickleby.

— Je crois qu'il n'a jamais eu d'appétit, poursuivit Newman, si ce n'est pour les livres, les shillings et les pence, dont il est avide comme un loup. Je voudrais le voir forcé d'avaler une pièce de toutes les monnaies anglaises : le gros sou passerait difficilement; mais la couronne?... ah! ah! Tous les jours il me dit la même chose : Ne sortez pas avant mon retour. Alors, pourquoi sortez-vous toujours à l'heure de mon dîner?

Ces mots, quoique prononcés sur un ton très-élevé, n'étaient adressés qu'aux murailles. Il s'était avancé dans l'allée quand le bruit du passe-partout dans la serrure de la porte lui fit opérer précipitamment sa retraite.

— Le voici, dit-il, et il y a quelqu'un avec lui; maintenant il va me dire : Restez jusqu'à ce que monsieur soit parti. Mais je n'entends pas ça.

A ces mots, Newman se glissa dans un grand placard vide, et s'y enferma avec l'intention de décamper sitôt que Ralph serait installé dans sa propre chambre.

— Noggs! s'écria Ralph, où est ce faquin? Point de réponse. Le drôle a été dîner malgré mes ordres. Gride, vous ferez bien d'entrer ici, mon commis est dehors et le soleil dans ma chambre, nous serons ici plus au frais; y consentez-vous? — Certainement, monsieur Nickleby, le lieu m'est indifférent.

La personne qui faisait cette réponse était un petit vieillard de soixante à soixante cinq ans, très-maigre, très-courbé, et légèrement contourné. Tout son extérieur exprimait la fourberie et la trompeuse soumission d'un chat, et sa figure indiquait la luxure, la finesse et l'avarice.

Tel était le vieil Arthur Gride, qui appartenait évidemment à la race dont Ralph Nickleby faisait partie. Il s'assit sur une chaise basse, et Ralph se perchant sur le tabouret de bureau, et posant ses mains sur ses genoux, le regarda du haut de sa grandeur.

— Eh! comment vous êtes-vous porté? dit Gride feignant de prendre le plus vif intérêt à la santé de Ralph. Je ne vous ai pas vu depuis... — Depuis fort longtemps, dit Ralph avec un sourire particulier qui exprimait qu'il savait fort bien que son ami ne lui rendait pas visite dans le seul but de le complimenter. Vous avez eu du bonheur aujourd'hui, car je rentrais juste au moment où vous tourniez le coin de la rue. — J'ai beaucoup de bonheur. — On le dit.

Le plus vieil usurier remua le menton, sourit; mais il ne fit aucune observation et ils demeurèrent quelque temps sans parler. Chacun d'eux cherchait à prendre avantage sur l'autre.

— Allons, Gride, dit enfin Ralph, quel sujet vous amène?

Gride parut charmé que Ralph entamât le premier la question d'affaires.

— Oh! monsieur Nickleby, s'écria-t-il, vous êtes un homme bien hardi. — C'est votre conduite sournoise et timorée qui me fait paraître tel par le contraste. — Vous avez un profond génie, monsieur Nickleby, reprit le vieil Arthur. — Je n'ai pas besoin de toute ma profondeur, reprit Ralph, pour deviner ce que veulent dire vos compliments. Je vous ai vu flatter et cajoler d'autres personnes, et je me rappelle parfaitement à quoi cela menait. — Oh! oh! reprit Arthur en se frottant les mains, je vois avec plaisir que vous vous souvenez du vieux temps. — Ainsi, reprit Ralph, quel sujet vous amène? — Voyez, s'écria Gride, le souvenir même du vieux temps ne peut lui faire oublier les affaires. — Vous ne parleriez pas du passé, dit Ralph, si vous n'aviez quelque projet en vue pour le présent. — Il se méfie même de moi dit le vieil Arthur en se levant. Non, il n'y a personne au monde qui approche de monsieur Nickleby; c'est un géant au milieu de pygmées.

Ralph regarda le vieux fripon avec un sourire tranquille; et Newman Noggs sentit son cœur faillir en voyant s'éloigner la perspective de son dîner.

— Enfin, reprit le vieil Arthur, il faut bien me conformer à son humeur, puisqu'il veut parler d'affaires, et ne point lui faire perdre son temps. Le temps est de l'argent. — C'est vrai, dit Ralph, surtout quand on s'en sert pour calculer les intérêts; non-seulement le temps est de l'argent, mais encore il coûte de l'argent, et il a coûté gros à certaines gens que nous pourrions nommer, ou j'ai oublié mon métier.

Le vieil Arthur répondit à cette saillie par des éclats de rire et des exclamations d'enthousiasme. Puis il rapprocha sa chaise basse, et reprit en ces termes :

— Que diriez-vous si je vous apprenais que je vais me marier? — Je dirais, répondit froidement Ralph, que je ne sais à quelle intention vous mentez, que ce n'est pas la première fois, et que ce ne sera pas la dernière. — Mais je vous parle très-sérieusement. — Et moi, je vous répète très-sérieusement ce que je viens de vous dire. — Je ne veux pas vous tromper, je ne le pourrais pas; moi, tromper monsieur Nickleby, ce serait impossible! Je vous demande donc encore ce que vous diriez si je vous apprenais que je vais me marier? — A quelque vieille sorcière? — Pas du tout; cette fois vous êtes dans l'erreur. A une jeune fille charmante, fraîche, aimable. — Comment s'appelle-t-elle? — Quel homme! s'écria le vieil Arthur; il sait que j'ai besoin de son appui, il sait qu'il peut me l'accorder, il sait que tout peut tourner à son avantage, il sait déjà toute l'affaire!... elle s'appelle... Personne ne peut-il nous entendre? — Eh! nous sommes seuls, repartit Ralph.

Arthur Gride alla regarder à la porte, et la referma avec soin.

— On pourrait, dit-il, passer dans l'escalier, ou votre commis, tenté par la curiosité, pourrait revenir et s'arrêter à la porte, et je serais fâché que M. Noggs... Elle s'appelle... — Eh bien! dit Ralph irrité de ce que le vieil Arthur s'arrêtait encore, comment? — Madeleine Bray.

Arthur Gride semblait s'être attendu à ce que ce nom produirait un effet quelconque sur Ralph. Néanmoins celui-ci ne donna aucun signe extérieur d'étonnement; mais il répéta ce nom plusieurs fois, comme occupé à chercher dans quelles circonstances il l'avait déjà entendu.

— J'ai connu un jeune Bray, dit-il, mais il n'a jamais eu de fille. — Vous ne vous rappelez pas Bray? demanda Arthur Gride. — Non. — Walter Bray, l'homme à la mode qui rendait sa femme si malheureuse. Bray qui est maintenant détenu pour dettes; vous ne pouvez l'avoir oublié; nous avons fait tous deux des affaires avec lui; il vous doit même de l'argent. — Ah! je sais de qui vous voulez parler. Et votre future est sa fille? — Oui; je savais bien que vous n'aviez pu l'oublier. — Vous aviez raison, répondit Ralph; mais Arthur Gride et le mariage sont deux mots qui hurlent de se trouver accouplés. Ce qui est plus incroyable encore, c'est que le vieil Arthur Gride épouse la fille d'un homme ruiné et détenu pour dettes. Vous êtes venu réclamer mon concours, ce motif seul vous amène chez moi; expliquez-vous donc catégoriquement. Et surtout ne me parlez pas de l'avantage que je dois retirer de vos projets, car je sais que vous y trouverez aussi le vôtre; autrement vous ne mettriez pas la main à la pâte.

Ces paroles étaient assez acerbes et sarcastiques pour échauffer même le sang glacé du vieil usurier; cependant Arthur ne témoigna point de colère, et se contenta de s'écrier comme devant :

— Ah! quel homme! quel homme! Puis, voyant sur les traits de Ralph un avide désir d'éclaircissement, il entra dans les détails nécessaires.

Il établit d'abord que Madeleine Bray était l'esclave des moindres désirs de son père, dont elle était l'unique appui. Ralph répondit qu'il en avait déjà entendu parler, et que ce dévouement insensé prouvait qu'elle ne connaissait pas le monde.

Il s'étendit ensuite sur le caractère du père, et posa en fait que, s'il accordait à sa fille toute l'affection dont il était capable, il en avait néanmoins beaucoup plus pour lui-même. Ralph répliqua que c'était assez naturel et très-probable.

En troisième lieu, le vieil Arthur déclara que Madeleine était une charmante fille, et qu'il avait réellement envie de la prendre pour femme.

Ralph ne daigna répondre que par un sourire railleur.

— Maintenant, dit Gride, venons au plan que j'ai conçu. Je ne me suis pas encore présenté au père à titre de futur époux. Il y a six mois que j'ai vu pour la première fois la fille, et c'est moi qui fais détenir M. Bray pour la somme de dix-sept cents livres. — Vous parlez comme si vous étiez le seul créancier, dit Ralph exhibant son portefeuille. Je le suis aussi pour la somme de neuf cent soixante-quinze livres quatre shillings trois pence. — Nous sommes les seuls créanciers, dit Arthur avec empressement, nous seuls payons les frais de sa détention, et ils sont assez considérables, je vous le garantis. Maintenant, je me propose pour gendre à Walter Bray; je m'engage à le faire mettre en liberté immédiatement après mon mariage, et à lui faire une pension qu'il ira manger de l'autre côté de la Manche. (Si j'en crois le médecin que j'ai consulté, il est impossible qu'il vive longtemps.) Si je lui présente convenablement les avantages d'un pareil arrangement, pensez-vous qu'il puisse me résister? et s'il ne peut me résister, pensez-vous que sa fille puisse lui opposer la moindre résistance? — Poursuivez, dit Ralph, dont la froideur étudiée présentait un étrange contraste avec le ravissement auquel son ami s'était par degrés laissé entraîner, poursuivez; vous n'êtes pas venu ici pour m'adresser cette question. — Non sans doute; j'en conviens volontiers. Je suis venu demander combien, si je réussissais auprès du père, vous réclameriez de moi pour ce qu'il vous doit. Est-ce vingt-cinq, trente, cinquante pour cent? Vous êtes mon ami, et nous avons toujours été bien ensemble, aussi irai-je jusqu'à cinquante pour cent; mais vous ne serez pas assez dur pour les exiger, je le sais. — Vous ne dites pas tout, reprit Ralph toujours calme et impassible comme un roc. — Vous ne m'en donnez pas le temps. J'ai besoin dans cette affaire d'un homme qui me soutienne, parle pour moi, plaide ma cause, me représente, et vous vous en acquitterez à merveille. Or, si vous recouvrez, grâce à moi, une partie d'une créance que vous regardiez depuis longtemps comme perdue, ne me viendrez-vous pas en aide? — Vous avez encore autre chose en vue? — Non, vraiment. — Si, vraiment, je vous le dis. — Oh! reprit Arthur feignant d'être éclairé tout à coup, vous pensez que j'ai pour épouser Madeleine d'autres motifs; faut-il vous les faire connaître? — Je vous le conseille, dit Ralph sèchement. — Je ne voulais pas vous en parler, parce que je croyais que vous cesseriez de vous inquiéter de cette affaire dès qu'on vous aurait désintéressé. Mais, puisque vous avez la bonté de m'interroger sur mes intentions, admettons que j'aie connaissance d'un patrimoine modique, très-modique, auquel cette fille a des droits, et que son mari pourrait empocher s'il était instruit comme moi de ce fait ignoré de tout autre. Ceci vous expliquera... — Toute votre conduite, interrompit Ralph brusquement. Maintenant, laissez-moi éclaircir la chose, et examiner à quelles conditions je dois contribuer à votre succès. — Mais ne soyez pas trop dur pour moi, s'écria le vieil Arthur d'une voix tremblante et en élevant les mains avec un geste suppliant. C'est un patrimoine très-médiocre, en vérité. Réglons à cinquante pour cent, et concluons le marché. C'est plus que je ne devrais donner, mais vous êtes si bon!...

Ne prenant pas garde à ces prières, Ralph réfléchit pendant quelques minutes et alla droit au fait sans aucune circonlocution.

— Si vous épousez cette fille sans mon concours, dit Ralph, vous serez obligé d'acquitter la totalité de la dette, autrement vous ne sauriez mettre le père en liberté. Il est donc évident qu'il me faut la somme entière claire et nette de toute déduction; sans cela, j'aurais perdu à être honoré de votre confidence au lieu d'y gagner. Voilà le premier article du traité. Passons au second. Pour le mal que me donnera cette négociation, je veux cinq cents livres sterling... C'est peu de chose parce que vous aurez pour vous cette femme. Pour le troisième et dernier article, j'exige que vous me fassiez un billet par lequel vous vous engagerez à me payer ces deux sommes le jour de votre mariage avec Madeleine Bray avant midi. Telles sont mes conditions ; acceptez-les si vous voulez, ou mariez-vous sans moi si vous pouvez.

Ralph fut sourd à toutes les protestations d'Arthur Gride, et repoussa tout amendement aux trois articles proposés. Pendant qu'Arthur se récriait contre l'énormité des demandes, il y accédait peu à peu. Ralph demeura silencieux, et examina tranquillement les notes de son portefeuille. Enfin, Arthur Gride, qui s'était préparé avant sa visite à un résultat analogue, consentit au traité et signa le billet en soupirant; mais il requit Nickleby de l'accompagner immédiatement chez Bray et d'entamer la négociation si les circonstances paraissaient favorables à leur projet.

Les deux usuriers sortirent bientôt après, et Newman Noggs, sa bouteille à la main, s'empressa de quitter son placard.

— Je n'ai plus faim maintenant, dit Newman, j'ai dîné. Je ne connais pas cette jeune personne, mais je la plains de tout mon cœur. Je ne puis la secourir, pas plus que les malheureuses victimes d'autres complots non moins vils que celui-ci. Quand j'ai connaissance de ces lâches trames, ça ne sert qu'à me tourmenter inutilement. Gride et Nickleby, quel couple! O friponnerie! friponnerie!

Après ces exclamations, accompagnées de violents coups de poing sur le sommet de son infortunée coiffure, Newman Noggs, dont la cervelle était légèrement troublée par l'absorption du contenu de sa bouteille, alla chercher des consolations chez un restaurateur voisin.

Cependant les deux complices s'étaient rendus à la maison où Nicolas avait paru pour la première fois, quelques jours auparavant. Ils avaient obtenu accès auprès de M. Bray, qui était seul, et étaient arrivés par d'habiles détours au véritable objet de leur visite. M. Bray, très-surpris au premier abord, s'était renversé dans sa chaise longue, et promenait ses regards d'Arthur Gride à Ralph Nickleby.

— Pouvez-vous, disait ce dernier, lui reprocher votre détention? J'en suis moi-même la cause, il faut vivre, voyez-vous. Vous connaissez trop bien le monde pour ne pas juger sainement les choses. Nous vous offrons la meilleure réparation qui soit en notre pouvoir. Que dis-je, une réparation! nous vous offrons un parti que plus d'un père titré souhaiterait pour sa fille : monsieur Arthur Gride, avec une fortune de prince! — Monsieur, répondit fièrement Bray, ma fille, avec l'éducation que je lui ai donnée, indemniserait largement l'homme qui lui apporterait la fortune la plus considérable en échange de sa main. — C'est précisément ce que je vous disais, reprit l'artificieux Ralph Nickleby; c'est précisément ce qui me fait considérer notre proposition comme aisément acceptable. Les époux n'auront point d'obligations l'un à l'autre. De votre côté, Arthur, est l'argent; du côté de miss Madeleine est le mérite. Elle est jeune sans avoir d'argent; vous avez de l'argent sans être jeune; vous troquerez ensemble; c'est un mariage écrit au ciel. — Oui, ajouta Arthur Gride en fixant ses yeux louches sur le beau-père qu'il désirait, le ciel nous a faits l'un pour l'autre.

Ralph s'empressa de substituer à cet argument des considérations plus terrestres.

— Et puis, songez, monsieur Bray. Vous pouvez encore être l'ornement de la société; vous avez encore devant vous plusieurs années d'existence, en admettant que vous soyez libre, sous un ciel plus clément; vous êtes fait pour la société, où vous avez déjà figuré avec éclat. En France, avec un revenu qui vous mettra dans l'aisance, vous renouvellerez votre bail de vie. Londres a retenti autrefois du bruit de vos somptueux plaisirs; et, instruit par l'expérience, vivant un peu aux dépens des autres, au lieu de les laisser vivre à vos dépens, vous pourrez briller encore sur une scène nouvelle. Dans le cas contraire, qu'arrivera-t-il? une captivité plus ou moins longue, une fosse dans le cimetière voisin, peut-être dans deux ans, peut-être dans vingt ans d'ici, voilà le sort qui vous attend.

M. Bray appuya son coude sur le bras de sa chaise, et se cacha la figure avec la main.

— Je parle franchement, dit Ralph, parce que je sens fortement. Il est de mon intérêt que mon ami Arthur Gride épouse votre fille, parce qu'alors il me payera. Je ne le cache point. Mais quel intérêt vous avez vous-même à la décider à cette union! Songez-y; elle fera des difficultés, des objections; elle dira qu'il est trop vieux, et qu'il la rendrait malheureuse; mais qu'est-elle maintenant, et qu'a-t-elle chance de devenir? Si vous mourez, les gens que vous détestez la rendraient heureuse; mais pouvez-vous en supporter la pensée? — Non, reprit Bray poussé par un ressentiment qu'il ne put réprimer. — Je le savais... Si elle profite de la mort de quelqu'un, ajouta Ralph plus bas, que ce soit de celle de son mari; qu'elle n'ait pas à considérer la vôtre comme l'événement à partir duquel elle doit dater une vie plus heureuse. Que nous objecterait-on? Que son futur est trop vieux; mais combien de fois des hommes riches et puissants, qui n'ont pas votre excuse, marient, pour assouvir leur ambition, leurs filles à des vieillards, ou, qui pis est, à des jeunes gens sans tête et sans cœur! Décidez pour elle, Monsieur, décidez pour elle. Vous savez ce qui lui convient; elle vivra pour vous remercier. — Silence! s'écria M. Bray se levant brusquement et couvrant d'une main tremblante la bouche de Ralph, silence! je l'entends venir.

Il y avait une lueur de conscience dans la honte et la terreur de M. Bray. Cette action précipitée enleva momentanément la mince enveloppe de mensonges spécieux qui cachaient de honteux projets, et les exposa au grand jour dans toute leur bassesse et leur laideur. Le père tomba pâle et tremblant sur sa chaise; Arthur Gride prit et fit tourner entre ses doigts son chapeau sans oser lever les yeux; et Ralph lui-même, humble comme un chien battu, fut terrifié par la présence d'une innocente jeune fille.

Cet effet fut aussi bref que subit. Ralph fut le premier à se remettre; et voyant que Madeleine avait l'air alarmée, il la pria de se rassurer en lui affirmant qu'il n'y avait rien à craindre.

— C'est un spasme, dit-il en désignant M. Bray; le voici qui reprend ses sens.

Il y avait de quoi toucher le cœur insensible d'un homme du monde à voir cette jeune fille, dont on venait de tramer le malheur, sauter au cou de son père, et lui prodiguer les paroles de tendresse les plus douces qu'un père puisse entendre. Mais Ralph contempla froidement ce spectacle. M. Bray attira sa fille vers lui et l'embrassa tendrement. Ralph, qui l'avait constamment suivie des yeux, se dirigea vers la porte, et fit signe à Gride de sortir, et il lui dit :

— J'ai surpris des larmes dans les yeux de Madeleine; elle aura bientôt d'autres motifs pour en répandre. Oh! nous pouvons attendre avec confiance la fin de la semaine.

CHAPITRE XXXVIII.

Nicolas était triste en revenant de la maison de M. Bray chez les frères Cheeryble. Poursuivi par le souvenir de ce qu'il avait vu, il se montra tellement morose que Tim Linkinwater le soupçonna de s'être trompé dans un calcul, et le conjura sérieusement, s'il en était ainsi, de lui ouvrir son cœur et de lui faire un aveu sincère plutôt que de passer sa vie dans les remords; mais, en réponse à ces représentations bienveillantes, Nicolas se contenta de dire qu'il n'avait jamais été plus joyeux, et pourtant il ne cessa toute la journée de s'occuper des mêmes idées.

Lorsqu'on se trouve dans cet état d'incertitude et de chagrin, on est disposé à flâner sans savoir pourquoi, à lire très-attentivement des affiches sans en comprendre un seul mot, et à regarder fixement à travers les vitres des boutiques des objets qu'on ne voit pas. Ce fut ainsi qu'en rentrant chez lui, Nicolas contempla avec le plus vif intérêt une énorme affiche appendue aux murs d'un petit spectacle. Il lut la liste des acteurs et des actrices qui s'étaient engagés à figurer dans un prochain bénéfice, et aperçut en tête de l'affiche écrit en gros caractère : *Pour la dernière représentation, sans remise, de M. Vincent Crummles, si célèbre dans la province!!!*

— Est-il possible? se dit Nicolas.

C'était bien le nom de M. Crummles; une première ligne était destinée à annoncer la représentation d'un mélodrame; une seconde apprenait au public le rengagement d'un fameux jongleur africain; une troisième, que M. Snittle Timberry, remis d'une grave indisposition, aurait l'honneur de paraître le soir même, et d'autres lignes que c'était la dernière représentation sans remise de M. Vincent Crummles, si célèbre dans la province.

— Sans doute, se dit Nicolas, ce doit être celui que j'ai connu; il n'y en a pas deux pareils au monde.

La question fut éclaircie par un examen plus attentif de l'affiche. Dans la première pièce, le rôle de Roberto était rempli par M. Crummles aîné, et celui de Spalatro par M. Crummles jeune, paraissant pour la dernière fois. On avait intercalé pour eux, dans la pièce, une danse de caractère, et l'Enfant-Phénomène, paraissant pour la dernière fois, dansait le pas des castagnettes.

Nicolas n'eut plus de doutes, griffonna au crayon sur un morceau de papier le nom de M. Johnson, et fut conduit en présence de son ancien directeur par un brigand qui avait une large ceinture à boucle et des gantelets de cuir.

M. Crummles était placé devant un miroir. Il portait un sourcil fort touffu, planté au-dessus de son œil gauche, et tenait à la main son autre sourcil avec le mollet d'une de ses jambes. Enchanté de revoir Nicolas, il l'embrassa cordialement.

— Madame Crummles, dit-il, sera charmée de vous faire ses adieux avant de partir; vous avez toujours été son favori. Je n'ai jamais été en peine de vous, depuis que je vous connais; car tous ceux qui plaisent à madame Crummles sont sûrs de se tirer d'affaire.

— Je la remercie sincèrement de sa bienveillance pour moi, dit Nicolas. Mais où donc allez-vous? — Ne l'avez-vous pas vu dans les journaux? dit le directeur avec dignité. — Non. — J'en suis étonné... On m'a consacré un paragraphe parmi les faits divers; je l'avais mis de côté. Où donc est-il?

Après avoir feint de l'avoir perdu, M. Crummles tira de sa poche un pouce carré de journal, et le donna à lire à Nicolas.

« Le célèbre Vincent Crummles, si favorablement connu comme acteur et comme directeur, est sur le point de passer aux Etats-Unis pour y exercer son honorable profession. Crummles doit être accompagné de sa femme et de son illustre famille. Comme artiste dramatique et comme citoyen, Crummles emportera dans son voyage les vœux d'un très-grand nombre d'amis; son succès est assuré. »

— Je suis surpris de ces nouvelles, dit Nicolas; vous allez en Amérique! Vous n'y songiez nullement lorsque j'étais avec vous. — C'est vrai, mais une circonstance m'y décide.

Pendant que l'ex-directeur achevait sa toilette, il apprit à Nicolas qu'il avait obtenu un engagement avantageux, et que, n'étant immortel qu'au figuré et dans la bouche de la renommée, il avait formé le projet de s'établir en Amérique, dans l'espoir d'y acquérir une propriété et d'y vieillir paisiblement. Nicolas approuva cette résolution, et M. Crummles lui donna des détails sur leurs amis communs. Miss Snevellicci s'était heureusement mariée à un jeune épicier qui fournissait le théâtre de chandelles, et M. Lillyvick tremblait sous le joug de sa tyrannique épouse.

Nicolas répondit à la confiance de M. Crummles en lui avouant son véritable nom, sa situation et ses aventures. Après l'avoir félicité sincèrement de l'amélioration de sa position, M. Crummles lui donna à entendre que la famille partait le lendemain pour Liverpool, où elle devait s'embarquer, et que si Nicolas voulait voir madame Crummles pour la dernière fois, il devait assister à un souper donné le soir même en l'honneur de la famille à une taverne voisine. M. Snittle Timberry avait été nommé président du banquet, et la vice-présidence était échue au jongleur africain.

Cependant la pièce qu'on représentait était finie, et quatre individus qui venaient de se tuer les uns les autres s'étaient précipités dans la chambre, dont la chaleur et l'encombrement rendaient le séjour peu tolérable. Nicolas accepta l'invitation, et promit de revenir à la fin du spectacle, préférant l'air frais du dehors aux parfums de gaz et de poudre à canon qui envahissaient les coulisses.

Il profita de cet intervalle pour acheter une tabatière d'argent pour M. Crummles, des boucles d'oreilles pour madame Crummles, un collier pour le Phénomène, et une épingle de chemise pour chacun des jeunes gens. A son retour au théâtre, il trouva les lumières éteintes, la salle vide, et M. Crummles, qui, en l'attendant, se promenait en long et en large sur la scène.

— Quelle agréable surprise! dit madame Crummles à l'aspect de Nicolas. — C'est le hasard seul qui nous rassemble, répondit Nicolas, quoique j'eusse volontiers fait bien des démarches pour vous rencontrer. — Voici des gens de votre connaissance, dit madame Crummles en lui montrant ses deux fils et le Phénomène en fourreau de gaze bleue. Et comment va votre ami, le fidèle Digby? — Digby? dit Nicolas oubliant un moment le nom de théâtre de Smike. Ah! oui... il va très-bien... Que dis-je? Il est dans un triste état. — Comment! s'écria madame Crummles en reculant tragiquement. — Il conviendrait mieux que jamais pour jouer le rôle de l'apothicaire, dit Nicolas en s'efforçant de sourire. — Que voulez-vous dire par là? reprit madame Crummles accompagnant cette question de celui de ses gestes qui produisait le plus d'effet. — Je veux dire qu'un lâche ennemi le tourmente pour me causer de la peine, et lui inflige toutes les tortures... Pardonnez-moi; je ne devrais jamais parler de cela, et je n'en parle jamais qu'à ceux qui connaissent les faits; mais je me suis un instant oublié...

Après cette excuse hâtive, Nicolas salua le Phénomène, maudissant intérieurement sa précipitation, et se demandant avec inquiétude ce que madame Crummles penserait de cette sortie.

Cette dame parut ne pas s'en inquiéter, car le souper était servi. Elle donna la main à Nicolas, et alla se placer d'un pas majestueux à la gauche de M. Snittle Timberry. Nicolas eut l'honneur de s'asseoir auprès d'elle, et M. Crummles à la droite du président; le vice-président fut flanqué du Phénomène et des deux fils.

La compagnie se composait de vingt-cinq ou trente artistes engagés ou non, et tous intimes amis de M. et de madame Crummles. Il y avait nombre égal de dames et de messieurs.

C'était, en somme, une société distinguée; elle comprenait, outre les acteurs, un auteur dramatique qui avait arrangé pour la scène deux cent quarante-sept romans aussitôt après l'apparition du dernier volume, et quelquefois même avant cette apparition. Il avait donc des droits incontestables au titre d'auteur dramatique.

Ce personnage était à la gauche de Nicolas, auquel il fut présenté, comme un homme de beaucoup de talent, par son ami le jongleur africain.

— Je suis charmé de faire la connaissance d'un auteur d'un aussi grand mérite, dit poliment Nicolas. — Monsieur, vous m'honorez, répondit le bel esprit, il est vrai que j'ai rendu service à quelques auteurs en dramatisant leurs œuvres. — Vous avez fait comme Shakspeare, qui prenait les sujets de ses pièces dans des livres déjà imprimés. — C'est vrai, Monsieur; William Shakspeare était un *arrangeur dramatique*, et il n'arrangeait pas mal. — Sans doute, reprit Nicolas; mais il me semble que les dramaturges modernes ont été beaucoup plus loin que lui. — Vous avez raison, Monsieur, interrompit l'auteur, l'esprit humain a fait des progrès depuis Shakspeare. — Ils ont été beaucoup plus loin que lui, dit Nicolas, comme imitateurs, mais non comme écrivains originaux. Shakspeare prenait des légendes populaires, de vieilles histoires, d'antiques traditions, et les revêtait des éclatantes couleurs de son génie; mais vous, messieurs les dramaturges, vous vous emparez de sujets qui sont loin de convenir au théâtre, et, loin de les embellir, vous les défigurez. Quelle différence existe-t-il entre ce brigandage et l'action d'un filou qui vole dans la rue, si ce n'est que les lois veillent à la conservation des mouchoirs de poche, et s'occupent fort peu des créations de l'esprit humain? — Il faut vivre, Monsieur, dit l'auteur dramatique en haussant les épaules. — Le voleur aurait la même raison à donner, répondit Nicolas. Mais, puisque vous amenez la question sur ce terrain, je dirai que si j'étais romancier, et non *arrangeur*, j'aimerais mieux payer votre pension à la taverne pendant six mois que de vous permettre de toucher à mes volumes.

La discussion allait s'échauffer; mais madame Crummles y mit un terme à propos en demandant à l'auteur dramatique des nouvelles de six pièces qu'il s'était engagé à écrire pour y intercaler les exercices du jongleur africain. La conversation animée qui s'entama sur ce sujet fit oublier Nicolas et ses injurieuses assertions.

Quand le punch, le vin et les liqueurs eurent remplacé sur la table les mets substantiels, un profond silence succéda par degrés à la rumeur des causeries particulières, et ne fut interrompu que par des encouragements.

Il y eut un intermède de musique, et plus tard M. Crummles but à M. Snittle Timberry, cet ornement du théâtre; puis au jongleur africain, cet autre ornement du théâtre, en lui demandant permission de l'appeler son cher ami. N'ayant aucun motif pour la lui refuser, le jongleur africain la lui accorda gracieusement. On allait boire à la santé de l'auteur dramatique; mais il avait trop bu à celle des autres, et on le trouva endormi sur l'escalier.

Après une longue séance, on se sépara avec force embrassades. Nicolas attendit que tout le monde fût parti pour offrir ses petits présents. En disant adieu à M. Crummles, il ne put s'empêcher de remarquer la différence de cette séparation et de celle qui avait eu lieu à Portsmouth. M. Crummles n'avait rien de ses manières théâtrales, et s'il eût pu reproduire à volonté l'expression de tristesse avec laquelle il tendit la main, c'eût été le meilleur acteur de notre époque.

Il était tard quand Nicolas prit congé de la famille Vincent Crummles.

CHAPITRE XXXIX.

Pendant que Nicolas ne s'occupait que de Madeleine Bray, la revoyait souvent, pour exécuter les commissions que lui imposait la sollicitude de M. Charles, madame Nickleby et Catherine continuaient à vivre en paix. Leur tranquillité n'était troublée que par les démarches de M. Snawley pour recouvrer son fils, et l'inquiétude que Smike leur causait.

La santé de Smike, longtemps chancelante, avait été tellement altérée par les angoisses de l'incertitude, que parfois Nicolas s'en alarmait sérieusement. Smike ne se plaignait point; il montrait toujours le même zèle, le même empressement, la même affection, le même désir d'être utile; mais quelquefois, trop souvent, hélas! son œil cave était trop brillant, sa joue creuse trop colorée, sa respiration trop gênée, son corps trop faible, pour qu'il n'y eût pas lieu de craindre.

Il est une maladie terrible qui prépare ainsi sa victime à la mort. Dans cette maladie, la lutte entre l'âme et le corps est lente, calme, solennelle, et le résultat inévitable; la partie mortelle de l'homme se décompose jour par jour, atome par atome, et l'esprit, débarrassé de son fardeau, sent approcher graduellement l'immortalité. Dans cette maladie, la vie et la mort sont si étrangement confondues, que la mort prend les couleurs et l'éclat de la vie, et que la vie emprunte à la mort ses formes maigres et hideuses. Pour guérir cette maladie, la médecine est impuissante; l'opulence n'en garantit point, la pauvreté n'en exempte point. Tantôt elle marche à pas de géant, tantôt elle s'arrête en chemin; mais, prompte ou lente, elle est toujours sûre d'arriver.

La vague appréhension d'une affection de poitrine avait déjà engagé Nicolas à conduire son fidèle compagnon chez un célèbre médecin.

— Il n'y a pas de danger immédiat, avait dit le docteur. C'est une constitution qui a souffert cruellement dans l'enfance; mais il n'existe actuellement chez le malade aucun symptôme décisif.

Comme Smike n'allait pas plus mal, et que la secousse qu'il avait récemment éprouvée expliquait suffisamment ses souffrances, Nicolas avait la consolante espérance qu'il se rétablirait bientôt. Sa sœur et sa mère la partageaient. Smike, objet de leur commune sollicitude, ne semblait point abattu, et répondait journellement qu'il se trouvait mieux que la veille. Leurs craintes ne tardèrent donc pas à se dissiper.

Mais bien des changements s'étaient opérés, et il importe préalablement d'en instruire le lecteur.

Si les frères Cheeryble, trouvant Nicolas digne de toute leur confiance, lui donnaient chaque jour de nouvelles preuves d'affection, ils n'avaient pas moins de prévenance pour les siens. Divers petits présents faits à madame Nickleby, et toujours choisis parmi les objets qui lui étaient le plus nécessaires, contribuaient à l'embellissement de leur demeure. Le petit écrin de Catherine se garnissait; et, si M. Charles et M. Edwin ne venaient pas tous les dimanches, Tim Linkinwater entrait souvent pour se reposer après ses promenades du soir, et, par un hasard étrange, les courses de M. Frank Cheeryble le conduisaient du côté de la maison au moins trois fois par semaine.

Un matin, un coup frappé à la porte annonça la visite de miss la Creevy. Madame Nickleby oublia tout pour l'interroger sur l'omnibus d'où elle descendait, lui demandant si elle avait eu tel ou tel conducteur, si elle avait retrouvé le parasol qu'elle avait laissé dans la voiture la semaine dernière, et, en dernier lieu, si elle avait aperçu Nicolas.

— Non, répondit miss la Creevy; mais j'ai vu ce cher M. Linkinwater. — Je parierais, dit madame Nickleby, qu'il faisait sa promenade du soir et se disposait à venir se reposer ici avant de retourner à la Cité. — Je le crois, d'autant plus que le jeune M. Cheeryble était avec lui. — Ce n'est pas là, dit Catherine, une raison pour que M. Linkinwater vienne ici. — Je crois le contraire, ma chère, dit miss la Creevy en regardant fixement Catherine, car un jeune homme comme M. Frank n'est pas très-grand marcheur, et j'observe qu'en général il se sent fatigué et a besoin de beaucoup de repos quand il est arrivé jusqu'ici. Mais où est mon ami? Est-ce qu'il s'est encore sauvé? — Oui, où est M. Smike? dit madame Nickleby; il était ici tout à l'heure.

Après une légère enquête, la bonne dame découvrit, à son grand étonnement, que Smike était allé se coucher.

— Eh bien! dit madame Nickleby, c'est un être bien étrange. Mercredi dernier...

c'était bien mercredi... oui, sans doute, vous vous le rappelez, Catherine ; le jour de la dernière visite de M. Frank... mercredi dernier Smike a disparu absolument de la même manière, au moment où M. Frank frappait à la porte. Ce ne peut être parce qu'il fuit la société, car il aime tous les amis de Nicolas, et certes le jeune M. Cheeryble en fait partie, et ce qu'il y a de plus étrange, c'est qu'il ne se couche pas. S'il monte, ce n'est donc point parce qu'il est fatigué. Je sais qu'il ne se couche pas, parce que ma chambre est près de la sienne ; et quand je suis montée mercredi dernier, très-longtemps après lui, je l'ai trouvé assis sans lumière, et n'ayant pas même ôté ses souliers. C'est bien singulier.

Comme les auditeurs, ne sachant que dire ou ne voulant pas interrompre, gardèrent un profond silence, madame Nickleby suivit le fil de son discours.

L'arrivée de M. Tim Linkinwater et de M. Frank empêcha de continuer.

— Je suis fâchée, dit madame Nickleby, que Nicolas ne soit pas à la maison, mais nous ne vous en presserons pas moins de rester. Ma chère Catherine, joignez vos instances aux miennes.

Catherine obéit ; mais il est à remarquer qu'elle s'adressa exclusivement à M. Tim, et qu'il y avait en outre un certain embarras dans ses manières. Cet embarras ne lui ôtait rien, d'ailleurs, de sa grâce et de son aménité.

L'absence de Smike et de Nicolas ne nuisit point à la bonne humeur de la société. Tim dit à miss la Creevy mille choses plaisantes. De son côté, la petite miss la Creevy railla Tim d'être resté garçon ; et Tim, piqué au vif, déclara qu'il n'hésiterait pas à changer de condition si quelqu'un voulait de lui. Miss la Creevy lui recommanda aussitôt une dame de sa connaissance, jouissant d'une fort jolie fortune ; mais Tim assura avec énergie qu'il tenait moins à l'argent qu'au mérite réel. Cette déclaration, si honorable pour lui, fut louée outre mesure par madame Nickleby et miss la Creevy.

Catherine était ordinairement l'âme de la conversation ; mais elle fut, en cette occasion, plus silencieuse que de coutume, peut-être parce que Tim et miss la Creevy parlaient pour tout le monde. Elle s'assit à la fenêtre pour jouir de la tranquille beauté du soir, qui, à ce qu'il paraît, n'avait pas moins de charmes pour Frank ; car, après avoir passé et repassé plusieurs fois devant elle, il finit par s'asseoir à ses côtés.

Après le départ de MM. Tim et Frank, Catherine demeura toute pensive. Près de deux heures s'écoulèrent en silence, et, au retour de Nicolas, Catherine rougit en songeant au temps qu'elle avait passé seule à rêver.

— Je croyais vraiment qu'ils n'étaient partis que depuis une demi-heure. — Vos idées étaient donc bien agréables? dit gaiement Nicolas. A quoi pensiez-vous?

Catherine fut embarrassée, joua avec un ruban qui était sur la table, leva les yeux et sourit, les baissa et laissa tomber une larme.

Nicolas attira vers lui sa sœur, et l'embrassa.

— Voyons, Catherine, dit-il, regardez-moi en face. Vous ne voulez pas? Plus longtemps que cela!... Allons, je crois lire vos pensées dans vos yeux.

Cette simple supposition troubla Catherine à tel point, que Nicolas n'y donna aucune suite. En montant avec sa sœur, il apprit que Smike avait passé la soirée tout seul; mais ce ne fut pas sans peine, car Catherine semblait éviter aussi de parler sur ce sujet.

— Le pauvre garçon! quelle peut être la cause de tout cela? dit Nicolas.

Il frappa doucement à sa porte; et Catherine, suspendue au bras de son frère, n'avait pas eu le temps de le quitter, quand Smike parut pâle et hagard et tout habillé.

— Vous ne vous êtes pas encore couché? — Non.

Nicolas retint doucement sa sœur, qui voulait se retirer, et demanda :

— Pourquoi? — Je ne pouvais dormir, dit Smike saisissant la main que lui tendait son ami. — Vous n'êtes pas bien? demanda Nicolas. — Je suis mieux... beaucoup mieux... dit Smike avec vivacité. — Allons, demanda Nicolas avec bonté, pourquoi vous abandonner à ces accès de mélancolie, ou pourquoi ne pas nous en dire la cause? Votre caractère change, mon ami. — Je le sais, je le sais, répliqua Smike. Je vous en dirai un jour la raison, mais pas maintenant. Je m'en veux; vous êtes tous trop bons pour moi; mais je ne puis me vaincre. Mon cœur est oppressé... vous ne savez pas à quel point...

Il étreignait la main de Nicolas, et regarda un moment le frère et la sœur, comme s'il y eût eu dans leur tendresse mutuelle quelque chose qui l'eût touché profondément. Puis il se retira dans sa chambre, et fut bientôt le seul qui veillât dans cette paisible demeure.

CHAPITRE XL.

Les courses de Hampton étaient au plus haut degré de leur éclat; le soleil resplendissait dans un ciel sans nuages; les pavillons flottants, qui surmontaient les tentes et les sièges des voitures, brillaient des plus riantes couleurs. Les vieilles banderoles rajeunissaient à la lumière; la dorure fanée reparaissait, la toile sale et usée reprenait une blancheur de neige; les feux du jour donnaient de la fraîcheur même aux haillons du mendiant, et la charité perdait ses droits en présence d'une pauvreté si pittoresque.

C'était une de ces scènes de vie et d'animation qui manquent rarement de charmes; car l'œil, fatigué de la lumière et de l'éclat, peut se reposer de toutes parts sur de joyeuses physionomies, et l'oreille lasse d'un tumulte continu peut oublier les bruits qui l'importunent, pour n'entendre que des exclamations de joie. On aime à voir alors même les enfants des bohémiens, demi-nus et brûlés par le soleil; on sent avec plaisir qu'ils sont chaque jour exposés à l'air et à la lumière, que ce sont des enfants qui mènent une vie enfantine, que leurs couches sont mouillées, non de larmes, mais de la rosée du ciel, que leurs membres sont libres, et que leur existence se passe sous les arbres des grands chemins. Hélas! il est d'autres enfants soumis à un travail prématuré, et auxquels la fatigue donne toutes les infirmités de la vieillesse.

La principale course du jour avait eu lieu, et la foule longtemps contenue sur deux rangs le long du pourtour donnait une nouvelle vie au tableau en s'éparpillant dans l'enceinte.

Plusieurs salons de jeu s'étaient établis dans des baraques, avec leurs tapis somptueux, leurs tentures rayées, leurs tables couvertes de velours cramoisi, leurs vases de géranium et leurs domestiques en livrée. Il y avait là le cercle des Etrangers, le cercle de l'Athénéum, le cercle de Hampton, le cercle de Saint-James, et cinq cents autres cercles où l'on jouait à la roulette et à la merveille. C'est dans une de ces baraques que va continuer notre récit.

Elle était garnie de trois tables à jeu et remplie de joueurs et de curieux. La chaleur y était étouffante, quoiqu'on eût enlevé une partie de la couverture de toile, pour laisser l'air se renouveler, et qu'il y eût deux portes. Les joueurs étaient pour la plupart des jeunes gens attirés par la curiosité, et qui croyaient devoir risquer de petites sommes pour compléter les plaisirs du soir. En général, ils n'offraient rien de remarquable, excepté un ou deux, qui, l'argent à la main, jouaient à chaque tour avec une imperturbable tranquillité.

Deux des personnages présents avaient toutefois une physionomie bien tranchée. L'un était un homme de cinquante-six à cinquante-huit ans, assis auprès de la porte, le menton sur les mains, et les mains croisées sur la pomme de sa canne. Une redingote verte, boutonnée jusqu'en haut, le faisait paraître encore plus long et plus effilé qu'il n'était; il avait une culotte de peau, des guêtres, une cravate blanche et un chapeau à larges bords. Malgré le brouhaha du jeu et les allées et venues continuelles, il était entièrement impassible, et ne témoignait ni ennui ni intérêt. Quand il bougeait, il semblait extraordinaire que l'aspect d'un objet quelconque l'eût déterminé à se remuer. Mais il voyait tous ceux qui entraient ou sortaient; pas un geste des joueurs ne lui échappait, pas un mot prononcé par les banquiers n'était perdu pour lui. C'était le propriétaire de l'établissement.

L'autre personnage présidait à la table de roulette. Il avait environ dix ans de moins que son collègue, l'air robuste, le ventre proéminent, le corps massif. L'habitude de compter mentalement l'argent en payant avait grossi et fait avancer sa lèvre inférieure; mais l'expression de sa physionomie était plutôt joviale que désagréable. Il avait ôté son habit à cause de la chaleur, et se tenait derrière la table, ayant devant lui un énorme monceau de couronnes et de demi-couronnes, et un portefeuille pour les billets de banque.

Vingt joueurs environ pariaient à la fois. Cet homme avait à faire rouler la bille, à recevoir les enjeux, à ramasser l'argent des perdants, à payer les gagnants, et à entretenir le jeu dans une perpétuelle activité. Il s'acquittait de ses fonctions avec une rapidité miraculeuse, ne se trompait jamais, ne s'arrêtait jamais, et ne cessait de répéter avec la même monotonie, et presque toujours dans le même ordre, des phrases décousues semblables aux suivantes :

— Rouge et noire de Paris; Messieurs, faites votre jeu, et abstenez-vous de donner votre avis tant que la bille roulera. Rouge et noire de Paris, Messieurs; c'est un jeu français, Messieurs; c'est moi qui l'ai importé. Rouge et noire de Paris... la noire gagne... Attendez, Monsieur, je vais vous payer à la minute... deux livres sterling ici; une demi-livre là, trois livres ici et une là... Messieurs, la bille roule. Tant que la bille roule, Messieurs (c'est ce qui fait la beauté du jeu), vous pouvez doubler votre enjeu ou retirer votre argent. Encore la noire! la noire gagne... je n'ai jamais vu chose pareille, sur ma parole. Si quelqu'un avait mis constamment sur la noire pendant les cinq dernières minutes, il aurait gagné en quatre tours quarante-cinq livres sterling... Messieurs, nous avons du porto, du xérès, des cigares et d'excellent champagne. Ici, garçon, apportez une bouteille de champagne et douze ou quinze cigares... Vous serez contents, Messieurs... Apportez aussi des verres blancs. Tant que la bille roulera... J'ai perdu hier cent trente-sept livres sterling d'un seul coup, Messieurs. Comment vous portez-vous, Monsieur? —

(S'adressant à une personne de connaissance sans s'interrompre ni changer de ton). Voulez-vous accepter un verre de xérès, Monsieur? Ici, garçon; apportez un verre blanc et donnez du xérès à Monsieur. C'est la rouge et noire de Paris, Messieurs; faites votre jeu, et abstenez-vous de donner votre avis tant que la bille roulera. C'est la rouge et noire de Paris, c'est un jeu entièrement nouveau; c'est moi qui l'ai importé. Messieurs, la bille roule!

Cet officier s'occupait entièrement de son service, quand une demi-douzaine de personnes entra dans la baraque. Sans suspendre son occupation ni son discours, il salua respectueusement, et, par un coup d'œil, dirigea l'attention d'un homme placé à côté de lui sur l'individu le plus grand de toute la bande : c'était sir Mulberry Hawk, avec son élève et quelques individus d'un caractère plus équivoque que douteux.

Le propriétaire ôta son chapeau, et souhaita à voix basse le bonjour à sir Mulberry. C'était la première fois qu'il se montrait en public depuis son accident, et il remarquait avec colère qu'il était l'objet de la curiosité générale; il était facile de s'apercevoir qu'il était venu aux courses, moins pour en goûter les plaisirs que dans l'espoir de rencontrer beaucoup de gens de connaissance et de se débarrasser tout d'un coup de l'ennui de sa rentrée dans le monde. Il lui restait encore une légère cicatrice sur le visage, et partout où il était reconnu il essayait de la cacher avec son gant.

— Comment ça va-t-il, mon vieux? lui dit un dandy mis à la dernière mode.

C'était un de ses rivaux, un mentor habile à former les jeunes gens, et l'un de ceux que sir Mulberry détestait et craignait le plus de rencontrer. Ils échangèrent une poignée de main avec une vive cordialité.

— Comment allez-vous donc, maintenant, mon vieux, hé? — Très-bien, très-bien. — Tant mieux! Comment vous portez-vous, Verisopht? Il est un peu abattu, notre ami, hé?

Il est à remarquer que ce dandy avait les dents très-blanches; et quand il n'avait aucun prétexte pour rire, il achevait généralement sa phrase par le même monosyllabe.

— Mais il est maintenant parfaitement rétabli, répondit le jeune homme avec insouciance. — Je suis enchanté de l'apprendre. Y a-t-il longtemps que vous êtes de retour de Bruxelles? — Nous sommes arrivés la nuit dernière, dit lord Frédéric. Sir Mulberry causait avec un tiers, et feignait de ne pas entendre. — Vraiment, reprit le dandy affectant de parler à voix basse, il y a de la part de Hawk bien de la hardiesse à se montrer sitôt. Il est resté absent juste assez longtemps pour exciter la curiosité, et pas assez pour qu'on ait oublié cette diablesse d'affaire. A propos, vous savez ce qu'ont dit les journaux. Pourquoi ne les avez-vous pas démentis? je les lis rarement, les journaux, mais je les ai parcourus exprès... — Lisez-les après-demain, interrompit sir Mulberry se retournant brusquement. — Après-demain! pourquoi cela, hé? — Bonjour.

Sir Mulberry tourna brusquement les talons à son interlocuteur, et entraîna avec lui lord Verisopht. Ils reprirent le pas tranquille qu'ils avaient en entrant, et se promenèrent bras dessus, bras dessous.

— Je ne lui donnerai pas à lire un cas d'homicide, murmura sir Mulberry; mais ce sera quelque chose d'à peu près semblable, si le fouet déchire et si le bâton meurtrit.

Son compagnon ne dit rien; mais sa physionomie avait quelque chose qui irrita sir Mulberry. Il contempla son ami avec autant de fureur que si c'eût été Nicolas lui-même.

— J'ai envoyé Jenkins à Ralph Nickleby dès huit heures du matin. Ralph est arrivé chez moi avant le messager; en cinq minutes il m'a mis au fait; je sais où je puis rencontrer ce chien, et à quelle heure; mais il est inutile d'en parler, nous serons bientôt à demain. — Et que fera-t-on demain? demanda Verisopht.

Sir Mulberry l'honora d'un regard de colère sans daigner répondre verbalement, et tous deux, absorbés dans leurs réflexions, continuèrent à marcher jusqu'à ce qu'ils fussent hors de la foule et presque seuls.

Sir Mulberry revenait sur ses pas, quand son compagnon lui cria :

— Arrêtez! je veux vous parler sérieusement. Promenons-nous ici quelques minutes. — Qu'avez-vous à me dire que vous ne puissiez me dire là-bas aussi bien qu'ici? — Hawk, il faut que je sache... — Il faut que vous sachiez! interrompit sir Mulberry avec dédain; en ce cas, il m'est impossible d'éviter une explication. Ah! il faut que vous sachiez!... — Il faut du moins, reprit lord Frédéric, que je vous demande si ce que vous avez dit est une boutade causée uniquement par la mauvaise humeur, ou si vous avez sérieusement les projets que vous manifestez. — Ne vous rappelez-vous pas, dit sir Mulberry avec un sourire sardonique, ce qui s'est passé un soir entre nous lorsque je gardais le lit avec une jambe cassée? — Parfaitement bien. — Alors je n'ai pas d'autre réponse à vous faire.

Tel était l'ascendant que sir Mulberry avait acquis sur sa dupe, et la soumission habituelle de ce jeune homme, qu'il sembla craindre un moment de continuer l'entretien. Il surmonta bientôt son embarras et repartit avec colère :

— Si je me rappelle ce qui s'est passé à l'époque dont vous parlez, j'ai exprimé énergiquement mon sentiment à ce sujet, et je vous ai déclaré que jamais, de mon consentement, vous ne donneriez suite à vos menaces. — M'en empêcherez-vous? demanda en riant sir Mulberry. — Oui, si je le puis. — Alors donc, mêlez-vous de vos affaires, et laissez-moi le soin des miennes. — Cette affaire est la mienne, répondit lord Frédéric; je la prends pour moi; je suis plus compromis que je ne devrais l'être. — Faites ce qu'il vous plaira pour vous, dit sir Mulberry en affectant un air d'aisance et de bonne humeur; mais ne vous occupez pas de moi; je ne conseille à personne de contrecarrer mes projets, et vous me connaissez assez pour n'en rien faire. Vous avez voulu me donner un conseil, vos intentions sont bonnes sans doute; mais je ne vous écouterai pas. Maintenant, s'il vous plaît, retournons à votre voiture, je suis loin de m'amuser ici ; si nous prolongions cette conversation, nous pourrions nous quereller, ce qui ne prouverait ni votre sagesse ni la mienne.

Sir Mulberry accompagna ces mots d'un bâillement, et s'éloigna tranquillement.

Mais, tout en affectant de l'indifférence, il résolut de se venger de la terrible obligation de dissimuler, en traitant Nicolas avec un redoublement de rigueur. Il se promit aussi de châtier un jour le jeune lord d'une manière ou d'une autre. Tant que Verisopht avait été un instrument passif entre ses mains, sir Mulberry n'avait éprouvé pour lui que du mépris; mais aujourd'hui qu'il osait énoncer des sentiments contraires à ceux de son mentor, et même lui parler d'un ton de hauteur, sir Mulberry commençait à le haïr. Il sentait qu'il était dépendant du jeune lord, dans la plus honteuse acception du mot, et il supportait son humiliation avec d'autant plus d'impatience. Il mesurait son aversion, comme c'est l'ordinaire, à l'étendue de ses torts envers celui qui en était l'objet.

D'un autre côté, le jeune lord réfléchit, ce qui lui arrivait rarement. Il examina l'affaire de Nicolas et les circonstances qui l'avaient amenée, et il arriva à une conclusion honnête et énergique. La grossièreté et l'insolence de sir Mulberry envers Nicolas avaient produit une profonde impression sur l'esprit de Verisopht, et il soupçonnait pour la première fois que sir Mulberry avait eu ses vues personnelles en l'engageant à faire la cour à miss Nickleby. Il était honteux, mortifié et plein d'une sourde colère.

Ils rejoignirent leurs amis, et lord Frédéric se jura à lui-même d'empêcher à tout prix qu'on maltraitait Nicolas. Sir Mulberry, croyant l'avoir réduit au silence, ne put résister à l'envie de profiter de sa victoire. Il y avait là M. Pyke et M. Pluck, et il était important pour sir Mulberry de montrer qu'il n'avait rien perdu de son influence.

Ils dînèrent somptueusement. Comme pendant tout le jour, le vin coula à flots. Sir Mulberry but pour se dédommager de son abstinence récente, le jeune lord pour noyer son indignation, et le reste des convives parce que le vin était des meilleurs et ne leur coûtait rien.

Il était près de minuit quand ils se rendirent au jeu, échauffés, égarés par le vin, le sang bouillonnant et la cervelle en feu.

Ils rencontrèrent d'autres gens aussi ivres qu'eux-mêmes. L'excitation du jeu, la chaleur des saisons, l'éclat des lumières n'étaient pas propres à apaiser la fièvre qui les dévorait. Dans ce vertigineux tourbillon de bruit et de désordre, les hommes avaient le délire. Qui songeait à l'argent, au lendemain, à la misère future? Ils demandaient du vin; car celui qu'ils avaient bu ne faisait qu'augmenter la soif de leurs gosiers desséchés. Le vin ruisselait comme l'huile sur un brasier ardent, et bientôt la débauche fut à son comble. Les verres furent jetés sur le sol par des mains qui ne pouvaient plus les porter à leurs lèvres. Le tumulte avait atteint son apogée quand il s'éleva un bruit qui domina tous les autres, et deux hommes se saisissant à la gorge luttèrent au milieu du salon.

Une douzaine de voix qu'on n'avait pas encore entendues s'élevèrent pour demander qu'on séparât les combattants. Les joueurs de profession, qui avaient conservé leur sang-froid pour gagner, se jetèrent sur eux, et les entraînèrent dans un coin du salon.

— Lâchez-moi! s'écria sir Mulberry; il m'a frappé, entendez-vous? il m'a frappé, vous dis-je! N'ai-je point d'ami ici? Westwood, il m'a frappé! — J'entends, j'entends, répondit un de ceux qui le retenaient. Nous nous expliquerons demain matin. — Non, répliqua sir Mulberry en grinçant des dents; qu'il m'en rende raison ce soir, à l'instant même!

L'excès de sa colère l'empêchait d'articuler; mais il serrait les poings, s'arrachait es cheveux et trépignait.

— Qu'est-ce, milord? dit un des assistants, y a-t-il des coups d'échangés? — Je l'ai frappé, dit Verisopht, je le déclare devant tous; je l'ai frappé, et il sait bien pourquoi. Je demande avec lui que cette querelle se vide à l'instant... Capitaine Adams, un mot, s'il vous plaît.

La personne à laquelle il s'adressait s'approcha et lui prit le bras, et ils se retirèrent à l'instant, suivis bientôt après par sir Mulberry et son ami Westwood.

Dans un pareil lieu, une telle affaire ne devait éveiller ni la sympathie des assistants ni provoquer aucune objection. Pourtant, ailleurs on serait intervenu à l'instant pour en empêcher les suites et donner aux esprits le temps de se calmer. Mais dans ce repaire les uns s'éloignèrent en s'efforçant de prendre un air grave, les autres se retirèrent en discutant sur ce qui venait de se passer; ceux qui vivaient des produits du jeu se dirent l'un à l'autre que Hawk était un bon joueur, et ceux qui avaient fait le plus de bruit tombèrent endormis sur les divans.

Cependant les deux témoins, comme on peut les appeler maintenant, après une longue conférence avec chacune des parties adverses, se retrouvèrent dans une autre pièce. Tous deux sans cœur, tous deux vivant aux dépens d'autrui, tous deux perdus de dettes, tous deux déchus d'une situation plus élevée, initiés à tous les vices, enclins à tous les mauvais penchants pour lesquels la société trouve un nom euphémique, et qu'excuse sa lâche tolérance, c'étaient naturellement des gens d'un honneur sans tache et d'une pointilleuse délicatesse sur l'honneur des autres.

Ces deux messieurs étaient d'une bonne humeur inusitée, car l'affaire devait avoir quelque retentissement et rehausser considérablement leur réputation.

— Le cas est très-grave, Adams, dit M. Westwood en se rengorgeant. — Très-grave, répondit le capitaine; un soufflet a été donné, et il n'y a qu'un seul genre de réparation possible. — Il n'y a point d'excuses, dit M. Westwood. — Lord Frédéric en refuse, reprit le capitaine. La cause de la dispute est, à ce qu'il paraît, je ne sais quelle jeune fille insultée par sir Mulberry et défendue par lord Frédéric. C'est à la suite d'une vive altercation que celui-ci a donné à l'autre un soufflet dont il est prêt à rendre raison, s'il n'y a rétractation complète de la part de sir Mulberry.

— Il n'y a plus rien à dire, répliqua Westwood, réglons l'heure et le lieu du rendez-vous. Nous encourons une grande responsabilité, mais il est de notre devoir d'en finir promptement. Voulez-vous nous retrouver au lever du soleil?

Le capitaine consulta sa montre.

— Volontiers, dit-il, car voilà déjà beaucoup de temps que nous perdons, et toute proposition d'arrangement serait inutile. — Il est essentiel, d'après ce qui s'est passé, que nous gagnions le large et que nous sortions de la ville. Si nous allions dans une des prairies qui longent la rivière, en face Twickenham? — Je n'ai point de motifs pour m'y opposer, dit le capitaine. — Rejoignons-nous, reprit Westwood, dans l'avenue qui mène de Petersham à Ham-House, et là nous choisirons le lieu du combat.

Le capitaine y consentit. Ils convinrent de la route que chacun devait prendre pour éviter les soupçons, et se séparèrent.

Adams communiqua ces arrangements au jeune lord.

— Nous aurons juste le temps, milord, ajouta-t-il, d'aller chez moi chercher une boîte de pistolets, et puis nous nous en irons tranquillement. Vous me permettez de congédier votre domestique; nous prendrons mon cabriolet, car peut-être le vôtre serait-il reconnu.

Quel contraste que celui de la rue avec le lieu qu'ils venaient de quitter! L'aurore paraissait déjà, la clarté du jour succédait à la lueur jaunâtre des salons; l'air frais et salubre remplaçait une atmosphère épaisse, imprégnée de l'odeur des lampes expirantes, et fumante de vapeurs alcooliques; mais en passant sur la tête fiévreuse du jeune lord, le vent frais du matin semblait lui apporter le remords et le regret. La peau sèche, les yeux appesantis, le pouls agité, les pensées vagues et troublées, on eût dit qu'il voyait dans la lumière un reproche, et qu'il eût voulu cacher au jour l'épuisement de son corps et le désordre de son âme.

— Vous grelottez, dit le capitaine; vous avez froid? — Un peu. — L'air vous frappe quand on sort de ces salons. Enveloppez-vous dans votre manteau. Bien, comme ceci.

Ils galopèrent dans les rues désertes, se rendirent chez le capitaine, sortirent de la ville, et prirent la grande route sans être aucunement inquiétés.

Ils s'arrêtèrent à l'entrée de l'avenue, et descendirent, laissant le cabriolet aux soins du domestique, accoutumé presque autant que son maître à de pareilles scènes. Sir Mulberry et Westwood étaient déjà arrivés; et tous quatre marchèrent en silence sous de grands ormeaux qui formaient une longue suite d'arceaux de verdure, dont l'extrémité se découpait sur le ciel comme une ruine gothique.

Après une courte conférence entre les deux témoins, ils tournèrent à droite, prirent un sentier, et s'arrêtèrent dans une prairie. On mesura le terrain, les deux combattants furent placés à la distance convenue, et pour la première fois sir Mulberry tourna la face vers son jeune adversaire. Sir Mulberry était très-pâle, ses yeux étaient d'un rouge de sang, ses habits en désordre, ses cheveux hérissés, sans doute par l'effet de ses derniers excès. Sa physionomie n'exprimait que de violentes et mauvaises passions. Il ombragea ses yeux de sa main, regarda fixement son antagoniste, prit le pistolet qu'on lui tendait, abaissa ses yeux sur le point de mire, attendit le signal et tira.

Les deux coups partirent presque en même temps. Le jeune lord tourna brusquement la tête, lança à son adversaire un coup d'œil terrible, et, sans pousser un gémissement, il tomba roide mort.

— C'est fini! s'écria Westwood, qui s'était élancé vers lui avec l'autre témoin et avait mis un genou en terre pour mieux examiner le cadavre. — Que son sang retombe sur sa tête! dit sir Mulberry; c'est lui qui l'a voulu. — Capitaine Adams, 'écria Westwood, je vous prends à témoin que les règles ont été légalement observées. Hawk, nous n'avons pas un instant à perdre. Il faut quitter la place au plus vite, aller à Brighton, et passer en France. C'est une mauvaise affaire qui deviendra pire si nous tardons d'un seul instant. Adams, songez à votre propre sûreté, et ne restez pas ici, les vivants avant les morts. Adieu.

A ces mots, Westwood saisit sir Mulberry par le bras, et l'entraîna. Le capitaine Adams ne demeura que le temps nécessaire pour se convaincre du funeste résultat du duel, et s'éloigna dans la même direction pour aviser avec son domestique aux moyens d'enlever le corps et de se mettre en sûreté.

Ainsi mourut lord Frédéric Verisopht, par la main qu'il avait chargée de présents et serrée tant de fois; tué par l'homme sans les conseils duquel il eût pu vivre heureux, et avoir des visages d'enfants autour de son lit d'agonie.

CHAPITRE XLI.

L'aspect de la vieille maison où demeurait Arthur Gride était propre à inspirer les idées les plus fantastiques. Elle était, comme lui, jaune et ridée. Des chaises maigres, des tables osseuses, dures et froides comme des cœurs d'avare, étaient rangées tristement le long de ses murs sombres. Des armoires, sèches et usées à force de garder les trésors de l'usurier, tremblotaient sans cesse, comme par crainte des voleurs, et, s'enfonçant en des coins reculés, où elles ne jetaient point d'ombre sur le sol, elles paraissaient éviter les regards curieux. Une grande horloge faisait entendre un tic-tac sourd et plaintif, et le bruit de son aigre sonnerie ressemblait au cri d'un vieillard prêt à périr d'inanition.

Là, point de sofa pour inviter au repos. Les fauteuils qu'on y voyait avaient un air soupçonneux et embarrassé, serraient timidement les bras et se tenaient sur leurs gardes. Quelques-uns, qui n'avaient que les os et la peau, semblaient vouloir faire sauver les intrus par leur farouche physionomie. Les lits n'étaient faits que pour l'insomnie et les songes pénibles ; et quand le vent soulevait les tentures poudreuses, on eût dit qu'elles tremblaient qu'on aperçût les richesses enserrées dans de mystérieux cabinets.

Dans la plus triste chambre de cette maison résonnèrent un matin les accents de la voix tremblante du vieux Gride. Il fredonnait une vieille chanson, jusqu'à ce qu'un violent accès de toux l'obligeât de cesser et de poursuivre en silence son occupation.

Cette occupation consistait à ôter un à un, d'une garde-robe rongée de vers, une masse informe de vêtements râpés ; il les exposait à la lumière, les soumettait à une minutieuse inspection, les pliait avec soin, et les partageait en deux tas. Avant d'examiner chaque article de toilette, il ne manquait jamais de fermer la porte de la garde-robe, et d'en tourner la clef.

— Voici, dit-il, un habit couleur de tabac. Suis-je bien en habit couleur de tabac?

Le résultat de ses réflexions parut défavorable ; car il mit l'habit de côté, et monta sur une chaise, pour en chercher un autre.

— Ah ! si je prenais mon habit vert-bouteille ; je l'ai acheté pour rien chez un fripier, et il y avait un shilling dans la poche de côté. Dire que le fripier ne s'en doutait pas ; mais moi j'ai bien senti la pièce en examinant le drap. Cet habit vert-bouteille m'a porté bonheur ; la première fois que je l'ai mis, lord Mallowford fut brûlé dans son lit, et tous les post-obit échurent (1). Je me marierai donc en habit vert-bouteille. Peg, Peg Sliderskew, je mettrai l'habit vert-bouteille.

Cet appel, répété deux ou trois fois à haute voix, fit apparaître dans la chambre une vieille aux yeux chassieux, courte, mince et hideuse, qui, essuyant sa face ridée avec son sale tablier, demanda du ton dont parlent ordinairement les sourds :

— Est-ce vous qui m'avez appelé, ou est-ce l'horloge qui a sonné? Mon oreille devient si dure que je ne sais jamais à quoi m'en tenir ; mais quand j'entends du bruit, je sais qu'il doit venir de vous, car personne n'entre ici. — C'est moi, Peg Sliderskew, dit Arthur Gride en se frappant la poitrine pour rendre la réponse plus intelligible. — Vous ! eh bien ! que voulez-vous ? — Je veux me marier en habit

(1) Billets que font à des usuriers les héritiers d'une personne vivante, et qui sont payables à sa mort. Cette sorte de convention est défendue par les codes français.

vert-bouteille. — Il est trop bon pour servir à vos noces, maître, reprit Peg Sliderskew après un rapide examen du costume. N'en avez-vous pas de plus mauvais? Pourquoi ne vous mariez-vous pas avec vos hardes de tous les jours? — C'est que je veux être aussi bien que possible. — Aussi bien que possible! Allez, que vous soyez en habit gris, vert-bouteille, bleu-de-ciel, ou marron, votre fiancée ne vous trouvera ni mieux ni plus mal, soyez-en sûr.

Là-dessus, Peg Sliderskew prit l'habit préféré entre ses bras décharnés, et ricana au point que les larmes lui vinrent aux yeux.

— Vous êtes de bonne humeur, Peg? dit Arthur d'assez mauvaise grâce. — Il y a de quoi, reprit la vieille femme. Mais ça ne durera pas, je vous en avertis, si l'on veut m'imposer des lois. Votre vieille femme de charge, Peg Sliderskew, ne souffrira point, vous le savez, qu'on la traite de haut en bas; et quand elle vous quittera, ce sera votre ruine. — Vous ne me quitterez jamais, dit Arthur, que ce mot de ruine épouvantait. — Ainsi, raccommodez mon habit vert-bouteille avec de la soie noire. Procurez-vous-en un écheveau, et achetez des boutons neufs. A propos, j'ai une idée qui vous charmera, je crois; comme je n'ai encore rien donné à ma future, et que les jeunes filles sont sensibles aux petits présents, vous nettoierez un beau collier que j'ai là-haut, et je le lui donnerai le matin de ses noces; je le mettrai moi-même autour de son cou, et je le reprendrai le lendemain.

Madame Sliderskew parut approuver hautement ce plan ingénieux, et exprima sa satisfaction par diverses contorsions.

— Elle est presque sorcière, se dit Arthur Gride resté seul; mais elle est très-frugale et très-sourde. Sa nourriture ne coûte rien, et il lui serait entièrement inutile d'écouter aux portes. C'est une femme charmante... pour ce que j'en veux faire; une femme de charge très-discrète, et qui vaut son pesant... de cuivre.

Après avoir ainsi exalté les mérites de sa domestique, le vieil Arthur reprit ses refrains et remettait en place les habits, quand le bruit de la sonnette le fit tressaillir.

Il acheva à la hâte de fermer l'armoire; mais il n'avait pas besoin de se presser, car la discrète Peg ne s'apercevait qu'on sonnait que lorsque, levant les yeux par hasard, elle voyait le fil de fer de la sonnette danser au plafond de la cuisine. Cependant Peg parut bientôt après, suivie de Newman Noggs.

— Ah! monsieur Noggs, s'écria Arthur Gride en se frottant les mains. Mon cher ami, quelles nouvelles m'apportez-vous? — Une lettre de M. Nickleby; j'attends la réponse. — Voulez-vous prendre...

Newman leva les yeux, et se lécha les lèvres.

— Une chaise? dit Arthur Gride. — Non, merci.

Arthur ouvrit la lettre d'une main tremblante, en dévora avidement le contenu, et la relut tant de fois, en poussant d'extatiques exclamations, que Newman crut nécessaire de lui rappeler qu'il était là.

— J'attends la réponse. — Ah! c'est vrai; oui, je l'avais presque oublié. Je vais écrire un mot; je suis un peu... un peu troublé, monsieur Noggs. La nouvelle est...
— Mauvaise? — Non, monsieur Noggs, excellente. Asseyez-vous; je vais chercher une plume et de l'encre, et écrire un mot de réponse. Je ne vous retiendrai pas longtemps, je sais que vous êtes un trésor pour votre maître, monsieur Noggs. Il parle quelquefois de vous en termes dont vous seriez étonné, et je dis toujours comme lui.

Gride, dans son empressement, avait laissé tomber la lettre. Curieux de connaître le résultat du projet qu'il avait involontairement découvert, Newman lut rapidement ce qui suit :

« Gride,

» J'ai revu Bray ce matin, et, comme vous l'aviez demandé, j'ai proposé de fixer le mariage à après-demain. Il ne s'y oppose pas, et tous les jours sont indifférents à sa fille. Nous irons ensemble; venez me trouver à sept heures du matin. Je n'ai pas besoin de vous recommander l'exactitude.

» Jusque-là ne faites pas de visites à la jeune fille. Vous avez été la voir trop souvent : elle désire peu votre présence; modérez pendant quarante-huit heures votre ardeur, et laissez-la avec son père. Vous ne servez qu'à détruire ce qu'il fait.

» Tout à vous,

» RALPH NICKLEBY. »

Les pas de Gride se firent entendre au-dehors. Newman remit la lettre à terre, la foula du pied pour l'y maintenir, regagna sa chaise, et prit un air d'indifférence et de distraction. Arthur Gride aperçut la lettre, la ramassa, et, s'asseyant pour écrire, regarda Newman Noggs, qui contemplait la muraille avec une fixité si remarquable, qu'Arthur en fut tout alarmé.

— Voyez-vous quelque chose de particulier, monsieur Noggs? demanda Arthur.
— Je ne vois qu'une toile d'araignée, dit Newman. — C'est là tout? — Non; il y a une mouche dedans. — Il y a ici beaucoup de toiles d'araignée, lui fit observer

Arthur Gride. — C'est comme chez nous; et beaucoup de mouches s'y laissent prendre aussi.

Newman parut enchanté de sa repartie, et, à la vive souffrance des nerfs d'Arthur Gride, il fit craquer les articulations de ses doigts avec un bruit pareil à celui d'une décharge de mousqueterie. Cependant Arthur parvint à achever sa lettre, et la remit à l'étrange messager.

— Voilà, monsieur Noggs.

Newman la mit dans son chapeau, et allait décamper, quand Gride, dont le ravissement ne connaissait plus de bornes, lui fit signe de revenir, et lui dit :

— Voulez-vous... voulez-vous prendre une goutte de quelque chose?

Newman n'aurait pas voulu boire fraternellement avec Gride le vin le plus exquis du monde; mais, pour le punir autant que possible, il accepta l'offre immédiatement.

Arthur Gride ouvrit donc l'armoire, et prit une bouteille poudreuse et deux verres à patte excessivement petits sur une planche chargée de verres de Flandre, de cruches hollandaises au cou de cigogne, et d'autres curiosités.

— Vous n'avez jamais goûté de ça? dit Arthur; c'est de l'eau d'or, de l'eau d'or. Je l'aime à cause de son nom. De l'eau d'or !

La rapidité et l'indifférence avec lesquelles Newman fit disparaître sa ration d'eau d'or produisit une vive impression sur le vieillard, qui le contempla la bouche ouverte et comme éperdu. Sans se déconcerter toutefois, Newman laissa Gride savourer à loisir sa liqueur, ou la remettre dans la bouteille, et partit après avoir grandement outragé la dignité de Peg Sliderskew, qu'il heurta au passage sans lui adresser la moindre excuse.

— Vous avez été longtemps, dit Ralph quand Newman fut de retour. — C'est lui qui a été longtemps. — Bah! Donnez-moi son billet, s'il en a écrit un; sinon, rendez-moi sa réponse verbale. Ne sortez pas; j'ai un mot à vous dire.

Newman tendit la lettre, et prit un air d'innocence et de vertu pendant que son patron la lisait.

— Il me promet de venir, murmura Ralph en déchirant le billet, à quoi bon écrire pour cela! Noggs, dites-moi, s'il vous plaît, quel est l'homme que j'ai vu avec vous dans la rue hier au soir? — Je ne sais. — Faut-il vous rafraîchir la mémoire? dit Ralph d'un ton menaçant. — Je vous dis, répliqua hardiment Newman, que je ne le connais pas du tout; il est venu ici deux fois et vous a demandé, vous étiez sorti, il est revenu, vous l'avez mis à la porte. Il a donné le nom de Brooker.

— Je le sais. Eh bien? — Eh bien! il a rôdé autour d'ici et m'a suivi dans la rue. Il me persécute tous les soirs, et me presse de le mettre en rapport avec vous. Il dit qu'il veut vous voir face à face, qu'il faut que vous l'écoutiez. — Et que lui répondez-vous? demanda Ralph fixant sur son commis un œil perçant. — Que cela ne me regarde pas, qu'il n'a qu'à vous attendre dans la rue; mais mes remontrances sont inutiles. Il dit qu'il veut être tête à tête avec vous, dans une chambre fermée à clef, où il pourra vous parler sans crainte, et que vous changerez bientôt de ton. — Quelle audace! — Voilà tout ce que je sais; je vous répète que je ne le connais pas. Pourquoi m'interroger? Vous l'avez vu; vous le connaissez sans doute? — Oui, reprit Ralph; c'est un vagabond, un fainéant, un déporté libéré, un scélérat qu'on a lâché la corde au cou, un escroc qui a osé me tendre des pièges. La première fois qu'il vous arrêtera, livrez-le à la police, comme ayant tenté d'escroquer de l'argent par des mensonges et des menaces. Après quelque temps de prison, je parie qu'il ira chercher d'autres gens à duper. — J'entends. — Faites cela, et je vous récompenserai. Maintenant, vous pouvez vous retirer.

Newman se hâta de profiter de la permission, et alla méditer dans son bureau jusqu'au soir. La nuit venue, il courut se mettre en embuscade auprès de la pompe pour y attendre Nicolas; car Newman était fier à sa manière, et ne pouvait se résoudre, avec ses humbles vêtements, à se présenter aux frères Cheeryble comme ami de leur protégé.

Il était à son poste depuis quelques minutes, lorsque Nicolas arriva.

— Je suis charmé de vous voir, dit-il; je songeais à vous tout à l'heure. — Et moi à vous, répondit Newman. Je n'ai pu m'empêcher de venir ce soir; je crois que je suis sur le point de découvrir quelque chose. — Quoi donc? dit Nicolas souriant de cette singulière communication. — Je l'ignore, dit Newman; c'est un secret qui concerne votre oncle, mais que je n'ai pas encore pu dévoiler, quoique j'aie de forts soupçons dont il est actuellement inutile de vous faire part pour ne pas vous exposer à des désappointements. — Moi! s'écria Nicolas. — Vous-même. J'ai idée que ce secret vous intéresse. J'ai déterré un homme qui en sait plus qu'il n'en veut dire, et il a déjà lancé quelques mots pour m'intriguer; mais il faut agir avec la plus grande circonspection, le vieux renard nous guette.

Nicolas essaya inutilement d'en savoir davantage. Seulement Newman lui expliqua comment, surpris par Ralph avec l'inconnu, il avait dérouté le susdit Ralph par une fausse naïveté.

Nicolas, qui connaissait les penchants qu'attestait suffisamment le nez de son ami, conduisit Newman dans une taverne écartée, et, en passant en revue les événements qui avaient signalé leurs relations, ils parlèrent des amours de Nicolas.

— Ça me rappelle, dit Newman, que vous ne m'avez jamais dit le nom de la jeune personne. — Madeleine, dit Nicolas. — Madeleine, cria Newman. Quelle Madeleine? Son autre nom... son autre nom? — Bray, dit Nicolas étonné. — C'est elle! s'écria Newman. Fâcheuse aventure! Pouvez-vous rester aussi tranquille et laisser cet infâme mariage s'accomplir sans essayer de la sauver? — Quel mariage? que voulez-vous dire? êtes-vous fou? — Etes-vous aveugle, sourd, muet, inanimé? dit Newman. Savez-vous que dans un jour, grâce à votre oncle Ralph, elle va épouser un homme aussi méchant que lui, et pire s'il est possible? savez-vous que dans un jour on va la sacrifier à un misérable voué au diable depuis sa naissance? — Prenez garde à ce que vous dites, répliqua Nicolas. — Pourquoi ne m'avez-vous pas dit son nom? nous aurions eu au moins le temps de la réflexion !

Il ne fut pas facile d'obtenir des renseignements de Newman. Dès que Nicolas eut entendu le funeste récit, pâle et tremblant de tous ses membres il s'élança hors de la maison.

— Arrêtez-le! cria Newman courant à sa poursuite. Il va faire un coup de tête; il va tuer quelqu'un ! Arrêtez-le !

CHAPITRE XLII.

Voyant Newman déterminé à l'arrêter à tout prix, Nicolas ralentit le pas, et lui permit de le rejoindre.

— Je vais chez Bray, dit Nicolas ; je veux le voir, et, s'il y a encore en son cœur les moindres sentiments d'humanité et de tendresse paternelle, je suis sûr de les réveiller. — Gardez-vous-en bien, répondit Newman. — Alors, dit Nicolas, je suivrai ma première impulsion, et j'irai droit chez Ralph Nickleby. — Mais il sera au lit quand vous arriverez. — Je l'en arracherai. — Bah! bah ! calmez-vous. — Vous êtes le meilleur de mes amis, reprit Nicolas après un moment de silence. J'ai résisté à bien des malheurs; mais, je le déclare, le coup qui frappe cette jeune fille me réduit au désespoir, et je ne sais que faire.

En effet, la situation était embarrassante. Il était impossible de faire usage de ce qu'avait appris Newman dans son placard ; le pacte de Ralph et de Gride ne suffisait ni pour faire casser le mariage, ni pour y rendre Bray contraire. Quant au principal motif du mariage, Arthur Gride l'avait très-obscurément, énoncé, et les fumées du vin avaient empêché Newman de le comprendre.

— Plus le cas est grave, dit Newman, plus il nous faut de sang-froid et de raison. Où sont les deux frères? — Ils sont absents pour une affaire pressante, et ne reviendront que dans une semaine. — Et leur neveu et le vieux commis? — Ils ne peuvent rien pour nous. On m'a recommandé envers eux le plus profond silence à ce sujet, et je n'ai pas le droit de trahir la confiance qu'on m'a accordée. Un miracle peut seul empêcher ce monstrueux sacrifice. Le père insiste, la fille consent; ces démons la tiennent dans leurs filets. La loi, l'argent, la puissance, tout est pour eux. Comment la sauver? — Espérez, dit Newman en lui frappant sur le dos. Espérez; remuez ciel et terre, ce sera toujours une consolation pour vous de savoir que vous avez fait tous vos efforts.

Nicolas avait besoin d'encouragement, car cette brusque nouvelle l'avait anéanti; mais le dévouement sincère que lui témoignait Newman lui rendit un peu de fermeté.

— Vous me donnez une bonne leçon, dit-il, et j'en profiterai, Newman. Il est une démarche que je puis faire et tenter, et je m'en occuperai demain. — Laquelle? Que prétendez-vous faire? menacer Ralph? voir le père? — Non; mais la fille, raisonner avec elle de cette odieuse union, lui montrer l'abîme où elle se précipite, la conjurer de s'arrêter. Peut-être n'a-t-elle point de conseiller, et peut-être parviendrai-je à l'impressionner, bien qu'il n'en soit plus temps. — Bravo, bravo! dit Newman. — Et je le déclare, s'écria Nicolas avec l'enthousiasme d'un honnête homme, ma conduite n'est point dirigée par des considérations personnelles, mais par ma pitié pour elle, par mon horreur pour cet affreux projet; et j'agirais de même si j'avais vingt rivaux, et que je fusse le moins favorisé de tous. — Je vous crois; mais où allez-vous, maintenant? — Chez moi. M'accompagnez-vous? — Oui si vous marchez; non, si vous courez. — Je ne puis marcher tranquillement ce soir. Il me faut du mouvement, de l'agitation. Je vous dirai demain ce que j'aurai fait.

Sans attendre une réponse, il s'éloigna d'un pas rapide, et se perdit bientôt dans la foule qui encombrait les rues.

— Il est violent parfois, se dit Newman, et cependant j'aime ses emportements. Je lui ai dit d'espérer! Il a pour adversaires Ralph et Gride réunis, et il espérerait! Oh! oh!

Ce fut par un sourire mélancolique que Newman Noggs termina ce monologue, et ce fut en secouant tristement la tête et avec un air pensif qu'il retourna dans son grenier.

Le même jour, miss Morleena Kenwigs avait reçu une invitation de se rendre le lendemain, par un bateau à vapeur, dans l'île du Pâté-d'Anguilles, à Twickenham, pour y manger des crevettes et y danser en plein air aux accords d'un orchestre ambulant. Une voisine avait offert un billet à miss Morleena en l'invitant à accompagner ses filles, et madame Kenwigs, jalouse de soutenir le nom de sa famille, travaillait encore à la toilette de Morleena quand Newman Noggs rentra chez lui.

Occupée de plisser des collerettes, de repasser des robes et de s'évanouir par intervalles, madame Kenwigs n'avait pas remarqué que les tresses de cheveux de miss Morleena étaient, en quelque sorte, montées en graine, et qu'il fallait toute l'habileté du coiffeur pour reconstruire l'édifice de cette coiffure sans rivales. Cette découverte mit la bonne mère au désespoir. Elle déplorait la perversité de sa fille, quand les pas de Newman Noggs se firent entendre. Madame Kenwigs essuya ses larmes, courut après lui sur l'escalier, et le supplia de mener Morleena chez le coiffeur. Newman y consentit volontiers ; et peu de minutes après, ils étaient sur le chemin de la boutique.

Le coiffeur était en même temps barbier ; son établissement était des plus beaux, et les bustes en cire étalés aux carreaux faisaient l'admiration de tout le voisinage.

Le coiffeur repassait son rasoir pour raser un vieux client ; mais comme il savait que miss Morleena avait trois sœurs douées chacune de deux tresses de cheveux, il abandonna son client aux soins du garçon.

En ce moment un gros charbonnier se présenta la pipe à la bouche, et, se passant la main sur le menton, demanda quand on pourrait le raser.

Le garçon, auquel cette question était adressée, regarda le patron d'un air équivoque, et le patron regarda le charbonnier d'un air de mépris.

— Adressez-vous ailleurs, s'il vous plaît.

Le charbonnier fit la grimace, jeta les yeux autour de la boutique comme pour déprécier les pots de pommade et autres marchandises, ôta sa pipe de sa bouche, siffla, la remit, et s'éloigna.

Le vieux monsieur qu'on était en train de raser ne parut faire aucune attention à cet incident ; car, la face du côté du mur, il était plongé dans une rêverie douloureuse sans doute, à en juger par les soupirs qu'il poussait de temps en temps. Quant à Newman, il demeura absorbé par la lecture du journal jusqu'à ce qu'un petit cri perçant de Morleena lui fit lever les yeux et il reconnut, comme elle, dans le vieux monsieur, M. Lillywick le collecteur.

Les traits de M. Lillywick étaient bien changés. Si jamais un vieillard s'était fait un devoir de paraître en public fraîchement et proprement rasé, c'était certainement M. Lillywick. Si jamais collecteur avait eu un maintien de collecteur, et un air de dignité solennelle, c'était, sans aucun doute, M. Lillywick. Et maintenant, hélas! il avait une barbe de plus de huit jours, et un jabot chiffonné qui rampait sur sa poitrine, au lieu de se dresser hardiment. Sa tournure annonçait tant de chagrin, tant d'abattement, tant de honte, tant d'humiliation, que si l'on avait pu concentrer en un seul corps les âmes de quarante propriétaires privés d'eau faute de payement de la taxe, ce seul corps aurait exprimé de moins douloureuses émotions.

Newman Noggs l'aborda, et M. Lillywick chercha à dissimuler un gémissement par une toux; mais ce fut peine inutile.

— Qu'avez-vous? dit Newman Noggs. — Ce que j'ai, Monsieur! s'écria Lillywick. J'ai vidé le calice, Monsieur, et il ne m'en reste que la lie !

Ce discours, dont Newman attribua le style à des réminiscences dramatiques, n'était pas assez explicite, et Newman allait réitérer sa question quand M. Lillywick l'en empêcha.

Il suffit de savoir que le malheureux avait été abandonné par sa femme. Entré chez M. Kenwigs, il termina ainsi :

— Ce fut dans cette chambre que je vis pour la première fois Henriette Petowker, c'est dans cette chambre que je renonce à elle pour jamais.

Cette déclaration changea complètement la face des choses. Madame Kenwigs fut saisie d'horreur en songeant qu'elle avait pu nourrir dans son sein un serpent, une couleuvre, une vipère, un crocodile aussi méprisable qu'Henriette Petowker. M. Kenwigs déclara qu'il fallait qu'elle eût été bien perverse pour ne pas être corrigée par l'exemple des vertus de madame Kenwigs. Celui-ci se rappela avoir souvent répété à son mari qu'elle n'était pas satisfaite de la conduite d'Henriette, et s'étonna d'avoir pu s'aveugler un seul instant sur le compte d'une pareille créature. M. Kenwigs se souvint d'avoir eu des soupçons; mais il n'était nullement étonné de l'aveuglement de sa femme, attendu qu'elle était pleine de chasteté, de franchise et d'innocence, et Henriette de fausseté, de bassesse et de perfidie.

Enfin les deux époux s'écrièrent que tout était pour le mieux, et conjurèrent le bon collecteur de ne pas s'abandonner à une douleur inutile, mais de chercher des consolations dans la société de ses parents, dont les bras et les cœurs lui étaient ouverts.

— Par affection pour vous, Susanne Kenwigs, dit monsieur Lillywick, et non par désir de me venger d'elle, car elle n'en vaut pas la peine, je placerai sur la tête de vos enfants, payable à l'époque de leur mariage ou de leur majorité, l'argent que je voulais leur laisser par testament. L'acte sera dressé dès demain, et M. Noggs sera l'un des témoins. Il entend ma promesse, et il en verra l'exécution.

Accablée de tant de générosité, la famille Kenwigs se mit à sangloter; et le bruit des sanglots ayant réveillé les enfants couchés dans la chambre voisine, M. Kenwigs s'y précipita, les apporta deux par deux entre ses bras, les jeta en bonnets de nuit et en chemises aux pieds de M. Lillywick, et leur enjoignit de le remercier et de le bénir.

Grâce à un bon souper, à une bonne pipe, à une demi-douzaine de verres de punch, le collecteur se montra bientôt résigné à son sort, et même presque satisfait d'être débarrassé de sa femme.

CHAPITRE XLIII.

A la pointe du jour, Nicolas, qui n'avait pu fermer l'œil, s'élança hors du lit avec cette résolution qu'inspirent souvent les circonstances graves, et se prépara à tenter la seule chance de salut qui lui restât.

Il lui semblait que rester couché était perdre un temps précieux, et que l'exercice le rapprocherait du but qu'il désirait atteindre. Il erra dans les rues de Londres au hasard, en proie à de tristes réflexions. La veille, le sacrifice d'une femme aussi charmante à un pareil misérable lui paraissait une monstruosité trop révoltante pour s'accomplir; mais l'aspect du mouvement de la population au réveil lui inspirait un sombre découragement.

— Avec quelle régularité, se disait-il, tout reprend chaque jour son cours invariable! Toujours les avares et les fripons s'enrichissent, tandis que les honnêtes gens sont pauvres et malheureux; toujours un petit nombre de privilégiés habitent de magnifiques hôtels, tandis que de génération en génération la majorité des hommes est sans abri et sans secours. Le dénûment pousse au crime des familles entières; l'ignorance est punie sans avoir été éclairée; les prisons engloutissent des milliers de malheureux prédestinés au mal dès le berceau. Que de misères, que d'injustices, que de souffrances! et cependant le monde va toujours, et personne ne cherche un remède aux douleurs de l'humanité!

Mais la jeunesse ne contemple pas longtemps le côté sombre d'un tableau. Bientôt Nicolas recouvra son énergie, et, l'heure étant assez avancée, il déjeuna à la hâte et se rendit chez Madeleine Bray.

Il eut le bonheur de trouver la porte de la rue entr'ouverte, monta doucement, et se présenta. Bray et sa fille étaient seuls. Le changement opéré dans les traits de la jeune fille depuis trois semaines dénotait ses souffrances. Rien ne saurait se comparer à la pâleur diaphane, à la blancheur mate et glacée du visage qui se tourna vers Nicolas quand il entra. Il y avait dans son œil quelque chose d'inquiet et de hagard, mais en même temps une teinte de patience et de douce tristesse sans aucune trace de larmes. Son maintien n'était pas seulement calme et assuré, mais encore fixe et roide. La contrainte que lui avait imposée la présence de son père avait maîtrisé toutes ses pensées, mais en rendant ineffaçable l'expression qu'elles avaient communiquée aux traits.

Son père était assis en face d'elle, la regardant de côté, et causant avec une gaîté qui déguisait mal ses angoisses. Les pinceaux et les crayons n'étaient pas sur la table accoutumée; les vases, que Nicolas avait vus remplis de fleurs nouvelles, étaient vides ou garnis seulement de quelques bouquets flétris. L'oiseau était silencieux; le drap qui couvrait sa cage le soir n'avait pas été enlevé : sa maîtresse l'avait oublié.

Il y a des moments où l'esprit est si fatalement impressionnable, qu'il perçoit d'un coup d'œil une foule de sensations. Ainsi Nicolas avait tout observé, quand M. Bray lui adressa la parole.

— Eh bien! Monsieur, que voulez-vous? Parlez vite, s'il vous plaît, car ma fille et moi sommes occupés d'affaires plus importantes que celles qui vous amènent.

Nicolas s'aperçut que cette impatience était feinte, et que Bray était intérieurement charmé d'une visite propre à distraire sa fille. Celle-ci se leva, s'avança vers Nicolas.

— Madeleine, dit son père, que faites-vous? — Miss Bray attend sans doute une lettre; mais malheureusement mon patron est absent d'Angleterre. J'espère qu'elle voudra bien m'accorder un peu de temps. — Si c'est pour cela que vous venez, Monsieur, vous n'avez pas besoin de vous gêner. Ma chère Madeleine, je ne savais pas que Monsieur fût votre débiteur. — Oh! d'une... d'une bagatelle.

Bray fit tourner sa chaise, et contemplant en face Nicolas :

— Je suppose, Monsieur, dit-il, que vous vous imaginez que nous péririons de faim sans les misérables sommes que vous nous apportez, parce que ma fille veut bien employer son temps de la manière dont elle l'emploie. — Je n'y ai jamais pensé. — Vous n'y avez jamais pensé! C'est au contraire l'idée que vous vous faites toutes les fois que vous venez ici. Croyez-vous, jeune homme, que je ne connaisse pas l'humeur de ces petits marchands, fiers de leur bourse, quand ils ont ou s'imaginent avoir un moment un galant homme à leur merci? — Je n'ai affaire qu'à une dame, dit respectueusement Nicolas. — C'est la fille d'un galant homme, Monsieur. Vous apportez peut-être des commandes? Avez-vous de nouvelles commandes pour ma fille, Monsieur?

Nicolas comprit le ton de triomphe et de raillerie avec lequel cette question lui était adressée; mais comme il l'avait prévue, et se rappelait la nécessité de jouer son rôle, il présenta une note de quelques sujets de dessins que son patron désirait être exécutés.

— Voilà vos commandes, n'est-ce pas? — Oui, Monsieur, puisque vous tenez à ce mot. — Eh bien! Monsieur, vous pouvez dire à votre maître que ma fille, miss Madeleine Bray, ne daigne plus s'occuper de travaux de cette espèce; qu'elle ne lui est plus subordonnée comme il le pense; que nous n'avons pas besoin de son argent pour vivre, comme il s'en flatte; qu'il peut donner celui qu'il nous doit au premier mendiant qui passera devant sa boutique, ou l'ajouter à la somme de ses profits la première fois qu'il les calculera. Voilà ma réponse à ses ordres, Monsieur.
— Il vend sa fille, pensa Nicolas indigné, et il se croit le droit de se dire indépendant.

M. Bray était trop absorbé dans son triomphe pour remarquer un regard de mépris que Nicolas ne put réprimer.

— Maintenant vous avez rempli votre commission, et vous pouvez vous retirer, à moins que vous n'ayez encore... des ordres à nous donner. — Je n'en ai point, dit sévèrement Nicolas, et par égard pour le rang que vous avez jadis occupé, je me suis abstenu de cette expression et de toute autre qui, inoffensive en elle-même, eût pu impliquer quelque autorité de ma part et quelque indépendance de la vôtre. Je n'ai point d'ordres, mais j'ai des craintes que je ne puis m'empêcher d'exprimer; j'ai peur que vous ne condamniez cette jeune personne à une condition pire que celle du travail manuel le plus pénible. C'est votre conduite qui m'inspire des craintes, et votre conscience, Monsieur, vous dira si elles sont fondées. — Au nom du ciel! s'écria Madeleine alarmée, rappelez-vous qu'il est malade. — Malade!

malade! je suis raillé par un courtaud de boutique, et elle le prie d'avoir pitié de moi et de se rappeler que je suis malade!

M. Bray eut une syncope si violente, que Nicolas craignit un moment pour sa vie ; mais, le voyant se remettre, il se retira après avoir fait signe à Madeleine qu'il avait quelque chose à lui communiquer, et qu'il l'attendrait. Le malade revint lentement à lui, et, sans paraître se souvenir distinctement de ce qui s'était passé, il pria sa fille de le laisser seul.

— Oh! pensa Nicolas, puisse cette faible chance ne pas m'échapper, et puissé-je obtenir d'elle au moins une semaine de délai et de réflexion! — Vous êtes chargé d'un message pour moi, Monsieur, dit Madeleine en reconduisant Nicolas, ne m'en parlez pas maintenant, je vous en conjure, revenez après-demain. — Il sera trop tard, trop tard pour ce que j'ai à vous dire, et vous ne serez plus ici. Ah! Madame, si vous avez la moindre affection pour celui qui m'a envoyé, le moindre souci de votre tranquillité, je vous supplie de m'accorder un entretien.

Elle essaya de rentrer, mais Nicolas la retint doucement.

— Je ne vous demande que de m'entendre, non pas moi seul, mais celui au nom duquel je parle, qui est absent et ignore votre danger.

La domestique était là, les yeux gonflés de larmes, et Nicolas l'implora en termes si passionnés, qu'elle ouvrit une porte dérobée, conduisit sa maîtresse dans une chambre voisine et fit signe à Nicolas de les suivre.

— De grâce! laissez-moi, Monsieur. — Je ne puis vous quitter ainsi, j'ai un devoir à accomplir, et je dois vous conjurer de réfléchir sur le funeste parti qu'on vous fait prendre. — Quel parti, Monsieur, me fait-on prendre? dit Catherine en s'efforçant de montrer de la fierté. — Je parle de ce mariage fixé à demain par un homme qui n'a jamais refusé son concours à une méchante action, de ce mariage dont l'histoire m'est beaucoup plus connue qu'à vous-même ; je sais quel piège on vous tend, je connais les deux complices, vous êtes trahie, vendue pour de l'or. — Vous avez, dites-vous, un devoir à accomplir, répondit Madeleine avec fermeté ; et moi aussi, j'en ai un que j'accomplirai avec l'aide du ciel. Si cette union est un malheur, c'est moi qui l'ai cherchée ; on ne me fait point prendre ce parti ; j'agis librement et sans contrainte ; rapportez cela à mon cher bienfaiteur, recevez ainsi que lui mes remerciments, et quittez-moi pour jamais. — Non, pas avant de vous avoir conjurée avec toute l'ardeur dont je suis animé de différer ce mariage d'une semaine. Non, pas avant de vous avoir conjurée de réfléchir plus mûrement à ce que vous allez faire. Vous ne sauriez concevoir toute la perversité de l'homme auquel vous allez donner votre main; mais vous connaissez quelques-unes de ses actions; vous l'avez vu, vous l'avez entendu parler; songez, avant qu'il soit trop tard, au rôle que vous allez jouer. Pouvez-vous lui jurer à l'autel une foi que votre cœur lui refuse, pouvez-vous prononcer des paroles solennelles contre lesquelles se révoltent la nature et la raison, sans vous dégrader à vos propres yeux? Les regrets que vous vous préparez n'augmenteront-ils pas à mesure que vous connaîtrez mieux son détestable caractère? Ne vous engagez point à ce misérable; endurez, si vous voulez, les fatigues d'un travail journalier, mais fuyez cet homme, fuyez-le comme la peste. Car, croyez-moi, je dis la vérité, la pauvreté la plus abjecte serait du bonheur comparativement au sort qui attend l'épouse d'un pareil homme!

Longtemps avant que Nicolas eût cessé de parler, Madeleine avait caché sa figure dans ses mains et donnait un libre cours à ses larmes.

— Monsieur, répondit-elle d'une voix d'abord entrecoupée, mais qui reprit par degrés la force que lui ôtait l'émotion, je ne vous cacherai point... je le devrais peut-être... que j'ai beaucoup souffert depuis la dernière fois que je vous ai vu. Je n'aime point cet homme; la différence de nos âges, de nos goûts, de nos habitudes s'y oppose. Il le sait, et pourtant il s'obstine à m'offrir sa main. En l'acceptant, je puis rendre la liberté à mon père qui se meurt, prolonger son existence de quelques années peut-être, lui assurer de l'aisance, et épargner à un ami généreux le soin de secourir un homme par lequel, je l'avoue avec peine, son noble cœur n'est point compris. N'ayez point assez mauvaise opinion de moi pour me croire capable de feindre un amour que je n'éprouve point. Si la raison et la nature me défendent de l'aimer, je puis du moins remplir les devoirs d'une épouse, et me soumettre à tout ce qu'il exigera de moi. Il veut bien me prendre telle que je suis; j'ai donné ma parole, et je devrais me réjouir au lieu de pleurer. L'intérêt que vous prenez à une jeune fille abandonnée comme moi, la délicatesse avec laquelle vous vous êtes acquitté de votre mission, méritent toute ma reconnaissance, et, en vous l'exprimant, je suis émue jusqu'aux larmes, comme vous le voyez; mais, loin de me repentir, je suis heureuse d'acheter à ce prix la délivrance de mon père. — Vos pleurs tombent plus vite quand vous parlez de bonheur, dit Nicolas, et vous évitez de contempler le sombre avenir qui vous est réservé. Retardez ce mariage d'une semaine seulement. — Au moment où vous êtes arrivé, il parlait, en souriant comme autrefois, et comme je ne l'ai pas vu sourire depuis longtemps, de la liberté qui allait venir demain, de l'heureux changement de son état, de l'air frais, des tableaux variés qui redonneraient la vie à son corps épuisé; son œil brillait, sa figure s'animait... je ne différerai pas d'une heure. — Ce sont des manœuvres employées pour vous décider. — Je n'en écouterai pas davantage, j'en ai déjà trop entendu. Ce que je vous ai dit, Monsieur, je l'ai adressé à l'ami auquel j'espère que vous le répéterez fidèlement. Je lui écrirai dans quelque temps d'ici, quand je sera. plus calme, et accoutumée à mon nouveau genre de vie; en attendant, que tous les anges le conservent! — Encore un mot. Vos regrets seraient aussi amers qu'inutiles. Mais que puis-je dire pour vous engager à vous arrêter à ce moment suprême? que puis-je faire pour vous sauver? — Rien : voici la plus cruelle épreuve que j'aie subie! ayez pitié de moi, Monsieur, et ne me percez pas le cœur par vos supplications. Je... l'entends qui appelle, je ne dois pas, je ne veux pas rester un instant de plus. — Mais si c'était un complot dont il me fût possible d'avoir la clef plus tard ; si vous aviez, sans le savoir, des droits à une fortune qui en vous échéant aurait pour votre père les mêmes effets que votre mariage? — Non, c'est une chimère, c'est un conte d'enfant. Il appelle encore. — C'est peut-être la dernière fois que nous nous voyons sur la terre ; mieux vaudrait pour moi ne plus nous revoir jamais. — Pour tous deux, répondit Madeleine sans savoir ce qu'elle disait ; un temps viendra où le seul souvenir de cette entrevue pourrait me rendre folle. Dites-leur que vous m'avez laissée calme et heureuse ; et que Dieu vous garde, Monsieur !

Elle disparut, et Nicolas s'éloigna poursuivi par cette scène comme par un songe horrible.

Le soir de ce jour était le dernier du célibat d'Arthur Gride. L'habit vert-bouteille avait été brossé. Peg Sliderskew avait rendu ses comptes en qualité de femme de charge, et Arthur aurait pu songer à son bonheur ; mais il aimait mieux examiner les écritures d'un sale registre qu'il avait tiré d'un coffre solidement fixé au plancher.

— Voilà, dit-il, toute ma bibliothèque, c'est un des livres les plus intéressants qu'on ait jamais écrits ; j'en suis l'auteur, et il n'y a pas de romancier capable d'er faire un meilleur, je vous le garantis ; il est vrai comme la banque d'Angleterre, e sûr comme l'or et l'argent, mais il n'est pas destiné au public ; il est rédigé pou mon usage particulier. Hé ! hé ! hé ! hé !

Une note inscrite sur ce précieux registre arracha à Gride un soupir douloureux.

— Il faut payer une forte somme à M. Nickleby ; la dette de Bray tout entière, neuf cent soixante-quinze livres quatre shillings trois pence, et un billet de cinq cents livres, total mille quatre cent soixante-quinze livres quatre shillings trois pence : le tout pour demain à midi. D'un autre côté, je m'indemniserai par le moyen de ma femme; mais reste à savoir si je n'aurais pas pu arranger l'affaire moi-même. Pourquoi n'ai-je pas eu le courage nécessaire? pourquoi ne me suis-je pas expliqué hardiment avec Bray, ce qui m'eût épargné mille quatre cent soixante livres quatre shillings trois pence? Ah! je mourrai dans un dépôt de mendicité.

Cependant Arthur réfléchit qu'en tout état de choses il eût été obligé de payer la créance de Ralph, et que seul il eût fort bien pu ne pas réussir. Il reprit sa tranquillité d'âme, et feuilleta son livre de compte jusqu'à l'arrivée de Peg Sliderskew.

— Voilà le poulet, dit Peg en présentant sur une assiette un poulet microscopique un vrai phénomène de poulet, tant il était chétif et osseux. — Le bel oiseau! dit Arthur après avoir demandé le prix, qui se trouva proportionné à la taille du volatile; avec une tranche de jambon, des pommes de terre, des légumes, un pudding aux pommes et un petit morceau de fromage, nous aurons un festin de Balthazar. Il n'y aura qu'elle et moi, et vous, Peg, quand nous aurons fini. — Ne venez pas ensuite vous plaindre de la dépense, dit madame Sliderskew d'un ton bourru. — J'ai peur que la nourriture nous coûte cher la première semaine, reprit Arthur en gémissant, mais j'aurai soin de ne manger que suffisamment, et, pour ne pas en faire autant, je sais que vous aimez trop votre vieux maître. — Que savez-vous? — Que vous aimez trop votre vieux maître. — Il n'y a pas d'excès. — Je dis que vous l'aimez trop pour vous régaler à ses dépens. — A ses quoi? — O mon Dieu! elle ne peut jamais entendre le mot le plus important, et elle entend tous les autres! A ses dépens, vieille toue à écorcher!

Ce dernier hommage rendu aux charmes de madame Sliderskew ayant été prononcé à voix basse, cette dame approuva le reste du discours par un sourd grognement qui fut accompagné du bruit de la sonnette.

— On sonne, dit Arthur. — Oui, oui, je sais cela. — Alors, pourquoi ne partez-vous pas? — Pourquoi partirais-je? je ne fais pas de mal ici. — On sonne! répéta Arthur Gride à tue-tête, en exprimant par une pantomime l'action de sonner à une porte. — Eh bien! il fallait me le dire tout de suite, au lieu de parler de toutes sortes de choses qui n'ont aucun rapport avec ça. C'est sans doute la bière qu'on apporte. — Votre caractère change, madame Peg, dit Arthur en la suivant des yeux, je ne sais ce que cela signifie; mais, si ça continue, nous ne nous accorderons pas longtemps.

A ces mots, il se remit à considérer son registre.

La chambre n'était éclairée que par une lampe, sombre et enfumée, dont les faibles rayons n'étaient projetés que sur un très-petit espace. L'usurier avait mis cette lampe si près de lui, qu'il n'y avait entre elle et lui que la place du registre; et, comme il avait les coudes sur le bureau et les pommettes de ses joues sur ses mains, la clarté ne servait qu'à faire ressortir ses traits hideux, blanchissait une partie du bureau, et laissait tout le reste de la chambre dans une profonde obscurité. En levant les yeux et en regardant dans l'ombre, Arthur rencontra tout à coup le regard d'un homme.

— Au voleur! au voleur! s'écria Arthur se levant et serrant son registre contre son sein. — Qu'y a-t-il? dit l'inconnu. — Retirez-vous! Etes-vous un homme, ou?... — Pour qui me prenez-vous donc? — Oui, oui, s'écria Arthur ombrageant ses yeux de sa main, c'est un homme, et non un esprit. Au voleur! au voleur! — Pourquoi crier ainsi? vous vous méprenez sur mes intentions, dit l'étranger en se rapprochant. — Alors, comment êtes-vous venu ici? que voulez-vous? quel est votre nom? — Mon nom? vous n'avez pas besoin de le savoir. C'est votre domestique qui m'a ouvert la porte. Je vous ai adressé deux ou trois fois la parole; mais vous étiez trop occupé pour m'entendre, et j'ai attendu en silence que vous fussiez moins absorbé. Quant à ce que je veux, je vous le dirai lorsque vous aurez assez de courage pour m'écouter.

Arthur Gride se hasarda à examiner plus attentivement le visiteur, et, remarquant que c'était un jeune homme de bonne mine, il s'assit en murmurant :

— C'est qu'il y a des gens malintentionnés qui rôdent par ici, et qu'on a déjà essayé de me voler; ce qui me rend craintif. Donnez-vous la peine de vous asseoir.

Nicolas (car c'était lui) refusa, et voyant renaître les alarmes de Gride :

— Mon Dieu! dit-il, je ne reste pas debout pour avoir sur vous l'avantage de la position. Ecoutez-moi. Vous allez vous marier demain matin? — Non... n... non. Qui vous l'a dit? comment le savez-vous? — N'importe, je le sais. La jeune personne qui va vous donner sa main vous hait et vous méprise. Son sang se glace quand on prononce votre nom devant elle. Le vautour et la colombe ne sauraient être plus mal assortis qu'elle et vous. Vous voyez que je la connais.

Gride parut pétrifié d'étonnement; mais il ne parla pas, peut-être par impuissance.

— Vous et un autre, qui s'appelle Ralph Nickleby, avez tramé ce complot. Vous lui donnez un bénéfice dans la vente de Madeleine Bray. Un mensonge erre sur vos lèvres, je le vois.

Il s'arrêta; mais Arthur ne répondit pas.

— Vous vous promettez de la dépouiller; comment, par quels moyens, je l'ignore, et je l'avoue franchement, car je dédaigne de souiller sa cause par la fourberie. Je l'ignore présentement; mais je ne suis pas seul et sans amis dans cette affaire. Nous sommes déjà sur la piste, et si l'énergie d'hommes déterminés peut amener la découverte de votre trahison, si une haine légitime soutenue par de la fortune peut déjouer vos infâmes menées, vous en rendrez un jour un compte sévère.

Il s'arrêta encore, et Arthur Gride le contempla en silence.

— Si j'avais quelque espoir d'émouvoir votre compassion ou votre humanité, je vous montrerais l'innocence, la détresse, la jeunesse de cette dame, son mérite, sa beauté, son amour filial; je vous rappellerais enfin l'appel qu'elle a fait à vos sentiments, mais il n'y a qu'une question à traiter avec les hommes comme vous. Dites-moi donc combien vous demandez? Pesez les dangers auxquels vous êtes exposé. Vous voyez que j'en sais assez pour apprendre bientôt le reste. Établissez une balance entre le bénéfice et les risques, et fixez une somme.

Le vieux Gride ne répondit que par un hideux sourire.

— Vous croyez qu'on ne vous payerait pas? Mais miss Bray a des amis riches et sur la solvabilité desquels vous pourriez compter.

Quand Nicolas avait commencé, Arthur Gride s'était figuré que Ralph l'avait trahi; mais il fut bientôt convaincu que son complice était entièrement étranger à la démarche du jeune homme. Tout ce que celui-ci semblait savoir était que Gride payait la dette de Ralph; mais c'était une circonstance connue de tous ceux qui étaient instruits de la détention de Bray. Quant au but secret du mariage, l'étranger avait pu le deviner ou en accuser Gride pour le sonder; mais il n'en avait évidemment aucune idée exacte. Les promesses des prétendus amis de miss Bray étaient trop vagues pour qu'on s'y arrêtât. Telles furent les conclusions auxquelles arriva Gride. Avec cette facilité de calcul mental que lui avait donnée l'habitude, il suivit Nicolas pas à pas, démolissant intérieurement ses arguments sans avoir l'air de s'en occuper, et, à la fin du discours, il se trouva aussi déterminé que s'il eût délibéré une quinzaine.

— Je vous entends, s'écria-t-il en allant ouvrir les volets. Au secours! au secours! au secours! — Que faites-vous? dit Nicolas en lui prenant le bras.

Gride recula tout effrayé.

— Si vous ne sortez à l'instant même, je vais crier au voleur, au meurtre, à l'assassin; je me débattrai, je me blesserai, et je jurerai que vous êtes venu ici pour me voler. — Scélérat! — Une minute de plus, et je vais faire retentir la rue de clameurs telles, que, poussées par un autre que moi, elles me réveilleraient même dans les bras de la jolie Madeleine. — Infâme ! si vous étiez plus jeune... — Ah ! oui, dit Arthur Gride d'un ton railleur, si j'étais plus jeune, ce serait moins humiliant ; mais être trahi par la petite Madeleine, pour moi qui suis si vieux et si laid !

— Écoutez-moi, dit Nicolas, et rendez grâce au ciel de ce que j'ai assez d'empire sur moi-même pour ne pas vous jeter par la fenêtre, ce qu'aucune puissance ne m'empêcherait de faire une fois que je vous aurais empoigné. Je n'ai jamais été l'amant de cette dame ; il n'y a eu entre nous ni contrat, ni engagement, ni parole d'amour, elle ne sait même pas mon nom... — J'aurai avec elle une explication là-dessus, dit Arthur Gride, et nous rirons ensemble en songeant au pauvre jeune homme qui voulait l'avoir, et qu'on a éconduit parce qu'elle m'était promise.

Ce sarcasme fit naître sur la figure de Nicolas une expression si terrible, qu'Arthur Gride le crut sur le point de mettre sa menace à exécution. L'usurier avança la tête en-dehors, se cramponna à deux mains à la fenêtre, et poussa des cris lugubres. Ne jugeant pas à propos d'attendre le résultat de ce vacarme, Nicolas se retira ; et ce ne fut qu'après l'avoir vu s'éloigner dans la rue que Gride ferma la croisée, et s'assit pour reprendre haleine.

— Si jamais elle est maussade, se dit-il, j'aurai une arme contre elle. Elle ne se doute pas que je connais l'existence de cet amant ; et en utilisant à propos ce que je viens d'apprendre, je la ferai obéir au doigt et à l'œil. Je suis content que personne ne soit venu ; j'ai eu soin de ne pas crier trop fort. Quelle audace d'entrer dans ma maison et de me faire une scène à domicile ! Mais demain est le jour de ma victoire, et l'amoureux se mordra les doigts, se jettera à l'eau peut-être, ou se coupera la gorge... je n'en serais pas étonné ! eh bien ! ça complètera mon triomphe.

Là-dessus Arthur mit son livre de côté, ferma son coffre, et descendit dans la cuisine pour reprocher à Pegs Sliderskew d'avoir si facilement laissé entrer un étranger.

Peg ne comprenant pas l'étendue de la faute qu'elle avait commise, il lui dit de tenir la lumière et de l'accompagner, et alla fermer lui-même la porte de la rue.

— Le verrou d'en haut, le verrou d'en bas, la barre, un double tour et la clef sous mon oreiller. Bon ! si quelque admirateur repoussé se présente, il sera obligé de passer par le trou de la serrure. Et maintenant, Peg, au lit jusqu'à cinq heures et demie, et puis nous songerons à la noce.

A ces mots, il frappa gaiement madame Sliderskew sous le menton et parut un moment disposé à célébrer la clôture de son célibat en imprimant un baiser sur les lèvres de la vieille; mais, après plus ample réflexion, il lui donna une autre tape sous le menton, et il alla se coucher.

CHAPITRE XLIV.

Il y a peu de gens qui restent longtemps au lit le matin de leurs noces. On raconte toutefois qu'un homme très-distrait, oubliant qu'il devait se marier le jour même, gronda en s'éveillant ses domestiques de lui avoir préparé une aussi brillante toilette.

Arthur Gride était revêtu de son habit vert-bouteille longtemps avant que madame Sliderskew, secouant un sommeil des plus lourds, eût repris le cours de ses fonctions domestiques.

— Le beau mariage! disait-elle en rangeant dans la cuisine. Il lui faut une autre que sa vieille Peg pour avoir soin de lui. Ne m'a-t-il pas répété mille fois, pour me consoler d'être mal nourrie, mal payée, mal chauffée : Je ne vous oublierai pas dans mon testament, ma bonne, je suis garçon, je n'ai point d'amis, point de parents... Mensonges! Et voilà qu'il m'amène une nouvelle maîtresse, une petite mijaurée, une enfant! S'il avait besoin d'une femme, le vieux fou, pourquoi n'en prenait-il pas une qui lui convînt par l'âge, et qui fût habituée à son allure? l'ingrat!

De son côté, Arthur Gride méditait dans sa chambre.

— Comment ce jeune homme a-t-il pu apprendre ce qu'il sait? J'ai peut-être trop parlé. M. Nickleby me reprochait souvent de me mettre à causer avec lui avant d'être sorti de la maison de Bray. Je lui tairai une partie de ce qui s'est passé, car il me chercherait querelle, et me mettrait de mauvaise humeur pour toute la journée.

Ralph était universellement regardé par ses confrères comme un génie supérieur; mais son caractère sévère et inflexible et ses talents consommés avaient fait sur Gride une impression si profonde qu'il avait réellement peur de lui. Lâche et rampant par nature, Arthur Gride s'humiliait dans la poussière devant Ralph Nickleby; et quand même il n'y eût pas eu entre eux communauté d'intérêts, il se serait agenouillé aux pieds de son maître plutôt que de lui répondre et de lui opposer la moindre résistance.

Arthur se rendit chez Ralph, et lui raconta la scène de la veille en lui cachant seulement que le jeune étranger connût les motifs secrets du mariage.

— Il a essayé de vous faire peur, dit Ralph avec dédain, et vous avez eu peur, n'est-ce pas? — Je l'ai effrayé en criant au meurtre et au voleur, et j'ai vraiment cru, un instant, qu'il en voulait à ma bourse. — Dites plutôt qu'il en voulait à votre future; et quand vous serez marié enfermez-la, et surveillez-la avec soin. Mais, allons, l'heure de votre bonheur approche, vous allez me payer ce billet présentement, je suppose? — Quel homme vous faites! — Pourquoi pas? d'ici à midi personne ne vous payera l'intérêt de l'argent, je pense. — Mais personne ne vous le payerait non plus, répondit Arthur regardant Ralph de travers avec toute la finesse dont il était capable. — Allons, si vous n'avez pas apporté l'argent, j'attendrai. Êtes-vous prêt?

Gride répondit affirmativement, tira de son chapeau un paquet de faveurs blanches, en attacha à sa boutonnière, et décida, non sans peine, son ami à en faire autant. Ainsi accoutrés, ils montèrent dans une voiture de louage, et partirent pour la résidence de la malheureuse fiancée.

Gride, que son courage avait abandonné à mesure qu'ils approchaient de la maison, fut anéanti par le lugubre silence qui y régnait. Ils ne virent que la domestique, défigurée par les pleurs et l'insomnie. Il n'y avait personne pour les recevoir, et ils se glissèrent dans le salon, plutôt comme deux filous que comme un fiancé et son garçon d'honneur.

— On croirait, dit Ralph parlant involontairement à voix basse, qu'il y a ici un enterrement, et non pas une noce. — Hé! hé! hé! vous êtes... vous êtes piquant.

— Tant mieux, car nous avons besoin de nous égayer. Allons, quittez cet air maussade. — Oui, oui, mais... mais croyez-vous qu'elle paraisse bientôt?

Ralph consulta sa montre.

— Je suppose, dit-il, qu'elle ne paraîtra que lorsqu'elle ne pourra pas faire autrement, et elle a encore une bonne demi-heure devant elle. Modérez votre impatience. — Je ne suis pas impatient, balbutia Arthur. Je ne voudrais pas la contrarier. Qu'elle prenne son temps, qu'elle prenne son temps.

En ce moment Bray lui-même entra sur la pointe du pied et la main levée.

— Silence! dit-il à voix basse. Elle a passé une très-mauvaise nuit. Elle est habillée et pleure toute seule dans sa chambre; mais elle va mieux, et elle se calme. — Elle est prête? dit Ralph. — Tout à fait. — N'est-il pas à craindre qu'elle ne nous retarde par quelque faiblesse de jeune fille, par un évanouissement?

— On peut maintenant avoir confiance en elle, je lui ai parlé toute la matinée... Venez un peu par ici.

Il entraîna Ralph à l'autre extrémité du salon et lui désigna Gride, qui, pelotonné dans un coin, tourmentait les boutons de son habit. L'agitation et l'inquiétude donnaient un nouveau relief à la bassesse de sa physionomie.

— Regardez cet homme, murmura Bray; n'est-ce pas une chose cruelle après tout? — Quoi? demanda Ralph aussi impassible que s'il eût réellement ignoré ce que Bray voulait dire. — Vous le savez aussi bien que moi. Ce mariage...

Ralph haussa les épaules, fronça les sourcils, et avança les lèvres comme font les hommes préparés à réfuter victorieusement une observation, mais qui attendent une occasion plus favorable, ou dédaignent de répondre à leur antagoniste.

— Ce mariage n'est-il pas cruel? répéta Bray. — Non, dit Ralph hardiment. — Si fait, repartit Bray avec emportement, c'est une méchanceté et une perfidie.

Quand des hommes sont sur le point de commettre ou de sanctionner quelque injustice, il n'est pas rare qu'ils expriment de la pitié pour la victime, et qu'ils se croient en même temps très-vertueux, très-moraux, et immensément supérieurs à ceux qui ne témoignent pas la même sensibilité. Pour rendre justice à Ralph Nickleby, il pratiquait rarement cette sorte de dissimulation, mais il la comprenait dans autrui, et c'est pourquoi il laissa Bray répéter avec véhémence que ce mariage était affreux.

— Vous voyez, répondit enfin Ralph, comme il est vieux et usé. S'il était plus jeune, cette union serait une barbarie; mais comme, dans l'état où il est, il n'a pas longtemps à vivre, Madeleine sera bientôt une riche veuve. Elle a consulté votre goût, la prochaine fois vous lui laisserez consulter le sien. — C'est vrai, dit Bray en se mordant les ongles. Je vous le demande, monsieur Nickleby, n'était-il pas de mon devoir de lui conseiller d'accepter ces propositions? — Sans doute. Et je vous dirai même, Monsieur, qu'on trouverait, dans les environs, cent personnes riches qui donneraient volontiers à cette espèce de singe leurs filles et leurs oreilles par-dessus le marché. — C'est ce que je lui ai dit, s'écria Bray saisissant avidement tout ce qui pouvait contribuer à sa justification. — Vous lui avez dit la vérité. Mais en même temps je vous déclare que si j'avais une fille, et que ma liberté, ma santé, ma vie, dépendissent de son mariage, j'espère que cela seul suffirait pour la faire condescendre à mes vœux.

Bray contempla Ralph comme pour voir s'il parlait sérieusement.

— Je vais monter quelques minutes pour achever ma toilette, et, quand je redescendrai, j'amènerai Madeleine. Savez-vous que j'ai eu cette nuit un songe très-étrange? J'ai rêvé que nous étions à aujourd'hui et que je vous parlais comme tout à l'heure, je suis monté comme à présent pour m'habiller, et au moment où j'étendais la main pour saisir celle de Madeleine, le parquet a manqué sous mes pas, et tombant d'une épouvantable hauteur je ne me suis arrêté que dans un tombeau! — Et vous vous êtes réveillé, dit Ralph, et vous vous êtes trouvé couché sur le dos, où la tête penchée au-dehors du lit, ou tout souffrant d'une indigestion. Bah! monsieur Bray, vous allez mener une vie de plaisirs, et étant plus occupé le jour, vous n'aurez pas le temps de songer aux rêves de la nuit.

Quand Bray fut parti, Ralph s'adressa au fiancé.

— Faites bien attention à ce que je vous dis, Arthur, vous n'aurez pas longtemps à lui payer une rente, vous avez un bonheur du diable dans vos marchés. Je veux être pendu s'il n'est pas sur le point de plier bagage.

Arthur accueillit par un ricanement cette prophétie. Ralph se jeta dans un fauteuil, et tous deux attendirent en silence. Ralph, un sourire railleur sur les lèvres, pensait à la rapidité avec laquelle l'orgueil de Bray s'était abaissé, quand son oreille exercée entendit sur l'escalier le frôlement d'une robe et les pas d'une femme.

— Ranimez-vous donc, Arthur, dit-il en frappant du pied avec impatience, les voici.

Gride se leva et se plaça à côté de Ralph Nickleby; la porte s'ouvrit, et l'on vit entrer précipitamment, non pas Bray et sa fille, mais Nicolas et sa sœur Catherine.

Si quelque terrible apparition de l'empire des ombres se fût présentée à Ralph, il n'eût pas été plus surpris et plus foudroyé. Ses bras tombèrent sans force à ses côtés; il chancela, recula, demeura muet, la bouche ouverte, le visage pâle de rage. Ses yeux sortaient de leurs orbites; sa figure était si bouleversée par les passions qui le déchiraient, qu'il eût été difficile de reconnaître en lui l'homme calme et sévère du moment précédent.

— C'est celui qui est venu me voir hier au soir, murmura Gride. — J'aurais dû le deviner. Il se trouvera donc partout sur mes pas!

La pâleur du visage de Nicolas, le gonflement de ses narines, le frémissement de ses lèvres comprimées, annonçaient le violent combat que les passions se livraient dans son sein; mais il les réprima. Et pressant doucement le bras de Catherine pour la rassurer, il se tint froidement en face de son parent.

Quand le frère et la sœur étaient l'un à côté de l'autre, il y avait entre eux une ressemblance qu'on pouvait ne pas remarquer lorsqu'on les voyait séparément. Tous deux avaient aussi une indéfinissable ressemblance avec Ralph, et jamais elle n'avait été plus appréciable, car jamais leur beauté et leur noblesse n'avaient mieux contrasté avec sa bassesse et sa laideur.

— Qui vous amène ici, imposteur? s'écria Ralph en grinçant des dents. Retirez-vous, misérable! — Je viens sauver votre victime si je le puis. Vos injures ne sauraient m'émouvoir, je resterai ici jusqu'à ce que ma mission soit remplie. — Jeune fille, retirez-vous, dit Ralph; nous pouvons employer la force contre lui; mais je ne voudrais pas vous faire du mal s'il y avait moyen de l'éviter; retirez-vous, faible femme, et laissez-nous traiter ce drôle comme il le mérite. — Je ne m'en irai pas! s'écria Catherine les yeux étincelants et les joues empourprées; si vous l'attaquez, il saura se défendre. Je serais pour vous un moins dangereux adversaire; mais si j'ai la faiblesse d'une fille, j'ai le cœur d'une femme, et ce n'est pas vous qui dans une cause comme celle-ci me détournerez de mon dessein.

— Et quel est votre dessein, haute et puissante dame? — D'offrir un asile au malheureux objet de vos persécutions, répondit Nicolas. Si la crainte du mariage que vous lui préparez ne suffit pas pour la déterminer, j'espère qu'elle sera touchée des prières et des instances d'une personne de son sexe. En tout cas, nous essayerons : j'avouerai à son père le nom de celui qui m'envoie; et s'il persiste, ses torts seront encore plus graves. J'attends ici le père et la fille, c'est pour eux que ma sœur et moi affrontons votre présence; notre intention n'est ni de vous voir ni de vous parler, ainsi cessons toute conversation. — Vraiment! dit Ralph... Eh bien! Gride, ce garçon, voyez-vous, qu'il me répugne de nommer le fils de mon frère, est un réprouvé souillé de tous les crimes. En venant troubler une cérémonie solennelle, il a craint d'être chassé ignominieusement, et il a amené sa sœur pour lui servir de chaperon; mais elle ne le sauvera pas. Catherine, remerciez votre frère. Gride, faites descendre Bray sans sa fille. — Ne bougez pas! s'écria Nicolas en lui barrant le passage. — Ne l'écoutez pas, et faites descendre Bray. — Malheur à vous si vous m'approchez! dit Nicolas.

Gride hésita. Ralph, furieux comme un tigre agacé, fit un pas vers la porte, et pr... idement le bras de Catherine; mais Nicolas le saisit au collet. En ce moment u... corps pesant tomba avec bruit sur le parquet de l'étage supérieur, et l'on entendit un cri terrible. Tous se regardèrent en silence. Les cris se succédèrent, des pas précipités ébranlèrent la maison, et plusieurs voix perçantes répétèrent :

— Il est mort!

— Laissez-moi, dit Nicolas; si c'est ce que j'ose à peine espérer, vous voilà pris dans vos propres filets.

Il monta rapidement, se fit jour à travers la foule qui encombrait une petite chambre à coucher, et trouva Bray étendu mort sur le parquet, et sa fille le tenant embrassé.

— Comment est-ce arrivé?

Plusieurs voix répondirent que par la porte entr'ouverte on avait aperçu Bray couché sur un fauteuil; que, comme il ne répondait pas, on l'avait cru endormi, et qu'enfin, quelqu'un étant entré et l'ayant secoué par le bras, il était tombé lourdement à terre, et qu'on avait alors reconnu qu'il était mort.

— Quel est le propriétaire de cette maison? demanda Nicolas.

Une dame âgée lui fut désignée. Il mit un genou en terre et détacha doucement les bras de Madeleine du cadavre autour duquel ils étaient enlacés.

— Madame, dit-il à la maîtresse de la maison, je représente les amis les plus dévoués de cette jeune personne, comme le sait sa domestique, et je dois l'arracher à cette scène affreuse. Voici ma sœur, aux soins de laquelle vous la confiez; mon nom et mon adresse sont sur cette carte, et vous recevrez de moi tous les ordres nécessaires pour les arrangements à prendre. Ecartez-vous, vous tous; de la place et de l'air, au nom du ciel!

Tout le monde recula, non moins étonné de ce qui s'était passé que de l'impétuosité de celui qui parlait.

Nicolas prit dans ses bras Madeleine évanouie et la descendit au salon qu'il venait de quitter, suivi de sa sœur et de la fidèle servante; il chargea celle-ci d'aller chercher une voiture pendant que Catherine et lui essayaient de rendre Madeleine à la vie.

Ralph et Gride étaient étourdis et paralysés par le fatal événement qui avait si brusquement déjoué leurs projets; car autrement, il n'aurait peut-être produit sur eux aucune impression. Ce ne fut qu'au moment où Nicolas se préparait à enlever Madeleine que Ralph rompit le silence en déclarant qu'il ne la laisserait pas partir.

— Qui dit cela? — Moi. — Silence! s'écria Gride épouvanté, écoutez ce qu'il va dire. — Oui, reprit Nicolas, écoutez ce que je vais dire. Il vous a payés tous deux en payant sa dette à la nature. Le billet qui échoit aujourd'hui à midi est un chiffon de papier inutile, votre fraude sera découverte, vos projets sont connus des hommes et renversés par le ciel. — Mais, dit Ralph, cet homme réclame sa femme. — Elle ne l'est pas. — Il faut la lui rendre. — Il ne l'aura pas. — Qui l'en empêchera? —

Moi! — De quel droit? — Du droit que me donnent la justice, et le caractère bien connu de ceux dont je suis l'interprète. — Un mot, dit Ralph écumant de rage. — Pas un seul. Seulement recevez l'avis que je vous donne, vos jours sont passés et la nuit approche pour vous. — Malédiction sur vous, enfant ! — Qui s'inquiète de vos malédictions? Le malheur, je vous en avertis, va s'attacher à vos pas. Tous vos artifices sont découverts. Vous êtes entouré d'espions, et aujourd'hui même une catastrophe imprévue vous a fait perdre dix mille livres. — C'est faux. — C'est vrai, et vous le reconnaîtrez. Mais ne perdons pas de temps. Ecartez-vous. Catherine, passez la première.

Nicolas prit son fardeau entre ses bras, renversa Arthur Gride en passant, et sans que personne cherchât à l'arrêter, il parvint à la voiture où Catherine et la domestique l'avaient devancé. Il leur confia Madeleine, sauta à côté du cocher et s'éloigna à travers la foule que ces événements avaient attirée.

CHAPITRE XLV.

Madame Nickleby avait été préparée à recevoir Madeleine dans sa maison, mais ce n'avait pas été sans de nombreuses difficultés.

— Mais, Catherine, disait-elle, si messieurs Cheeryble aiment tant cette demoiselle, pourquoi ne l'épousent-ils pas eux-mêmes? et pourquoi Nicolas se mêle-t-il d'empêcher les gens de se marier? Qu'importe que cette demoiselle épouse un homme plus vieux qu'elle? Votre pauvre père était plus vieux que moi de quatre ans et demi. Jane Dibabs... c'étaient les Dibabs qui demeuraient dans cette charmante petite maison blanche, couverte de lierre et de plantes grimpantes, dont la porte était garnie de chèvrefeuille, et où les chauves-souris et les grenouilles étaient si nombreuses le soir... Jane Dibabs épousa un homme qui était beaucoup plus âgé qu'elle; et personne ne put l'en détourner, car elle l'aimait à la folie. Cette Madeleine n'est donc pas à plaindre.

Malgré les explications de Catherine, madame Nickleby demeura d'assez mauvaise humeur jusqu'au retour de l'expédition. Alors, intéressée par la jeunesse et les malheurs de Madeleine, elle lui témoigna la plus tendre sollicitude, et même se donna les gants de la conduite de son fils, en déclarant à plusieurs reprises que sans sa sagesse et ses encouragements on n'eût pas obtenu un **résultat** aussi inespéré.

Sans examiner la part que madame Nickleby avait prise à cette affaire, il est hors de doute qu'elle eût de puissant motifs pour se réjouir ; car les frères Cheeryble, à leur retour, accablèrent Nicolas de tant de félicitations, qu'elle considéra dès lors comme faite la fortune de la famille, et s'abandonna à d'heureuses visions de richesse et de grandeur.

La santé de Madeleine avait été altérée par le choc qu'elle avait essuyé. Quand les forces physiques cèdent enfin après avoir été artificiellement augmentées par une énergique résolution, leur degré de prostration est ordinairement proportionné à l'effort qui les a soutenues précédemment. C'est ce qui explique comment la maladie de Madeleine ne fut pas une indisposition passagère, mais menaça sa raison et sa vie.

Qui n'aurait été ému des attentions tendres et multipliées d'une garde aussi affectueuse que Catherine ? Qui plus que Madeleine aurait été sensible à ces soins délicats, à l'accomplissement calme, silencieux, enjoué de ces mille petits services, dont nous sommes si vivement touchés quand nous sommes malades, et que nous oublions si légèrement quand nous nous portons bien ? Sur qui auraient-ils pu faire plus d'impression que sur une jeune fille pure et candide, qui ne jugeait que d'après ses propres instincts la bonté et le dévouement de son sexe, sur une jeune fille sevrée depuis l'enfance de toute affection, de toute sympathie ? L'amitié qui les unit bientôt n'a donc rien d'étonnant. Pendant sa convalescence, Madeleine donnait une approbation de plus en plus douce et explicite aux éloges prodigués par Catherine à son frère, quand celle-ci parlait d'un passé qui leur semblait déjà si loin. Ces éloges se gravaient dans le cœur de Madeleine, et l'image de Nicolas se confondait tellement avec celle de sa sœur, qu'il était presque impossible de les séparer. Madeleine éprouvait une égale difficulté à distinguer les sentiments qu'elle éprouvait pour chacun d'eux, et elle avait imperceptiblement mêlé à sa reconnaissance pour Nicolas un peu du sentiment plus vif qu'elle croyait accorder à Catherine.

— Ma chère enfant, disait madame Nickleby à Madeleine, j'espère que vous allez mieux.

Et elle entrait dans la chambre avec une précaution non moins propre à calmer les nerfs d'un malade que la marche d'un régiment de cavalerie.

— Elle est presque rétablie, répondait Catherine déposant son ouvrage et prenant la main de Madeleine. — Catherine, ne parlez pas si fort ! disait madame Nickleby d'un **ton** de reproche.

La digne dame parlait elle-même d'une voix qui eût glacé le sang de l'homme le plus robuste.

— Mon fils Nicolas vient de rentrer, ajoutait-elle, et il m'envoie savoir de vos nouvelles. — Il est aujourd'hui en retard, répondait parfois Madeleine. — Eh bien! je ne m'en serais pas doutée, et je ne sais comment vous faites pour calculer le temps avec une aussi grande précision. M. Nickleby... c'est de votre père que je parle, Catherine... M. Nickleby disait ordinairement que l'appétit était la meilleure horloge du monde; mais quant à vous, miss Bray, vous n'avez pas d'appétit. Je voudrais vous en voir, et vous devriez faire quelque chose pour vous en procurer. On prétend que deux ou trois douzaines d'huîtres donnent de l'appétit; mais j'en doute, car il faut déjà avoir de l'appétit pour les manger. Quoi qu'il en soit, je ne sais comment vous êtes parvenue à deviner que Nicolas était en retard d'une demi-heure.

— C'est que nous parlions de lui tout à l'heure, ma mère. — Vous parlez toujours de lui, n'avez-vous rien de plus divertissant à dire à miss Bray? Comme je le répète sans cesse au docteur, je ne sais vraiment ce qu'elle deviendrait si je n'étais là pour la divertir.

Là-dessus madame Nickleby prenait une chaise et causait d'une foule de sujets jusqu'à l'heure du souper de Nicolas. Après lui avoir annoncé que décidément elle regardait la malade comme plus mal, elle lui racontait que miss Bray était triste et abattue parce que Catherine ne l'entretenait que de lui. Quand elle avait relevé le moral de Nicolas par ces observations consolantes, elle discourait sur les pénibles devoirs qu'elle avait accomplis pendant la journée.

— Ah! disait-elle émue jusqu'aux larmes, s'il m'arrivait un malheur, je ne sais ce que la famille deviendrait sans moi.

D'autres fois, Nicolas rentrait accompagné de M. Frank Cheeryble. Madame Nickleby soupçonnait avec quelque raison que M. Frank venait plutôt pour voir Catherine que pour demander des nouvelles de Madeleine, et elle employait divers moyens pour s'en assurer. Tantôt elle était affable, tantôt froide et réservée : quelquefois, quand elle était seule avec Frank, elle lui annonçait vaguement l'intention d'envoyer Catherine en France, pour trois ou quatre ans, ou en Ecosse, pour rétablir sa santé altérée, ou de lui faire entreprendre tout autre voyage qui les séparerait pour longtemps. Croyant de son devoir de détruire des espérances naissantes, elle alla même jusqu'à faire allusion aux amours de sa fille et du fils d'un de leurs anciens voisins, un certain Horace Peltirogus, jeune homme qui pouvait avoir quatre ans à l'époque de ces amours. Elle représenta leur union comme une chose arrangée entre les deux familles et prête à recevoir la sanction de l'Eglise à la satisfaction générale. Ce fut après avoir fait jouer cette dernière mine avec un succès extraordinaire que madame Nickleby, se trouvant un soir seule avec son fils, entreprit de le sonder sur le sujet qui occupait ses pensées ; elle débuta par divers éloges de l'amabilité de M. Frank.

— Vous avez raison, ma mère, c'est un excellent garçon. — Et il a une jolie figure. — Assurément. — Quel genre de nez lui trouvez-vous? — Comment? — Oui, si je puis m'exprimer ainsi, de quel ordre d'architecture est son nez, est-il grec ou roman? — Ni l'un ni l'autre, dit en riant Nicolas; c'est plutôt un nez d'ordre composite. Au reste, je n'y ai jamais fait grande attention ; mais, si vous le désirez, je l'examinerai de plus près. — Vous me ferez plaisir. — Savez-vous, mon fils, que M. Frank a beaucoup d'attachement pour vous? — Je suis charmé de l'apprendre et de savoir qu'il vous en a fait confidence. — Ah! il y a bien d'autres choses dont il aurait besoin de me faire confidence. Il est extraordinaire, Nicolas, que vous n'ayez rien remarqué. Il est vrai que ce qui est évident pour les femmes échappe très-souvent aux hommes.

Nicolas moucha la chandelle, mit ses mains dans ses poches, et prit un air de douloureuse résignation.

— Je crois de mon devoir, poursuivit sa mère, de vous dire ce que je sais, non-seulement parce que vous avez le droit d'être informé de tout ce qui concerne la famille, mais encore parce que vous pouvez nous être d'un grand secours. Il y a beaucoup de choses que vous pouvez faire : telles que vous promener ou feindre de vous endormir, ou sortir avec M. Smike. Si vous étiez amoureux, vous sentiriez tout le prix d'un tête-à-tête que l'on vous ménagerait. Bien entendu qu'il ne faudrait pas avoir l'air de sortir exprès, et qu'en rentrant il importerait de tousser dans le corridor; car les jeunes gens n'aiment pas à être brusquement interrompus dans leurs entretiens confidentiels.

Sans être déconcertée par le profond étonnement de son fils, madame Nickleby termina une harangue diffuse en établissant d'une manière positive que M. Frank Cheeryble était épris de Catherine.

— De qui? — De Catherine. — Quoi! de ma sœur, de votre Catherine? — Mon Dieu, Nicolas, quelle Catherine serait-ce si ce n'était pas la nôtre, m'en inquiéterais-je s'il ne s'agissait de votre sœur? — C'est impossible, ma mère. — Attendez et vous verrez, répondit madame Nickleby avec confiance. — Il est des circonstances qui tendraient à confirmer ce que vous avancez, ma mère, dit Nicolas après un moment de réflexion, cependant je souhaite que vous soyez dans l'erreur. — Je ne conçois pas pourquoi vous formez ce vœu. — Catherine serait-elle disposée à répondre à cette passion? — C'est un point que je n'ai pas encore éclairci. Durant cette maladie, Catherine est constamment restée auprès de Madeleine, et à vrai dire, je n'ai pas cherché à l'en détourner; car l'ennui de ne pas voir celle qu'i' aime irrite l'amour d'un jeune homme...

Bien qu'il fût pénible à Nicolas de déranger les projets de sa mère, il sentit qu'il n'avait qu'un seul parti à prendre.

— Ma mère, dit-il, si M. Frank avait une inclination réelle pour Catherine, ne voyez-vous pas que nous ne saurions l'encourager sans déshonneur et sans ingratitude? Vous n'avez pas réfléchi; mais rappelez-vous que nous sommes pauvres... — Hélas! la pauvreté n'est pas un crime. — Sans doute, et c'est pour cette raison que la pauvreté, loin de nous entraîner à des actions coupables, doit nous inspirer une noble fierté. Songez à ce que nous devons aux deux frères : serait-il juste de reconnaître leurs services en laissant épouser une jeune fille pauvre à leur neveu, leur seul parent, leur fils adoptif, pour lequel ils ont sans doute formé le projet d'un riche établissement? ne seraient-ils pas en droit de croire que c'est de notre part une spéculation?

Madame Nickleby murmura que M. Frank demanderait préalablement le consentement de ses oncles.

— Sans doute; mais notre position resterait la même, et les avantages que nous procurerait cette union donneraient toujours lieu aux mêmes soupçons. D'ailleurs, en ces circonstances, je crois que nous comptons sans notre hôte. S'il en est autrement, j'ai assez de confiance en Catherine et en vous pour être sûr que vous vous rangerez à mon avis.

Après bien des représentations, Nicolas obtint de sa mère qu'elle ne favoriserait pas les intentions présumées de M. Frank. Il résolut de ne pas s'expliquer avec Catherine sans nécessité, et d'observer lui-même la conduite de Frank; mais une nouvelle source d'alarmes l'empêcha de mettre ce plan à exécution.

Smike devint dangereusement malade. Il était si faible, qu'il fallait l'aider à marcher, et si maigre, qu'il faisait peine à voir. Le médecin déclara qu'il était indispensable de l'éloigner de Londres, et désigna comme un lieu salubre la partie du Devonshire où Nicolas avait été élevé; mais il avertit en même temps que celui qui accompagnerait le malade devait s'attendre à le perdre, et que la consomption était arrivée à son plus haut degré.

Le jour même de cette consultation, M. Charles appela Nicolas dans son cabinet.

— Mon cher monsieur, lui dit-il, il n'y a pas de temps à perdre. Ce jeune homme ne mourra pas s'il est encore en notre pouvoir de le sauver; emmenez-le demain, donnez-lui tous les soins nécessaires à sa situation, et ne le quittez que lorsqu'il n'y aura plus de danger immédiat. Tim a été ce soir vous porter quelque chose de notre part. Mon cher Edwin, M. Nickleby va vous faire ses adieux; il ne sera pas longtemps absent. Il confiera ce pauvre garçon à quelque paysan, et il ira le voir de temps en temps. Il n'y a pas encore lieu de se décourager.

Le lendemain, Nicolas et son faible compagnon commencèrent leur voyage. Qui pourrait exprimer la douleur de ces tristes adieux, excepté celui dont les seuls amis, les seuls protecteurs étaient les personnes qui l'environnaient à son départ?

— Voyez! s'écria Nicolas mettant la tête à la portière, ils sont encore au coin du sentier, et voici Catherine, la pauvre Catherine, à laquelle vous pensiez n'avoir pas la force de dire adieu; elle agite son mouchoir : partirez-vous sans répondre aux signes qu'elle vous adresse?

Smike trembla, s'enfonça dans la voiture et se couvrit les yeux.

— Je ne le puis, dit-il; la voyez-vous encore? est-elle encore là? — Oui, elle agite encore la main; je lui ai répondu pour vous, et maintenant nous les avons perdus de vue. Ne vous désolez pas, mon cher ami; vous les reverrez tous un jour.

Celui qu'il encourageait ainsi leva ses mains flétries et les joignit avec ferveur.

— Au ciel! je le demande en grâce à Dieu! au ciel!

C'était comme la prière d'un cœur brisé.

CHAPITRE XLVI.

Le cours de ces aventures exige que nous retournions à la maison où la mort avait à l'improviste planté sa sombre bannière. Ralph, les dents et les poings serrés, demeura quelques minutes immobile, puis il commença à se remuer lentement comme un homme qui sort d'un profond sommeil, fit un geste de menace du côté où Nicolas avait disparu, et se retourna pour regarder son complice, qui était encore étendu sur le carreau.

Arthur se releva en tremblant, se dirigea vers la porte, et dit timidement :

— Vous avez l'air de vouloir m'adresser des reproches, mais ce n'est pas ma faute. — Je le sais bien ; je ne blâme personne si ce n'est Bray, qui aurait dû vivre une heure de plus... Où est notre voiture ? nous sommes venus en voiture.

Gride s'empressa de regarder à la fenêtre.

Ralph, faisant un violent effort pour dompter sa fureur, déchira sa chemise de la main qu'il avait placée sur sa poitrine, et murmura :

— Dix mille livres ! il a dit dix mille livres ! c'est précisément la somme que je devais toucher demain. Cette maison aurait-elle fait faillite ? et faut-il qu'il soit le premier à m'en apporter la nouvelle ?... La voiture est-elle là ? — Oui, oui. Quelle figure vous avez ! — Venez, n'ayons pas l'air d'être troublés ; allons-nous-en bras dessus, bras dessous. — Mais vous me pincez jusqu'au sang, dit Arthur se tordant de douleur.

Ralph le repoussa avec impatience, descendit d'un pas assuré, et entra dans la voiture, où Gride le suivit. Le cocher ayant demandé où il fallait les mener et Ralph ne répondant point, Gride, après un instant d'incertitude, ordonna de les conduire chez lui.

En chemin, Ralph demeura les bras croisés et ne prononça pas un mot. Le menton appuyé sur la poitrine, les yeux cachés sous les touffes épaisses de ses sourcils contractés, on eût pu le croire profondément endormi. Ce ne fut que lorsque la voiture s'arrêta qu'il leva la tête et demanda où ils étaient.

— A ma porte, répondit Arthur. — C'est vrai, je n'ai pas fait attention à la route que nous avons suivie. Je prendrais volontiers un verre d'eau ; vous en avez chez vous, je suppose. — Vous prendrez un verre de... tout ce que vous voudrez. Il es inutile de frapper ; cocher, sonnez.

Le cocher sonna à plusieurs reprises, puis frappa à ébranler la rue, ils écoutèrent à la porte, mais personne ne vint, et la maison demeura silencieuse comme la tombe.

— Peg est si sourde ! dit Gride alarmé. Sonnez encore, cocher ; elle n'entend pas, elle voit la sonnette.

L'homme sonna et frappa de nouveau. Plusieurs voisins se mirent à la fenêtre, et se crièrent les uns aux autres que la ménagère du vieux Gride devait être morte subitement. D'autres se groupèrent autour de la voiture, et se livrèrent à diverses suppositions ; les uns conjecturaient qu'elle s'était endormie, les autres qu'elle avait mis le feu à ses vêtements, d'autres qu'elle s'était grisée. Un gros réjoui prétendit qu'elle avait vu quelque chose à manger, et que, n'y étant nullement habituée, elle s'était évanouie de frayeur.

Cette saillie divertit excessivement les auditeurs, et il fut difficile de les empêcher d'enfoncer la porte de la cuisine pour s'assurer du fait.

Ce ne fut pas tout; comme le bruit du mariage avait couru, des plaisants assurèrent que M. Ralph était la fiancée déguisée en homme, et l'on s'indigna vivement de voir une fiancée en bottes et en pantalon. Enfin les deux usuriers se réfugièrent dans la maison voisine, se procurèrent une échelle et entrèrent par-dessus le mur de la cour.

— Je ne suis pas rassuré, je l'avoue, dit Arthur lorsqu'il fut chez lui; si nous la trouvions assassinée, nageant dans son sang? — Qu'importe? dit Ralph; je voudrais que de pareils accidents fussent plus communs et plus faciles à amener. Restez ici, si vous avez peur; moi, je monte.

Il entra dans la maison, suivi de près par Arthur. C'était toujours le même lieu sombre, les mêmes meubles poudreux, la même horloge monotone; les armoires chancelaient toujours dans leurs coins obscurs; l'écho des pas rendait les mêmes sons lugubres; l'araignée à longues pattes s'arrêtait dans sa course agile, et se suspendait aux murs en contrefaisant la morte lorsqu'on passait auprès d'elle

Les deux usuriers parcoururent la maison de la cave au grenier; mais Peg n'y était pas. Après leur perquisition, ils s'arrêtèrent pour se reposer dans la chambre que Gride habitait ordinairement.

— La pendarde, dit Ralph se préparant à partir, est allée faire les apprêts de la noce; voyez, je vais anéantir le billet, nous n'en aurons plus besoin.

En ce moment, Gride, agenouillé devant un grand coffre, fit entendre un cri terrible.

— Qu'y a-t-il? demanda Ralph. — Je suis volé! je suis volé! — De quoi? de votre argent? — Non! non! C'est bien pis! — De quoi donc?

Semblable à un animal qui fouille la terre, Gride éparpilla les papiers qui étaient dans le coffre.

— Oh! mon Dieu! j'aurais mieux aimé qu'elle me volât mon argent; je n'en ai pas beaucoup. Ah! quel malheur! quel désastre! — Que vous a-t-on donc pris? s'écria Ralph le secouant violemment par le collet. — Des actes, des papiers; je suis ruiné! je suis perdu! elle m'a vu les lire, elle m'a épié, elle m'a vu les mettre dans une boîte, la boîte n'est plus dans la caisse, elle l'a emportée, damnation!

Une lumière soudaine parut éclairer Ralph, car ses yeux étincelèrent et tout son corps trembla d'agitation.

— Elle ne connaît pas la valeur de ces papiers, elle ne sait pas lire; il n'y aurait qu'une manière d'en faire de l'argent, ce serait de les lui porter. On les lira pour Peg, et on lui dira ce qu'il faut faire; elle et son complice toucheront les fonds, se feront un mérite d'avoir communiqué ces actes, et déposeront contre moi! — Patience! dit Ralph en lui serrant les bras; écoutez la voix de la raison : Peg ne peut être loin, je vais appeler la police; dites-moi seulement ce qu'elle vous a dérobé, et on la rattrapera facilement. — Non! non! dit Gride en mettant la main sur la bouche de Ralph, je ne puis... je... non! — A l'aide! à l'aide! — De grâce, taisez-vous! cria Gride en frappant la terre du pied avec la frénésie d'un insensé. — Quoi! vous n'osez pas rendre ce vol public? — Non; n'en dites pas un mot, de grâce! quoi qu'il arrive, je suis perdu! je suis ruiné! je suis trahi, je mourrai à Newgate!

Ces exclamations et d'autres inspirées par la crainte, la rage et la douleur se changèrent peu à peu en gémissements entrecoupés de temps à autre par un hurlement, lorsque Gride, penché sur le coffre, constatait quelque perte nouvelle.

Ralph le quitta brusquement, désappointa ceux qui étaient à la porte en leur annonçant qu'il n'était rien arrivé, monta en voiture et se fit conduire chez lui.

Une lettre était sur la table. Il n'eut pas d'abord le courage de l'ouvrir; mais enfin il la lut, et devint d'une pâleur mortelle.

— La maison a fait faillite! voilà dix mille livres perdues en un jour! que d'années, que de jours de travail, que de nuits d'insomnie il m'a fallu passer pour amasser ces dix mille livres! que de dames fardées m'auraient souri, que de jeunes gens prodigues m'auraient fêté de bouche et maudit de cœur, pendant que j'aurais changé ces dix mille livres en vingt mille! que de discours mielleux, que de regards caressants, que de lettres polies l'on m'aurait adressés, pendant que j'aurais foulé aux pieds et exploité à mon gré ces emprunteurs nécessiteux! On prétend que les hommes comme moi amassent leurs richesses à force de dissimulation, de perfidies et de servilité; mais que de mensonges, que d'excuses abjectes, que de lâches démarches m'auraient valu ces dix mille livres de la part de parvenus qui sans mon argent n'auraient pour moi que du dédain! Oh! si j'avais doublé cette somme, il n'y eût pas eu une seule pièce de monnaie qui n'eût représenté dix mille impostures plates et grossières, et elles ne seraient pas venues de l'usurier, mais des emprunteurs, de ces gens si prodigues, si généreux, si irréfléchis!

Ralph cherchait à oublier l'amertume de ses regrets par celle de ses réflexions Las d'arpenter la chambre, il se jeta dans un fauteuil.

— Il y a eu un temps, reprit-il, où rien n'aurait pu m'émouvoir autant que la perte de cette somme considérable. Les naissances, les décès, les mariages, tous les événements humains n'avaient d'intérêt pour moi que par les pertes ou les bénéfices qui en étaient le résultat. Mais aujourd'hui, je le jure, l'idée de son triomphe se mêle à celle de ma perte; il me semble presque qu'il en est le principal auteur, et il le serait, que je ne l'en détesterais pas davantage.

Après une longue méditation, Ralph écrivit à M. Squeers, et envoya la lettre par Newman avec ordre d'attendre la réponse si M. Squeers était à la Tête de Maure.

Squeers était arrivé le matin même, et répondit qu'il allait se rendre de suite chez M. Nickleby.

Quand il y arriva, Ralph avait repris cette impassibilité qui lui était habituelle, et à laquelle était due en grande partie son influence sur la plupart des hommes peu scrupuleux.

— Eh bien! monsieur Squeers, comment vous portez-vous? — Mais pas mal, Monsieur, ainsi que ma famille et mes élèves; il court seulement parmi eux une espèce d'épidémie; mais quand ils en sont atteints et qu'ils nous importunent de leurs plaintes, nous savons les mettre à la raison. — Vous faites très-bien... Noggs!...

Newman se présenta après avoir été appelé deux ou trois fois.

— Vous m'avez demandé? — Oui, allez dîner. — Il n'est pas l'heure. — Votre temps m'appartient. — Pourquoi changez-vous mon heure tous les jours? — Vous n'avez pas tant de cuisiniers, et vous pouvez aisément vous excuser de la peine que vous leur donnez. Partez, Monsieur.

Sous prétexte d'aller chercher quelques papiers dans le petit bureau, Ralph veilla à l'exécution de ses ordres; et après le départ de Newman, il mit la barre de la porte pour l'empêcher de rentrer avec son passe-partout.

— J'ai raison de le soupçonner, dit Ralph en rentrant dans son bureau; c'est pourquoi il est bon que je l'observe jusqu'à ce que j'aie trouvé moyen de le perdre.

— Ce ne serait sans doute pas difficile, dit Squeers en ricanant. — Pas plus que de perdre beaucoup de gens de ma connaissance.

Cette allocution s'adressait évidemment à M. Squeers, qui poursuivit d'un ton moins élevé :

— J'ai quelque chose à vous dire, Monsieur, c'est que l'affaire de Snawley me dérange infiniment, et condamne pour longtemps encore madame Squeers au veuvage. J'ai certainement beaucoup de plaisir à vous obliger...

— Je n'en doute pas, dit Ralph sèchement. — Mais en même temps, reprit Squeers en se frottant les genoux, il est très-gênant de faire un voyage de soixante lieues pour venir prêter serment, sans parler des risques que je cours. — Quels risques courez-vous, monsieur Squeers? — Je vous dis que je ne veux pas en parler. — Mais vous savez à quoi vous en tenir. Ne vous ai-je pas répété mille fois que vous ne couriez aucun risque? Que vous demande-t-on d'affirmer par serment? Qu'à telle ou telle époque un enfant vous a été laissé sous le nom de Smike; qu'il est resté dans votre institution un certain nombre d'années; que vous l'avez perdu en telle circonstance, et que vous l'avez retrouvé; tout cela n'est-il pas vrai? — Oui, tout cela est vrai. — Eh bien! donc, quel risque courez-vous? qui fait un faux serment si ce n'est Snawley, que je paie beaucoup moins cher que vous? — Il le fait certainement à trop bon marché. — Et cependant il joue bien son rôle. Mais vous, vous n'avez rien à craindre; les certificats sont tous authentiques. Snawley a eu un autre fils; il a été marié deux fois. Sa première femme est morte, et son ombre seule pourrait dire qu'elle n'a pas écrit la lettre que nous présentons, et Snawley seul pourrait dire que Smike n'est pas son fils, et que son véritable fils est depuis longtemps mort et enterré. Snawley seul se parjure, et j'ai lieu de croire qu'il y est passablement habitué. Mais vous, vous ne paraissez pas plus que moi dans l'affaire. — Vous me prouverez bientôt que c'est un avantage pour moi d'être entré dans la conspiration. — Croyez-le si vous voulez; ce conte a été fabriqué primitivement pour tourmenter un homme qui vous a roué de coups et pour vous rendre un fugitif que vous désiriez avoir entre vos mains. Vous saviez que le meilleur moyen de punir votre ennemi était de lui enlever son protégé, n'est-ce pas? — Je n'en disconviens pas; mais vous aviez aussi une vengeance à exercer. — Sans cela, croyez-vous que je serais venu à votre aide? Mais il n'y a pas égalité entre nous; car j'ai dépensé de l'argent pour assouvir ma haine; mais vous, vous l'avez empoché tout en assouvissant la vôtre; vous êtes sûr en tout cas de garder ce que je vous ai donné, tandis que je puis, moi, avoir fait des frais en pure perte.

Après avoir ainsi réduit M. Squeers au silence, Ralph lui donna des détails sur le mariage projeté et les obstacles qui étaient survenus.

Il lui représenta comme certain le mariage de la jeune personne et de Nicolas.

Il ajouta qu'un testament, ou un acte quelconque, qui devait contenir le nom de ladite jeune personne, lui donnait des droits à une fortune que son mari recueillerait, et qui en ferait un ennemi formidable;

Que cet acte pourrait être aisément reconnu parmi d'autres papiers si l'on parvenait au lieu où il était déposé;

Qu'il avait été volé, et que lui, Ralph, connaissait la personne qui s'en était frauduleusement emparée.

M. Squeers écouta avidement ces confidences, tout en se demandant avec surprise à quel titre il en était honoré.

— Maintenant, poursuivit Ralph, voici le projet que j'ai conçu. Cet acte ne saurait être utilisé que par la jeune fille ou par son mari, je m'en suis assuré jusqu'à la dernière évidence. Je désire avoir cet acte entre les mains; je donnerai cinquante livres en or à l'homme qui me l'apportera, et sous ses yeux je réduirai l'acte en cendres.

M. Squeers suivit du regard Ralph, qui exprimait par un geste l'action de jeter un papier au feu, et dit avec un soupir

— Bien, mais qui vous l'apportera?

— Personne... si ce n'est vous.

Les signes de consternation que donna M. Squeers étaient de nature à faire immédiatement abandonner le projet par tout autre que Ralph. Celui-ci ne s'en inquiéta point, et, aussi tranquillement que s'il n'avait point été interrompu, il développa les parties de sa proposition sur lesquelles il jugeait à propos d'insister.

Il lui fit remarquer l'âge et la faiblesse de madame Sliderskew. D'après ses habitudes sédentaires, il était peu probable qu'elle eût un complice, et il était à présumer que son vol n'était pas le résultat d'un plan concerté, autrement elle eût cherché à emporter de l'argent. Elle se trouvait nantie de papiers dont elle ignorait entièrement la nature, et il était facile de capter sa confiance et de s'emparer de l'acte sous un prétexte quelconque. Ralph ne pouvait l'entreprendre lui-même, étant déjà connu de Peg; mais M. Squeers pouvait s'introduire aisément chez elle à l'aide d'un déguisement, et pour un homme de son expérience c'était un jeu d'enfant de triompher d'une femme décrépite.

Ralph peignit ensuite, sous de vives couleurs, la défaite de Nicolas, qui, si l'on réussissait, s'unirait à une femme sans ressources, quand il comptait épouser une riche héritière. L'usurier fit sentir à Squeers l'importance de l'amitié d'un homme tel que lui, et lui rappela les avantages qu'il en avait déjà retirés. Il finit par lui faire entendre que la somme promise pourrait être portée à soixante-quinze et même à cent livres, en cas de très-grand succès.

M. Squeers se croisa les jambes, les écarta, se gratta la tête, se frotta l'œil, s'examina la paume de la main, se mordit les ongles, et donna plusieurs autres signes d'inquiétude et d'indécision.

— Vous avez dit cent livres! est-ce votre dernier mot? — Pas une obole de plus. N'y aurait-il pas moyen d'ajouter une cinquantaine de livres? — C'est de toute impossibilité. — Soit, je tenterai l'aventure. Il faut bien faire quelque chose pour ses amis. Mais où trouver la vieille? Voilà ce qui m'embarrasse. — Allez, il y a longtemps que j'ai pourchassé, dans cette ville, des gens qui se cachaient mieux qu'elle, et je sais des quartiers où, moyennant une, deux ou trois guinées habilement employées, on trouve, à volonté, le mot d'énigmes bien plus difficiles. J'entends mon commis qui sonne; séparons-nous, et attendez, pour revenir, que je vous aie donné de mes nouvelles. — Bien! mais, si nous ne la découvrons pas, vous me payerez mes dépenses à la Tête de Maure, et une légère indemnité? — C'est convenu, décampez.

Ralph accompagna M. Squeers jusqu'à la porte. Newman entra, Squeers sortit, et Ralph se retira dans sa chambre.

CHAPITRE XLVII.

Par une sombre et pluvieuse soirée d'automne, dans une chambre haute d'une maison de misérable apparence, était assis, seul, un homme grotesquement habillé. Soit pour se déguiser, soit faute de meilleurs vêtements, il portait une redingote si longue et si large qu'il aurait pu aisément s'y envelopper de la tête aux pieds sans risquer d'en déchirer le drap gras et râpé.

Sous ce costume, et dans un pareil séjour, madame Squeers elle-même aurait eu de la peine à reconnaître son seigneur et maître, quoique sa sagacité naturelle eût été stimulée par l'instinct de la tendresse conjugale. C'était pourtant M. Squeers, et il paraissait d'assez mauvaise humeur; car, tout en se servant de l'eau-de-vie, il jetait autour de lui des regards où se peignaient l'impatience et l'attente.

Le lieu où il se trouvait n'avait rien de séduisant; c'était une mansarde, nue et basse, à peine garnie des meubles les plus indispensables, encore étaient-ils dans un état complet de délabrement.

Si, pour se distraire, M. Squeers s'était mis à la fenêtre, il n'aurait eu en perspective qu'un cul-de-sac étroit et fangeux. Le temps était de ceux par lesquels peu de gens aiment à se trouver dehors ; et comme cette impasse n'était guère fréquentée que de ses habitants, on n'y voyait d'autres signes de vie que les lueurs de quelques pauvres chandelles, pâles et vacillantes, derrière des vitres peu diaphanes. On n'entendait d'autre bruit que celui de la pluie, et parfois celui d'une porte qui se fermait en criant sur ses gonds.

Heureusement que pour charmer les ennuis de ce séjour peu récréatif, M. Squeers s'était muni d'une bouteille d'eau-de-vie.

— Voyez la belle affaire ! se dit-il ; il y a au moins six semaines que je travaille cette vieille douairière, et, pendant ce temps, l'institution de Dotheboys est privée de ma présence. Voilà ce que c'est que d'entamer une affaire avec le vieux Ralph, vous ne savez jamais où il vous mènera ; quand vous êtes engagé pour un son, vous l'êtes pour une livre sterling.

Cette observation rappela sans doute à M. Squeers qu'il l'était pour cent livres sterling ; car il porta son verre à ses lèvres avec plus de contentement qu'il n'en avait précédemment témoigné.

— Quel habile homme que ce Ralph ! poursuivit-il ; avec quelle infatigable persévérance il s'est démené jusqu'à ce qu'il découvrît où était cachée cette précieuse Peg Sliderskew ! Ah ! c'eût été un excellent instituteur, il eût fait de bonnes affaires dans notre partie ; mais elle eût été trop restreinte pour son génie.

Là-dessus, M. Squeers tirant une sale lettre de sa poche, en parcourut le contenu de l'air d'un homme qui l'avait déjà lue cent fois et la relisait moins pour s'instruire que pour se distraire.

« — Les cochons vont bien, et les vaches aussi, et les enfants pareillement. Cobbey persiste à trouver le bœuf mauvais. » Bien, Cobbey, nous verrons si vous trouverez meilleur ce que je vous donnerai à mon retour. « Pitcher a encore eu la fièvre ; on l'a mené chez ses parents, et il y est mort. » Mourir à la fin d'un trimestre, sans commencer le suivant ! Il faut y mettre de la méchanceté. « Palmer cadet dit qu'il voudrait être au ciel. » En vérité, je ne sais que faire de ce garçon-là ; il exprime toujours les vœux les plus horribles. Mais n'y songeons plus, et allons trouver la vieille ; car, d'après les dispositions de la nuit dernière, c'est ce soir, ou jamais, que je réussirai.

Pour exécuter ce dessein, M. Squeers souffla la chandelle, mit sous son bras la bouteille d'eau-de-vie, prit son verre à la main, et alla frapper à une porte située en face de la sienne. Mais, réfléchissant qu'il était inutile de frapper, il s'introduisit sans formalités dans un galetas plus misérable encore que celui qu'il venait de quitter.

— Ah! vous voilà, dit une vieille femme penchée sur un foyer garni seulement de quelques charbons. — Oui, c'est moi, comme vous voyez, et j'apporte des liquides, ma chère Sliderskew.

Il tira à lui un tabouret, s'assit auprès de Peg Sliderskew, et déposa entre eux sa bouteille et son verre.

— Regardez, Peg, je vais remplir le verre, et boire à votre santé. C'est fait. Il en reste une petite goutte que je vais jeter dans le feu. A votre tour, maintenant!... Fort bien. Et comment vont les rhumatismes? — Mais pas trop mal, je vous remercie. — Dites-moi un peu, madame Peg, pourquoi on a des rhumatismes! — Je ne sais, mais c'est probablement parce qu'on ne peut pas s'en empêcher. — Eh bien! madame Peg, si l'on a des rhumatismes, c'est par des motifs que peuvent seules expliquer la métaphysique et la philosophie. La philosophie, voilà mon grand cheval de bataille. Quand un parent m'adresse une question sur les études classiques, l'industrie ou les mathématiques, je lui dis gravement : Mais, d'abord, Monsieur, êtes-vous philosophe? — Non, monsieur Squeers. — En ce cas, Monsieur, j'en suis fâché, mais il m'est impossible de vous donner la moindre explication. Naturellement le parent s'en va en disant : Que ne suis-je philosophe, et il s'imagine que je le suis moi-même.

M. Squeers termina ce discours en se servant une nouvelle rasade, puis il passa la bouteille à madame Peg Sliderskew, et il poursuivit :

— Vous êtes aujourd'hui vingt fois mieux que le jour où je vous vis pour la première fois. — Ah! c'est que, ce jour-là, vous m'avez fait bien peur. — Bah! au fait, vous aviez sujet d'être inquiète en voyant un étranger se présenter à l'improviste, en l'entendant vous dire qu'il savait tout ce qui vous concernait, et pourquoi vous habitiez cette maison retirée. Mais, voyez-vous, je suis parfaitement informé de tous les tours du genre de celui dont votre maître est victime. Je suis une espèce d'homme de loi, Peg Sliderskew, ami intime et conseiller confidentiel de quiconque s'expose à des désagréments par une habileté de main trop prononcée.

Ce catalogue des qualités de M. Squeers fut interrompu par une soudaine exclamation de madame Sliderskew.

— Ah! ah! ah! ainsi donc, il ne s'est pas marié? — Pas du tout. — Et un jeune amant lui a soufflé sa fiancée! — A son nez et à sa barbe; et l'on m'a même assuré que ce jeune homme l'avait battu et forcé à avaler les faveurs qui pendaient à sa boutonnière, au risque de s'étrangler. — Contez-moi encore comment ça s'est passé depuis le moment où il est entré dans la maison de sa future, s'écria Peg ravie du malheur de son ancien maître.

M. Squeers ne se fit pas prier; il raconta l'aventure, ornée de tous les embellissements que son imagination lui suggéra, et la joie maligne qui contracta les traits de Peg Sliderskew en augmenta la laideur à tel point que le narrateur lui-même en fut épouvanté.

— C'est un vieux traître, dit Peg, et il m'a endormie par mille promesses mensongères; mais n'importe, je le tiens. — Et vous l'auriez tenu encore plus s'il s'était marié, ma chère Peg; car vous lui avez ôté les moyens de recueillir le fruit de son mariage. A propos, si vous voulez que je vous donne mon opinion sur ces papiers, et que je vous indique ceux qu'il faut garder et ceux qu'il faut brûler, je suis prêt à vous rendre ce service. — Rien ne presse. — Sans doute. Mais, à votre place, je ne conserverais pas des pièces qui pourraient bien me faire pendre, quand il y a moyen de les convertir en argent; je me déferais des paperasses inutiles, et mettrais de côté les actes importants. Au reste, chacun est juge dans sa propre cause; et c'est simplement un conseil d'ami que je vous donne. — Allons, je vais vous les montrer. — Je ne me soucie pas de les voir, dit Squeers feignant d'être de mauvaise humeur.

Il eût prolongé la comédie, si, pour regagner ses bonnes grâces, madame Sliderskew ne lui eût prodigué des caresses si tendres, qu'il faillit étouffer. Réprimant de son mieux ces légères familiarités, dues plutôt à l'eau-de-vie qu'à une faiblesse constitutionnelle de madame Peg, il assura qu'il avait voulu plaisanter et qu'il était prêt à examiner les papiers.

Peg alla mettre le verrou et tira d'une armoire une petite boîte placée sous un amas de charbon de terre. Elle prit sous son oreiller une petite clef, et la remit à Squeers, qui s'empressa d'ouvrir la boîte et contempla les papiers avec extase.

— Le beau trésor! s'écria-t-il; pourtant, je l'avoue, j'aurais cru devoir y joindre un peu d'argent comptant. — Un peu de quoi? — D'argent comptant; je crois que cette femme feint de ne pas m'entendre pour me faire rompre un vaisseau, et avoir ensuite le plaisir d'être ma garde-malade. — Je vous croyais plus d'intelligence, dit Peg avec quelque dédain; si j'avais pris de l'argent au vieil Arthur Gride, il aurait fouillé toute la terre pour me trouver; il aurait suivi son or à la piste; il l'aurait atteint au fond du puits le plus creux d'Angleterre. Non, non; j'ai eu meilleure idée. Je me suis emparée des actes que j'ai cru contenir ses secrets, sachant qu'il n'oserait pas les rendre publics. Il m'a leurrée, il m'a trompée, et j'ai juré de le tuer à force de tortures. En brûlant les papiers sans valeur, ayez donc soin de garder tous ceux qui peuvent être employés contre lui, le vieux fourbe! — Fort bien; mais d'abord brûlez la boîte; et cependant je vais donner un coup d'œil à ces papiers.

Peg raviva le feu et mit la boîte en pièces, pendant que M. Squeers lisait successivement les papiers qu'il avait jetés pêle-mêle sur le plancher.

Si la vieille n'eût pas été aussi sourde, elle eût entendu derrière elle, en allant à la porte, le bruit de la respiration de deux personnes qui se glissaient derrière elle. Le verrou, privé de gâche, ne leur présenta aucun obstacle, et les deux inconnus s'avancèrent dans la chambre à pas lents, en observant le plus profond silence, et en profitant des moindres bruits pour masquer le craquement de leurs souliers sur le sol. C'étaient Frank Cheeryble et Newman Noggs. Ce dernier s'était saisi d'un vieux soufflet, qu'il eût fait descendre sur la tête de Squeers, si Frank ne lui avait retenu le bras. Peg était activement occupée à mettre les morceaux de la boîte en contact avec les charbons ardents, Squeers retournait en tous sens les papiers pour tâcher de les déchiffrer, et les deux visiteurs purent approcher si près, que Frank, en se penchant en avant, distinguait clairement l'écriture des actes.

— Jusqu'à présent, dit Squeers, je ne vois rien de curieux. Voici un paquet de billets signés par plusieurs jeunes gens; mais comme ils sont tous membres du parlement, il n'y a aucun recours contre eux. Au feu.

— Voici une reconnaissance d'un curé de campagne, et, d'après les lettres annexées au billet, il paraît qu'il a emprunté vingt livres à cent pour cent. Mettez cela de côté, nous nous ferons payer en nous adressant à l'évêque. Je ne vois pas encore ce que je cherche. — Vous dites?... — Rien, rien.

Newman leva son soufflet; mais, par un mouvement rapide, Frank l'arrêta encore une fois.

— Mettez de côté ces billets, brûlez ce bail... Ah! Madeleine Bray, à l'époque de sa majorité... Brûlez cela.

Squeers jeta avec empressement du côté de Peg un parchemin qu'il avait mis à part dans cette intention, et, au moment où elle tournait la tête, il fourra sous sa redingote l'acte où il avait remarqué le nom de Madeleine.

— Hurrah! s'écria-t-il; je l'ai, je l'ai enfin! Le succès était douteux, mais la victoire est à nous!

Peg lui demanda pourquoi il riait; mais il ne répondit pas, car il était impossible de retenir davantage le bras de Newman. Le soufflet, sûrement dirigé, s'abattit au centre même du crâne de M. Squeers, et l'étendit à terre sans mouvement.

CHAPITRE XLIII.

Nicolas mit deux jours à faire le voyage pour ne pas fatiguer Smike, et à la fin du second jour il se trouva à quelques milles du pays où s'étaient passées les plus heureuses années de sa vie. L'aspect de ces lieux lui inspirait des pensées agréables et paisibles, mais lui rappelait en même temps douloureusement en quelles circonstances il avait quitté la maison paternelle.

Nicolas n'avait pas besoin, pour être tendre et secourable, des réflexions qu'amènent ordinairement le souvenir des anciens jours et la vue des lieux où s'est passée notre enfance. Nuit et jour, en tout temps, en toute saison, il était aux côtés de son ami, l'encourageait, le veillait, le rassurait, et il redoublait de zèle à présent que la vie de Smike s'acheminait rapidement vers son déclin.

Ils se logèrent dans une petite ferme entourée de prairies, où Nicolas avait été souvent se divertir en son enfance avec une bande de joyeux camarades.

D'abord, Smike eut la force de faire de courtes excursions, sans autre appui que le bras de Nicolas. Il aimait surtout à visiter les endroits jadis fréquentés par son ami. Nicolas l'y conduisait dans une petite voiture; puis ils descendaient et se promenaient lentement. La conversation ne tarissait jamais. Ici, Nicolas désignait un arbre sur lequel il avait grimpé cent fois pour chercher des nids; il indiquait même la branche d'où il appelait Catherine, qui, effrayée de la hauteur qu'il avait atteinte, l'excitait cependant à monter plus haut. Là, c'était la vieille maison, et la fenêtre par laquelle passaient les premiers rayons du soleil pour éveiller Nicolas dans les matinées d'été; elles étaient toutes d'été à cette époque! En regardant par-dessus le mur du jardin, Nicolas apercevait le buisson de rosiers qu'avait offert à Catherine quelque adorateur en bas âge, et qu'elle avait planté de ses propres mains. Ici étaient les haies où le frère et la sœur avaient si souvent cueilli des fleurs sauvages, et les champs verts et les sentiers ombreux où ils avaient erré si souvent. Pas un chemin, pas un fourré, pas une chaumière qui n'eût des rapports avec une aventure d'enfance, qui ne rappelât de grands événements d'enfance; c'est-à-dire des riens, un mot, un éclat de rire, un regard, un chagrin léger, une idée, une crainte passagère, plus présents toutefois à la mémoire que les rudes tribulations d'un âge plus avancé.

Une de ces excursions les conduisit au cimetière où était le tombeau du père de Nicolas.

— Longtemps avant de savoir ce que c'était que la mort, dit le jeune homme à Smike, nous avions l'habitude de venir nous reposer ici. Nous ne songions guère aux cendres que nous foulions sous nos pieds; mais, étonnés du silence de ce lieu, nous parlions bas involontairement. Un jour Catherine se perdit, et, après une heure d'inutiles recherches, on la trouva endormie sous l'arbre qui ombrage la tombe de mon père. Il aimait passionnément sa fille, et, en la prenant endormie dans ses bras, il dit qu'en quelque lieu qu'il mourût, il voulait être enseveli à l'endroit où sa chère enfant avait reposé sa tête. Vous voyez que son souhait a été exaucé.

Smike ne répondit rien; mais, le soir même, il était couché et semblait assoupi, quand il se dressa brusquement sur son séant, et prenant la main de Nicolas, qui était assis auprès du lit, il le conjura, les joues baignées de larmes, de lui faire une promesse solennelle.

— Laquelle? dit Nicolas avec bonté. Si je puis l'accomplir, ou si je m'en crois capable, vous savez que je suis prêt à le faire.

— Je suis sûr de votre bonne volonté, répondit Smike. Promettez-moi que, quand je mourrai, on m'enterrera bien près... aussi près que possible de l'arbre que nous avons vu aujourd'hui.

Nicolas le jura en peu de mots, mais avec solennité. Son pauvre ami lui prit la main, qu'il garda dans la sienne, et il tourna la tête comme pour dormir; mais il poussait des sanglots étouffés, et, avant de s'assoupir, il pressa deux ou trois fois la main qu'il tenait, et la laissa aller lentement.

Au bout d'une quinzaine, il fut trop mal pour sortir. Deux ou trois fois Nicolas le mena promener en voiture et bien entouré d'oreillers; mais le mouvement de la voiture lui était pénible, et provoquait des évanouissements dangereux dans son état de faiblesse. Le jour, il reposait sur un vieux lit de sangle, qu'on transportait dans un petit verger voisin, lorsque le soleil brillait et que le temps était chaud.

Un jour, Nicolas avait emporté Smike dans ses bras... un enfant l'aurait pu porter, hélas! et il l'avait arrangé sur le lit de sangle, pour voir le coucher du soleil. Il s'était assis près du malade; mais, fatigué par des veilles continues, il s'endormit par degrés.

Il n'y avait pas cinq minutes qu'il avait fermé les yeux, quand il fut réveillé par un cri terrible. Il se leva avec cette sorte de terreur qui saisit une personne éveillée en sursaut, et vit, à son grand étonnement, que Smike avait essayé de s'asseoir sur son lit, et que, les yeux presque hors de leurs orbites, le front couvert d'une sueur froide, les membres agités d'un tremblement convulsif, il appelait de toutes ses forces au secours.

— Grand Dieu! qu'y a-t-il? s'écria Nicolas. Calmez-vous; avez-vous rêvé? — Non, non, non! dit Smike se cramponnant à lui. Serrez-moi bien, ne me quittez pas. Là... là... derrière l'arbre.

Nicolas suivit la direction des yeux de Smike, mais il ne vit rien.

— C'est une erreur de votre imagination, dit-il en s'efforçant de le rassurer; il n'y a rien. — Si fait; je l'ai vu comme je vous vois. Oh! dites-moi que vous me garderez avec vous; jurez-moi que vous ne me quitterez pas un instant. — Vous ai-je jamais quitté? Rassurez-vous; vous voyez que je suis auprès de vous. Maintenant, dites-moi, qu'avez-vous vu?

Smike jeta autour de lui des regards de frayeur.

— Vous rappelez-vous, dit-il à voix basse, que je vous ai parlé de l'homme qui me conduisit à la pension? — Oui, certes. — J'ai levé les yeux juste du côté de cet arbre... celui dont le tronc est si épais. Cet homme était là, il me regardait fixement. — Réfléchissez un instant. En supposant qu'il vive encore et qu'il erre dans un pays aussi éloigné des grandes routes que celui-ci, croyez-vous qu'après un aussi long intervalle vous ayez pu reconnaître cet homme? — Je l'aurais reconnu partout, sous tous les costumes; mais tout à l'heure il s'appuyait sur son bâton et me regardait avec cette figure brune et flétrie que je vous ai décrite. Il était poudreux d'un long voyage, et mal habillé. Je crois que ses vêtements étaient en haillons; mais dès que je l'ai aperçu, cette soirée pluvieuse pendant laquelle il m'amena, la salle où il me laissa, les gens qui s'y trouvaient, tout me sembla reparaître avec lui. Sitôt qu'il m'eut reconnu, il eut l'air effrayé, car il tressaillit et s'éloigna. J'avais pensé à lui le jour, j'avais rêvé à lui la nuit. Tout enfant je l'ai vu souvent dans mes songes, je l'ai revu souvent depuis, et tel que je viens de le voir encore.

Nicolas essaya de convaincre le jeune homme épouvanté que la ressemblance exacte de la création de ses rêves avec l'homme qu'il supposait avoir reconnu était la preuve d'une erreur, mais ses arguments furent inutiles. Quand il l'eut décidé à se confier quelques instants aux soins des maîtres de la ferme, il prit des renseignements, demanda si l'on avait vu un étranger, le chercha lui-même dans le verger et aux alentours; mais ses perquisitions n'eurent aucun résultat. Persuadé que ses conjectures étaient fondées, il redoubla de zèle pour dissiper les craintes de Smike, et y parvint au bout de quelque temps, mais sans les détruire complètement; car Smike déclara à plusieurs reprises, de la manière la plus solennelle, qu'il avait réellement revu l'homme dont il avait tracé le portrait.

Nicolas commençait à voir qu'il n'y avait plus d'espoir, et que le compagnon de sa misère et de son bien-être allait bientôt quitter le monde. Les douleurs de Smike n'étaient pas vives, mais l'énergie vitale était détruite en lui. Il était au dernier degré de l'épuisement, et sa voix était si faible qu'on l'entendait à peine. Il s'était couché pour ne plus se relever.

C'était un beau jour d'automne; tout était en paix; l'air frais et doux entrait à flots purs par la fenêtre ouverte, et l'on n'entendait que le bruissement des feuilles. Nicolas était assis au chevet de Smike, et savait que l'heure fatale approchait. Tout était si calme, que de temps en temps il inclinait l'oreille pour écouter la respiration du malade, s'assurer qu'il y avait encore là de la vie, et que Smike n'était pas tombé dans ce profond sommeil dont on ne se réveille pas sur la terre. Cependant Smike ouvrit les yeux, et un sourire paisible erra sur ses traits pâles.

— Vous êtes mieux, dit Nicolas, le sommeil vous a fait du bien.

— J'ai eu de si beaux rêves!

— Qu'avez-vous donc rêvé?

Le mourant se tourna vers lui, lui passa les bras autour du cou, et répondit :

— Je serai bientôt là-haut... Il reprit après un court silence : — Je n'ai pas peur de mourir, je suis heureux ; je crois presque que si je pouvais me rétablir, je ne le voudrais pas maintenant. Vous m'avez dit si souvent que nous nous retrouverions un jour, et je sens si vivement cette vérité, que je supporterai même la douleur de me séparer de vous.

Il tremblait en prononçant ces mots, ses yeux étaient humides, et il étreignait avec plus de force le bras de son ami, qui n'était pas moins profondément ému.

— Vos paroles me consolent, reprit Nicolas, répétez-moi que vous êtes heureux.

— Il faut que je vous dise quelque chose d'abord, je ne dois pas avoir de secret pour vous; je sais qu'à ce moment suprême vous ne m'adresserez aucun reproche. Vous m'avez demandé pour quoi j'étais si changé, et pourquoi je restais si souvent seul; faut-il vous dire pourquoi? — Non, si cet aveu vous est pénible; je ne vous le demandais que pour tâcher de détruire, s'il était possible, la cause de vos chagrins. — Je le sais, je l'ai bien senti.

Il attira son ami plus près de lui.

— Vous me pardonnerez, je ne pouvais m'en empêcher; mais, quoique je fusse mort pour elle, mon cœur saignait de voir... Je sais qu'il l'aime tendrement... oh! qui pouvait s'en apercevoir mieux que moi?

Les mots qui suivirent furent prononcés d'une voix faible, et interrompus par de longues pauses; mais ils apprirent à Nicolas que le mourant aimait Catherine avec toute l'ardeur d'une passion unique, secrète et sans espérance.

Il s'était procuré une boucle de ses cheveux, qui pendait à son cou, pliée dans un ruban qu'elle avait porté. Il pria Nicolas de lui ôter ce précieux objet sitôt qu'il serait mort, afin de le dérober à tous les regards, et de le lui remettre au cou au moment où on le déposerait dans le cercueil.

Nicolas s'y engagea à genoux, et lui promit de nouveau qu'il reposerait dans l'endroit qu'il lui avait désigné; puis ils s'embrassèrent.

— Maintenant, murmura Smike, je suis heureux.

Il tomba dans un léger assoupissement, et sourit encore en s'éveillant. Il parla de beaux jardins qui s'étendaient devant lui, et qui étaient remplis d'hommes, de femmes et d'enfants dont les visages étaient radieux.

— C'est le ciel, balbutia-t-il, et il mourut.

CHAPITRE XLIX.

Ralph était assis dans la chambre solitaire où il avait coutume de prendre ses repas. Il avait devant lui un déjeuner auquel il n'avait pas touché, et sa montre était négligemment posée sur la table; l'heure à laquelle il sortait habituellement était passée depuis longtemps, et pourtant il restait la tête dans la main et les yeux baissés vers la terre. Il les leva tout à coup, et regarda précipitamment autour de lui comme un homme qui s'éveille en sursaut et ne reconnaît pas immédiatement le lieu où il se trouve.

— Qu'est-ce donc qui pèse ainsi sur moi? je ne me suis jamais écouté, et je ne devrais pas être malade. Mais que peut faire un homme qui ne dort pas? Les nuits se succèdent, et je n'ai point de repos; les mêmes figures détestées reviennent constamment troubler mon sommeil.

En repoussant la table, comme si la vue des aliments lui eût inspiré du dégoût, il trouva sous ses doigts sa montre, dont les aiguilles marquaient près de midi.

— C'est étrange, midi, et Noggs n'est pas encore ici. Dans quelle taverne est-il fourré? Je donnerais quelque argent, après la perte que je viens de faire, pour qu'il eût commis quelque crime qui le fît condamner à la déportation, et me débarrassât de lui; car c'est un traître, je le jure; je n'ai pas de preuves, mais j'en suis convaincu.

Après une demi-heure d'attente, il dépêcha sa cuisinière au logement de Newman; elle revint annoncer qu'il n'était pas rentré de la nuit, et qu'on ne savait où il était.

— Mais, Monsieur, ajouta-t-elle, il y a en bas quelqu'un qui désire vous parler — Je vous ai dit que je ne voulais voir personne. — Il prétend que c'est pour une affaire importante. Et j'ai cru que ce pouvait être pour... — Pourquoi? dit Ralph précipitamment. — Mon Dieu, Monsieur! pour vous donner des nouvelles de Newman, parce que j'ai vu que vous en étiez inquiet. — Que j'en étais inquiet, murmura Ralph, tout le monde m'épie, maintenant. Où est cette personne? Que lui avez-vous dit? — Elle est dans le petit bureau. Je lui ai dit que vous étiez occupé, mais que je m'occuperais de sa commission. — Eh bien! je la verrai. Allez à votre cuisine, et n'en sortez pas.

Quand la femme fut partie, Ralph descendit dans le bureau de Newman, s'arrêta quelques instants la main sur la clef de la porte, et se trouva en face de M. Charles Cheeryble. De tous les hommes vivants, c'était celui qu'en toute circonstance il eût désiré le moins rencontrer. Mais aujourd'hui qu'il le connaissait pour le protecteur de Nicolas, il eût préféré voir un spectre. Toutefois, cette rencontre produisit sur lui un effet favorable. Elle réveilla ses facultés endormies, ralluma ses passions, rendit à ses lèvres leur sourire railleur, et en fit extérieurement ce Ralph Nickleby dont tant de gens avaient de si bonnes raisons pour se souvenir.

— Hum! voici, Monsieur, une faveur inattendue. — Et assez mal accueillie, répondit M. Charles. — On prétend, Monsieur, que vous êtes la vérité même, et en tout, car vous dites vrai, maintenant, et je ne vous contredirai pas. — Franchement, Monsieur... — Franchement, Monsieur, interrompit Ralph, je désire que cette conférence soit courte. Je devine le sujet dont vous voulez me parler, et je ne vous écouterai pas; vous aimez la franchise, en voilà. Nous suivons deux chemins différents, prenez le vôtre et laissez-moi marcher en paix dans le mien. — En paix! répéta doucement le frère Charles en le regardant avec plus de compassion que de colère. — Je présume, Monsieur, que vous ne comptez pas rester chez moi contre ma volonté ou faire impression sur un homme qui est déterminé à ne pas vous entendre. — Monsieur Nickleby, reprit Charles avec non moins de douceur, mais avec fermeté, je viens ici pour la première fois et malgré moi, et vous devez croire que je ne m'y sens pas à mon aise; vous ne devinez pas le sujet qui m'amène, autrement votre manière d'être serait différente. Voulez-vous que je continue? — Comme il vous plaira; vous avez des auditeurs très-attentifs, des murs, un pupitre et deux tabourets, vous n'aurez pas à craindre d'être interrompu. Poursuivez, emparez-vous de ma maison; et quand je rentrerai de ma promenade, vous aurez peut-être la complaisance de me la rendre.

En disant ces mots, il boutonna son habit et prit son chapeau. Le vieux négociant le suivit dans l'allée, et essaya de lui parler; mais Ralph le repoussa avec impatience.

— Pas un mot, vous dis-je; tout vertueux que vous êtes, vous n'êtes pas un ange, pour paraître chez les gens contre leur gré, et les prêcher malgré eux. — Je ne suis pas un ange, Dieu le sait; mais il est une vertu qu'il est donné aux hommes comme aux anges d'exercer quelquefois, c'est la miséricorde. — Je n'en montre à personne, et je n'en demande pas. Ne m'implorez pas, Monsieur, pour celui qui a abusé de votre puérile crédulité; mais qu'il n'attende de moi que du mal. — Croyez-vous qu'il doive vous implorer? s'écria Charles avec chaleur; c'est vous plutôt qui avez besoin de sa miséricorde. Si vous ne voulez pas m'écouter quand vous le pouvez, écoutez-moi quand vous le devez, et prenez des mesures pour que cette entrevue soit la dernière entre nous. Votre neveu est un noble jeune homme, Monsieur. Ce que vous êtes, je ne le dirai pas; mais ce que vous avez fait, je le sais. Si vous éprouvez quelques embarras dans l'affaire dont vous vous occupez actuellement, venez nous trouver, mon frère et moi, et nous vous donnerons des éclaircissements; mais venez vite, ou autrement il serait trop tard. Je n'oublierai jamais que je venais accomplir ici une mission de miséricorde.

A ces mots, le vieux négociant mit son chapeau à larges bords, et sortit. Ralph le suivit des yeux, et dit avec un sourire de mépris:

— Ce vieillard est devenu fou.

Cependant il était évident que plus Ralph réfléchissait, plus ses alarmes augmentaient. Après avoir attendu Newman jusqu'à une heure assez avancée de l'après-midi, il courut chez Snawley, sans se rendre compte de l'intention qui l'y conduisait.

— Votre mari est-il chez lui? dit-il à la femme, qui se présenta à la porte. — Non, répondit-elle brusquement ; il n'y est pas, et je crois qu'il est absent pour longtemps. — Savez-vous qui je suis? — Ah! oui, je vous connais très-bien, trop bien peut-être, et lui aussi. — Dites-lui qu'en traversant la rue je l'ai vu derrière le rideau, à la fenêtre du premier, et que je veux lui parler d'affaires, entendez-vous? — J'entends, répondit madame Snawley ; mais vous n'entrerez pas, vous lui avez déjà trop parlé d'affaires. Je lui ai toujours démontré le danger d'avoir des rapports avec vous. C'est vous ou le maître d'école, rappelez-vous-le bien, qui avez fabriqué la fausse lettre ; mais Snawley n'en est nullement coupable. — Retenez votre langue, vieille Jézabel, dit Ralph en jetant autour de lui des regards craintifs. — Je sais quand il faut me taire et quand il faut parler, monsieur Nickleby. Prenez garde que certaines personnes ne soient moins discrètes que moi. — Voulez-vous aller dire à votre mari qu'il faut que je le voie? dit Ralph en lui serrant le bras avec force. — Non, répondit madame Snawley en se dégageant avec violence. — Vous me bravez donc? — Oui

Ralph leva un moment le bras comme pour la frapper, mais il s'en abstint, et s'éloigna en murmurant des menaces.

Il alla droit à la Tête de Maure ; mais on n'y avait pas vu M. Squeers depuis dix jours. Troublé de mille craintes, Ralph se détermina à aller trouver l'instituteur dans la maison de Peg Sliderskew. Instruit, par de minutieuses descriptions, de la situation de la chambre, il monta, et frappa doucement à la porte.

Après avoir frappé une douzaine de fois, Ralph, ne pouvant croire, contre son gré, qu'il n'y eût personne, se dit que Squeers devait être endormi, et s'imagina même l'entendre respirer. Même quand il fut bien convaincu qu'il était absent, il l'attendit patiemment, pensant qu'il était sorti pour une commission, et qu'il rentrerait bientôt.

Bien des pas se firent entendre sur l'escalier, et quelques-uns parurent à Ralph si semblables à ceux de Squeers, qu'il se leva souvent, se tenant prêt à lui adresser la parole dès qu'il serait arrivé en haut ; mais toutes les personnes qui montèrent s'arrêtèrent dans diverses chambres des étages inférieurs, et à chaque désappointement nouveau Ralph se trouva plus abattu.

Enfin il descendit, et demanda à l'un des locataires s'il savait où était M. Squeers, qu'il désigna par un nom dont ils étaient convenus. Ce locataire l'adressa à un autre, et ce dernier à un troisième. Il apprit que la nuit précédente Squeers était sorti précipitamment avec deux hommes qui bientôt après étaient revenus chercher la vieille femme logée sur le même carré; du reste, on ne pouvait expliquer la cause de ces allées et venues.

Ce récit fit croire à Ralph que Peg Sliderskew avait peut-être été arrêtée pour vol, et que Squeers, trouvé chez elle, avait pu être considéré comme complice. S'il en était ainsi, le fait devait être connu de Gride. Ce fut donc vers la demeure de ce dernier qu'il dirigea ses pas; il en trouva les fenêtres fermées, les rideaux étaient tirés avec soin, la maison était triste, mais c'était son aspect ordinaire.

Ralph frappa doucement d'abord, puis avec force, mais personne ne vint. Il écrivit quelques mots au crayon, et les glissa sous la porte. Au moment où il se retirait, il entendit le bruit d'une fenêtre à tabatière qu'on ouvrit avec précaution; il leva les yeux et distingua la figure de Gride, qui, de la fenêtre du grenier, regardait par-dessus l'entablement de la maison. En apercevant Ralph, Gride se retira à la hâte; mais Ralph l'avait reconnu, et lui cria de descendre. A cet appel, Gride montra encore ses traits fortement accusés et ses rares cheveux blancs; et comme aucune autre partie de son corps n'était visible, on eût dit une tête coupée plantée sur le mur.

— Silence! éloignez-vous! éloignez-vous! — Descendez. — Allez-vous-en, ne parlez pas, ne frappez pas, n'appelez pas l'attention sur cette maison. — Je frapperai de manière à faire venir en armes tous les voisins, si vous ne me dites pas pourquoi vous êtes là-haut. — Je ne puis vous entendre, vous me compromettez, allez-vous-en.

Il retira la tête, et Ralph l'entendit fermer la fenêtre avec autant de soin qu'il en avait mis à l'ouvrir.

— D'où vient qu'ils me fuient tous comme un lépreux, ces hommes qui ont léché la poussière de mes pieds? est-ce que la nuit approcherait pour moi? A tout prix j saurai ce qui en est. Je suis plus ferme et plus maître de moi que jamais.

Dans le premier transport de sa rage, il avait songé à battre à la porte de Gride, jusqu'à ce que Gride se décidât à ouvrir; mais, changeant d'avis, il se dirigea vers la Cité, et entra chez les frères Cheeryble. Il était entre cinq et six heures de l'après-midi, et Tim Linkinwater était seul au comptoir.

— Je m'appelle Nickleby, dit Ralph. — Je le sais, répondit Tim l'examinant avec ses lunettes. — Quel est celui de la maison qui est venu me voir ce matin? — M. Charles. — Dites-lui que je veux le voir. — Vous verrez non-seulement M. Charles, mais encore M. Edwin.

Tim descendit agilement de son tabouret, et bientôt après revint accompagné des deux frères.

— Je veux vous parler à vous seul, à vous qui m'avez rendu visite ce matin. — Je n'ai de secrets ni pour mon frère Edwin ni pour Tim Linkinwater. — J'en ai, moi. — Monsieur Nickleby, le sujet dont mon frère Charles désirait vous entretenir ce matin est déjà parfaitement connu de nous trois et de plusieurs autres, et malheureusement il le sera bientôt d'un plus grand nombre de personnes. Ce matin, il voulait causer seul avec vous; mais à présent tant de délicatesse serait déplacée, et nous conférerons avec vous tous trois, et pas autrement. — Eh bien! Messieurs, vous semblez avoir un talent particulier pour vous exprimer en énigmes, et je suppose qu'en homme prudent, et jaloux de gagner vos bonnes grâces, votre commis a étudié cet art. Parlez donc ensemble, Messieurs; j'aurai de l'indulgence. — De l'indulgence! s'écria Tim Linkinwater, dont la figure devint pourpre; il aura de l'indulgence pour nous, de l'indulgence pour Cheeryble frères! l'entendez-vous? — Contenez-vous, dirent à la fois Charles et Edwin.

Tim étouffa de son mieux son indignation, et le trop-plein s'en échappa sous forme d'une espèce de rire convulsif, soupape de sûreté de sa fureur concentrée.

— Puisque personne ne me dit de m'asseoir, je prendrai un siége sans permission, car je suis las de marcher. Et, maintenant, Messieurs, je demande à savoir, et j'en ai le droit, quelles raisons justifient le ton que vous avez pris avec moi, et votre intervention dans mes affaires?

Ceci fut dit avec tant de sang-froid et de résolution, que, si l'on n'eût été au fait, on eût supposé que Ralph était réellement un homme faussement accusé. Il demeura les bras croisés, plus pâle et plus défait que de coutume, mais entièrement calme, beaucoup plus calme que les deux frères et l'exaspéré Linkinwater.

— Très-bien, Monsieur, dit Charles. Voulez-vous sonner, Edwin? — Arrêtez un moment, mon cher Charles. Il faut d'abord inviter M. Nickleby à garder le silence jusqu'à ce qu'il ait entendu ce que nous avons à dire. — Vous avez raison.

Ralph sourit sans répondre, en sonnant, et Newman Noggs parut. Dès ce moment le courage de Ralph l'abandonna.

— Voici un beau commencement, dit-il amèrement, vous êtes d'honnêtes gens, francs et loyaux. J'ai toujours apprécié le mérite réel des caractères comme les vôtres. Comploter avec un être comme celui-ci, qui vendrait son âme, s'il en avait une, pour un verre de vin, et dont chaque parole est un mensonge!... Quel homme est en sûreté, si l'on prête l'oreille à de pareilles déclarations?

Tim essaya inutilement d'empêcher Newman de répondre.

— Holà, vieux Nickleby! qu'entendez-vous par cette expression : un être comme celui-ci? Si je suis disposé à vendre mon âme pour un verre de vin, pourquoi ne me suis-je pas fait voleur avec ou sans effraction, plutôt que d'être votre valet et votre cheval de charge? Si chacune de mes paroles est un mensonge, pourquoi n'ai-je pas été votre confident et votre favori? Ah! vous me traitez de menteur! Vous ai-je jamais flatté? ai-je jamais fait le chien couchant devant vous? dites-le-moi. Je vous ai servi fidèlement, j'ai travaillé plus qu'un autre, parce que j'étais pauvre; je suis resté chez vous parce que j'étais seul avec vous, et que vous n'aviez pas d'autres employés pour être témoins de mon abaissement. Vous seul saviez que j'étais ruiné et que j'avais été plus heureux jadis, et qu'avec une meilleure conduite et le secours de mes amis, et entre autres de votre frère, j'aurais pu me relever si je n'étais pas tombé entre les mains de fripons comme vous. — Doucement, dit Tim. — Laissez-moi le confondre. Vous parlez de comploter? Qui a comploté avec des instituteurs d'Yorkshire, et a envoyé son commis dehors pour ne pas être épié, oubliant que trop de précautions lui inspireraient des soupçons? Qui a comploté avec un père égoïste pour l'engager à vendre sa fille au vieil Arthur Gride? Qui a comploté avec le vieil Arthur Gride dans un petit bureau où il y avait un placard?

Malgré l'empire de Ralph sur lui-même, il n'aurait pu réprimer en ce moment un léger tressaillement, quand même il eût été certain d'être décapité l'instant d'après.

— Ah! ah! vous me comprenez, n'est-ce pas? Pensez-vous que je n'aurais pas été plus méchant que vous-même si j'étais demeuré à votre service sans chercher à contrecarrer vos odieux projets, sans être utile à ceux que vous maltraitiez? Pensez-vous que, si je n'avais pas eu l'espoir de déjouer vos trames, je ne vous aurais pas assommé depuis longtemps? et je l'aurais fait, je vous en avertis, sans les représentations de ces Messieurs. Quand je suis venu les trouver, je leur ai dit que j'avais besoin de leur secours pour vous démasquer, pour accomplir ma tâche, pour soutenir le bon droit, et que j'irais ensuite vous parler dans votre chambre, face à face et en homme de cœur. Eux seuls m'en ont empêché.

Après cette conclusion, Newman, haletant et hors de lui, passa sans transition à un état de roideur et d'immobilité.

Ralph le contempla un instant, agita la main, battit la terre de son pied, et murmura d'une voix étouffée :

— Poursuivez, Messieurs, poursuivez. J'ai de la patience, vous le voyez; mais il y a des lois, et je ne serai pas condamné sans preuves. — Nous en avons, répondit Charles. Le nommé Snawley a fait hier au soir des aveux. — Et qu'ont de commun avec mes affaires le nommé Snawley et ses aveux?

A cette question, émise avec une rare inflexibilité, Charles répondit en disant que, pour expliquer les motifs qui les faisaient agir, il fallait apprendre à Ralph les accusations dirigées contre lui, et comment on s'en était procuré des preuves irrécusables; et Edwin, Tim Linkinwater et Newman Noggs entamèrent une conversation qui établit les faits suivants :

Une personne, qui ne voulait pas se montrer, avait solennellement affirmé à Newman que Smike n'était pas le fils de Snawley, et qu'elle était prête à le jurer en cas de besoin. Soupçonnant donc l'existence d'une conspiration, Newman et ses amis supposèrent naturellement que Ralph et Squeers en étaient les auteurs. N'ayant point de preuves, on consulta un avocat éclairé, qui conseilla de résister lentement à toutes tentatives faites pour enlever le jeune homme, d'embarrasser Snawley en l'amenant à se contredire, et de lui arracher un aveu formel; mais le rusé Snawley avait déjoué toutes leurs manœuvres, jusqu'à ce que les circonstances lui imposassent l'obligation de dénoncer ses complices.

Quand Newman Noggs eut averti ses amis que Squeers avait eu un entretien secret avec Ralph, on fit suivre l'instituteur. Mais, comme ce dernier vivait retiré, et ne communiquait plus ni avec Ralph ni avec Snawley, on eût cessé d'épier ses démarches, si par hasard Newman ne l'avait aperçu un soir dans la rue avec l'usurier. Il les suivit, et les vit, à sa grande surprise, entrer en diverses maisons, où il y avait des logements à louer, et parcourir des tavernes tenues par des gens mal famés, dont plusieurs connaissaient Ralph et Squeers. Il prit des renseignements, et découvrit qu'ils cherchaient une vieille femme, dont le signalement s'accordait parfaitement avec celui de Peg Sliderskew.

On s'attacha aux pas de M. Squeers avec un redoublement de vigilance. Un agent de police s'installa dans une maison située en face de celle de l'instituteur et de Peg Sliderskew, et reconnut bientôt que ces deux personnages avaient entre eux de fréquentes entrevues.

Dans cet état de choses, on eut recours à Arthur Gride. Dans sa douleur, il avait divulgué le vol de papiers dont il était victime, mais il se refusait absolument à faire arrêter sa vieille femme de charge; et il fut saisi d'une telle panique, à l'idée de déposer contre elle, qu'il s'enferma chez lui, et refusa de communiquer avec qui que ce fut.

On tint conseil ; on arriva à conclure que Squeers, instrument de Gride et de Ralph, cherchait à recouvrer certaines pièces qu'il était dangereux de produire, et dont quelques-unes expliqueraient sans doute les propos que Newman avait entendu tenir au sujet de Madeleine.

Il fut décidé qu'on s'assurerait de la personne de Peg Sliderskew, et même de celle de Squeers, si l'on trouvait contre lui des charges suffisantes. En conséquence, on obtint un mandat de perquisition, et l'on se mit en embuscade. Lorsque la lumière fut éteinte dans la chambre de Squeers, et que l'heure fut arrivée où l'on savait qu'il visitait ordinairement Peg Sliderskew, Frank Cheeryble et Newman se glissèrent dans l'escalier, et se préparèrent à donner le signal à l'agent de police.

Le lecteur sait ce qui se passa dans la mansarde. Squeers, étourdi du coup qu'il avait reçu, trouvé en possession d'un acte volé, fut arrêté avec Peg Sliderskew. Aussitôt on courut chez Snawley ; on lui apprit, sans lui dire pourquoi, que Squeers était en prison, et, après avoir extorqué une promesse de grâce, Snawley déclara que l'histoire de la naissance de Smike avait été fabriquée par Ralph Nickleby.

Quant à M. Squeers, il avait subi le matin même un interrogatoire devant un juge d'instruction ; et comme il ne pouvait expliquer ni la possession de l'acte volé, ni ses rapports avec Peg Sliderskew, le juge avait ordonné de le détenir préventivement.

Quelque impression que ces détails eussent produite sur Ralph, il ne la laissa point percer, et demeura les yeux baissés et la bouche couverte de sa main. Quand le récit fut terminé, il leva précipitamment la tête, comme pour parler ; mais, sur un mouvement de Charles Cheeryble, il reprit sa première attitude.

— Je vous ai dit ce matin que je venais accomplir une mission de miséricorde ; vous savez mieux que moi la part que vous avez prise à ce faux et les révélations que vous avez à craindre de votre complice actuellement détenu. La justice doit avoir son cours ; les auteurs de cette odieuse trame contre un pauvre enfant inoffensif doivent être rigoureusement poursuivis, et il n'est ni en mon pouvoir, ni au pouvoir de mon frère Edwin, de vous sauver des conséquences d'un procès criminel. Tout ce que nous pouvions faire, c'était de vous avertir à temps, et de vous mettre à même de vous dérober aux poursuites. Nous n'aurions pas voulu voir un vieillard comme vous déshonoré et châtié par un proche parent ; nous n'aurions pas voulu le voir oublier comme vous tous les liens du sang. Nous vous conjurons donc de quitter Londres... Edwin, joignez vos instances aux miennes, et vous aussi, Tim Linkinwater, quoique vous affectiez un air d'insensibilité... Nous vous en prions, monsieur Ralph, cherchez un refuge loin de cette ville, dans un lieu où vous serez à l'abri des recherches, et où vous aurez le temps d'expier vos fautes et de vous réformer. — Et vous croyez, répondit Ralph en se levant avec un sourire sardonique, et vous croyez me terrasser aussi aisément? vous croyez que des plans habilement concertés, des témoins subornés, de mielleux discours auront le pouvoir de m'ébranler? Merci de m'avoir dévoilé vos intentions; je suis prêt maintenant à les combattre. Vous ne me connaissez pas : rappelez-vous que je méprise vos belles phrases et vos mensonges, que je vous brave, que je vous défie de me nuire.

CHAPITRE L.

Au lieu de se rendre chez lui, Ralph se jeta dans le premier cabriolet qu'il rencontra, et ordonna au cocher de le conduire au bureau de police, où l'on avait déposé M. Squeers.

Ralph demanda à parler au prisonnier; et on le mena dans une espèce de salle d'attente, où, en raison de sa position sociale, l'instituteur avait obtenu la permission de passer la journée. Là, à la lueur d'une chandelle enfumée, il aperçut confusément le pédagogue endormi sur un banc, dans un angle obscur. Un verre vide était devant lui sur une table; et cette circonstance, cet état de somnolence, et une forte odeur de grog, apprirent au visiteur que M. Squeers avait cherché dans des consolations liquides l'oubli de sa fâcheuse situation.

Il fut assez difficile de le tirer de son sommeil lourd et léthargique. Il revint lentement à lui, et finit par se tenir sur son séant. Son visage était jaune, son nez rouge, sa barbe longue et sa tête enveloppée d'un mouchoir sale et ensanglanté. Il contempla quelque temps Ralph en silence et d'un air de réflexion, et sa douleur s'exhala enfin en ces termes :

— Eh bien! êtes-vous satisfait, mon jeune ami? — Qu'avez-vous à la tête? demanda Ralph. — C'est votre voleur d'enfant qui me l'a cassée; vous arrivez enfin à mon secours? — Pourquoi ne m'avez-vous pas envoyé chercher? Comment pouvais-je venir avant de savoir ce qui vous était arrivé? — Quel coup pour ma famille! s'écria M. Squeers d'une voix entrecoupée de hoquets et en levant les yeux au plafond; quel coup pour ma fille, qui est dans l'âge de la sensibilité! pour mon fils, l'orgueil et l'ornement du village! Le blason des Squeers est souillé, et leur soleil disparaît dans les vagues de l'Océan. — Vous avez bu, et vous n'avez pas encore assez dormi pour recouvrer la raison. — En tout cas, mon compère, je n'ai pas bu à votre santé.

Ralph comprima l'indignation qu'éveillait en lui l'insolence inusitée de l'instituteur, et demanda de nouveau pourquoi il ne l'avait pas envoyé chercher.

— A quoi cela m'aurait-il servi? à faire savoir que je suis votre complice! On ne me lâchera pas, même moyennant caution, avant que j'aie expliqué ma conduite, et l'on me tient solidement enfermé, tandis que vous êtes en liberté. — Et vous y serez aussi dans quelques jours, mon brave! dit Ralph avec un enjouement affecté ; on ne saurait vous faire de mal. — Que ne suis-je dans cette école, tenue par M. Wackford Squeers, S, q, u, deux e, r, s, Squeers, nom propre, substantif masculin, éducateur de la jeunesse!...

Ce accès de délire avait fourni à Ralph l'occasion de recouvrer sa présence d'esprit, et il songea à la nécessité de dissiper autant que possible les craintes de l'instituteur, et de lui persuader que le plus sûr pour lui était de garder le silence.

— Je vous répète, on ne saurait vous faire de mal. Vous demanderez des indemnités pour avoir été arrêté injustement, et votre détention même vous profitera. Nous inventerons une histoire assez bien combinée pour vous tirer d'un pas vingt fois plus difficile; et si l'on exige pour vous une caution de mille livres, vous les aurez. Tout ce que vous avez à faire, c'est de cacher la vérité; vous n'avez pas ce soir toute votre raison, mais vous devez le sentir facilement.

Squeers le regarda avec malice en penchant la tête de côté, comme un vieux corbeau.

— Ah! voilà tout ce que j'ai à faire. Eh bien! sachez que je ne veux point qu'on forge des histoires pour moi. Si l'enquête m'est défavorable, vous serez compromis avec moi : je me suis laissé entraîner par vous, parce que votre malveillance pouvait nuire à mes succès comme instituteur, et que vos bons offices m'étaient utiles. Si tout s'arrange bien, tant mieux; mais, si tout va mal, je dirai tout ce que je jugerai convenable à ma justification, et je ne prendrai l'avis de personne; mon influence morale sur mes élèves est sapée dans ses fondements; j'ai perpétuellement sous les yeux l'image de ma fille, de ma femme et de mon fils, et je n'écouterai que mes devoirs de père et d'époux.

Ces déclamations auraient sans doute amené une discussion orageuse si la voiture n'était arrivée avec un homme chargé d'escorter M. Squeers; il planta avec dignité son chapeau sur le bandeau qui enveloppait sa tête, mit une main dans sa poche, et se laissa emmener par son gardien.

— Tout ivre qu'il est, pensa Ralph, je vois que cet homme se déclare contre moi. Hier encore il m'obéissait servilement, et aujourd'hui ils sont tous frappés de stupeur; mais n'importe, je ne céderai pas un pouce de terrain.

De retour chez lui, il fut charmé qu'une indisposition de sa cuisinière lui fournît un prétexte pour la congédier, et demeura seul avec ses pensées. Il n'avait ni bu ni mangé depuis la veille, et avait fait une marche longue et continue. Il se sentait malade et harassé; mais il ne put prendre qu'un verre d'eau. Après avoir essayé inutilement de se reposer ou de réfléchir, il sentit que l'ennui et la fatigue absorbaient toutes ses facultés.

Il était près de dix heures, lorsqu'il entendit frapper à la porte. Une voix qu'il crut reconnaître répéta à plusieurs reprises qu'il y avait de la lumière à sa fenêtre; il descendit, et se trouva en face de Tim Linkinwater.

— Monsieur Nickleby, on a de terribles nouvelles à vous communiquer, et l'on m'envoie vous prier de venir de suite. — Où? — Chez nous, où vous êtes venu ce matin. J'ai une voiture. — Pourquoi irais-je chez vous? — Ne me le demandez pas; mais suivez-moi, de grâce. — Pour une seconde édition de la scène de ce matin? — Non, non; c'est pour vous faire part d'affreux événements qui vous intéressent, et qui peuvent avoir quelque influence sur vos déterminations. Suivez-moi, au nom du ciel!

Ralph vit que Tim Linkinwater était très-agité, et, surmontant une répugnance qu'il eût écoutée en toute autre occasion, il alla prendre son chapeau, et revint en silence se placer dans la voiture.

Les deux frères l'attendaient, et leur maintien et celui du vieux commis exprimaient tant de compassion pour lui, qu'il en fut comme terrifié.

— Qu'avez-vous à me dire? balbutia-t-il.

La chambre où ils se trouvaient était grande, mal éclairée, et une lourde draperie en masquait la fenêtre cintrée. Il crut distinguer derrière cette draperie la figure d'un homme qui cherchait à se dérober à ses regards.

— Qui est là? dit-il. — Celui, répondit Charles Cheeryble, qui nous a appris il y a deux heures la nouvelle qui nous a décidés à vous envoyer chercher. Vous le verrez dans un instant. — Encore des énigmes!

En se tournant du côté des deux frères, il avait la fenêtre derrière lui; mais, gêné par la présence du mystérieux personnage, il se retourna à plusieurs reprises, et finit par se placer en face de la fenêtre, en alléguant pour excuse que la lumière lui faisait mal.

Les deux frères conférèrent ensemble un moment, et après les avoir regardés deux ou trois fois :

— Enfin, dit Ralph, qu'avez-vous à me dire? Vous ne m'avez pas dérangé inutilement? Est-ce que ma nièce est morte? — Votre nièce se porte très-bien, répliqua Charles Cheeryble; mais c'est un décès que nous avons à vous annoncer. — Serait-ce celui de son frère? Oh! non! je ne le présume pas; ce serait une trop heureuse nouvelle. — Honte sur vous, homme endurci et dénaturé! s'écria Edwin avec chaleur; préparez-vous à apprendre une nouvelle qui vous ferait frissonner si vous aviez le moindre sentiment humain. Faut-il vous dire qu'il s'agit d'un malheureux enfant étranger à ces joies de l'enfance qui nous en font garder la mémoire comme celle d'un heureux songe? Faut-il vous dire qu'il s'agit d'une créature aimante et inoffensive, qui ne vous avait jamais fait de mal, mais qui, sacrifiée à votre haine pour votre neveu, a été en butte à vos persécutions? Faut-il vous dire qu'après une vie courte d'années mais longue de souffrances, il est allé conter au ciel sa déplorable histoire, où vous avez joué un rôle dont vous répondrez un jour?
— Je vous pardonne tout le reste en faveur de ce que vous m'apprenez là, s'écria Ralph avec impétuosité. Je suis votre débiteur pour la vie. Il est mort! qui donc triomphe, maintenant? C'est donc là cette terrible nouvelle que vous étiez pressé de me communiquer? Ah! vous avez eu raison de m'envoyer chercher. J'aurais fait cent milles à pied, dans la boue et dans les ténèbres, pour être instruit à cette heure de cet événement.

Dans cet accès de joie sauvage, Ralph put remarquer encore sur les figures des deux frères une indéfinissable expression de pitié mêlée à l'horreur qu'ils éprouvaient.

— Et c'est de l'homme qui est caché là que vous tenez cette nouvelle? et il s'imagine m'en voir accablé! ah! ah! ah! Mais qu'il sache donc que je vivrai encore longtemps pour peser sur lui comme un cauchemar; mais sachez donc que vous ne le connaissez pas encore, et que vous maudirez le jour où vous l'avez accueilli. — Vous me prenez pour votre neveu, dit une voix creuse. Il vaudrait mieux pour vous que ce fût lui.

La figure se montra lentement, et Ralph reconnut, non pas Nicolas, mais Brooker.

Ralph n'avait jamais redouté cet homme, mais on le vit pâlir et trembler.

— Que vient faire ici ce misérable? reprit-il d'une voix étouffée; savez-vous que c'est un voleur, un repris de justice? — Qu'il soit ce qu'il voudra! s'écrièrent les deux frères ; mais écoutez ce qu'il a à nous dire. — L'enfant dont ces Messieurs ont parlé... — Cet enfant! répéta Ralph les yeux hagards. — L'enfant que j'ai vu étendu sur son lit, et qui est maintenant dans la tombe... — Qui est maintenant dans la tombe... répéta Ralph comme un homme qui parle haut en rêvant.

Brooker leva les yeux et joignit les mains.

— Cet enfant était votre fils unique, j'en atteste le ciel.

Ralph, la figure bouleversée, regarda fixement Brooker, mais il ne prononça pas une parole.

— Messieurs, poursuivit Brooker, je ne cherche pas à m'excuser. Si je vous dis que j'ai été aigri par les mauvais traitements, c'est parce que c'est une circonstance essentielle de mon récit, et non pour pallier mon crime.

Il s'arrêta comme pour rappeler ses souvenirs.

— Il y a environ vingt-cinq ans, Messieurs, parmi ceux qui faisaient des affaires avec cet homme, il y avait un homme, rude buveur, grand chasseur de renards, qui avait dissipé sa fortune, et gaspillait celle de sa sœur. Tous deux étaient orphelins ; elle demeurait avec lui, et tenait sa maison. Ralph allait souvent les voir et passer plusieurs jours à leur habitation du Leicestershire. La demoiselle n'était pas jeune, mais elle était belle et riche, et Ralph finit par l'épouser. L'amour du gain qui lui avait fait contracter ce mariage l'engagea à le tenir secret ; car une clause du testament de leur père stipulait que si la sœur se mariait sans le consentement de son frère, les biens passeraient à une autre branche de la famille. Le frère ne voulait accorder son consentement qu'en échange d'une somme considérable. M. Nickleby refusait de la donner, et il décida sa femme à attendre la mort de son frère pour rendre leur mariage public.

Cependant ils eurent un fils. On le mit en nourrice dans un village éloigné, et sa mère ne le vit qu'une ou deux fois à la dérobée. Quant à son père, tourmenté de la soif de l'or, attendant chaque jour la mort de son beau-frère malade, il n'alla jamais voir l'enfant, afin de ne pas éveiller les soupçons.

La femme de M. Nickleby le pressait de faire connaître leur union, et il s'y refusait toujours. Elle habitait une maison de campagne isolée, Ralph demeurait à Londres, et se livrait à ses spéculations. De violentes querelles, de mutuelles récriminations rendaient les deux époux odieux l'un à l'autre, et au moment où la mort du frère allait mettre un terme à leurs discussions, la femme disparut avec un amant.

Brooker s'interrompit ; mais les deux frères lui firent signe de continuer, car Ralph n'avait pas fait un mouvement.

— Ce fut alors que Ralph m'instruisit lui-même de ces circonstances. Elles n'étaient plus secrètes alors, et ni le frère ni d'autres ne les ignoraient ; il me les communiqua, non pour cette raison, mais parce qu'il avait besoin de moi. Il poursuivit les fugitifs ; on prétendit que c'était pour profiter du déshonneur de sa femme ; mais c'était plutôt, je crois, pour se venger avec éclat ; car l'amour de la vengeance domine peut-être en lui celui des richesses. Il ne put les atteindre, et elle mourut peu de temps après. Je ne sais s'il commença à croire qu'il pourrait aimer son fils, mais il me chargea de le lui amener.

Ici Brooker fit un effort, et il continua d'une voix affaiblie.

— Ralph m'avait traité avec barbarie ; je le lui ai rappelé il y a peu de temps, quand je l'ai rencontré dans Hyde-Park. Je le haïssais. J'amenai l'enfant chez lui, et je lui donnai pour logement une chambre du dernier étage sur le devant. Il avait été négligé et je fus obligé d'appeler un médecin, qui ordonna de le changer d'air. Une idée me vint ; je formai le projet de faire passer l'enfant pour mort, tant pour me venger que pour vendre un jour à son père le secret de son existence. Ralph était absent pour six semaines ; à son retour je lui dis que l'enfant avait cessé de vivre ; et, soit qu'il eût quelque affection naturelle, soit qu'il eût formé des projets que cette perte renversait, il en fut affligé, et, en voyant sa douleur, je m'applaudis d'avoir exécuté mon plan.

J'avais entendu parler des pensions d'Yorkshire. Je mis l'enfant, sous le nom de Smike, dans celle d'un nommé Squeers, et je payai pour lui vingt livres par an pendant six ans. Après avoir quitté le service de son père, avec lequel je me brouillai, je fus chassé de ce pays, et mon exil dura huit années. A mon retour j'allai en Yorkshire, je me glissai la nuit dans le village, je m'informai de l'école, et je découvris que l'enfant que j'y avais placé s'était enfui avec un jeune homme du nom même de Nickleby.

Je cherchai son père à Londres, je lui fis des ouvertures, j'essayai d'en obtenir quelque argent ; mais il me repoussa avec des menaces. Je m'adressai à son commis, lui prouvai que j'avais de bonnes raisons pour désirer un entretien avec Ralph, et ce fut moi qui lui déclarai que l'enfant n'était pas le fils de l'homme qui le réclamait.

J'appris par le commis la maladie et le départ de Smike. J'entrepris le voyage du Devonshire pour me rappeler à son souvenir, et me servir au besoin de son témoignage. Je l'abordai à l'improviste; mais, avant qu'il me fût possible de lui parler, il me reconnut. Il n'avait que trop de motifs pour se souvenir de moi, le pauvre enfant! et moi, au premier coup d'œil, j'aurais juré que c'était lui, quand même je l'aurais rencontré aux Grandes-Indes; sa figure triste et chétive était à peine changée.

Après quelques jours d'indécision, j'allai trouver le jeune homme aux soins duquel il était confié. Smike était mort, mais je sus qu'il avait souvent parlé de moi, du soir où je l'avais laissé à la pension, et de la chambre déserte au dernier étage qui est encore aujourd'hui dans la maison de Ralph. Voilà mon histoire; je demande à être confronté avec l'instituteur, et je prouverai la vérité de ces assertions.

— Malheureux! dirent les deux frères, quelle réparation pouvez-vous offrir? — Aucune, Messieurs, aucune! je suis vieux de soucis et d'années; ces aveux ne peuvent qu'appeler sur ma tête de nouveaux malheurs; mais j'avais pris mon parti. J'ai contribué à la punition d'un homme qui, sans le savoir, a été le bourreau de son propre fils, et moi-même je suis prêt à subir mon châtiment.

Il avait à peine fini de parler quand la lampe, placée sur la table près de l'endroit où Ralph était assis, fut brusquement jetée à terre, et la chambre se trouva plongée dans une obscurité complète; il y eut un peu de désordre avant qu'on pût ravoir de la lumière, et lorsqu'on en rapporta Ralph avait disparu.

MM. Cheeryble et Tim l'attendirent un instant; mais voyant qu'il ne revenait pas, ils se demandèrent s'ils devaient l'envoyer chercher. Ils s'y décidèrent quoique l'heure fût avancée, car ils ne savaient quel parti prendre à l'égard de Brooker.

CHAPITRE LI.

Nicolas revint le lendemain matin. Son entrevue avec ses parents fut pénible, car il les avait instruits par lettre de la mort de Smike, que tous pleuraient et regrettaient sincèrement.

— Hélas! dit madame Nickleby, j'ai perdu l'être le meilleur, le plus zélé, le plus attentif qui ait jamais habité avec moi; bien entendu, mon cher Nicolas, que je ne parle ni de vous, ni de Catherine, ni de votre pauvre père, ni de cette excellente femme de confiance qui a fini par m'emporter mon linge et une douzaine de couverts. Qui m'eût dit qu'il laisserait inachevés les travaux qu'il avait entrepris pour l'embellissement du jardin? Ah! cette perte m'est bien sensible!

La petite miss la Creevy était présente, et ne se désolait pas moins.

Nicolas attendit que la douleur générale fût un peu calmée, et, fatigué d'un long voyage, il se jeta tout habillé sur son lit et s'endormit profondément. A son réveil, il trouva à son chevet sa sœur Catherine, qui, lui voyant ouvrir les yeux, se pencha pour l'embrasser.

— Je viens vous exprimer combien je suis contente de vous revoir, mon frère. Nous vous attendions avec impatience, ma mère, moi et... Madeleine. — Vous m'avez mandé dans votre dernière lettre qu'elle se portait bien, dit Nicolas; ne sait-on rien des arrangements que MM. Cheeryble comptent prendre pour elle? — Il n'en a pas été question. Je ne puis songer sans peine à me séparer d'elle, et sans doute vous ne désirez pas qu'elle s'éloigne. — Non, Catherine. Je pourrais essayer de déguiser à toute autre qu'à vous mes véritables sentiments; mais je vous avouerai franchement que je l'aime.

Les yeux de Catherine brillèrent, et elle allait répondre; mais Nicolas poursuivit :

— Tout le monde doit l'ignorer, elle surtout. Parfois je cherche à me persuader qu'un temps viendra où je pourrai le lui dire sans forfaire à l'honneur; mais ce temps est si loin de moi, tant d'années s'écouleront avant qu'il arrive, je serai alors si différent de moi-même, que mes espérances me paraissent folles et d'une réalisation impossible. — Avant de continuer, mon frère, écoutez ce que j'ai à vous apprendre; je suis venue exprès, mais je manquais de courage, et ce que vous me dites m'en donne.

Elle essaya de s'expliquer, mais les pleurs l'en empêchèrent.

— Allons, enfant, ayez plus d'énergie. Je crois deviner le secret que vous voulez me révéler. Il intéresse M. Frank, n'est-ce pas?

Catherine inclina sa tête sur l'épaule de son frère, et dit oui en sanglotant.

— Et il vous a offert sa main durant mon absence, n'est-ce pas? oui, vous voyez qu'après tout ce n'est pas si difficile à dire, il vous a offert sa main? — Et je l'ai refusée. — Et pourquoi? — Pour les raisons que vous avez données vous-même à ma mère dans un entretien dont elle m'a fait part. Je n'ai pu lui cacher que ce refus m'était bien pénible; mais je l'ai prié avec fermeté de ne plus me voir. — Ma brave Catherine! — Il a essayé d'ébranler ma résolution, il a déclaré qu'il instruirait ses oncles et vous-même de sa démarche. J'ai peur de ne pas lui avoir assez fortement exprimé combien j'étais touchée de son amour désintéressé, et avec quelle ardeur je formais des vœux pour son bonheur. Si vous avez un entretien ensemble, je vous prie de le lui faire savoir. — Et croyez-vous, Catherine, quand vous accomplissez si généreusement ce sacrifice, que je reculerai devant le mien? — Mais votre position n'est pas la même. — Elle est la même, ma sœur. Madeleine n'est pas moins chère à nos bienfaiteurs qu'une parente. Ils ont en moi une confiance dont je ne saurais profiter ; je lui ai rendu de légers services dont je ne saurais abuser pour la séduire. Mon parti est pris, et dès aujourd'hui j'ouvrirai mon cœur à M. Cheeryble, et le supplierai de prendre des mesures pour donner à Madeleine un autre asile. — Aujourd'hui ! sitôt ! — Pourquoi tarderais-je? Votre exemple me fait sentir plus vivement mon devoir, et je ne veux pas attendre que mes dispositions actuelles soient affaiblies. — Mais vous pouvez devenir riche. — Je puis devenir riche, mais en vieillissant. En tout cas, riches ou pauvres, jeunes ou vieux, nous serons toujours les mêmes l'un pour l'autre, et ce sera notre consolation. Nous pourrons n'avoir qu'une maison, et nous ne serons jamais seuls ; l'identité de nos destinées resserrera les nœuds qui nous unissent. Il me semble qu'hier encore nous étions enfants, et que dès demain nous serons vieux. Nous nous rappellerons alors ces chagrins d'amour comme nous nous rappelons aujourd'hui ceux de notre enfance, et nous songerons avec un plaisir mélancolique au temps où ils pouvaient nous troubler. Peut-être alors bénirons-nous les épreuves qui nous auront rendus si chers l'un à l'autre, qui auront fait prendre à notre vie un essor si pur et si paisible. On connaîtra notre histoire, et les jeunes gens viendront chercher auprès de nous de la sympathie, nous confier leurs afflictions, et consulter la bienveillante expérience du vieux garçon et de la vieille fille sa sœur.

A ce tableau, Catherine sourit au milieu des pleurs.

— N'ai-je pas raison, Catherine? dit Nicolas après un moment de silence. — Oui, mon frère, et je ne saurais vous dire combien je m'estime heureuse de votre approbation. — Vous n'avez point de regret? — Non, non, dit timidement Catherine traçant sur le parquet avec son pied des figures cabalistiques, je n'ai point de regret d'avoir agi comme je le devais ; mon seul regret est que ceci soit arrivé, c'est-à-dire... quelquefois... je ne suis qu'une faible jeune fille, Nicolas.

Certes, si Nicolas eût possédé dix mille livres, il les eût données à l'instant même, sans songer à lui, pour assurer le bonheur de cette charmante créature. Mais tout ce qu'il pouvait faire était de la consoler ; et ses paroles furent si affectueuses, que la pauvre Catherine se jeta à son cou, et lui promit de ne plus pleurer.

— Quel homme ne serait pas fier de posséder un cœur comme celui de Catherine? pensait Nicolas en se rendant chez MM. Cheeryble. Frank n'a pas besoin d'être plus riche; tous ses trésors payeraient-ils une femme comme elle? Et pourtant, dans les mariages disproportionnés, on suppose toujours que l'époux riche fait un grand sacrifice, et la femme pauvre un marché avantageux! Mais je pense comme un amant, ou comme un sot, ce qui, je crois, revient à peu près au même.

S'étant ainsi donné une leçon, il se présenta devant Tim Linkinwater.

— Ah! monsieur Nickleby, Dieu vous garde! Vous semblez fatigué. Ecoutez! l'entendez-vous? Mon merle va chanter, maintenant que vous êtes de retour; il a été méconnaissable pendant votre absence; car il a autant d'affection pour vous que pour moi. — Votre merle a moins de sagacité que je ne lui en supposais s'il me juge aussi digne que vous de son attention. — Ah! c'est un oiseau extraordinaire; il dédaigne tout le monde, excepté Cheeryble frères, vous et moi... Mais, pardon si je vous interroge au sujet du malheureux enfant que vous avez perdu; a-t-il parlé des frères Cheeryble? — Oui, plus d'une fois. — C'est bien de sa part, reprit Tim en s'essuyant les yeux. — Et vingt fois il a prononcé votre nom, et m'a chargé d'assurer de son amitié M. Tim Linkinwater. — Vraiment? Le pauvre garçon! J'aurais voulu qu'on l'enterrât à Londres. Il n'y a pas de cimetière comparable à celui qui est de l'autre côté de la place. On n'a qu'à laisser les fenêtres ouvertes, et l'on peut aller s'y promener par un beau jour sans perdre de vue ses livres et ses registres. Le pauvre garçon! je ne croyais pas qu'il songerait à moi.

L'émotion de Tim le rendit incapable de continuer la conversation. Nicolas entra chez M. Charles, dont l'accueil lui causa un trouble qu'il ne put dissimuler.

— Allons, mon cher monsieur, dit le bon négociant, il ne faut pas vous laisser abattre. Apprenez à supporter le malheur, et rappelez-vous que la mort même a ses consolations. Cet enfant sentait trop vivement ce qui lui manquait, pour être heureux en ce monde; il est mieux dans l'autre. — J'ai souvent eu cette idée, Monsieur. — Entretenez-la. Tim, où est mon frère? — Il est sorti avec M. Trimmers pour visiter cet homme qui est à l'hôpital, et envoyer une nourrice aux enfants. — Il ne tardera pas à rentrer, mon cher monsieur; il sera ravi de vous revoir : nous parlons de vous tous les jours. — A vrai dire, Monsieur, je suis charmé de vous trouver seul, car j'ai quelque chose à vous dire. Pouvez-vous me consacrer quelques minutes? — Certainement, répondit M. Charles en regardant Nicolas avec inquiétude. — Je sais à peine par où commencer. Si jamais homme a mérité le respect et la tendresse d'un autre, c'est vous, qui dans vos rapports avec moi m'avez toujours témoigné un intérêt tout paternel. Souffrez donc que je vous réitère l'assurance de mon zèle et de mon dévouement. — Je n'en ai jamais douté. — Votre bonté m'interdit. Quand vous m'avez chargé d'une commission pour miss Bray, j'aurais dû vous dire que je l'avais vue longtemps auparavant, et que sa beauté avait produit sur moi une impression ineffaçable. Si je ne vous l'ai pas avoué, c'est que j'ai follement cru pouvoir maîtriser mes sentiments. — Je suis convaincu, monsieur Nickleby, que vous n'avez pas abusé de ma confiance. — Non, car mon courage a grandi avec les obstacles, et je n'ai jamais adressé à miss Bray une parole, un regard, que comme je l'aurais fait en votre présence; mais il est funeste à la tranquillité de mon âme, il est dangereux pour mes résolutions de vivre sous le même toit que cette charmante fille. Je ne puis me fier à mes propres forces, et je vous supplie de l'éloigner sans délai. Je sais que mon amour pour elle doit vous sembler téméraire; mais qui aurait pu la voir et connaître sa vie sans l'aimer? Donnez-moi les moyens de l'oublier, et accordez-moi la faveur de ne jamais lui révéler cet aveu, afin de me conserver son estime. — Soyez tranquille, monsieur Nickleby. J'ai eu tort de vous soumettre à une pareille épreuve, et j'aurais dû prévoir ce qui est arrivé. Madeleine changera de demeure. Mais est-ce là tout ce que vous avez à me dire? — Non, Monsieur. — Je le savais, reprit M. Charles, que cette prompte réponse parut soulager d'un grand poids. Quand avez-vous eu connaissance du fait? — Ce matin en arrivant. — Et vous avez cru devoir immédiatement venir me faire part de ce que votre sœur avait appris? — Oui, quoique j'eusse d'abord désiré parler à M. Frank. — Frank a passé la soirée d'hier avec moi.

Nicolas exprima le vœu que l'amitié qui existait entre Frank et lui ne fût pas détruite; que Catherine et Madeleine restassent unies, et raconta chaleureusement son entrevue du matin avec sa sœur. M. Charles l'écouta en silence, et tourna sa chaise de manière que Nicolas ne lui voyait pas la figure.

— Frank est un fou, dit M. Cheeryble après avoir écouté attentivement Nicolas. J'aurai soin de terminer sans délai cette affaire; mais quittons ce sujet, qui m'est pénible. Revenez me voir dans une demi-heure; j'ai d'étranges choses à vous apprendre. Votre oncle nous a donné à tous deux rendez-vous pour aujourd'hui. — Est-il possible? — Oui, nous irons le trouver ensemble. Revenez dans une demi-heure, et je vous conterai tout ce qui s'est passé.

Pour comprendre ces paroles de M. Charles, il est nécessaire de savoir ce que Ralph avait fait la veille en quittant les frères Cheeryble.

CHAPITRE LII.

Ralph s'était glissé comme un voleur hors de la maison; et quand il fut dans la rue, il étendit d'abord les mains comme un aveugle qui cherche son chemin. I prit la route de son domicile, et se retourna à plusieurs reprises, comme s'il eût été poursuivi par des personnes prêtes à le détenir ou à l'interroger encore

La nuit était sombre, et un vent froid chassait des tourbillons de nuages. Un gros nuage noir s'avançait lentement, et, au lieu de suivre les autres dans leur course précipitée, il demeurait comme suspendu sur la tête de Ralph. Vingt fois l'usurier s'arrêta pour laisser passer la nue; mais quand il se remettait en marche, il la retrouvait encore derrière lui, s'avançant tristement comme un cortége funèbre.

Il avait à passer auprès d'un pauvre cimetière élevé de quelques pieds au-dessus du niveau de la rue, dont cet enclos était séparé par un mur d'appui surmonté d'une grille de fer. C'était un lieu sinistre et insalubre, et les herbes qui y croissaient semblaient indiquer par leurs couleurs ternes qu'elles s'engraissaient de corps chétifs et exténués, et allongeaient leurs racines dans les tombes de misérables de bas étage, morts de faim et d'ivrognerie; et c'était en effet une multitude de cette espèce qui gisait là, séparée des vivants par quelques planches et un peu de terre. Pauvres gens enterrés gratis, sommairement expédiés par le ministre, qui économisait ses prières pour des défunts plus opulents.

Or, en passant près de ce cimetière, Ralph se rappela que longtemps auparavant il avait été membre du jury pour examiner le corps d'un homme qui s'était coupé la gorge, et que ce suicidé était enterré là. Par quel hasard ce souvenir lui revint-il alors à l'esprit, à lui qui tant de fois avait passé devant ce lieu sans y penser jamais? C'est ce dont il ne put se rendre compte; mais il se cramponna à la grille, et, regardant avec une inconcevable curiosité dans le cimetière, il se demanda où pouvait être le tombeau du suicidé.

Cependant des chants et des cris se firent entendre, et une bande joyeuse de gens ivres passa suivie d'autres personnes moins ivres qui leur faisaient des représentations et les pressaient de rentrer en paix chez eux. L'un de ces coureurs de nuit, petit bossu d'une figure grotesque et fantastique, se mit à danser aux bruyants éclats de rire des assistants. Ralph lui-même se laissa entraîner à un mouvemen de gaieté, et un des ivrognes se retourna pour le regarder. Quand ils eurent disparu, il reprit son examen avec un nouvel intérêt; car il se rappela que la dernière personne qui avait vu le suicidé l'avait laissé dans la joie d'une orgie, et que les autres jurés et lui avaient trouvé cette particularité très-étrange.

Il ne put trouver la tombe; mais il se représenta vivement l'homme même, et, en s'éloignant, il en emporta l'image avec lui.

— C'est ainsi, pensa-t-il, qu'étant enfant j'avais sans cesse devant les yeux la figure d'un lutin que j'avais vue dessinée à la craie sur une porte.

Mais en approchant de sa maison il oublia ces idées, et songea à la solitude qu'il allait trouver dans son intérieur.

Ce sentiment devint si fort, qu'en arrivant à sa porte il eut à peine le courage de tourner la clef. Dans le couloir, il lui sembla que cette porte qu'il allait fermer le séparait à jamais du monde; cependant il la poussa avec bruit. Il n'y avait pas de lumière. Quel froid! quel silence! quelle tristesse! Il grelottait, il frissonnait de la tête aux pieds.

Il avait résolu en lui-même de ne penser à ce qui était arrivé qu'après être entré chez lui. Il y était, et il rêva.

C'était bien son fils! il n'en avait pas douté un seul instant; et ce fils était mort, mort à côté de Nicolas, l'aimant, le regardant presque comme un ange : c'est là ce qu'il y avait de plus pénible.

Tous l'avaient abandonné, tous l'évitaient; l'argent même ne pouvait plus les gagner; les choses devaient avoir leur cours, et le monde devait tout apprendre. Le jeune lord était mort, son compagnon en fuite; dix mille livres lui étaient enlevées d'un seul coup; son complot avec Gride échouait au moment même de réussir; ses projets étaient découverts, et l'objet de ses persécutions et de la tendresse de Nicolas était son malheureux fils! Ainsi tout se réunissait pour l'accabler.

S'il avait connu l'existence de son fils, s'il l'avait vu grandir sous ses yeux, il eût été probablement un père dur, sévère, indifférent; il le sentait. Mais la pensée lui venait qu'il aurait pu être tout autre, que son fils l'aurait consolé, et qu'ils auraient été heureux ensemble. Il commençait à croire que la mort supposée de ce fils et la fuite de sa femme avaient contribué à le rendre dur et morose. Il lui semblait qu'il y avait eu une époque où il n'était ni si impitoyable ni si endurci; s'il avait détesté Nicolas à la première vue, n'était-ce point parce que celui-ci était jeune et beau, jeune et beau comme le misérable qui l'avait déshonoré?

Mais, dans ce tourbillon de passions et de remords, une pensée plus tendre, un regret dicté par la nature était comme une goutte d'eau limpide dans une mer en furie. La haine de Ralph pour Nicolas, irritée par le désespoir de la défaite, allait maintenant jusqu'à la frénésie. Quoi! Nicolas entre tous avait été le protecteur et l'ami du misérable enfant! Quoi! il lui avait seul témoigné de la tendresse, et lui avait appris à haïr son père, à maudire le nom de son père! Quelle pensée intolérable pour l'usurier! Sans cesse il avait devant les yeux le lit de mort de son fils, et Nicolas le soutenant entre ses bras, et Smike l'accablant de témoignages de reconnaissance, tandis qu'il eût voulu en faire deux ennemis mortels et irréconciliables!

— Ah! je suis ruiné, je suis perdu; le misérable m'a dit vrai! La nuit approche pour moi. N'y a-t-il aucun moyen d'arrêter les suites de leur triomphe, de me dérober à leur compassion? Aucun démon ne viendra-t-il à mon aide?

L'image de l'homme enterré dans le cimetière se dressa de nouveau devant lui. Comme la première fois qu'il l'avait vu, le suicidé avait la tête couverte; c'étaient bien ses pieds de marbre, roides et glacés, il se les rappelait. Ralph revit les parents pâles et tremblants, dont il avait reçu la déposition dans l'enquête; il entendit les cris des femmes; il fut témoin de la consternation et de la silencieuse terreur des hommes; il pensa au triomphe de ce monceau d'argile, qui, d'un mouvement de main, s'était délivré de la vie, et avait causé tant de trouble et d'agitation.

Ralph ne parla plus, mais il sortit doucement de sa chambre, monta dans la chambre du dernier étage sur le devant, et ferma la porte derrière lui.

Il y avait encore dans cette pièce un vieux lit, celui sur lequel son fils avait reposé. Ralph l'évita précipitamment, s'en éloigna autant que possible, et s'assit.

A la lueur des lumières de la rue, prêtes à s'éteindre, on pouvait distinguer dans la chambre divers objets de rebut, de vieux coffres, des ballots entourés de cordes, des meubles brisés. Le plafond était en pente, élevé d'un côté, et de l'autre touchant presque le parquet. Ce fut vers la partie la plus haute que Ralph dirigea ses yeux, et les tint fixés pendant quelques minutes. Puis il se leva, et traînant à cette place une vieille malle, sur laquelle il s'était assis, il monta dessus et tâta le mur au-dessus de sa tête avec ses deux mains. Enfin elles rencontrèrent un grand crochet de fer solidement planté dans une poutre.

En ce moment il fut interrompu par un coup frappé à la porte de la rue. Après un instant d'hésitation, il ouvrit la fenêtre, et demanda qui était là.

— Je demande M. Nickleby? — Que lui voulez-vous? — Ce n'est pas là la voix de M. Nickleby!

Ce n'était pas en effet sa voix, mais c'était lui qui parlait, et il le dit.

— MM. Cheeryble désirent savoir s'il faut retenir l'homme que vous avez vu cette nuit, et quoiqu'il soit minuit, dans leur incertitude, ils m'envoient prendre votre avis. — Oui! cria Ralph, retenez-le jusqu'à demain; qu'ils me l'amènent, lui et mon neveu, qu'ils viennent eux-mêmes, et qu'ils soient sûrs que je serai prêt à les recevoir. — A quelle heure? — A toute heure, dans l'après-midi; quand ils voudront, peu m'importe.

Il écouta le messager s'éloigner, et regarda le ciel, vit ou crut voir le même nuage noir qui avait semblé le suivre, et qui paraissait maintenant droit au-dessus de la maison...

Le vent apporta le son d'une cloche lointaine.

— Continue, s'écria l'usurier, continue à mentir avec ta langue de fer; sonne joyeusement pour des naissances qui désolent ceux qui les attendent, pour des mariages écrits en enfer; sonne lentement le glas pour des morts dont on se partage déjà les dépouilles; appelle à la prière des hommes dont la sainteté n'est qu'une heureuse hypocrisie; carillonne pour annoncer une nouvelle année, un pas de plus que ce monde maudit a fait vers le néant. Pas de cloche, pas de prières pour moi; qu'on me jette sur un fumier, et que j'y pourrisse en liberté.

Ralph montra le poing au ciel sombre et menaçant, et referma la fenêtre.

La pluie battit les vitres, les cheminées chancelèrent sur leur base, le vent s'engouffra dans la chambre, et la fenêtre craqua comme si une main invisible se fût efforcée de l'ouvrir. Mais aucune main ne la poussait, et elle ne s'ouvrit plus...

— Qu'est-ce que cela veut dire? s'écria un passant; ces Messieurs disent qu'ils ne peuvent se faire entendre de personne, et qu'ils essayent depuis deux heures. — Et cependant, dit un autre, il est rentré hier, car il a parlé à quelqu'un par cette fenêtre.

Après quelques instants d'attente, quelques individus se décidèrent à faire le tour de la maison et à entrer par une croisée.

Ils visitèrent les chambres, ouvrirent les volets, et, ne trouvant personne, ils hésitaient à poursuivre leurs recherches, quand l'un d'eux fit observer qu'ils n'avaient pas encore été au grenier. Comme c'était là qu'on avait aperçu Ralph en dernier lieu, ils se décidèrent à y monter, sans bruit et à pas lents, car le mystérieux silence de la maison les intimidait.

Ils restèrent un moment sur le carré à se regarder les uns les autres; mais celui qui avait proposé de monter entr'ouvrit la porte, regarda et recula aussitôt.

— C'est étrange, murmura-t-il; il se cache derrière la porte : voyez!

Tous s'approchèrent, et le premier qui entra poussa un cri perçant, tira de sa poche un couteau, et détacha le cadavre de Ralph.

Il avait attaché une vieille corde au crochet de fer et s'était pendu, immédiatement au-dessous de la trappe pratiquée au plafond, au lieu même vers lequel, quatorze ans auparavant, son fils, seul et abandonné, avait si souvent levé les yeux avec une terreur enfantine.

CHAPITRE LIII.

Quelques semaines s'étaient écoulées depuis ces événements. Madeleine avait quitté la famille, Frank était absent, Nicolas et Catherine cherchaient à étouffer leurs regrets, et se consacraient entièrement à leur mère, quand Tim Linkinwater vint inviter à dîner pour le lendemain, de la part des frères Cheeryble, non-seulement madame Nickleby et ses enfants, mais encore miss la Creevy.

— Que signifie cette invitation? dit madame Nickleby à Nicolas quand Tim fut parti. — Elle signifie que nous allons boire et manger chez les frères Cheeryble, voilà tout. — Et vous n'en concluez pas autre chose? — Mon Dieu, non. — Eh bien! mon cher fils, je suis certaine que cette invitation cérémonieuse a un but caché. Attendez et vous verrez. En tout cas, il est bien extraordinaire qu'ils aient invité miss la Creevy.

Les deux frères envoyèrent une voiture prendre les convives, et ils accueillirent la compagnie avec une cordialité qui troubla Nicolas, et lui laissa à peine assez de présence d'esprit pour présenter miss la Creevy. Catherine, sachant que les deux frères étaient instruits de ce qui s'était passé entre elle et Frank, se trouvait dans une position délicate et embarrassante, et tremblait au bras de Nicolas, quand Charles Cheeryble lui prit la main et l'emmena dans un coin du salon.

— Avez-vous vu Madeleine depuis qu'elle vous a quittés? — Non, Monsieur. — Et vous n'avez pas eu de ses nouvelles? — Je n'en ai reçu qu'une lettre. Je ne croyais pas qu'elle m'oublierait si vite. — Pauvre enfant! vous êtes bien malheureuse! Qu'en dites-vous, Edwin? Madeleine ne lui a écrit qu'une seule fois. — C'est triste, dit Edwin.

Les frères échangèrent un coup d'œil et une poignée de main.

— Eh bien! reprit Charles, allez dans la chambre voisine, mon enfant, et voyez si vous n'y trouverez pas une lettre pour vous. Il est inutile de vous presser, cenous ne dînons pas encore. Madame Nickleby, nous avons pris la liberté de vous faire venir une heure trop tôt, parce que nous avons une petite affaire à terminer. Monsieur Nickleby, ayez la bonté de me suivre.

Catherine se retira dans la chambre voisine, et Charles conduisit Nicolas dans son cabinet, où, à sa grande surprise, celui-ci trouva Frank, qu'il croyait absent.

— Jeunes gens, donnez-vous la main, dit M. Charles. — Je n'ai pas besoin qu'on me le recommande, dit Nicolas. — Ni moi, répondit Frank.

Le vieux négociant les contempla avec plaisir en songeant qu'il eût été difficile de voir côte à côte deux plus beaux et plus braves jeunes gens; il s'assit à son bureau, d'où il tira un papier.

— Je désire que vous soyez amis, et, si je ne l'espérais, j'hésiterais à vous dire ce que vous allez entendre. Voici une copie du testament du grand-père maternel de Madeleine; il lui lègue toute sa fortune, douze mille livres sterling, payables à l'époque de son mariage ou de sa majorité. Il paraît que ce vieillard, irrité contre elle parce qu'elle refusait de quitter son père, avait laissé ses biens à un établissement de charité. Toutefois, trois semaines après, repentant de cette détermination, il révoqua ses premières dispositions par le testament que voici. Ce testament fut frauduleusement soustrait, et, en vertu de celui qu'on trouva lors de l'inventaire, les administrateurs de l'établissement de charité entrèrent en possession de la fortune du défunt; mais, ne pouvant contester l'authenticité de cet acte, ils viennent de rendre à l'amiable les douze mille livres dont ils jouissaient, et Madeleine va se trouver maîtresse de cette somme. Vous comprenez?

Frank répondit affirmativement et Nicolas inclina la tête sans oser parler, de peur qu'on ne l'entendît balbutier.

— Maintenant, Frank, vous vous êtes employé activement au recouvrement de cet acte. Cette fortune est peu considérable; mais, cependant, nous aimerions mieux vous voir marié avec elle qu'avec une autre trois fois plus riche. Voulez-vous vous mettre sur les rangs pour obtenir sa main? — Non, Monsieur; quand je me suis occupé de reconquérir ce testament, j'ai pensé que sa main était déjà engagée à un autre qui a mille fois plus de droits que moi à sa reconnaissance et à son amour. J'ai jugé peut-être trop précipitamment. — C'est ce que vous faites toujours, s'écria M. Charles oubliant complètement sa feinte dignité. Comment osez-vous croire que nous songeons à vous faire faire un mariage d'argent, quand vous avez une inclination motivée par mille qualités? Comment osez-vous penser à miss Nickleby sans nous en avertir? — J'avais si peu d'espérance! — C'était une raison de plus pour nous demander notre concours. Monsieur Nickleby, Frank a pensé juste, Madeleine vous aime, elle vous est destinée ; nous approuvons son choix et celui de Frank, qui épousera votre sœur en dépit de tous les refus de celle-ci. Comme vous ignoriez nos sentiments, vous avez noblement agi ; mais maintenant que vous les connaissez, nous espérons que vous vous y conformerez. N'objectez point votre manque de fortune ; il y a eu un temps, Monsieur, où mon frère et moi allions presque nu-pieds, et grâce à Dieu la prospérité et les années ne nous ont point changés. Oh ! Edwin, quel heureux jour pour vous et pour moi !

Edwin, qui venait d'entrer avec madame Nickleby, pressa son frère dans ses bras.

— Amenez-moi ma petite Catherine, il y a longtemps que j'ai envie de l'embrasser, et j'en ai le droit, maintenant. Eh bien ! ma belle, avez-vous trouvé la lettre ? Avez-vous trouvé Madeleine elle-même, qui vous attendait ? Avez-vous reconnu qu'elle n'avait pas oublié son amie et sa douce compagne ? — Finissez, mon frère, dit Edwin, Frank va être jaloux, et vous serez obligé de vous couper la gorge avant le dîner. — Eh bien ! qu'il emmène Catherine dans la chambre où est Madeleine, et que tous les amoureux s'en aillent causer de l'autre côté, s'ils ont quelque chose à se dire.

Nicolas avait déjà disparu, et Frank ne tarda pas à le suivre. Charles conduisit Catherine à la porte, et la fit entrer. Madame Nickleby et miss la Creevy sanglotaient de joie, et Tim, la figure radieuse, distribuait des poignées de main à droite et à gauche.

— Eh bien ! Tim, reprit le frère Charles, qui était toujours l'orateur, voilà ces jeunes gens heureux. — Vous aviez dit que vous les feriez languir une éternité. — Avez-vous jamais vu, Edwin, un vilain comme ce Tim ? Il m'accuse de précipitation, et il nous a tourmentés pendant toute la journée pour lui permettre de faire connaître nos plans à Frank et à M. Nickleby ? — C'est un traître, on ne saurait avoir la moindre confiance en lui.

De semblables plaisanteries étaient en quelque sorte de fondation entre Tim et ses patrons. Ceux-ci en auraient ri pendant très-longtemps s'ils ne s'étaient aperçus que madame Nickleby éprouvait le besoin d'exprimer ce qu'elle ressentait. Ils l'emmenèrent donc dans une autre chambre, sous prétexte de la consulter sur des dispositions importantes, et Tim se trouva seul avec miss la Creevy. Tous deux avaient toujours été très-bien ensemble ; il était donc naturel que Tim, la voyant pleurer, essayât de la consoler ; et comme elle était assise sur un canapé tout près de la fenêtre et qu'il y avait place pour deux, il était également naturel que Tim allât s'asseoir auprès d'elle. La solennité de la circonstance expliquait non moins naturellement le soin qu'il avait apporté à sa toilette.

Il croisa les jambes, s'asseyant de manière à exposer ses pieds aux regards de miss la Creevy; car il avait de jolis pieds, des souliers élégants et de superbes bas de soie noire.

— Ne pleurez pas. — Je ne puis m'en empêcher; je suis trop heureuse. — Alors riez.

Il est impossible de conjecturer ce que Tim faisait de son bras, car il frappa de son coude la fenêtre, dont cependant miss la Creevy le séparait, et il est clair que son bras n'avait rien à faire là.

— Riez, ou je vais pleurer. — Pourquoi pleureriez-vous? demanda miss la Creevy en souriant. — Parce que je suis heureux aussi. Nous sommes heureux tous deux, et je veux faire comme vous.

Certes, jamais homme ne se démena comme Tim en ce moment, car il frappa encore de son coude la fenêtre presque au même endroit, et miss la Creevy lui dit qu'il allait casser un carreau.

— Il est bien agréable pour des gens comme nous, qui ont passé seuls toute leur vie, de voir des jeunes gens que nous aimons unis pour de longues années. — Ah! certainement, s'écria de tout son cœur la petite femme. — Quoique ça nous fasse sentir plus péniblement notre isolement et notre abandon, n'est-ce pas?

Miss la Creevy dit qu'elle ne le savait pas, et elle eut tort, car elle devait le savoir.

— Ça devrait presque nous décider à nous marier; qu'en dites-vous? — Quelle folie! Nous sommes trop vieux. — Pas du tout. Nous sommes trop vieux pour vivre seuls... Pourquoi ne nous marierions-nous pas ensemble? Au lieu de passer les longues soirées d'hiver au coin de nos foyers solitaires, pourquoi n'en ferions-nous pas un seul foyer? — Oh! monsieur Linkinwater, vous plaisantez. — Non, vraiment; si je vous conviens, vous me convenez. — Mais on se moquerait de nous. — Qu'on s'en moque; nous avons un bon caractère, et nous rirons aussi. Avons-nous ri de bon cœur depuis que nous nous connaissons? — C'est vrai. — C'a été le plus beau temps de ma vie, du moins le plus heureux que j'aie passé hors de la maison Cheeryble frères. Eh bien! consentez-vous? — Non, non; il n'y faut pas songer. Que diraient vos patrons? — Eh! croyez-vous que j'aie pensé à me marier sans les consulter? C'est à dessein qu'ils nous ont laissés seuls. — Je n'oserai plus les regarder en face. — Allons, entendons-nous. Nous habiterons la vieille maison où je demeure depuis quarante-quatre ans; nous irons à la vieille église où je vais tous les dimanches; nous aurons autour de nous tous nos vieux amis, le merle, la pompe, les pots de fleurs, les enfants de M. Frank, les enfants de M. Nickleby, dont nous nous croirons grand-père et grand'mère. Nous serons bien assortis; nous prendrons soin l'un de l'autre, et si nous devenons sourds, boiteux, aveugles ou impotents, nous serons enchantés d'avoir pour société une personne aimée. Allons, ma chère.

Cinq minutes après cette franche déclaration, Tim et la petite la Creevy causaient ensemble avec autant d'aisance que s'ils avaient eu vingt ans de mariage sans dispute.

Après une entrevue que le lecteur peut aisément se figurer, Nicolas se rendait à la salle à manger, quand il rencontra dans le corridor un étranger proprement vêtu de noir, qui suivait le même chemin.

— Newman Noggs! s'écria-t-il en lui prenant les deux mains. — Oui, Newman, votre Newman, votre vieux et fidèle Newman. Mon cher enfant! mon cher Nicolas! je vous souhaite santé, joie, honneur, toutes sortes de prospérités. Ah! c'en est trop pour moi!... je suis comme un enfant! — Où avez-vous été? Qu'avez-vous fait? Combien de fois j'ai demandé de vos nouvelles! — Nous voilà réunis, et j'aurai contribué à votre bonheur. Je... regardez-moi, Nicolas, regardez-moi. — Vous n'avez jamais souffert que je vous donne un habit, dit Nicolas d'un ton de tendre reproche. — C'est que je m'inquiétais peu de ma toilette. Je n'aurais pas eu le cœur d'endurer des vêtements de gentleman, ils m'auraient rappelé mes beaux jours et m'auraient rendu malheureux; je suis un autre homme aujourd'hui. Mon cher enfant, je ne puis parler... ne me dites plus rien... n'ayez pas moins bonne opinion de moi à cause de mes larmes; vous ne savez pas ce que j'éprouve aujourd'hui ; vous ne le saurez jamais.

Ils se donnèrent le bras jusqu'à la salle à manger, et se placèrent l'un à côté de l'autre.

La gaieté qui présida au repas ne saurait se décrire. Tous, y compris le vieux commis de banque à la retraite, ami de Tim Linkinwater, et la vieille sœur du même Tim, étaient au comble de la joie. Seulement madame Nickleby demanda tout bas à sa fille si le mariage de miss la Creevy était positif.

— Certainement! ma mère. — Eh bien! je ne l'aurais pas cru. — M. Linkinwater est un excellent homme, et il est encore vert pour son âge. — Sans doute, personne ne dit rien contre lui, si ce n'est qu'il est le plus faible et le plus fou des hommes;

comment a-t-il offert sa main à une femme qui doit avoir au moins... au moins le double de mon âge? Comment a-t-elle eu l'audace de l'accepter? En vérité, j'en suis révoltée!...

Et tout en prenant part aux plaisirs de la soirée, madame Nickleby exprima à miss la Creevy son mécontentement par une tenue froide et réservée.

CHAPITRE LIV.

Nicolas était du nombre de ceux dont la joie est incomplète si elle n'est partagée par ceux qui furent leurs amis en des jours contraires. Au milieu de sa prospérité, ses pensées se portaient vers John Browdie. Il donnait un sourire à leur première entrevue, une larme à leur seconde. Il entendait encore les paroles d'encouragement que l'honnête paysan lui avait adressées sur la route de Londres.

Plusieurs fois, Catherine et lui se concertèrent pour écrire conjointement une lettre à John Browdie; mais, ils avaient beau se mettre à l'œuvre avec les meilleures intentions du monde, il leur survenait des distractions, et la lettre n'était jamais achevée. Quand Nicolas essayait seul de la rédiger, il s'apercevait qu'il lui était impossible d'exprimer la moitié de ce qu'il eût désiré dire, et que ses paroles étaient froides en comparaison de ses sentiments. Enfin, après s'être souvent reproché sa négligence, il résolut de faire une excursion dans l'Yorkshire, et de se présenter à l'improviste devant M. et madame Browdie.

Voilà pourquoi un soir, entre sept et huit heures, Catherine et lui se trouvèrent dans le bureau de la Tête de Maure. Ils y retinrent une place pour Greta-Bridge, par la voiture du lendemain; et, comme le temps était beau, ils parcoururent les rues pour faire diverses emplettes nécessaires à ce voyage.

Catherine avait tant d'anecdotes à raconter au sujet de Frank, et Nicolas tant d'anecdotes au sujet de Madeleine, qu'ils ne s'aperçurent pas qu'ils s'égaraient dans un labyrinthe de petites rues. N'ayant pu parvenir à retrouver le chemin, Nicolas, guidé par la faible clarté qui partait d'une cave voisine, s'apprêtait à en interroger les habitants, quand il fut arrêté par les bruyantes clameurs d'une femme en colère.

— N'entrez pas, dit Catherine, on se dispute là-dedans. — Attendons; sachons de quoi il s'agit. — Paresseux, propre à rien, criait la femme, pourquoi ne tournez-vous pas le mangle (1)? — C'est ce que je fais, idole de mon âme, répondit une

(1) Espèce de calandre, machine à repasser.

voix d'homme, je tourne et retourne sans cesse comme un diable de vieux cheval dans un diable de vieux moulin. Vous êtes d'une humeur diablement maussade. — Si vous n'êtes pas content, pourquoi ne vous engagez-vous pas? — M'engager! Ma chère moitié voudrait-elle me voir affublé d'un habit rouge? voudrait-elle qu'on me rasât les favoris, qu'on me coupât les cheveux, qu'on me fît tourner les yeux à droite et à gauche? — Cher Nicolas, murmura Catherine, c'est M. Mantalini. — Assurons-nous-en; descendons quelques marches.

Par la porte entr'ouverte ils examinèrent l'intérieur de la cave, et y virent M. et madame Mantalini entourés de baquets et de linge blanchi ou à blanchir. L'époux avait, comme par le passé, des moustaches et des favoris, un pantalon d'une coupe élégante, un gilet d'une riche étoffe, mais le tout était râpé, et le brillant cavalier, sans habit et couvert d'une chemise rayée, tournait le mangle, dont les grincements se mêlaient à la voix criarde de sa femme.

— Traître infâme! j'ai envie de vous arracher les yeux. — Calmez-vous, ma charmante. — Vous me trompez toujours, vous êtes un coureur, vous allez faire le galant je sais bien où. N'est-ce pas assez que j'aie payé deux livres et quatorze shillings pour vous tirer de prison, et faut-il encore que vous me perciez le cœur.

— Je veux me réformer; je vous demande pardon. Ne maltraitez pas votre bel ami, ne le poursuivez pas de vos diables de reproches!

Madame Mantalini était sur le point de répondre, quand Nicolas éleva la voix et demanda le chemin de Piccadilly.

M. Mantalini se retourna, aperçut Catherine, et, sans dire un mot, sauta sur un lit placé derrière la porte, et se cacha la figure sous la courte-pointe, en s'agitant convulsivement.

— Diable! c'est la petite Nickleby! Fermez la porte; éteignez la chandelle.

Ne se souciant pas d'entrer en explication avec les époux, Nicolas profita du premier moment de stupeur de madame Mantalini, et se retira avec Catherine.

Le lendemain il se mit en route. On était alors en hiver, et le froid et la neige lui rappelaient en quelles circonstances il avait fait ce voyage pour la première fois. Il se revit assis sur l'impériale avec Squeers et les enfants, et plus tard faisant à pied la route de Londres avec le pauvre Smike.

John Browdie demeurait aux environs de Greta-Bridge, et Nicolas n'eut pas de peine à s'y faire conduire. Sans s'arrêter à admirer la beauté du jardin et de la maison, il courut à la porte de la chaumière, et frappa avec son bâton.

— Ohé! cria-t-on de l'intérieur, est-ce que le feu est à la ville?

John Browdie ouvrit lui-même la porte, écarquilla les yeux, et dit en battant des mains.

— Bon Dieu! voilà le parrain! voilà le parrain! Mathilde, voilà M. Nickleby! Votre main, mon brave; entrez, entrez, mettez-vous là, auprès du feu; prenez un verre d'eau-de-vie; ne parlez pas avant de boire, mon ami. Dieu du ciel, suis-je content de vous voir!

Là-dessus, John entraîna Nicolas dans la cuisine, l'installa devant un brasier ardent, lui versa un demi-setier d'eau-de-vie dans un verre énorme, porta la main à sa bouche et pencha la tête en arrière pour lui faire signe de boire à l'instant même, et se tint devant lui, la face rouge et épanouie, comme un géant en belle humeur.

— J'aurais dû me douter que vous seul frappiez si fort à la porte. C'est ainsi que vous frappiez sur le dos du maître d'école; ah! ah! ah! Mais à propos, qu'est-il devenu? — Il a été condamné à la déportation pour sept ans, comme détenteur d'un testament volé, et pour avoir trempé dans un complot. — Quel complot? est-ce un complot du genre de la fameuse conspiration des poudres? — Non, non, je vais vous expliquer ce dont il s'agit. — Ne vous pressez pas; vous nous conterez ça après déjeuner, car vous avez faim et moi aussi, et il faut que Mathilde vous entende.

Mathilde se hâta de préparer un déjeuner qui eût pu largement suffire à dix personnes. Après le repas, Nicolas commença son récit, et produisit une vive impression sur ses auditeurs. John Browdie jura qu'il irait à Londres exprès pour voir les frères Cheeryble, et qu'il enverrait franc de port à Tim Linkinwater un jambon comme jamais couteau humain n'en avait découpé. Quand Nicolas fit le portrait de Madeleine, John se dit en lorgnant sa femme. Ce doit être une Mathilde en son genre. Et en apprenant que le voyage de Nicolas n'avait d'autre but que de leur faire part de ces bonnes nouvelles, le bon paysan passa la manche de son habit sur ses yeux.

— Pour revenir au maître d'école, dit-il un moment après, si l'on sait ses aventures à Dotheboys, la vieille et Fanny sont bien malades. — O John! que dites-vous? — O John tant que vous voudrez, mais j'ignore tout ce dont ces jeunes élèves sont capables. Il y a déjà des parents qui ont retiré leurs enfants; mais si ceux qui restent sont au courant, ça va faire une révolution!...

Les appréhensions de John étaient si vives, qu'il résolut de monter à cheval et de partir sans délai pour l'école. Il invita Nicolas à l'accompagner; mais celui-ci s'y refusa, alléguant que sa présence pourrait aggraver les peines de la famille Squeers.

— C'est, ma foi, vrai, je n'y aurais jamais songé. — Je partirai demain; mais j'ai l'intention de dîner avec vous aujourd'hui, et si vous pouvez me donner un lit... — Un lit! je voudrais en avoir cinquante à vous offrir, et que vous les prissiez tous. Attendez mon retour, et nous rirons.

A ces mots, John donna une poignée de main à Nicolas, un baiser à sa femme, partit au galop, et fut bientôt à Dotheboys. La porte était fermée en-dedans, et un bruit terrible retentissait dans la classe. John, après avoir attaché son cheval, regarda par une fente du mur, et fut témoin d'un curieux spectacle.

La révolte venait d'éclater. C'était un jour de distribution médicale, et madame Squeers, suivie de sa fille et de Wackford, venait d'entrer dans la classe avec son bol et sa cuiller. Durant l'absence de son père, Wackford l'avait dignement représenté, en donnant des coups de botte aux élèves, en tirant les cheveux des plus petits, en pinçant les autres, et en se montrant ainsi le soutien et le consolateur de sa mère.

L'entrée de madame Squeers fut le signal de la rébellion; un détachement d'élèves courut fermer la porte, plusieurs montèrent sur les bancs et sur les pupitres. L'enfant le plus nouvellement arrivé, et par conséquent le plus fort, s'empara de la canne, arracha le chapeau de madame Squeers, le plaça sur sa propre tête, s'arma de la cuiller de bois, et ordonna, sous peine de mort, à la vieille dame d'avaler une dose de la médecine. Quand elle eut été contrainte par ses bourreaux de prendre une cuillerée de l'odieux mélange, on plongea dans le bol la tête du jeune Wackford. Les insurgés allaient se livrer à de nouvelles voies de fait, si John Browdie n'avait enfoncé la porte. A son aspect, toutes les clameurs cessèrent.

— Vous faites du tapage, jeunes gens! — Squeers est en prison, et nous voulons nous en aller! crièrent une vingtaine de voix grêles. — Eh bien! allez-vous-en, personne ne vous retient, détalez; mais ne faites pas de mal aux femmes. — Hurrah! crièrent les élèves. — Bon! criez hurrah comme des hommes. Hurrah! — Hurrah! répétèrent les élèves. — Encore un hurrah, et plus haut. — Hurrah! — Encore un avant de partir. Prenez haleine, pensez à l'emprisonnement de Squeers, au bouleversement de l'école, à votre délivrance. Hurrah!

On lui répondit par une acclamation telle que les murs de Dotheboys n'en avaient jamais entendu. Quand les cris eurent cessé, la foule se pressa à la porte, et cinq minutes après l'école était vide.

— Très-bien! monsieur Browdie, dit miss Squeers troublée encore de cette scène, mais conservant sa méchanceté jusqu'à la fin; vous avez excité nos élèves à s'enfuir, mais vous le payerez, Monsieur. Si mon père est victime de ses ennemis, nous ne nous laisserons pas fouler aux pieds par vous et Mathilde. — Ne craignez rien de nous, Fanny. Je ne vous cacherai pas que je suis content de la punition du vieux; mais vous avez à souffrir sans que je vous tourmente. Bien plus, si vous aviez besoin de secours... n'ayez pas l'air de vous rengorger, ça pourrait bien être; si vous avez besoin de l'aide des amis, vous trouverez en nous le John et la Mathilde d'autrefois; et quand je dis cela, ne croyez pas que je me reproche ma conduite, car je répète encore : Hurrah! et au diable le maître d'école!... voilà!...

Là-dessus John Browdie remonta sur son bidet, le mit au grand trot, fit la route en fredonnant des fragments de vieux airs qui formaient au bruit des sabots du cheval un joyeux accompagnement, et rejoignit sa femme et Nicolas.

Pendant quelques jours, les environs furent couverts d'enfants en fuite, auxquels, assure-t-on, M. et madame Browdie fournirent secrètement des vivres et même de l'argent pour regagner leurs pénates. John a toujours nié le fait; mais comme il accompagnait ses dénégations d'un gros rire, il y a lieu de croire à la vérité de l'assertion.

Il y avait quelques timides enfants qui, tout misérables qu'ils avaient été, ne connaissaient pourtant d'autre asile que cette école, et avaient conçu pour elle une espèce d'attachement; quand les plus hardis eurent disparu, ceux-là cherchèrent un refuge à Dotheboys. On en vit quelques-uns qui pleuraient à l'abri des haies, effrayés de leur isolement. L'un d'eux avait un oiseau mort dans une petite cage; il avait longtemps erré, et quand son pauvre favori était mort, l'enfant avait perdu courage et s'était couché auprès de lui. Un autre fut trouvé dans une cour voisine de l'école, étendu dans la niche d'un chien, et le chien mordait ceux qui approchaient, et léchait la face pâle de l'enfant endormi.

On reprit quelques traînards, mais ils furent réclamés un à un, ou s'évadèrent de nouveau, et bientôt l'institution de Dotheboys ne fut plus qu'un vague souvenir.

CONCLUSION.

A l'expiration de son deuil, Madeleine donna sa main et sa fortune à Nicolas, et le même jour Catherine devint madame Frank Cheeryble. Tim Linkinwater et miss la Creevy refusèrent de suivre immédiatement cet exemple; mais deux ou trois semaines après, ils sortirent ensemble un matin avant déjeuner, et revinrent une heure après tout joyeux annoncer qu'ils s'étaient mariés sans cérémonie.

Nicolas plaça son argent chez les frères Cheeryble, dont Frank devint l'associé. Quelques années plus tard, la maison fut mise sous la raison sociale Cheeryble et Nickleby, et la prophétie de madame Nickleby se trouva réalisée.

Les deux frères se retirèrent des affaires. Est-il nécessaire de dire qu'ils furent heureux, entourés de gens dont ils avaient fait le bonheur, et ne vivant que pour l'augmenter?

Tim Linkinwater consentit, non sans peine, à accepter un intérêt dans la maison, mais sans souffrir que son nom fût associé à ceux de Cheeryble et de Nickleby. Il continua à s'acquitter régulièrement de ses devoirs de commis. Il se logea avec sa femme dans la vieille maison, et occupa la chambre à coucher où il couchait depuis quarante-quatre ans. L'âge ne fit qu'accroître l'insouciante gaieté et l'enjouement de sa petite femme, et leurs amis disaient : Lorsque Tim est assis dans son fauteuil à bras au coin de sa cheminée et que sa femme est à l'autre, riant, folâtrant et se démenant sans cesse, il est impossible de décider lequel des deux a l'air le plus content.

Le merle fut enlevé du comptoir et placé dans le salon des deux époux. Sous sa cage étaient suspendues deux miniatures dues au pinceau de madame Linkinwater. L'une était son portrait, l'autre celui de Tim. Comme la perruque poudrée et les lunettes de ce dernier étaient d'une ressemblance parfaite, les étrangers finissaient par le reconnaître au premier coup d'œil; et soupçonnant que l'autre portrait représentait la maîtresse du logis, ils s'enhardissaient à le dire sans scrupule. Madame Linkinwater était toute glorieuse de cet hommage rendu à ses talents, auxquels son mari croyait comme à l'Évangile.

Ralph étant mort intestat, sa fortune revenait à ceux qu'il avait poursuivis de son inimitié. Mais ils ne purent s'habituer à l'idée de profiter d'un bien si mal acquis et les richesses qui lui avaient coûté tant de peine et tant de mauvaises actions allèrent s'engloutir dans les coffres de l'État.

Arthur Gride fut mis en jugement pour la possession illégale du testament qu'il avait dérobé au grand-père de Madeleine. Il fut acquitté, faute de preuves suffisantes, grâce aux arguties des avocats, qui firent valoir qu'on n'avait pas trouvé le testament entre ses mains; mais ce ne fut que pour subir un châtiment plus horrible : car, quelques années après, des voleurs, attirés par sa réputation d'homme immensément riche, s'introduisirent chez lui la nuit, et on le trouva assassiné dans son lit.

Peg Sliderskew accompagna Squeers à Botany-Bay, et ni l'un ni l'autre ne revinrent. Brooker mourut repentant. Sir Mulberry Hawk fit encore quelque figure en pays étranger, fut mis en prison pour dettes à son retour en Angleterre, et périt misérablement. C'est la fin ordinaire de ses pareils.

Nicolas racheta la maison de son père; et comme sa famille s'accrut avec le temps, il agrandit la vieille demeure, mais sans changer la disposition des anciens appartements, sans déraciner aucun arbre, sans déranger rien de ce qui lui rappelait le passé.

A une portée de fusil de là était une retraite habitée par Catherine, son mari et ses enfants.

Madame Nickleby demeurait tantôt avec son fils et tantôt avec sa fille, parlait toujours de son expérience, et donnait avec dignité d'excellents conseils sur la tenue du ménage et l'éducation des enfants; il se passa longtemps avant qu'elle traitât madame Linkinwater comme par le passé, et il est même douteux qu'elle lui ait jamais pardonné.

Il y avait un vieillard à cheveux gris, paisible et peu bruyant, qui occupait une petite maison située auprès de celle de Nicolas; quand celui-ci était absent, le vieillard prenait la surintendance des affaires domestiques. Son principal plaisir était de jouer avec les enfants, et il semblait redevenir enfant lui-même pour les amuser. Ils ne pouvaient se passer de leur cher Newman Noggs.

Un vert gazon recouvrait la tombe de Smike, et les pieds qui foulaient l'herbe du cimetière étaient si petits et si légers, qu'ils courbaient à peine la tête des pâquerettes. Au printemps et en été, des guirlandes de fleurs nouvelles, tressées par de faibles mains, étaient déposées sur la pierre; et quand les enfants venaient les changer, de peur qu'elles ne se fanassent et ne cessassent de lui être agréables, leurs yeux se remplissaient de larmes, et ils parlaient à voix basse de leur pauvre cousin qui n'était plus.

FIN.

www.ingramcontent.com/pod-product-compliance
Lightning Source LLC
Chambersburg PA
CBHW060459170426
43199CB00011B/1263